클린 아키텍처 핵심 가이드

파이썬으로 구현하는
좋은 소프트웨어 설계를 위한 클린 아키텍처

클린 아키텍처 핵심 가이드

파이썬으로 구현하는
좋은 소프트웨어 설계를 위한 클린 아키텍처

지은이 한승희
펴낸이 박찬규 엮은이 이대엽 디자인 북누리 표지디자인 Arowa & Arowana
펴낸곳 위키북스 전화 031-955-3658, 3659 팩스 031-955-3660
주소 경기도 파주시 문발로 115 세종출판벤처타운 311호
가격 28,000 페이지 368 책규격 175 x 235mm
초판 발행 2026년 01월 12일
ISBN 979-11-5839-656-5 (93000)
등록번호 제406-2006-000036호 등록일자 2006년 05월 19일
홈페이지 wikibook.co.kr 전자우편 wikibook@wikibook.co.kr

클린 아키텍처 핵심 가이드

한승희
지음

파이썬으로 구현하는
좋은 소프트웨어 설계를 위한 클린 아키텍처

위키북스

저자 소개

한승희

연세대학교에서 컴퓨터과학 박사 학위를 취득한 후, 국내 기업 가전 부문에서 IoT 플랫폼 백엔드 개발자로 재직하며 다양한 트러블슈팅 및 소프트웨어 개선 프로젝트를 수행했다.

현재는 통신사에서 소프트웨어 엔지니어 겸 데이터 엔지니어로서 데이터 플랫폼 구축과 소프트웨어 개발 및 유지보수를 담당하고 있다.

서문

소프트웨어를 개발하면서 무슨 기능을 구현해야 할지는 알겠는데, 어떻게 코드를 설계해야 할지 몰라 막막하거나, 기존 코드를 수정하기 두렵다는 생각을 해본 적이 있는가? 주니어 시절, 코드를 더 잘 이해하고 설계하기 위해 디자인 패턴 책을 외우고, 객체지향 원칙들을 알게 되어도 정작 실무에 적용할 때는 여전히 막막했다. 이론은 알겠는데, 그것을 언제, 어디에, 어떻게 적용해야 할지 감이 잡히지 않았다.

이제 와서 돌이켜보니 그 이유는 의외로 단순했다. 소프트웨어 설계는 단순한 '코딩 기법'이 아니기 때문이다. 설계는 비즈니스 목표, 팀 간 협업과 커뮤니케이션, 조직 문화, 배포 방식, 심지어 시장 변화의 속도와도 떼려야 뗄 수 없이 얽혀 있다. 개별 원칙과 패턴들은 서로 고립된 섬이 아니라, 하나의 큰 흐름 속에서 서로를 시행하며 비로소 의미를 갖는다. 따라서 진정한 소프트웨어 설계를 이해하려면 코드 그 자체를 넘어 소프트웨어가 놓인 맥락과 본질부터 꿰뚫어야 한다.

오늘날 소프트웨어는 더 이상 정적인 산출물이 아니다. 비즈니스 요구사항은 매일, 매주 바뀌고, 시장은 예측 불가능하다. 이런 환경에서 살아남는 소프트웨어는 민첩해야 한다. 하지만 진정한 민첩함은 단순히 코드를 빨리 작성하는 속도가 아니다. 그것은 '변경을 두려워하지 않는 용기'에서 나온다. 그리고 그 용기는 탄탄한 소프트웨어 설계가 있을 때 가능하다. 클린 아키텍처는 바로 그 용기를 주는 설계 철학이라 할 수 있다.

도메인 주도 설계, 헥사고날 아키텍처, SOLID, 마이크로서비스, 쿠버네티스, 서버리스, CI/CD, DevOps, 클라우드… 언뜻 서로 다른 개념처럼 보이지만 이 모든 패러다임과 기법들은 결국 같은 목적을 가지고 있다. '비즈니스가 민첩하게 움직일 수 있도록, 소프트웨어도 빠르고 안전하게 변경 가능해야 한다.'라는 것이다.

그렇다면 어떻게 해야 소프트웨어를 진정으로 변경 용이하게 만들 수 있을까? 다시 한번 소프트웨어의 본질을 돌아봐야 한다. 소프트웨어의 핵심 가치는 비즈니스 로직에 있으며, 데이터베이스, 프레임워크, 특정 클라우드 서비스는 그저 도구일 뿐이다. 경험이 많은 개발자라면 인프라에 의존하면 할수록 나중에 그것을 바꾸는 일이 지옥이 되고, 결국 비즈니스 민첩성은 바닥을 친다는 것을 아마 뼈저리게 느껴봤을 것이다.

그래서 우리는 비즈니스 로직과 인프라를 철저히 분리하고, 도메인을 중심으로 경계를 나누며, 시스템을 작고 독립적인 단위로 쪼갠다. 그렇게 작은 서비스들을 독립적으로 자주 배포하기 위해 컨테이너와 CI/CD를 도입하고, 더 나아가 마이크로서비스와 쿠버네티스로 확장해 간다. 이 모든 것이 하나의 유기적인 흐름이다.

이 큰 그림을 이해해야 개별 기법이 제자리를 찾고, 지금 내가 해결해야 하는 프로젝트에 어떤 원칙을 어느 수준으로 적용해야 할지 판단할 수 있다.

요즘은 생성형 AI가 순식간에 코드를 뚝딱 만들어 준다. 덕분에 개발자들 사이에서도 '개발자의 시대가 끝났다'는 걱정도 심심찮게 들린다. 그러나 나는 그렇게 생각하지 않는다. 단일 기능을 구현하는 능력은 AI가 충분히, 아니 훨씬 더 잘할 수 있다. 하지만 전체 구조를 이해하고 설계하고 관리하는 일은 앞으로도 꽤 오랫동안 인간 개발자의 몫으로 남을 것이다.

AI에게 "이 기능 만들어줘"라고만 하면 처음엔 신기하지만 두세 번 수정하다 보면 코드가 엉키고 사이드 이펙트가 발생하며, 결국 누구도 손대기 힘든 스파게티 코드가 된다. 운영 환경에서 그런 코드를 유지보수해야 한다고 생각하면 아찔하다. 오히려 AI 시대일수록 설계 능력이 더 절실해지는 이유가 바로 여기에 있다.

마틴 파울러가 오래전부터 강조했듯, 소프트웨어 구조가 엉망이면 변경 비용이 기하급수적으로 늘어나고, 결국 그 조직이 도달할 수 있는 비즈니스 속도와 수준이 제한된다. AI가 코드를 쓰는 시대에도 이 원리는 변하지 않는다.

그래서 이 책을 썼다. 단순히 클린 아키텍처의 이론을 나열하는 것이 아니라, 왜 지금—특히 AI가 코드를 쓰는 지금—여전히 중요한지, 그리고 실무에서 어떻게 살아 움직이는지를 보여주고 싶었다.

이 책은 다음과 같이 구성된다.

- 1장은 좋은 소프트웨어 설계란 무엇인지, 왜 중요한지, 그리고 설계에 영향을 미치는 다양한 맥락들을 살펴보며 설계에 관한 본질적인 이야기를 나눈다.
- 2장은 설계의 방향성과 품질을 판단하는 품질 속성에 대해 다룬다.
- 3장은 의존성 관리, 관심사 분리 등 설계의 핵심 기법을 정리한다.
- 4장은 전통적인 계층형 설계의 구조와 한계점을 분석한다.
- 5~6장은 그 한계를 극복하기 위해 등장한 클린 아키텍처의 철학과 구성 요소를 코드와 함께 구체적으로 탐구한다.
- 7장은 애플리케이션을 클린 아키텍처로 개발하며, 실무 환경에서 인프라 · CI/CD 등과 어떻게 조화를 이루는지 보여준다.
- 8장은 이런 설계와 개발 방식이 팀과 조직 차원에서 어떻게 실행되는지 방법론과 함께 다룬다.
- 9장은 도메인 주도 설계와 마이크로서비스 설계를 통해 비즈니스를 소프트웨어에 효과적으로 반영하고 확장하는 방법을 살펴본다.
- 마지막 10장은 생성형 AI를 적극 활용하는 시대에도, 운영 가능한 수준의 유지보수 가능한 코드를 만들기 위해 어떻게 해야 하는지, 그리고 설계가 그 속에서 어떤 역할을 하는지 다룬다.

이 책은 AI로 코드는 빠르게 만들지만 시간이 갈수록 손대기 싫어지는 코드를 경험한 개발자, 아키텍처가 중요하다는 것은 알지만 어디서부터 시작해야 할지 막막한 개발자, 혹은 AI 시대에도 경쟁력을 잃고 싶지 않은 모든 실무 개발자에게 특히 도움이 되리라 생각한다.

이 책을 통해 더 이상 코드 변경을 두려워하지 않는 용기를 갖게 되고, 소프트웨어 설계의 본질을 꿰뚫게 되며, 내일 당장 프로젝트에 적용할 수 있는 실질적인 무기를 얻게 되기를 진심으로 기대한다.

– 한승희

01

좋은 소프트웨어 설계란 무엇이고, 왜 필요한가?

다양한 소프트웨어 아키텍처 방법론이 있지만 각 방법론의 세부 사항부터 파악하기보다는 먼저 아키텍처의 본질과 중요성을 먼저 이해하는 것이 중요하다. 1장에서는 이 책의 주제인 클린 아키텍처를 깊이 탐구하기에 앞서 소프트웨어 아키텍처의 정의, 소프트웨어 아키텍처가 비즈니스와 개발 과정에 미치는 영향, 아키텍처를 형성하는 주요 요소를 살펴본다. 또한 아키텍처가 개발자에게 미치는 실질적 영향을 분석함으로써 좋은 소프트웨어 설계의 기초를 다진다. 1장에서 다룬 내용은 후속 장에서 다루는 클린 아키텍처의 원리와 구현 예시를 효과적으로 이해하기 위한 전제 조건이다.

1.1 소프트웨어 아키텍처의 정의

소프트웨어 아키텍처는 소프트웨어 시스템의 전체 구조와 설계 원칙을 정의하는 개념이다. 소프트웨어 아키텍처는 시스템을 구성하는 주요 컴포넌트, 컴포넌트 간의 관계, 상호작용 방식, 그리고 시스템 전체에 적용되는 제약과 가이드라인을 포함한다. 아키텍처는 개발자들이 일관된 방향으로 시스템을 구축할 수 있도록 청사진을 제공하며, 코드를 작성하기 전에 시스템의 뼈대를 세우는 역할을 한다.

마치 건물을 짓기 전에 건축가가 설계 도면을 그리는 것처럼, 소프트웨어 아키텍처는 복잡한 시스템을 체계적으로 구축하기 위한 기본 틀과 규칙을 정의한다. 이 비유에서 설계 도면

이 건물의 안정성과 기능성을 보장하듯, 소프트웨어 아키텍처는 시스템의 안정성, 확장성, 유지보수성을 보장한다.

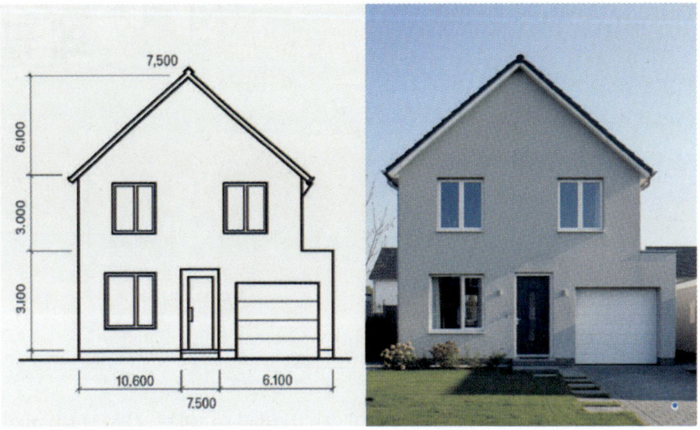

그림 1.1 설계 도면에 그려진 구조에 따라 지어진 건축물

소프트웨어 아키텍처에 대한 논의는 온라인 서비스 산업의 급속한 성장과 함께 본격화됐다. 시스템의 규모와 복잡도가 증가하면서 단순한 코드 작성만으로는 유지와 확장이 어려워졌기 때문이다. 이에 따라 체계적인 설계의 필요성이 강조되기 시작했다.

그렇다면 소프트웨어 아키텍처가 무엇을 중점으로 삼고, 어떤 목표를 추구하는지 살펴보자.

구조의 결정

아키텍처는 구현 단계 이전에 이뤄지는 고수준 결정으로, 초기 단계에서 올바른 선택을 하는 것이 중요하다. 한번 정해진 구조는 변경 비용이 크기 때문에 추후 수정을 최소화하도록 설계해야 한다. 물론 아키텍처가 영원히 불변하는 것은 아니다. 일부 요소는 유연하게 변형 가능하도록 설계할 수 있지만 핵심 구조의 변경은 전체 시스템에 큰 영향을 미칠 수 있다.

핵심 구조를 안정적으로 유지하기 위해서는 소프트웨어의 목표와 잠재적 확장 방향을 명확히 파악해야 한다. 가장 중요한 가치나 비즈니스 요구사항을 중심으로 구조를 설계하고, 부수적인 요소들을 그로부터 파생되도록 구성하는 것이 핵심이다. 이렇게 하면 변화에 대응하기 쉽고, 불필요한 대규모 수정이 줄어든다.

지식 공유

아키텍처는 개발 팀 내에서 시스템 지식을 공유하는 수단이기도 하다. 문서나 설명만으로는 한계가 있으며, 코드 업데이트를 실시간으로 반영하기 어렵다. 실제로 성공적인 프로젝트는 팀원들이 소프트웨어의 철학, 구조, 관련 지식을 공유할 때 지속된다. 아키텍처를 통해 이러한 지식을 명확히 전달하면 팀이 협업 효율이 높아지고 오해가 줄어든다.

이 두 가지 측면, 즉 구조의 결정과 지식 공유를 염두에 두고 소프트웨어 아키텍처를 탐구하면 좋은 아키텍처를 만들기 위한 고려사항을 더 깊이 이해할 수 있다. 다음 절에서는 이러한 아키텍처의 중요성을 구체적으로 논의한다.

1.2 좋은 소프트웨어 아키텍처의 중요성

좋은 소프트웨어 아키텍처를 설계하기 위한 첫걸음은 소프트웨어 품질이 비즈니스 성공과 밀접하게 연관된다는 점을 인식하는 것이다. 이를 이해하기 위해 좋은 소프트웨어의 필요성과 그 기반이 되는 아키텍처의 중요성을 단계적으로 살펴본다.

소프트웨어의 상품적 가치

소프트웨어는 고객에게 제공되는 상품이다. 상품의 가치는 기능뿐 아니라 품질에 의해 결정된다. 예를 들어, 동일한 디자인의 옷이 두 벌 있다고 가정하자. 하나는 5만 원, 다른 하나는 6만 원이다. 기능적으로 유사해 보이지만 6만 원짜리 옷이 더 많이 팔린다면 그 이유는 대개 품질의 차이(더 나은 소재나 마감)에 있다. 소프트웨어에서도 품질은 유사한 역할을 한다. 여기서 품질은 소프트웨어의 구조, 즉 아키텍처로 정의된다. 좋은 아키텍처는 안정성, 확장성, 유지보수성을 보장하며, 이는 고객 경험과 비즈니스 가치로 직결된다.

구조의 우선순위

《클린 아키텍처》를 쓴 로버트 마틴은 '기능보다 구조가 더 중요하다'고 강조했다. 이는 기능이 작동하지 않아도 된다는 의미가 아니라 구조가 잘 설계된 소프트웨어는 기능적 문제를 신속히 수정하거나 개선할 수 있다는 뜻이다. 그림 1.2의 디자인 스태미나 가설(Design Stamina Hypothesis)은 이를 시각적으로 보여준다. 초기에는 구조를 신경 쓰지 않은 빠른 개발이 효율적으로 보일 수 있다. 그러나 시간이 지남에 따라 좋은 아키텍처를 가진 소프트웨어는 기능 추가와 수정 속도가 유지되거나 향상되는 반면, 구조가 부실한 소프트웨어는 점점 느려지고 유지보수가 어려워진다.

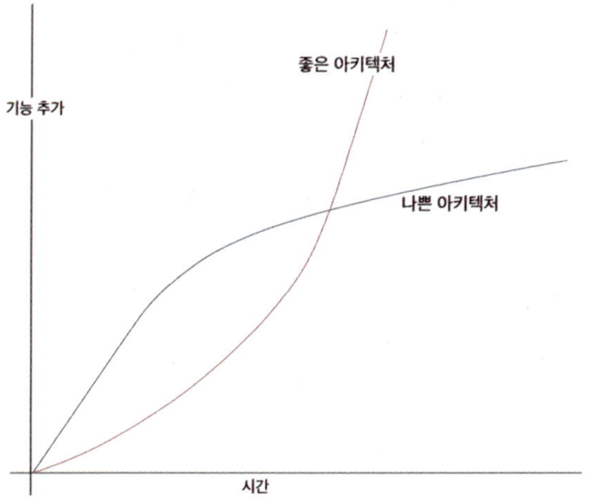

그림 1.2 마틴 파울러의 디자인 스태미나 가설을 나타낸 그래프

변경 가능성의 본질

소프트웨어의 본질은 변경 가능성에 있다. 지속 가능한 서비스는 한 번의 개발로 끝나지 않는다. 새로운 요구사항이 추가되고, 기능이 수정되거나 확장되며, 버그 수정과 성능 개선이 반복된다. 개발자의 주요 활동은 코드를 읽고, 이해하고, 수정하거나 추가하는 것이다. 이는 종종 다른 개발자가 작성한 코드를 다루거나, 심지어 자신이 과거에 작성한 코드를 다시 살펴보는 경우도 포함한다.

구조가 부실한 소프트웨어는 악순환을 초래한다. 새로운 기능을 추가할 때 어느 부분을 변경해야 할지 파악하기 어렵고, 한 부분의 변경이 예상치 못한 다른 부분에 영향을 미친다. 급하게 수정하다 보면 아키텍처가 무시되고, 코드가 점점 복잡한 스파게티 형태로 변질된다. 이는 유지보수 비용 증가와 개발 속도 저하로 이어진다. 반면, 좋은 아키텍처는 선순환을 만든다. 컴포넌트가 명확히 분리되고 의존성이 최소화된 구조는 변경 지점을 쉽게 파악하게 하며, 변경의 파급 효과를 예측 가능하게 한다. 코드가 개발의 플랫폼 역할을 함으로써 새로운 기능을 빠르게 추가할 수 있게 한다.

비즈니스 관점에서의 가치

좋은 아키텍처는 비즈니스 관점에서도 명확한 이점이 있다. 비즈니스 환경은 끊임없이 변화하며, 고객의 요구사항에 신속히 대응하는 것이 성공의 열쇠다. 소프트웨어가 부실한 구조로 인해 필요한 기능을 적시에 제공하지 못한다면 비즈니스 지속 가능성을 위협받는다. 좋은 아키텍처는 빠른 기능 개발과 배포를 가능케 함으로써 시장 경쟁력을 높인다.

개발자는 자신이 작업이 비즈니스에 미치는 영향을 인식해야 한다. 구조가 부실한 코드를 수정하는 어려움은 모든 개발자가 경험하는 문제다. 시간이 지나면 본인이 작성한 코드조차 이해하기 어려워질 수 있다. 좋은 아키텍처는 이러한 문제를 완화하고, 개발 효율성을 높여 비즈니스 민첩성을 강화한다.

민첩성을 위한 아키텍처의 진화

비즈니스 민첩성을 극대화하려면 좋은 아키텍처뿐 아니라 이를 뒷받침하는 프로세스가 필요하다. CI/CD(지속적 통합/지속적 배포)는 코드 변경을 자동으로 테스트하고 배포하는 파이프라인을 제공한다. 이를 통해 새로운 기능이나 버그 수정이 신속히 사용자에게 전달되며, 문제가 발생했을 때 빠르게 롤백할 수 있다. 이는 시장 피드백을 빠르게 반영하는 선순환을 만든다.

더 나아가, 컨테이너화는 배포 환경의 일관성을 보장한다. 개발과 운영 환경 간 차이로 인한 배포 지연이나 실패를 방지하고, 필요에 따라 시스템을 빠르게 확장하거나 축소할 수 있다. 이는 리소스 효율성을 높이고, 배포 속도를 가속화한다.

궁극적으로 마이크로서비스 아키텍처는 민첩성을 극대화한다. 비즈니스와 조직이 성장함에 따라 각 팀이 독립적으로 개발하고 배포할 수 있어야 한다. 마이크로서비스는 서비스 간 의존성을 최소화하고, 독립적 배포와 장애 격리를 가능케 해서 시스템 복원력을 높인다. 이는 대규모 조직에서 특히 중요하다.

좋은 아키텍처에서 CI/CD, 컨테이너화, 마이크로서비스로 이어지는 흐름은 독립적인 유행이 아니라, 비즈니스 민첩성을 위한 통합된 발전 과정이다. 각 단계는 이전 단계의 한계를 극복하며 더 높은 수준의 유연성과 효율성을 추구한다.

미래를 대비한 설계

좋은 아키텍처는 즉각적인 요구사항뿐 아니라 미래의 확장성을 고려한다. 예를 들어, 마이크로서비스로의 전환을 염두에 두고 기능을 격리하거나 의존성을 최소화하면 나중에 확장이 필요할 때 변경 비용이 줄어든다. 이는 단기적 효율성과 장기적 유연성 간의 균형을 유지하는 설계의 중요성을 보여준다.

좋은 소프트웨어 아키텍처는 단순히 기술적 설계를 넘어 비즈니스 성공과 개발 효율성을 보장하는 핵심 요소다. 다음 절에서는 아키텍처에 영향을 미치는 구체적인 요소들을 살펴본다.

1.3 아키텍처에 영향을 주는 요소

소프트웨어 아키텍처를 설계할 때 변경이 용이한 구조를 만드는 것이 중요하다. 하지만 어떤 방향으로 변경 가능성을 확보해야 하며, 어떤 목표를 기준으로 구조를 설계해야 하는지는 어떻게 결정할 수 있을까? 이번 절에서는 소프트웨어 아키텍처에 영향을 미치는 주요 요소들을 살펴본다.

실무적으로 아키텍처는 그림 1.3과 같이 이해관계자의 요구사항을 반영하는 과정에서 형성된다. 이해관계자는 고객, 마케팅 팀, 혹은 다른 부서일 수 있다. 이들의 요구사항은 아키텍처 설계의 방향성을 결정하는 핵심 요인으로, 크게 세 가지 범주로 나눌 수 있다.

- 기능 요구사항(functional requirements)
- 제한 요소(constraints)
- 품질 속성(quality attributes)

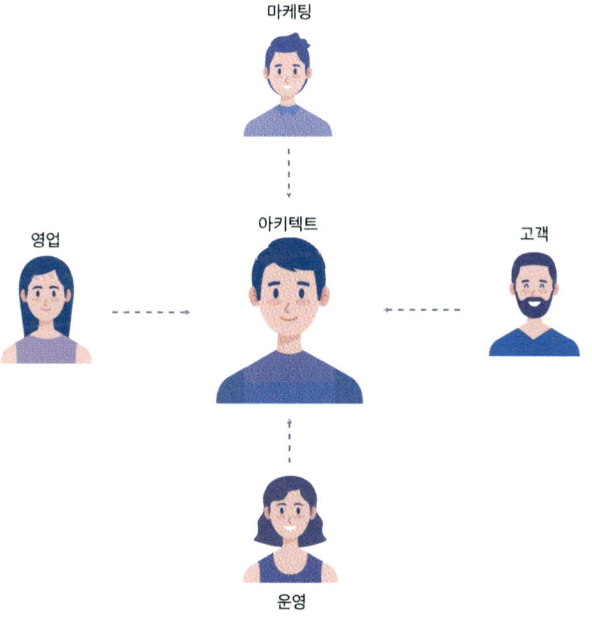

그림 1.3 소프트웨어 아키텍트와 이해관계자[1]

기능 요구사항

기능 요구사항은 시스템이 제공해야 하는 구체적인 기능을 정의한다. 예를 들어, '두 숫자의 합을 계산해 반환한다' 같은 요구사항이 여기에 해당한다. 기능 요구사항은 주로 시스템이 '무엇을' 해야 하는지를 다루며, '어떻게' 구현할지에 대한 세부 사항은 포함하지 않는다.

1 이 이미지는 아래 출처의 이미지를 사용해 제작했습니다.

- https://www.flaticon.com/kr/free-icon/girl_4202834
- https://www.flaticon.com/kr/free-icon/boy_4202839
- https://www.flaticon.com/kr/free-icon/man_4202835
- https://www.flaticon.com/kr/free-icon/boy_4202849
- https://www.flaticon.com/kr/free-icon/girl_4202832

따라서 기능 요구사항 자체는 아키텍처에 직접적인 영향을 미치지 않을 수 있다. 동일한 기능을 구현하더라도 함수 하나로 처리하거나 객체지향적으로 분리된 구조로 설계할 수 있는 것처럼, 구현 방식은 아키텍처의 선택에 따라 달라진다.

제한 요소

제한 요소는 시스템 설계와 구현에 영향을 미치는 제약조건을 의미한다. 이는 개발 일정, 예산, 하드웨어 자원, 혹은 기술 스택의 제한 등이 될 수 있다. 예를 들어, 메모리 자원이 제한적이라면 메모리 효율적인 코드 구조를 설계해야 하며, 짧은 개발 일정은 단순화된 아키텍처를 요구할 수 있다. 제한 요소는 기능 요구사항보다 아키텍처에 더 직접적인 영향을 미치며, 설계 시 현실적인 타협점을 찾는 데 중요한 역할을 한다.

품질 속성

세 가지 요소 중 아키텍처에 가장 큰 영향을 미치는 것은 품질 속성이다. 품질 속성은 소프트웨어가 충족해야 하는 비기능적 요구사항으로, 시스템의 성능, 확장성, 유지보수성 등을 정의한다. 소프트웨어의 목적과 비즈니스 목표에 따라 어떤 품질 속성을 우선순위로 둘지 결정되며, 이는 아키텍처 설계의 핵심 방향성을 형성한다.

예를 들어, 도서관 시스템을 개발하며 '새로운 책을 추가할 때 기존 코드를 수정하지 않아야 한다'는 품질 속성이 있다면 이를 충족하기 위해 확장 가능한 구조를 도입해야 한다. 일반적인 품질 속성의 예시는 다음과 같다.

- **가용성(Availability)**: 시스템 다운타임이 연간 1분 미만이어야 한다.
- **성능(Performance)**: API 평균 응답 시간이 100ms 이하여야 한다.
- **확장성(Scalability)**: 100만 대의 디바이스를 성능 저하 없이 지원해야 한다.
- **변경 용이성(Modifiability)**: 수정에 필요한 노력을 최소화해야 한다.
- **유지보수성(Maintainability)**: 장애 발생 시 1시간 내 인지, 3시간 내 복구가 가능해야 한다.
- **테스트 용이성(Testability)**: 비즈니스 로직 코드의 단위 테스트 커버리지가 90% 이상이어야 한다.

아키텍처 설계의 기준

결론적으로, 아키텍처는 기능 요구사항, 제한 요소, 품질 속성을 종합적으로 고려해서 설계된다. 이 과정에서 이해관계자의 요구를 명확히 파악하고, 비즈니스 목표와 기술적 제약 간의 균형을 유지하는 것이 핵심이다.

1.4 의도를 드러내는 아키텍처

앞에서 좋은 아키텍처의 비즈니스적 중요성과 아키텍처를 형성하는 요소들을 살펴봤다. 그렇다면 좋은 아키텍처를 실제로 설계하고 유지하려면 무엇이 필요할까? 핵심은 아키텍처가 시스템의 의도를 명확히 드러내는 것이다.

아키텍처의 의도가 명확하다는 것은 시스템의 구조를 통해 그 목적과 비즈니스 가치를 직관적으로 파악할 수 있음을 뜻한다. 이는 문서나 주석만으로 달성되지 않는다. 코드와 구조 자체가 비즈니스 도메인을 명확히 표현해야 한다. 예를 들어, 온라인 쇼핑몰 시스템의 아키텍처는 '주문', '결제', '배송', '상품 관리'와 같은 비즈니스 개념을 중심으로 구성돼야 한다. 반면 DatabaseManager, HttpClient, CacheHandler 같은 기술적 세부사항은 보조적이고 교체 가능한 요소로 다뤄져야 한다. 비즈니스 로직이 우선순위를 가지며, 기술적 구현은 이를 뒷받침하는 역할로 설계된다.

단순성과 지속성

아키텍처는 단순하고 이해하기 쉬워야 지속성을 띤다. 복잡한 구조는 초기에는 정교해 보일지라도 시간이 지나면서 원래 의도를 잃기 쉽다. 새로운 팀원이 합류하거나 기존 개발자가 오래된 코드를 다시 볼 때 복잡한 구조는 이해하기 어렵게 만든다. 이를 방지하려면 시스템의 구성 요소를 성격에 따라 명확히 분리하고, 각 요소 간의 관계와 의존성을 직관적으로 정의해야 한다. 비즈니스 로직은 비즈니스 로직끼리, 인프라 코드는 인프라끼리, UI는 UI끼리 묶되, 이들 간의 경계가 명확해야 한다.

복잡한 구조는 혼란을 초래한다. 예를 들어, 비즈니스 로직과 데이터베이스 접근 코드가 뒤섞인 시스템은 특정 기능을 수정하려 할 때 어디서부터 손대야 할지 파악하기 어렵다. 이는 유지보수 비용을 증가시키고, 변경 속도를 늦춘다.

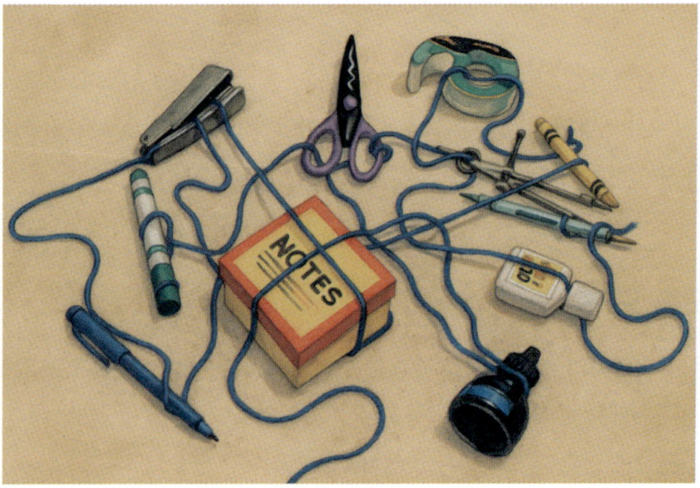

그림 1.4 복잡하고 무질서한 구조

일관성의 중요성

'기능은 돌아가는데요?'라는 질문은 아키텍처 관점에서 위험한 신호다. 단기적으로 동작하더라도 아키텍처의 일관성을 무시하고 임시방편으로 코드를 작성하면 시스템은 점차 스파게티 코드로 변질된다. 이는 변경 용이성과 유지보수성을 해치며, 장기적으로 비즈니스 민첩성을 저해한다. 아키텍처의 일관성을 유지하려면 비즈니스 의도를 중심으로 설계된 구조를 고수하고, 이를 팀 전체가 공유해야 한다.

격리와 변경 관리

의도가 명확한 아키텍처는 변경, 장애, 혹은 보안 사고 발생 시 그 영향 범위를 효과적으로 관리할 수 있게 한다. 인터페이스를 통해 컴포넌트 간의 경계를 명확히 구분하면 특정 부분의 변경이 다른 영역에 불필요한 영향을 미치지 않는다. 예를 들어, 결제 시스템을 외부 서비스에서 내부 구현으로 전환할 때 잘 설계된 아키텍처라면 결제 인터페이스를 구현하는 부분만 수정하면 된다. 주문이나 배송 같은 다른 비즈니스 로직은 변경 없이 그대로 유지된다. 이는 결합도를 낮추고, 변경의 파급 효과를 최소화한다.

살아있는 아키텍처

아키텍처는 정적인 설계도가 아니다. 비즈니스 요구사항과 환경이 변화함에 따라 아키텍처도 진화해야 한다. 하지만 그 과정에서 원래의 의도와 일관성을 잃지 않도록 주의해야 한다. 새로운 기능을 추가하거나 기존 기능을 수정할 때마다 '이 변경이 아키텍처의 원칙과 부합하는가?'를 검토해야 한다. 이를 위해 아키텍처의 설계 원칙과 비즈니스 의도는 팀 전체에 지속적으로 공유돼야 한다.

변경에 대한 용기

TDD(Test-Driven Development)가 테스트를 통해 코드 변경에 대한 자신감을 제공하듯, 명확한 아키텍처는 개발자가 구조적 변경을 자신 있게 수행할 수 있게 한다. 시스템의 규칙과 경계가 명확할 때 개발자는 필요한 수정이 전체 시스템에 미치는 영향을 예측하고 필요한 부분만 정확히 변경할 수 있다. 이는 장애 격리와 복구 속도 향상에도 기여한다.

결국, 의도를 드러내는 아키텍처는 비즈니스의 본질을 코드 구조에 투영하며, 변경에 유연하게 대응할 수 있는 시스템을 만든다. 이는 기술적 우수성을 넘어 지속 가능한 소프트웨어 개발의 핵심이다.

1.5 아키텍처가 개발자에게 주는 영향

좋은 소프트웨어 아키텍처는 시스템의 품질과 비즈니스 가치를 높일 뿐 아니라 코드를 작성하고 유지하는 개발자의 업무 경험에 직접적인 영향을 미친다. 이는 개발 생산성, 팀 협업, 그리고 업무 만족도에까지 긍정적인 변화를 가져온다.

변경의 명확성과 효율성

잘 설계된 아키텍처는 새로운 요구사항이나 수정 요청이 발생했을 때 변경이 필요한 지점을 직관적으로 파악할 수 있게 한다. 컴포넌트 간 경계가 명확하고 의존성이 체계적으로 관리되기 때문에 변경의 영향 범위를 쉽게 예측하고 필요한 부분만 정확히 수정할 수 있다. 이는 개발 속도를 높이고 변경으로 인한 버그 발생 가능성을 줄인다. 반면, 구조가 부실한 시스템에서는 수정해야 할 지점을 찾는 데 시간이 걸리고, 의도치 않은 파급 효과로 인해 추가적인 디버깅이 필요하다.

개발자의 자신감과 만족도

깔끔하고 직관적인 코드베이스에서 작업하는 것은 개발자에게 자신감을 심어준다. 명확한 구조는 코드 작성과 리팩터링을 두려움 없이 수행할 수 있게 하며, 이는 업무 만족도와 직결된다. 반대로, 복잡하고 얽힌 코드베이스는 스트레스를 유발하고, 개발자가 자신의 작업에 확신을 갖기 어렵게 만든다. 좋은 아키텍처는 개발자가 자신의 코드에 자부심을 느끼고, 창의적이고 효율적으로 문제에 접근할 수 있는 환경을 제공한다.

팀 협업의 향상

아키텍처가 명확하면 팀원 간 의사소통과 협업이 원활해진다. 공통된 구조와 설계 원칙을 공유하면 코드 리뷰나 기술 논의가 더 생산적으로 이뤄진다. 예를 들어, 특정 기능의 구현 방식을 논의할 때 모두가 동일한 아키텍처적 맥락을 이해하고 있으면 불필요한 오해가 줄어든다. 또한 새로운 팀원이 합류했을 때 온보딩 과정이 간소화된다. 명확한 구조는 시스템의 전반적인 흐름을 빠르게 파악할 수 있게 함으로써 신규 개발자가 조기에 기여할 수 있도록 돕는다.

장기적 생산성

좋은 아키텍처는 단기적인 개발 속도뿐 아니라 장기적인 생산성을 보장한다. 시스템이 지속적으로 성장하고 요구사항이 변화하더라도 체계적인 구조는 유지보수와 확장을 용이하게 한다. 이는 개발자가 반복적인 문제 해결에 시간을 낭비하지 않고, 새로운 가치를 창출하는 데 집중할 수 있게 한다. 또한 테스트 용이성이 높은 구조는 자동화된 테스트를 통해 코드의 안정성을 보장하며, 리팩터링이나 기능을 추가할 때 안심하고 작업할 수 있는 안전망을 제공한다.

이처럼 좋은 소프트웨어 아키텍처는 단순히 기술적 설계의 우수성을 넘어 개발자의 업무 환경과 생산성을 근본적으로 개선한다. 명확한 구조는 효율적인 작업, 원활한 협업, 높은 만족도를 가능하게 하며, 이는 지속 가능한 소프트웨어 개발의 토대가 된다. 다음 절에서는 이번 장의 내용을 정리하며 좋은 아키텍처의 핵심을 되짚어본다.

1.6 정리

1장에서는 소프트웨어 아키텍처의 본질과 그 중요성을 탐구하며, 좋은 아키텍처가 비즈니스와 개발자 모두에게 미치는 영향을 살펴봤다. 소프트웨어 아키텍처는 시스템의 구조와 설계 원칙을 정의하는 청사진으로, 단순한 기술적 설계를 넘어 비즈니스 목표 달성과 개발 효율성을 보장한다.

좋은 아키텍처는 비즈니스 요구사항을 명확히 반영하고, 변경에 유연하게 대응하며, 시스템의 의도를 직관적으로 드러낸다. 이는 이해관계자의 요구사항—기능 요구사항, 제한 요소, 품질 속성—을 체계적으로 반영해서 설계된다. 특히 품질 속성은 아키텍처의 방향성을 결정하는 핵심 요소로, 정량화된 목표(예: 'API 응답시간 100ms 이하')를 통해 명확히 정의해야 한다. 이러한 목표는 시스템의 성능, 확장성, 유지보수성을 보장하며, 개발자가 자신감과 효율성을 가지고 작업할 수 있는 환경을 제공한다.

아키텍처는 정적인 설계도가 아니라, 비즈니스와 요구사항의 변화에 따라 지속적으로 진화하는 살아있는 구조다. 이 과정에서 일관된 의도와 원칙을 유지하는 것이 중요하며, 이를 통해 팀 협업과 생산성이 향상된다. 좋은 아키텍처는 개발자의 업무 만족도를 높이고, 비즈니스 민첩성을 강화하며, 장기적인 시스템 지속 가능성을 보장한다.

다음 장에서는 품질 속성의 구체적인 유형과 이를 정의하고 측정하는 방법을 깊이 탐구하며, 좋은 아키텍처를 구현하기 위한 실질적인 기반을 다룬다.

02

품질 속성

소프트웨어 아키텍처의 가치를 평가하는 핵심 기준은 바로 품질 속성(quality attributes)이다. 1장에서 소프트웨어 아키텍처가 시스템의 구조와 비즈니스 목표를 연결하는 역할을 한다는 점을 살펴봤다. 특히 품질 속성은 소프트웨어가 단순히 기능을 수행하는 것을 넘어 안정성, 확장성, 유지보수성 같은 비기능적 요구사항을 충족하며 비즈니스 성공에 기여한다. 이러한 품질 속성은 개발, 배포, 유지보수, 확장에 이르는 소프트웨어의 생명 주기 전반에 걸쳐 중요한 역할을 한다.

이번 장에서는 품질 속성의 정의와 그 역할, 구체적인 시나리오와 예시를 통해 품질이 아키텍처 설계에 미치는 영향을 탐구한다. 그리고 클린 아키텍처가 중요하게 여기는 품질 속성들을 살펴본다. 이러한 품질 속성에 대한 이해는 후속 장에서 다룰 클린 아키텍처의 이론과 구조를 좀 더 명확하게 이해하는 데 필수적인 기반이 될 것이다.

2.1 품질 속성의 정의와 역할

품질 속성은 소프트웨어 시스템의 비기능적 특성을 정의하며, 시스템이 이해관계자의 요구를 얼마나 효과적으로 충족하는지를 평가하는 기준이다. 1장에서 언급했듯이, 품질 속성은 기능 요구사항(시스템이 **무엇**을 해야 하는지)과 달리, 시스템이 **어떻게** 동작해야 하는지를 나타낸다. 예를 들어, 온라인 도서 대출 시스템에서 '도서 대출 요청을 처리한다'가 기능 요구사항이라면 '요청 처리 시간이 100ms 이하여야 한다'는 품질 속성(성능)에 해당한다.

품질 속성의 정의

품질 속성은 소프트웨어의 성능, 확장성, 유지보수성, 테스트 용이성, 보안성 등 시스템의 전반적인 품질을 결정하는 비기능적 요구사항이다. 이는 ISO/IEC 25010과 같은 국제 표준에서 체계적으로 정의된다. ISO/IEC 25010은 소프트웨어 품질을 평가하기 위한 대표적인 프레임워크로, 다음과 같은 주요 품질 속성을 포함한다.

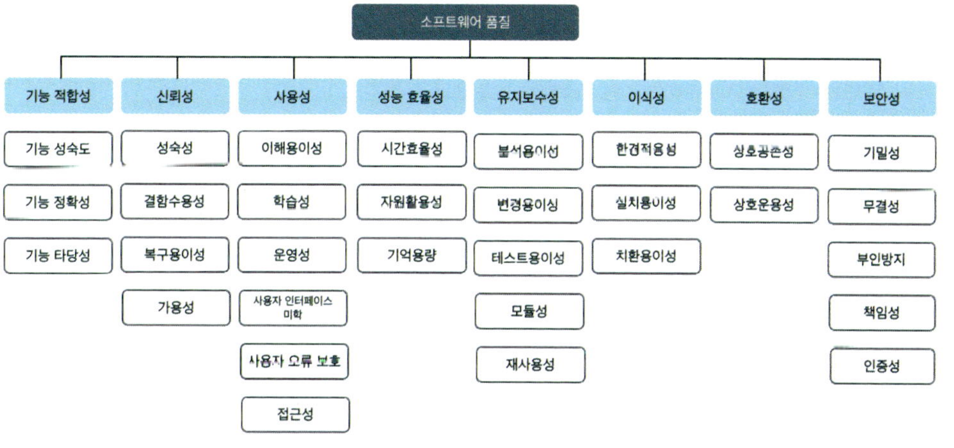

그림 2.1 ISO/IEC 25010이 포함하는 품질 속성

- **기능 적합성**: 시스템이 사용자의 업무 요구를 얼마나 정확하게 충족하는지에 대한 정보
- **성능 효율성**: 시스템이 자원을 효율적으로 사용해 요구된 작업을 수행하는 능력
- **신뢰성**: 장애 없이 안정적으로 동작하는 능력
- **유지보수성**: 코드 수정과 유지보수가 얼마나 쉬운가
- **사용성**: 사용자 경험이 직관적이고 효율적인가
- **보안성**: 데이터와 시스템을 보호하는 능력
- **호환성 및 이식성**: 다른 시스템이나 환경과의 상호작용 및 이식 용이성

그러나 ISO/IEC 25010은 포괄적 가이드일 뿐, 모든 시스템에 반드시 적용해야 하는 규범은 아니다. 개발하려는 시스템의 맥락에 따라 표준에 없는 품질 속성을 정의할 수도 있다. 예를 들어, 실시간 채팅 애플리케이션에서는 '메시지 지연 시간 최소화' 같은 특정 품질 속성이 더 중요할 수 있다.

품질 속성의 역할

품질 속성은 소프트웨어 아키텍처 설계의 방향성을 결정하는 핵심 요소다. 선택한 품질 속성에 따라 아키텍처의 구조가 달라진다. 예를 들어, 테스트 가능성을 우선시하면 모듈화와 의존성 분리가 강조되고, 확장성을 중시하면 마이크로서비스 같은 구조가 적합할 수 있다. 이러한 결정은 소프트웨어 생명 주기 전반에 걸쳐 영향을 미친다.

- **개발 단계**: 품질 속성은 설계 초기부터 코드 구조와 기술 스택 선택에 영향을 준다. 예를 들어, 높은 보안성을 목표로 하면 인증/인가 모듈을 핵심 컴포넌트로 설계해야 한다.
- **유지보수 단계**: 유지보수성이 높은 시스템은 새로운 요구사항이나 버그 수정 시 변경 비용을 줄인다.
- **확장 단계**: 확장성을 고려한 아키텍처는 사용자 증가나 기능 추가에 유연하게 대응한다.

품질 속성은 단순히 기술적 요구사항을 넘어 비즈니스 경쟁력을 제공한다. 예를 들어, 빠른 응답 시간(성능)은 고객 만족도를 높이고, 높은 가용성은 서비스 중단으로 인한 매출 손실을 방지한다. 반대로 품질 속성을 간과하면 비즈니스 지속 가능성이 위협받는다. 부실한 유지보수성은 새로운 기능을 추가할 때마다 개발 비용을 증가시키고, 낮은 보안성은 데이터 유출로 이어질 수 있다.

정량적 요구사항의 중요성

품질 속성을 효과적으로 관리하려면 요구사항을 정량적으로 정의해야 한다. 예를 들어, '시스템이 안정적이어야 한다'라는 모호한 목표 대신 '연간 다운타임이 1분 미만이어야 한다'처럼 구체적으로 설정한다. 이는 개발 과정에서 테스트와 검증을 통해 목표 달성 여부를 명확히 판단할 수 있게 하며, 이해관계자와의 협의를 용이하게 한다. 정량적 품질 속성은 아키텍처 설계뿐 아니라 구현, 배포, 모니터링 단계에서도 품질을 지속적으로 보장하는 가이드라인 역할을 한다.

2.2 품질 속성 시나리오와 예시

앞서 2.1절에서 언급한 바와 같이 품질 속성을 시스템에 효과적으로 반영하려면 정량적이고 구체적인 기준이 필요하다. '시스템이 빠르거나 변경이 쉬워야 한다' 같은 모호한 표현은 주관적으로 검증할 수밖에 없어 실질적인 기준이 없는 것과 마찬가지다. 이를 해결하기 위해 품질 속성 시나리오(quality attribute scenario)를 사용한다. 품질 속성 시나리오는 품질 요구사항을 체계적으로 정의하고 측정 가능한 형태로 표현하는 소프트웨어 공학의 표준 도구다.

품질 속성 시나리오의 구성

품질 속성 시나리오는 6개의 구성 요소로 이뤄져 있으며, 자극이 발생하는 맥락부터 시스템의 응답과 측정 기준까지를 명확히 정의한다. 이 구조는 추상적인 품질 속성을 실행 가능한 요구사항으로 변환하는 데 핵심적이다.

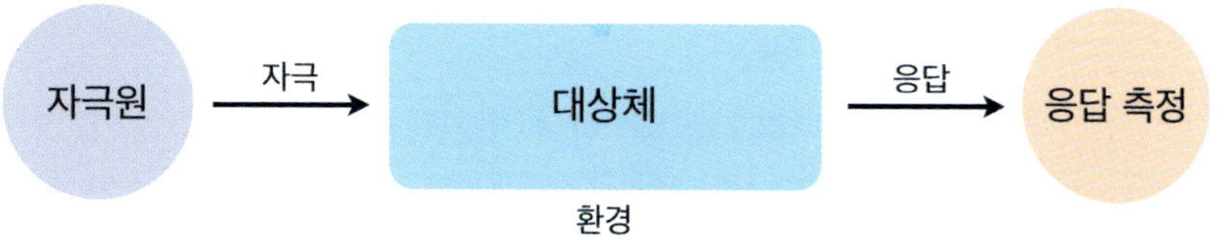

그림 2.2 품질 속성 시나리오의 구성 요소

다음은 각 구성 요소의 설명이다.

- **환경**(Environment)

  자극이 발생하는 시스템의 상태를 명시한다. 정상 운영, 과부하, 또는 특정 시간대 등이며, 환경에 따라 동일한 자극에 대한 응답이 달라질 수 있다.

  예시: 월말 결산 시간대, 서버 유지보수 중

- **자극원**(Source of Stimulus)

  자극을 유발하는 주체로, 사용자, 외부 시스템, 내부 컴포넌트, 또는 이벤트(예: 타이머) 등이 여기에 해당한다. 자극원을 명확히 하면 시스템이 처리해야 할 입력의 성격을 파악할 수 있다.

  예시: 도서관 웹 사용자, 외부 결제 시스템

- **자극**(Stimulus)

  시스템이 반응해야 하는 구체적인 이벤트다. 사용자 요청, 오류, 또는 부하 증가 등이며, 발생 빈도나 패턴을 포함하면 더 정밀하다.

  예시: 도서 검색 요청, 서버 다운 이벤트

- **대상체(Artifact)**

  자극의 영향을 받는 시스템의 특정 부분으로, 전체 시스템이나 서브시스템 또는 컴포넌트일 수 있다. 범위를 한정해 품질 요구사항의 적용 대상을 명확히 한다.

  예시: 도서 검색 API, 데이터베이스 모듈

- **응답(Response)**

  자극에 대한 시스템의 행동을 기술한다. 오류 처리, 데이터 반환, 부하 분산 등 품질 속성과 관련된 동작을 포함한다.

  예시: 검색 결과 표시, 오류 로그 기록 및 사용자 알림

- **응답 측정(Response Measure)**

  응답의 성공 여부를 평가하는 정량적 기준으로, 시간, 처리량, 백분율 등으로 표현된다.

  예시: 응답 시간 1초 이내, 가용성 99.9% 이상

이 요소들이 조합되어 다양한 시나리오를 생성하며, 아키텍처 설계와 검증의 기반이 된다.

주요 품질 속성 시나리오 예시

품질 속성 시나리오는 여러 품질 속성에 적용 가능하다. 아래 표는 가용성, 성능, 확장성, 유지보수성에 대한 시나리오 예시를 요약하며, 온라인 도서 대출 시스템을 기반으로 아키텍처 영향을 설명한다.

표 2.1은 품질 속성 시나리오의 예시와 품질 속성이 아키텍처 설계에 미치는 구체적 영향을 보여준다. 예를 들어, 성능을 위해 캐싱을 추가하면 유지보수성이 저하될 수 있어 설계 시 우선순위를 고려해야 한다.

표 2.1 품질 속성 시나리오 예시

품질 속성	시나리오 예시	아키텍처 영향
가용성 (Availability)	▪ 환경: 학기 초 등록 기간(동시 사용자 1,000명) ▪ 자극원: 서버 장애 ▪ 자극: 데이터베이스 연결 실패 ▪ 대상체: 도서 대출 서비스 ▪ 응답: 자동 페일오버로 백업 서버 전환 ▪ 응답 측정: 다운타임 20초 이내	리던던시(중복 서버)와 자동 복구 메커니즘을 설계해야 하며, 이는 비용을 증가시키지만 서비스 연속성을 보장한다.

품질 속성	시나리오 예시	아키텍처 영향
성능 (Performance)	▪ 환경: 일반 운영 시간 ▪ 자극원: 웹 사용자 ▪ 자극: 도서 검색 요청 ▪ 대상체: 검색 API ▪ 응답: 검색 결과 반환 ▪ 응답 측정: 평균 1초 이내, 95% 백분위수 1.5초 이내	인덱싱과 캐싱을 위한 데이터베이스 최적화 및 계층 분리가 필요하며, 이는 지연을 줄이지만 설계 복잡성을 높일 수 있다.
확장성 (Scalability)	▪ 환경: 신규 사용자 급증(월간 5배) ▪ 자극원: 신학기 캠페인 ▪ 자극: 대출 요청 증가 ▪ 대상체: 전체 시스템 ▪ 응답: 부하 분산 및 스케일 아웃 ▪ 응답 측정: 500 TPS 처리 가능	모듈화와 마이크로서비스 구조를 도입. 의존성 최소화가 필수적이다.
유지보수성 (Maintainability)	▪ 환경: 개발 중 ▪ 자극원: 개발자 ▪ 자극: 새로운 예약 기능 추가 ▪ 내상체: 비즈니스 로직 계층 ▪ 응답: 기존 코드 수정 없이 통합 ▪ 응답 측정: 변경 코드 50줄 이내	인터페이스 기반 계층 분리와 의존성 역전 원칙 적용으로 변경 비용을 최소화한다.

실무 적용: 온라인 도서 대출 시스템의 응답 시간 시나리오

성능 품질 속성을 더 깊이 이해하기 위해 온라인 도서 대출 시스템의 응답 시간 시나리오를 예로 살펴보자. 도서 검색 기능은 사용자 경험에 직접적인 영향을 미치며, 지연이 길어지면 사용자 만족도가 급격히 떨어진다. 연구에 따르면 1초 이상의 응답 지연은 사용자의 집중력을 저하시킬 수 있다.

<시나리오 예시>

"학기 초 일반 운영 시간(09:00~17:00)에 웹 사용자가 도서 제목으로 검색을 요청하면 시스템은 평균 1초 이내에 검색 결과를 표시해야 한다. 전체 요청의 95%는 1.5초 이내에 처리돼야 하며, 최대 2초를 초과하지 않아야 한다."

이 시나리오를 6가지 구성 요소로 나누면 다음과 같다.

- **환경**: 학기 초 일반 운영 시간(09:00~17:00), 동시 접속자 300명, 분당 검색 요청 100건
- **자극원**: 웹 애플리케이션 사용자(학생 또는 교직원)
- **자극**: 도서 제목 검색 요청(검색어 입력 후 검색 버튼 클릭)
- **대상체**: 도서 검색 API 및 데이터베이스 계층
- **응답**: 검색어 검증, 데이터베이스 조회, 검색 결과 정렬 및 반환
- **응답 측정**: 평균 응답 시간 1초 이내, 95번째 백분위수 1.5초 이내, 최대 허용 시간 2초, 1.5초 이내 처리율 95% 이상

이 시나리오는 개발 생명 주기 전반에 걸쳐 활용된다. 설계 단계에서는 데이터베이스 인덱싱, 캐싱(예: Redis), 또는 비동기 처리 같은 기법을 검토한다. 구현 단계에서는 성능 테스트(예: LoadRunner)를 통해 요구사항 충족 여부를 확인하고, 배포 후 모니터링 도구로 지속적 검증을 수행한다. 이러한 접근은 클린 아키텍처의 계층화와 의존성 관리로 품질 속성을 달성하는 데 기여한다.

2.3 클린 아키텍처에서 중시하는 품질 속성

이 책의 주제인 클린 아키텍처는 소프트웨어 아키텍처 설계에서 다양한 품질 속성을 고려하지만 특히 테스트 용이성(testability)과 변경 용이성(modifiability)을 중점적으로 고려한다. 이러한 속성은 소프트웨어의 장기적인 유지보수성과 유연성을 보장하며, 클린 아키텍처의 핵심 원리인 계층 분리와 의존성 역전을 통해 달성된다. 여기서는 각 품질 속성의 정의와 중요성을 설명하고, 품질 속성 시나리오 예시를 구체적으로 살펴본다. 또한 설계 및 검증 과정에서 고려할 관점을 논의하며, 클린 아키텍처가 어떻게 이러한 속성을 지원하는지 힌트를 제시한다. 이는 후속 장에서 다룰 코드 구조와 구현(예: 의존성 관리, 다형성)에 미치는 영향을 미리 이해하는 데 도움이 될 것이다.

테스트 용이성

테스트 용이성은 소프트웨어 시스템이 결함을 식별하고 기능 및 비기능적 요구사항을 검증하기 위해 테스트를 얼마나 쉽게 수행할 수 있는지를 나타내는 품질 속성이다. 이는 시스템

의 동작 관찰, 입력 제어, 출력 검증 능력과 직접적으로 연결되며, 테스트 설계 · 실행 · 분석의 효율성을 높인다. 결과적으로 테스트 시간이 단축되고 비용이 절감되며, 전체 시스템 품질이 향상된다.

테스트 용이성은 복잡한 시스템이나 요구사항이 자주 변하는 환경에서 특히 중요하다. 잘 설계된 테스트는 코드 변경 시 사이드 이펙트를 빠르게 탐지해서 아키텍처의 무결성을 유지한다. 반대로 테스트 용이성이 낮으면 변경이 위험해져 스파게티 코드로 이어질 수 있다. 소프트웨어 개발 비용 중 테스트가 보통 15~40%를 차지한다고 알려져 있다. 따라서 테스트를 쉽게 작성 · 유지할 수 있는 구조는 더 높은 커버리지를 가능하게 하며, 시스템 안정성을 강화한다. 테스트 용이성과 관련된 품질 속성의 구성 요소와 예시를 표 2.2에 정리했다.

표 2.2 테스트 용이성 품질 속성의 구성 요소와 예시

요소	설명	가능한 예시
자극원	테스트를 유발하는 주체	테스트 엔지니어, 개발자, QA 팀
자극	테스트 실행 요청	단위 테스트, 통합 테스트, 회귀 테스트, 성능 테스트
환경	시스템 상태	개발/테스트/운영 환경에서 동작 중
대상체	테스트 대상	소프트웨어 코드, 모듈, API, 데이터베이스, 로그 파일
응답	시스템의 테스트 처리 및 결과 제공	테스트 입력 처리, 명확하고 재현 가능한 결과 출력
응답 측정	성공 기준	▪ 테스트 실행 시간: 1시간 이내 ▪ 코드 커버리지: 90% 이상 ▪ 결함 탐지율: 95% 이상 ▪ 테스트 자동화 비율: 80% 이상 ▪ 테스트 결과 재현 가능성: 100%

<시나리오 예시>

"테스트 엔지니어가 온라인 도서 대출 시스템의 도서 검색 모듈에 대해 단위 테스트를 실행한다. 시스템은 테스트 환경에서 동작 중이며, 대상은 독립적인 비즈니스 로직 모듈이다. 시스템은 모킹된 외부 의존성을 통해 입력을 처리하고, 상세 로그와 보고서를 통해 결과를 제공한다. 테스트는 1시간 이내에 완료되며, 코드 커버리지는 90% 이상, 결함 탐지율은 95% 이상이어야 한다. 테스트의 80% 이상은 자동화되며, 결과는 100% 재현 가능해야 한다."

테스트 용이성 시나리오의 설계 및 검증

테스트 용이성을 보장하면 아키텍처 구조가 모듈화되고 의존성이 명확해져 전체 시스템의 안정성과 확장성이 향상된다. 예를 들어, 도서 검색 모듈을 테스트할 때 외부 데이터베이스 의존성을 모킹하면 비즈니스 로직에 집중할 수 있으며, 이는 변경 시 버그를 최소화한다. 클린 아키텍처는 비즈니스 로직을 외부 시스템과 분리해서 독립적인 테스트를 가능하게 하며, 계층 분리와 의존성 역전 원리를 통해 테스트 환경을 간소화한다.

구체적인 설계 원칙은 다음과 같다.

1. **모듈화와 인터페이스**: 시스템을 독립 모듈로 분리하고 인터페이스로 입력/출력을 제어. 이는 테스트 시나리오를 단순화한다.
2. **모킹과 스텁**: 외부 의존성을 모킹해 비즈니스 로직 테스트에 집중. 예: 도서 대출 모듈에서 데이터베이스를 스텁으로 대체
3. **관찰 가능성**: 상세 로깅과 메트릭으로 내부 상태 관찰. 예: 검색 모듈에서 쿼리 실행 로그 기록
4. **테스트 자동화**: 파이썬의 unittest나 pytest 같은 도구로 단위/통합 테스트를 자동화하고 재현성을 높임

검증 과정에서는 시나리오의 응답 측정 기준(예: 커버리지, 실행 시간)을 평가한다. 테스트 보고서는 그림 2.3과 같이 차트와 통계로 이해관계자에게 전달돼야 하며, 이는 아키텍처 유지에 기여한다.

Test Coverage Report

Total Coverage: 92.3% (1234/1337 statements)

Module	Statements	Missed	Coverage
src/api.py	150	10	93.3%
src/models.py	200	5	97.5%
src/utils.py	180	18	90%
tests/test_api.py	100	0	100%
tests/test_models.py	180	1	99.4%

Generated by: pytest 7.4.0 with pytest-cov 4.0.0 and coverage 5.3.1
Environment: Python 3.9.6, Platform: Linux-5.4.0
Date: 2024-03-15 10:25 AM

그림 2.3 테스트 커버리지 보고서 예시

변경 용이성

변경 용이성은 소프트웨어가 새로운 요구사항, 환경 변화, 또는 결함 수정에 따라 수정 · 확장 · 재구성될 수 있는 능력을 의미한다. 이는 유지보수성과 직접 연결되며, 기능 추가, 버그 수정, 성능 최적화, 또는 외부 변화(예: 새 규제나 기술)에 대한 적응성을 포함한다. 변경 용이성이 높으면 수정 비용과 시간이 줄고 시스템 안정성이 유지된다.

변경 용이성은 빠르게 변하는 비즈니스와 기술 환경에서 필수적이다. 특히 클라우드 서비스, 오픈소스, LLM 같은 외부 요소를 활용하는 시대에 특정 기술에 종속(lock-in)되지 않고 유연하게 전환할 수 있도록 설계하는 것이 중요하다.

변경 용이성에 대한 품질 속성 시나리오

아래 표 2.3은 변경 용이성 시나리오의 구성 요소와 예시를 보여준다.

표 2.3 변경 용이성 품질 속성의 구성 요소와 예시

요소	설명	가능한 예시
자극원	변경 요청 주체	개발자, 유지보수 담당자, 고객, 규제 기관
자극	변경 요청 유형	새로운 기능 추가, 기능 수정, 성능 최적화, 외부 인터페이스 변경
환경	시스템 상태	정상 운영 중 또는 특정 모듈 활성화
대상체	변경 대상	코드, 컴포넌트, 데이터베이스 스키마, 설정 파일
응답	변경 구현 방식	다른 부분에 주는 영향을 최소한으로 해서 구현
응답 측정	성공 기준	▪ 구현 시간: 2주 이내 ▪ 비용: 예산 5% 미만 ▪ 변경 후 안정성: 기존 요구사항 유지 ▪ 테스트 커버리지: 95% 이상

<시나리오 예시>

"개발자가 온라인 도서 대출 시스템에 새로운 예약 기능을 추가한다. 시스템은 정상 운영 중이며, 변경은 클린 아키텍처의 비즈니스 로직 모듈에 적용된다. 변경은 다른 모듈에 영향을 주지 않고 구현되며, 시간은 2주 이내, 비용은 예산의 5% 미만이어야 한다. 변경 후 성능(응답 시간 1초 이내)과 신뢰성(99.9% 가용성)이 유지되며, 테스트 커버리지는 95% 이상이어야 한다."

변경 용이성 시나리오의 설계 및 검증

변경 용이성은 아키텍처 구조를 유연하게 만들어 새로운 기능을 추가할 때 전체 시스템을 재설계하지 않고도 대응할 수 있게 한다. 예를 들어, 도서 대출 시스템에서 새로운 검색 알고리즘을 추가할 때 모듈화된 구조라면 비즈니스 로직만 수정하면 된다. 클린 아키텍처는 비즈니스 로직을 외부(예: 특정 데이터베이스 혹은 외부 라이브러리)와 분리해서 계층화하고, 의존성 역전으로 변경의 영향을 최소화한다. 이는 시스템의 구조적 무결성을 유지하며, 장기 확장을 용이하게 한다.

구체적인 설계 원칙

1. **모듈화와 캡슐화**: 독립 모듈로 분리해서 변경의 파급 효과를 최소화한다. 클린 아키텍처의 계층 분리가 이를 돕는다.
2. **의존성 관리**: 의존성 주입과 인터페이스로 결합도를 낮춘다.
3. **테스트 자동화**: 변경 후 안정성 확인을 위한 자동 테스트. 사이드 이펙트 탐지에 필수적이다.
4. **로깅과 추적**: 변경 영향을 모니터링하기 위한 상세 로그. 예: 예약 모듈 변경 후 로그로 동작 확인

검증 과정에서는 구현 시간, 비용, 안정성 등의 측정 기준을 평가한다. 변경 후 메트릭(예: 성능 지표)과 테스트 보고서를 활용해 이해관계자에게 결과를 전달한다.

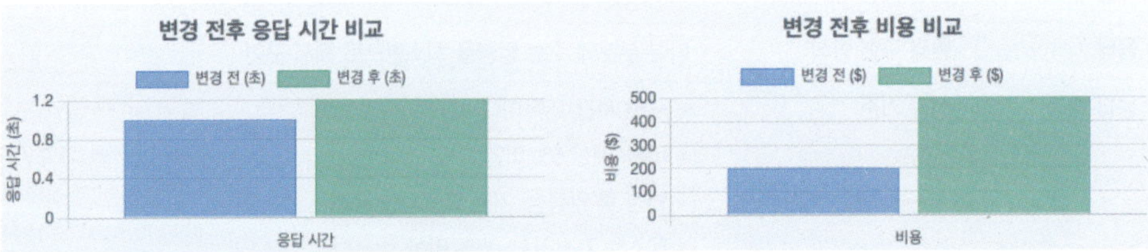

그림 2.4 변경 후의 메트릭 대시보드 예시(성능, 비용 그래프)

2.4 품질 속성 간 트레이드오프

소프트웨어 아키텍처 설계에서 모든 품질 속성을 동시에 최적화하기란 불가능하다. 각 속성은 자원을 공유하거나 상충하는 요구를 갖기 때문에 하나의 속성을 강화하면 다른 속성

이 약화될 수 있다. 이러한 트레이드오프(trade-off)는 설계 과정의 핵심 도전으로, 이해관계자의 요구와 비즈니스 목표에 따라 균형을 맞춰야 한다.

품질 속성 간 트레이드오프는 자원의 제한(예: 시간, 비용, 복잡성)으로 인해 발생한다. 예를 들어, 성능을 극대화하기 위해 복잡한 알고리즘과 캐싱 메커니즘을 도입하면 유지보수성이 저하될 수 있다. 캐싱 로직이 추가되면 코드가 복잡해져 수정 시 오류가 발생하기 쉽기 때문이다. 반대로, 유지보수성을 위해 단순한 구조를 선택하면 성능이 희생될 수 있다.

다른 대표적인 예로 가용성과 비용의 트레이드오프를 들 수 있다. 높은 가용성을 위해 리던던시(중복 서버)를 추가하면 시스템이 좀 더 안정성을 띠지만 그만큼 추가 시스템을 구축하고 운영하기 위한 비용은 더해질 것이다. 또한 보안과 사용성 간 트레이드오프도 흔하다. 강력한 보안(예: 다중 인증)은 사용자 편의성을 떨어뜨릴 수 있다. 모든 품질 속성을 최적화할 수 없으므로 아키텍트는 우선순위를 정해야 한다.

이러한 상충 관계는 아키텍처 구조에 직접 영향을 미친다. 클린 아키텍처는 변경 용이성과 테스트 용이성을 우선시해서 계층 분리를 강조하지만 이는 초기 설계 복잡성을 높여 개발 속도를 약간 희생할 수 있다. 그렇기 때문에 아키텍트는 프로젝트 맥락에 따라 균형을 조정해야 한다.

2.5 정리

2장에서는 품질 속성이 소프트웨어 아키텍처 설계의 핵심 기준임을 살펴봤다. 품질 속성은 소프트웨어가 단순히 기능을 수행하는 데 그치지 않고, 성능, 유지보수성, 테스트 용이성 같은 비기능적 요구사항을 충족하며 비즈니스 가치를 창출한다. 이를 통해 개발, 배포, 유지보수, 확장에 이르는 소프트웨어 생명 주기 전반에서 지속 가능성을 보장한다.

먼저 품질 속성을 비기능적 요구사항으로 정의하고, 정량적 기준을 통해 시스템의 생명 주기와 비즈니스 경쟁력에 미치는 영향을 논의했다. 품질 속성 시나리오를 활용해 요구사항을 구체화하는 방법도 다뤘으며, 온라인 도서 대출 시스템의 응답 시간 예시를 통해 이를 명확히 했다. 품질 속성 간 트레이드오프를 관리하는 전략도 탐구하며, 이해관계자 협의와 우선순위 설정의 중요성을 강조했다.

품질 속성에 대한 이해는 아키텍처 설계의 근거를 제공한다. 유행에 따라 클린 아키텍처나 특정 기술을 무작정 적용하면 오버엔지니어링이나 비효율적 구조로 이어질 수 있다. 품질 속성을 체계적으로 정의하고 평가함으로써 클린 아키텍처가 왜 특정 구조로 설계되는지에 대한 명확한 이유를 이해할 수 있다.

03

소프트웨어 설계를 위한 핵심 개념과 기법

앞에서 좋은 소프트웨어를 만들기 위해서 어떤 관점을 중요하게 생각하고 어떤 방향성을 설정해야 하는지 살펴봤다면, 이번 장에서는 그런 것들을 실현하기 위한 실질적인 코드 개념과 기법을 살펴보고자 한다. 특히 클린 아키텍처에서 중요하게 생각하는 변경 용이성과 테스트 용이성 등 품질 속성을 코드에 잘 반영하기 위해 알아야 하는 핵심 개념과 기법을 살펴보자.

코드를 변경하고 테스트하기 쉽게 만들려면 코드가 서로 어떻게 관계를 맺고 있는지를 이해하고 이를 잘 제어할 수 있어야 한다. 또한 새로운 요구사항이 추가될 때마다 기존 코드를 최소한으로 수정하면서 기능을 확장할 수 있어야 한다. 이런 것들이 가능하려면 의존성 관리, 다형성, 관심사 분리와 같은 핵심 설계 기법들을 잘 이해하고 활용해야 한다.

이번 장에서는 다음 내용을 차례대로 살펴본다.

1. 의존성의 의미
2. 다형성을 이용해 확장 가능한 코드를 만드는 방법
3. 의존성 방향을 제어하는 방법
4. 관심사 분리를 통해 코드 유지보수성을 높이는 방법

3.1 의존성이란?

가장 간단한 의존성 예시를 살펴보자. 예제 3.1은 A 클래스의 execute_a라는 메서드에서 B 클래스의 객체를 생성하고, B 객체의 메서드를 호출한다.

예제 3.1 의존하는 코드 예시

```
class A:
  def execute_a(self):
    ...
    b = B()
    b.execute_b()
    ...

class B:
  def execute_b(self):
    ...
```

이런 상황에서 만약 B 클래스의 코드를 수정하면 A 클래스 코드도 수정해야 할 가능성이 높아진다. 항상 그런 것은 아닐 수 있지만 B 객체를 생성하는 방식이 달라지거나, 메서드명이나 파라미터가 변경되거나, 반환값의 내용이나 형태가 달라질 수 있기 때문이다.

반대로 A 클래스를 수정한다고 해서 B 클래스를 수정할 일은 없을 것이다. B 클래스 입장에서 A 클래스는 알 필요도 없는 모르는 코드이기 때문이다. 이런 상황을 설명하기 위해 우리는 'A 클래스가 B 클래스를 호출한다/사용한다/의존한다' 혹은 '의존성 방향이 A에서 B로 향한다'라고 말한다.

이를 간단한 다이어그램으로 나타내면 그림 3.1과 같이 표현할 수 있다.

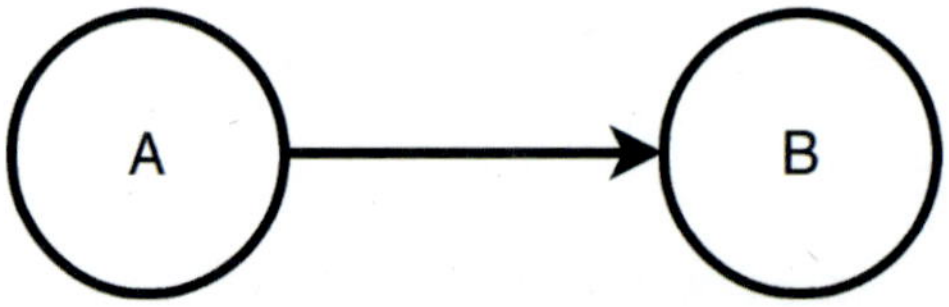

그림 3.1 A 클래스가 B 클래스를 의존하는 형태를 표현하는 다이어그램

그러니까 의존성 방향이란 누가 누구를 사용하는가와 관련된 것이다. 다르게 말하자면, **누구의 변경 사항이 누구에게 영향을 미치는가**와 관련이 있다.

다음 그래프를 보자. 앞에서 살펴본 구조보다 더 복잡한 의존 관계를 표현하고 있다. 이 그림을 통해 어떤 클래스의 변경사항이 어떤 클래스에 영향을 끼칠 수 있는지도 정확하게 분석할 수 있다.

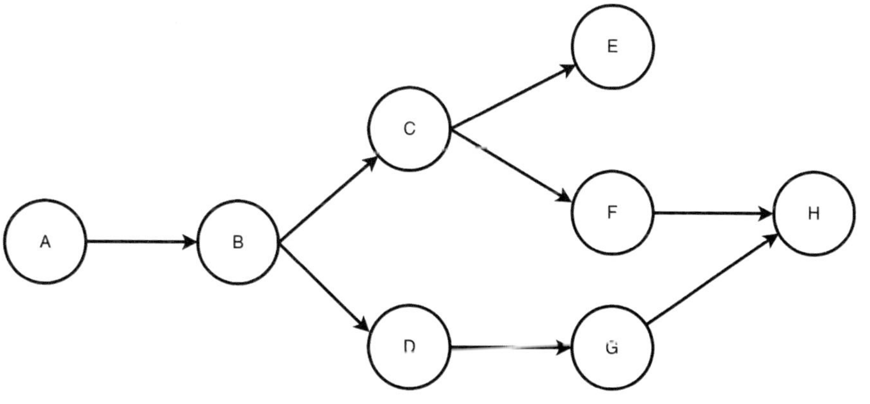

그림 3.2 여러 클래스의 의존 관계를 표현하는 다이어그램

예를 들어 G 클래스가 수정되면 D, B, A 클래스가 영향을 받을 가능성이 높을 것이다. 그 외의 클래스는 영향을 받지 않는다.

그리고 전체적인 의존 관계에 대해서도 파악해 볼 수 있는데, 그림의 오른쪽에 있는 클래스일수록 영향도가 크고, 그렇기 때문에 변경하기가 어렵다. 반대로 그림의 왼쪽에 있는 클래스일수록 영향도가 적고, 따라서 변경하기가 상대적으로 쉽다. 한마디로 표현하면 '의존성 방향이 오른쪽으로 향하고 있는 것'이다.

이런 상황에서는 많은 코드가 의존하는 오른쪽 코드를 잘 변경되지 않는 것으로 구성하고, 반대로 왼쪽에 있는 코드를 상대적으로 변경이 많이 일어나는 코드로 구성해야 한다.

현업에서는 코드를 처음부터 설계하는 것보다는 이미 작성돼 있는 코드를 변경하는 경우가 훨씬 많다. 그래서 어떤 코드의 변경사항이 어떤 코드에 영향을 미치는지 파악하는 것이 굉장히 중요하다. 그래야만 의도하지 않은 사이드 이펙트가 발생하지 않게 안정적으로 수정할 수 있기 때문이다. 그럴 때 이처럼 의존 관계를 파악하는 것이 중요하며, 코드를 읽어가며 간단한 원형 도형과 화살표를 그리는 것만으로도 많은 것을 알 수 있다.

참고로 그림 3.3과 같이 상속의 경우에도 화살표의 방향이 의존 방향과 동일하다. Parent 클래스의 변경 사항이 Child 클래스에 영향을 미치기 때문이다. 이러한 특성을 이용해 의존 방향을 제어해 코드의 유지 보수성을 향상시키는데, 이에 대한 자세한 설명은 3.3절 '의존성 역전과 주입'에서 다룬다.

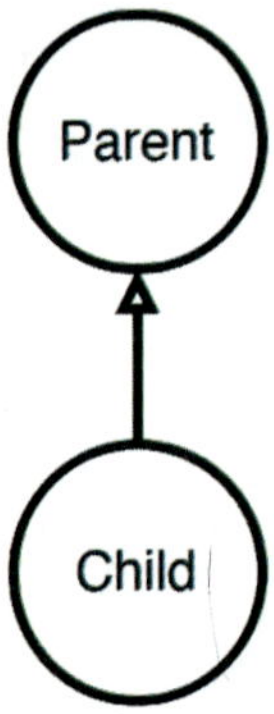

그림 3.3 상속의 의존성 방향

3.2 다형성

다형성(polymorphism)의 사전적 정의는 '여러 가지 형태를 가진다'는 의미다. 이를 이해하기 위해 택배 서비스를 예로 들어보자. 우리가 택배를 보낼 때는 '택배 회사가 물건을 배송한다'라고 생각할 뿐, 구체적으로 어떤 회사가 어떻게 배송하는지는 크게 신경 쓰지 않는다. 여러 택배 회사가 있지만 '물건을 받는 사람에게 안전하게 배송한다'는 **핵심 책임은 동일**하기 때문이다.

이처럼 다형성은 **동일한 책임을 여러 방식으로 구현**할 수 있게 한다. 소프트웨어에서는 이러한 다형성을 상속이라는 개념을 통해 구현할 수 있고, 이를 활용하면 코드의 유연성과 재사용성을 높일 수 있다.

또 다른 예시로 결제 시스템을 코드와 함께 살펴보자. 신용카드, 현금, 모바일 결제 등 결제 방식은 다양하지만 '금액을 지불한다'는 핵심 책임은 같다. 이해를 돕기 위해 먼저 다형성을 사용하지 않은 코드를 보자.

예제 3.2 분기문을 이용한 로직 분리 예시

```
def process(payment, amount):
  if payment == "credit_card":  # 신용카드 결제 처리
    validate_card()
    process_card_payment()
    send_card_receipt()

  elif payment == "cash":  # 현금 결제 처리
    validate_cash()
    process_cash_payment()
    record_cash_transaction()

  elif payment == "mobile":  # 모바일 결제 처리
    validate_mobile()
    process_mobile_payment()
    send_mobile_confirmation()
```

예제 3.2의 문제점은 새로운 결제 수단이 추가될 때마다 process 함수를 수정해야 한다는 것이다. 이는 기존 코드를 변경하게 만들어 버그 발생의 위험을 높인다. 또한 결제 처리 로직이 한 함수에 모여 있어 코드의 복잡도가 증가한다. 다형성을 활용하면 이 문제를 다음 예제 3.3과 같이 해결할 수 있다.

예제 3.3 다형성을 이용한 로직 분리 예시

```
class Payment:
  def validate(self):
    raise NotImplementedError

  def process(self):
    raise NotImplementedError

  def send_receipt(self):
```

```
        raise NotImplementedError


class CreditCard(Payment):
    def validate(self):
        ... 신용카드 유효성 검증 로직 ...

    def process(self):
        ... 신용카드 결제 처리 로직 ...

    def send_receipt(self):
        ... 신용카드 영수증 발송 로직 ...


class Cash(Payment):
    def validate(self):
        ... 현금 유효성 검증 로직 ...

    def process(self):
        ... 현금 결제 처리 로직 ...

    def send_receipt(self):
        ... 현금영수증 발송 로직 ...


def process(payment: Payment):
    payment.validate()
    payment.process()
    payment.send_receipt()
```

이렇게 구현하면 여러 가지 장점이 생긴다. 첫째, 새로운 결제 수단을 추가할 때 process 함수는 수정할 필요 없이 Payment 클래스를 상속받아 구현하기만 하면 된다. 둘째, 각 결제 수단별 구현이 별도 클래스로 분리돼 있어 코드의 구조가 명확하다. 셋째, Payment라는 추상화된 인터페이스를 통해 결제 처리에 필요한 책임이 명확히 정의된다.

이렇게 되면 예제 3.4와 같이 새로운 수단이 추가되더라도 process 함수는 수정할 필요가 없다. 단지 결제 수단만 Payment 클래스를 상속해 각 메서드를 오버라이드하는 방식으로 정의하고, 해당 클래스의 객체를 process의 파라미터로 전달하면 된다.

예제 3.4 다형성을 이용한 코드 확장 예시

```
# 또 다른 결제 수단을 정의
class AnotherPayment(Payment):
  def validate(self):
    ... 또 다른 결제 수단의 유효성 검증 로직 ...

  def process(self):
    ... 또 다른 결제 수단의 결제 처리 로직 ...

  def send_receipt(self):
    ... 또 다른 결제 수단의 영수증 발송 로직 ...

# process 함수 호출
process(AnotherPayment())
```

다형성의 올바른 활용

다형성은 코드의 확장 용이성을 위한 강력한 도구지만 올바르게 활용하려면 **리스코프 치환 원칙(Liskov Substitution Principle, LSP)**을 이해하고 준수해야 한다. LSP는 '부모 클래스의 객체를 자식 클래스의 객체로 치환해도 프로그램이 올바르게 동작해야 한다'는 원칙이다. 예제 3.5를 보자.

예제 3.5 리스코프 치환 원칙을 지키지 않은 코드

```
# 직사각형을 표현하는 클래스
class Rectangle:
  def set_width(self, width):
    self._width = width

  def set_height(self, height):
    self._height = height
```

```
  def get_area(self):
    return self._width * self._height

# 정사각형은 직사각형의 특수한 경우로 보고 상속
class Square(Rectangle):  # LSP 위반
  def set_width(self, width):
    self._width = width
    self._height = width  # 정사각형이므로 높이도 함께 변경

  def set_height(self, height):
    self._height = height
    self._width = height  # 정사각형이므로 너비도 함께 변경

# 테스트 코드
def work_with_rectangle(rectangle):
  rectangle.set_width(4)
  rectangle.set_height(5)

  # 면적이 20으로 나올 것으로 기대
  assert rectangle.get_area() == 20  # Rectangle은 성공, Square는 실패
```

이 예제는 너비와 높이를 입력받아 사각형의 넓이를 구하는 코드다. 직사각형을 의미하는 Rectangle을 부모 클래스로 두고, 너비와 높이가 있는 사각형 타입의 공통적인 특성을 이용해 Rectangle을 상속한 정사각형 Square를 구현했다.

코드에서 확인할 수 있는 것처럼 너비를 5, 높이를 4로 했을 때, 직사각형(Rectangle)의 경우 의도한 동작이 제대로 이뤄졌지만 Square의 경우 실패할 것이다(정사각형은 너비와 높이가 같아야 하므로 20이 나오면 오답이다). Square 클래스가 LSP를 위반했기 때문이다.

위 코드에서 문제점을 정리해보면 다음과 같다.

1. Rectangle을 사용하는 코드는 width와 height가 독립적으로 변할 수 있다고 가정한다.
2. 하지만 Square는 이 가정을 깨뜨린다. width를 변경하면 height도 함께 변한다.
3. 따라서 Rectangle 대신 Square를 사용하면 예상치 못한 결과가 발생한다.

이 같은 상황을 개선하려면 상속 관계를 제거하고 도형(Shape)이라는 추상화된 인터페이스를 사용해 예제 3.6과 같이 구현할 수 있을 것이다.

예제 3.6 리스코프 치환 원칙을 지킨 코드

```
class Shape:
  def get_area(self):
    pass

class Rectangle(Shape):s
  def __init__(self, width, height):
    self._width = width
    self._height = height

  def get_area(self):
    return self._width * self._height

class Square(Shape):
  def __init__(self, side):
    self._side = side

  def get_area(self):
    return self._side * self._side
```

LSP는 단순히 문법적인 규칙이 아니라 '행위'에 관한 것이다. 위 예시에서 발생한 오류는 컴파일러나 인터프리터가 잡아내는 구문 오류(syntax error)가 아니라 런타임에 발생하는 논리적 오류(logical error)다. Square가 Rectangle의 행위 규약을 위반했기 때문에 발생하는 것이다. 즉, Rectangle은 너비와 높이가 독립적으로 변할 수 있다는 행위 규약을 가지고 있는데, Square는 이를 위반함으로써 코드의 안정성과 재사용성을 해치게 된다. 수정된 코드와 같이 Rectangle과 Square는 각자의 특성을 유지하면서도 Shape이라는 추상화를 통해 다형성을 안전하게 활용할 수 있다.

3.3 의존성 역전과 주입

3.2절에서는 다형성을 이용해 확장성 있는 코드를 만드는 방법을 살펴봤다. 이번에는 의존성 관리 관점에서 3.2절의 결제 예시 코드를 다시 보자. 만약 결제 수단이 한 가지밖에 없었다면 결제 처리 로직을 예제 3.7과 같이 구현했을 것이다.

예제 3.7 의존성을 주입하지 않는 코드

```
def process():
  payment = CreditCard()
  payment.validate()
  payment.process()
  payment.send_receipt()

# 프로그램 실행
process()
```

위 코드와 같은 상황에 대해 의존성 방향을 표시하면 다음과 같다.

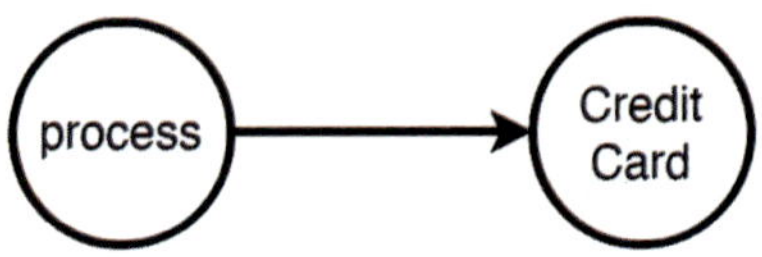

그림 3.4 process가 CreditCard에 의존

이러한 구현의 가장 큰 문제는 `process` 함수가 `CreditCard` 클래스에 직접적으로 의존한다는 점이다. 이는 소프트웨어 설계에서 흔히 발생하는 '강한 결합(tight coupling)'의 전형적인 예다. 강한 결합은 한 모듈이 다른 모듈의 내부 구현에 직접적으로 의존할 때 발생하며, 이는 코드의 유연성과 재사용성을 저해한다.

이런 상황에서 비즈니스 요구사항의 변경으로 결제 수단을 `CreditCard`가 아닌 `Cash`로만 제한한다고 정책을 바꾸면 3.1절에서 살펴본 것과 같이 두 가지 문제가 발생한다.

- Cash 관련 코드를 새로 추가해야 한다.
- 더 중요한 문제로, process 함수의 코드도 수정해야 한다.

특히 두 번째 문제는 심각할 수 있는데, process 함수가 핵심 비즈니스 로직을 담고 있는 경우가 많기 때문이다. 이미 테스트되고 안정화된 비즈니스 로직을 수정하면 새로운 버그가 발생할 위험이 증가한다. 그렇다면 회사의 비즈니스 모델상 결제 수단이 자주 변경될 수 있는 상황이라면 어떻게 해야 할까? 이때 활용할 수 있는 방법이 바로 **의존성 역전 원칙**(Dependency Inversion Principle, DIP)이다.

그림 3.5의 왼쪽과 같이 앞에서는 이 문제를 Payment라는 추상화된 인터페이스를 도입해 해결했다.

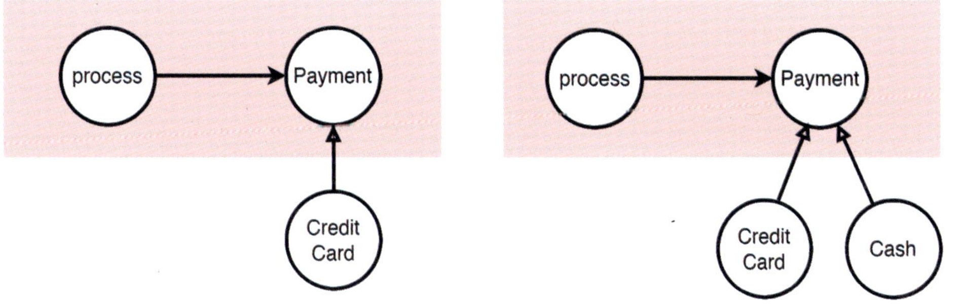

그림 3.5 CreditCard에 대해서 의존성 역전을 적용(왼쪽), 의존성 역전을 적용한 후 Cash 기능을 확장(오른쪽)

이를 통해 다음과 같은 구조적 변화가 일어난다.

1. 고수준 모듈의 영역(그림 3.5의 분홍색 배경 영역)과 저수준 모듈의 영역(CreditCard)을 나눈다.
2. 고수준 모듈(process, Payment)은 저수준 모듈(CreditCard)에 의존하지 않는다.
3. 대신 저수준 모듈(CreditCard)이 고수준 모듈(Payment)에 의존하게 된다. 이로써 의존성의 방향이 역전된다.

고수준, 저수준이란?

고수준(High-level)

- 비즈니스 로직이나 사용자의 요구사항에 가까운 추상화 수준을 의미한다.
- 실제 구현 세부사항을 숨기고 '무엇을 할 것인가'에 초점을 맞춘다.
- 예시
  - 웹 애플리케이션의 주문 처리 로직
  - 사용자 인증 시스템

저수준(Low-level)

- 하드웨어나 시스템과 가까운 구체적인 구현 수준을 의미한다.
- '어떻게 할 것인가'에 초점을 맞추며 실제 동작하는 세부적인 구현을 다룬다.
- 예시
  - 데이터베이스 연결 관리
  - 파일 시스템 입출력 처리
  - 메모리 할당/해제

이처럼 의존성이 역전되면 새로운 결제 수단은 `Payment` 인터페이스를 구현하는 것만으로 손쉽게 추가할 수 있다. 그림 3.5의 오른쪽에 있는 `Cash` 클래스 추가가 그 예다.

의존성 역전을 적용할 때 중요한 점은 개별 모듈이 아닌 모듈이 속한 영역 단위로 의존성 방향을 제어한다는 것이다. 이는 의존성 방향을 논할 때 고수준과 저수준 간의 관계가 핵심이기 때문이다. 고수준 모듈들은 관심사별로 계층을 형성해서 관리되고, 저수준 모듈들 역시 각자의 관심사 영역별로 묶여서 관리된다. 따라서 의존성이 역전됐다는 것은 이전에 고수준에서 저수준으로 향하던 코드의 의존성 방향이 DIP 적용을 통해 저수준에서 고수준으로 향하도록 바뀌었음을 의미한다.

여기서 주목할 점은 **의존성 주입(Dependency Injection, DI)**이라는 새로운 개념이 등장한다는 것이다. 예제 3.8을 보자. `process` 함수의 파라미터로 `Payment` 타입을 받도록 정의하고, 실행 시점에 객체를 주입하는 방식이다. 이는 다음과 같은 이점을 제공한다.

1. 런타임에 동적으로 구현체를 교체할 수 있다.
2. 테스트가 용이해진다(모의 객체를 주입할 수 있음).
3. 모듈 간 결합도가 낮아진다.

예제 3.8 의존성 주입을 사용한 코드 예시

```
# 결제 처리 함수
def process(payment: Payment):
  payment.validate()  # 어떤 Payment 구현체가 와도 동작
  payment.process()
  payment.send_receipt()

# 프로그램 실행 예시
process(CreditCard())  # 신용카드 결제
process(Cash())        # 현금 결제
```

눈치챘을지도 모르지만 의존성 역전과 의존성 주입은 다형성을 활용해 구현할 수 있는 구제적인 예시 중 하나다. 그렇기 때문에 다형성과 리스코프 치환 원칙을 지켰을 때 얻는 이점을 고스란히 누릴 수 있다. 앞에서 살펴본 예시에서는 다양한 타입의 객체를 받아서 처리하는 '결제 처리' 함수(process)가 비교적 단순해서 의존성 역전과 의존성 주입의 장점이 크게 부각되지 않을 수 있다. 하지만 현업에서는 훨씬 복잡한 로직을 다룰 가능성이 높다. 예를 들어, 결제 처리 시스템이 앞에서 본 것보다 훨씬 더 복잡한 요구사항(결제 정보의 데이터베이스 저장/결제 실패 시 재시도 로직/결제 이력 추적 및 감사/사용자 인증 및 권한 검증/입력값 유효성 검사/결제 완료 후 알림 발송/환불 처리 등)을 처리한다고 가정해보자. 이러한 복잡한 시스템에서 의존성 역전과 의존성 주입의 가치는 더욱 빛을 발한다. 가령 새로운 결제 수단을 추가하거나 기존 결제 수단의 처리 로직을 변경할 때 기존의 복잡한 비즈니스 로직을 건드릴 필요가 없어지기 때문이다.

또 다른 실용적인 예시로 데이터 저장소를 살펴보자. 웹 서비스에서 데이터베이스를 선택할 때는 다양한 옵션이 있다. 대표적인 관계형 데이터베이스인 MySQL이나 PostgreSQL을 사용할 수도 있고, NoSQL 데이터베이스인 MongoDB를 사용할 수도 있을 것이다. 혹은 성능을 위해 인메모리 데이터베이스인 Redis를 사용할 수도 있다. 이때 비즈니스 로직

이 특정 데이터베이스 구현체에 직접 의존하지 않고, 다형성과 의존성 역전을 활용한다면 개발하는 과정부터 운영에 이르기까지 상황이나 요구사항에 따라 유연하게 대처하는 것이 가능해진다.

예를 들어, 개발 초기에서는 간단한 인메모리 데이터베이스로 시작하고, 프로덕션 환경에서는 상대적으로 안정적인 MySQL을 사용할 수도 있다. 성능 향상을 위해 일부나 혹은 전체 저장소를 Redis로 변경할 수도 있다. 또 코드 안정성을 위해 단위 테스트를 작성하는 과정에서 Mock 데이터베이스를 적용하고 이를 자동화할 수도 있다.

이러한 유연성은 **개방-폐쇄 원칙(Open-Closed Principle, OCP)**을 자연스럽게 만족시킨다. OCP는 '소프트웨어 개체(클래스, 모듈, 함수 등)는 확장에는 열려 있어야 하고, 변경에는 닫혀 있어야 한다'는 원칙이다. 이 원칙을 앞의 예제에 적용하면 다음과 같다.

- 새로운 저장소를 추가할 때는 인터페이스를 상속한 새로운 구현체를 구현하면 된다(확장에 열려 있음).
- 기존 비즈니스 로직 코드(process)는 수정할 필요가 없다(변경에 닫혀 있음).

3.4 관심사 분리

코드를 작성하다 보면 하나의 함수나 클래스의 크기가 점점 커지고 그만큼 많은 역할을 하는 경우가 흔히 발생한다. 하나의 요소가 가진 기능이 많을수록 수정할 이유도 많아지고, 그 요소에 의해 영향을 받는 것들도 많아진다.

그렇기 때문에 하나의 큰 요소를 역할에 따라 중복되지 않는 여러 요소로 나누어 관리해야 하는데, 그것을 나누는 기준을 관심사(concern)라고 한다. 또한 하나의 목표를 달성하기 위해 각각의 구성요소에 명확한 역할을 부여하고, 이들이 효과적으로 협력할 수 있도록 구조화하는 것을 **관심사 분리(Separation of Concern, SoC)**라고 한다. 이때 중요한 것은 적절한 경계를 설정하는 것인데, 이 경계는 함수, 클래스, 패키지, 더 나아가 계층 단위로 나눌 수 있다. 이러한 원칙은 대규모 조직을 구성하는 데 적용되는 논리이기도 하다. 그림 3.6의 왼쪽은 역할이 적당히 분리되긴 했지만 관심사가 명확하지 않아 의존 관계가 복잡하게 얽힌 상태를 보여준다. 좀 더 명확하게 역할을 분리하고 비슷한 역할끼리 모아 관심사 경계를 형성하면 그림 3.6의 오른쪽과 같이 훨씬 깔끔한 형태로 바뀐다.

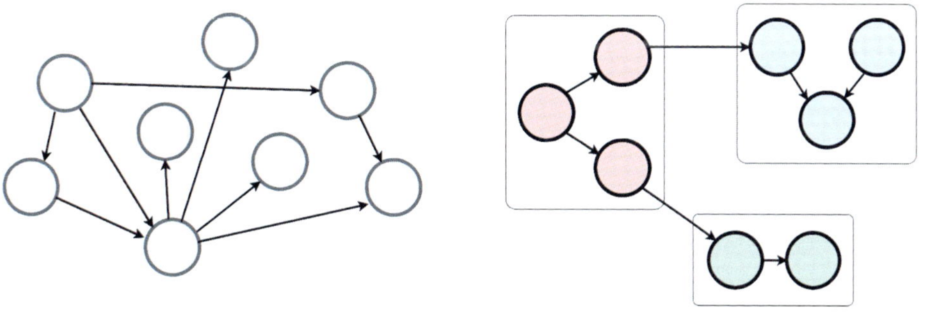

그림 3.6 복잡하게 얽힌 의존 관계(왼쪽)와 관심사별로 분리된 구조(오른쪽)

즉, 관심사는 높은 응집도를 가지고 구성해야 하며, 각 관심사는 하나의 명확한 목표를 가져야 한다. 또한 각 관심사의 구성요소를 수정할 때는 오직 해당 관심사의 목표와 관련된 이유로만 수정해야 한다.

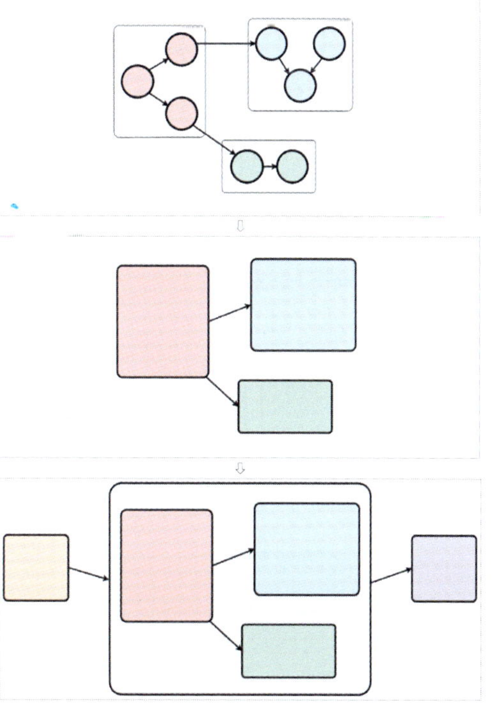

그림 3.7 관심사의 계층적 구성과 추상화 과정: 개별 컴포넌트(상단), 관심사별 그룹화(중간), 시스템 수준의 통합(하단)

소프트웨어에서는 관심사 분리를 통해 애플리케이션의 복잡성을 줄여 개발, 테스트, 유지 관리가 더 쉬워질 수 있다. 그림 3.7은 관심사의 계층적 구성을 보여준다. 먼저 작은 기능 단위를 하나의 관심사로 구현하고, 이러한 작은 관심사들을 묶어 더 큰 관심사를 형성한다. 이런 방식으로 관심사들이 단계적으로 결합되어 상위 수준의 관심사로 발전하는데, 이 과정에서 추상화가 적용된다.

더 큰 관심사로 정의된 후에는 그것이 하나의 블랙박스처럼 취급된다. 즉, 내부의 세부적인 구현보다는 추상화된 수준에서 다른 관심사들과 상호작용하게 된다. 이를 통해 각 계층에서는 자신의 수준에 맞는 추상화된 관점으로 다른 관심사들과 관계를 맺게 된다.

이러한 관심사 분리 방식은 여러 가지 이점을 가져온다. 우선 불필요한 중복이 제거되고, 새로운 요구사항이 발생했을 때 어느 부분을 수정하거나 확장해야 할지가 명확해진다. 또한 문제가 발생했을 때 원인을 파악하기가 쉬워져 전반적인 문제 해결 능력이 향상된다. 각 관심사는 명확한 성격을 띠고 있어 재사용성이 높아지며, 관심사 간의 불필요한 협력이 최소화되어 결합도를 낮출 수 있다. 결합도가 높으면 한 부분의 수정이 다른 부분에 큰 영향을 미치게 되므로 이를 최소화하는 것이 중요하다. 이것이 바로 관심사 분리의 핵심 장점 중 하나로, 한 영역의 변경이 다른 영역에 미치는 영향을 최소화할 수 있다는 점이다.

관심사의 세 가지 범주

소프트웨어를 설계할 때는 그림 3.8과 같이 크게 계층별 관심사, 도메인 관심사, 횡단 관심사로 구분할 수 있다.

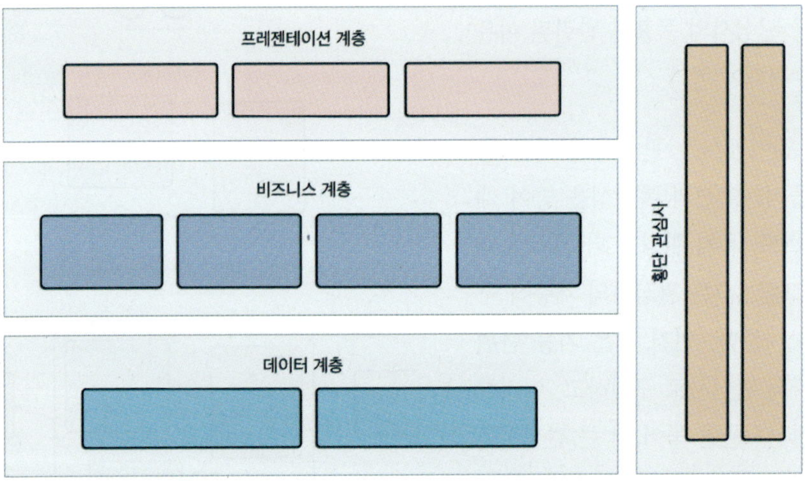

그림 3.8 계층별/도메인별/횡단 관심사의 구성 예

각 관심사의 특성과 구현 방법을 살펴보자.

- **계층별 관심사**: 계층별 관심사는 애플리케이션의 구조를 계층화하는 기준이 된다. 사용자 인터페이스를 다루는 프레젠테이션 계층, 비즈니스 로직을 처리하는 애플리케이션 계층, 데이터 저장과 조회를 담당하는 영속성 계층 등이 여기에 포함된다. 각 계층은 특정한 기술적 책임을 가지며, 계층 간의 명확한 경계와 인

터페이스를 통해 상호작용한다. 이러한 계층화는 기술 스택의 변경이나 업그레이드에 유연하게 대응할 수 있게 해준다.

- **도메인 관심사**: 도메인 관심사는 각 계층 내에서 비즈니스 기능에 따라 컴포넌트를 분할하는 기준이 된다. 예를 들어, 전자상거래 애플리케이션에서는 주문, 상품, 결제, 배송 등과 같은 도메인 개념을 중심으로 컴포넌트가 구성된다. 이러한 도메인 기반의 분할은 각 계층 내에서 독립적으로 이뤄진다. 프레젠테이션 계층에서는 주문 화면, 상품 목록 화면 등으로, 애플리케이션 계층에서는 주문 서비스, 상품 서비스 등으로, 영속성 계층에서는 주문 저장소, 상품 저장소 등으로 구분된다. 각 도메인 컴포넌트는 해당 계층의 기술적 제약 내에서 구현되면서도 도메인 로직의 독립성을 유지한다.
- **횡단 관심사**: 횡단 관심사는 애플리케이션 전반에 걸쳐 공통으로 적용되는 기능들을 의미한다. 로깅, 보안, 에러 처리, 캐싱, 트랜잭션 관리 등이 대표적인 예다. 이러한 관심사들은 특정 계층이나 도메인 컴포넌트에 국한되지 않고 전체 애플리케이션에 걸쳐 필요하다. 횡단 관심사는 주로 데코레이터 패턴, 프락시 패턴, 또는 관점지향 프로그래밍(AOP) 기법을 통해 구현되어 코드의 중복을 줄이고 유지보수성을 향상시킨다.

이처럼 관심사 분리는 수직적으로는 계층을 구분하고, 수평적으로는 각 계층 내에서 도메인 컴포넌트를 분할하며, 전체적으로는 공통 관심사를 분리하는 방식으로 이뤄진다. 이는 4장과 5장에서 다룰 계층형 아키텍처와 클린 아키텍처의 기반이 되며, 현대적인 소프트웨어에서 유지보수가 용이한 구조를 만드는 핵심 원칙이 된다.

관점지향 프로그래밍이란?

관점지향 프로그래밍(Aspect-Oriented Programming, AOP)이란 횡단 관심사를 모듈화하는 프로그래밍 패러다임이다. 비즈니스 로직에 영향을 주지 않으면서도 로깅, 보안, 트랜잭션과 같은 공통 기능을 깔끔하게 분리할 수 있게 해준다.

```
# AOP 적용 전
class OrderService:
  def create_order(self, order):
    logging.info("주문 시작")  # 횡단 관심사
    check_security()          # 횡단 관심사

    # 핵심 비즈니스 로직
    validate_order(order)
    save_order(order)
```

```
    send_notification(order)

    logging.info("주문 완료") # 횡단 관심사

# AOP 적용 후
class OrderService:
  @logging
  @security
  def create_order(self, order):
    # 순수한 비즈니스 로직만 남음
    validate_order(order)
    save_order(order)
    send_notification(order)
```

AOP를 구성하는 주요 개념들을 자세히 살펴보면 다음과 같다.

Aspect는 횡단 관심사를 모듈화한 단위다. 위 코드에서 `logging`과 `security`가 각각 하나의 Aspect이며, 이들은 로깅과 보안이라는 공통 기능을 독립된 모듈로 분리한 것이다. **Join Point**는 Aspect가 적용될 수 있는 프로그램 실행 지점을 말한다. 메서드를 호출할 때, 변수에 접근할 때, 객체를 초기화할 때, 혹은 객체에 접근할 때가 Join Point가 될 수 있다. 위 예시에서는 `create_order` 메서드의 실행 시점이 Join Point가 된다.

Pointcut은 가능한 Join Point 중 어떤 Join Point에 Aspect를 적용할지 결정하는 패턴이다. 위 코드에서 `@logging`과 `@security` 데코레이터는 `create_order` 메서드에 해당 Aspect를 적용하기 위한 Pointcut을 정의한다. Pointcut은 'Service로 끝나는 모든 클래스의 public 메서드'와 같이 더 포괄적인 패턴으로도 정의할 수 있다.

Advice는 Aspect의 실제 구현 코드다. 위 예시에서 로깅 Aspect는 메서드 실행 전후에 로그를 기록하는 Advice를, 보안 Aspect는 메서드 실행 전에 권한을 확인하는 Advice를 포함한다. Advice는 메서드 실행 전(Before), 후(After), 전후(Around) 등 다양한 시점에 실행되도록 설정할 수 있다.

Weaving은 지정된 Join Point에 Advice를 적용하는 과정이다. 위 코드에서는 파이썬의 데코레이터 기능을 통해 런타임에 Weaving이 이뤄진다. 이 과정을 통해 핵심 비즈니스 로직과 횡단 관심사가 결합되어 동작하게 된다.

이처럼 AOP를 사용하면 횡단 관심사를 구현하는 코드가 여러 곳에 중복되는 것을 방지하고, 핵심 비즈니스 로직과 부가 기능을 깔끔하게 분리할 수 있다. 이는 코드의 가독성을 높이고 유지보수를 용이하게 만든다.

3.5 반드시 객체지향이어야 할까?

앞에서 소개한 설계 기법들을 코드로 구현할 때 반드시 객체지향 패러다임에만 적용 가능한 것은 아니다. 설계 기법을 배울 때 객체지향적 설계 예시가 많이 나오는 이유는 의존성 역전 원칙(DIP), 개방-폐쇄 원칙(OCP)과 같은 핵심 원리를 객체지향으로 구현하기 쉽기 때문이다. 하지만 앞에서 소개한 설계 기법의 핵심은 **관심사의 분리**와 **의존성 방향 관리**다. 이를 표현하고 필요할 때 재사용할 수 있다면 어떤 형태여도 상관없다. 각 계층을 구성하는 요소는 다양한 형태로 구현할 수 있는데, 대표적인 세 가지 구현 패턴을 살펴보자.

객체지향적 구현

객체지향적 구현은 실무에서 가장 흔히 볼 수 있는 방식이다. 클래스와 인터페이스를 활용해 관심사를 분리하고 의존성을 관리한다. 이는 특히 복잡한 도메인 로직을 다루는 엔터프라이즈 애플리케이션에서 큰 강점을 발휘한다.

예제 3.9 객체지향을 활용한 책임 분리

```
class BusinessLogic:
  def __init__(self, db: DB):
    self._db = db

  def calculate(self):
    return self._db.get_a() + self._db.get_b()

class MySQL(DB):
  def get_a(self): return 1
  def get_b(self): return 2
```

객체지향적 구현의 핵심적인 장점은 다형성을 통해 얻을 수 있는 이점과 밀접하게 연관된다. 명확한 책임 분리를 통해 코드 변경과 유지보수가 용이해지며, 예제 3.9와 같이 DB 인터페이스를 구현하는 방식으로 새로운 데이터베이스를 쉽게 추가할 수 있다. 또한 상태와 행위를 하나의 단위로 캡슐화함으로써 복잡한 도메인 로직을 더 자연스럽게 표현할 수 있다.

함수형 프로그래밍 구현

함수형 프로그래밍은 함수를 일급 객체로 다루어 의존성을 관리하고 로직을 구성한다. 이 방식은 특히 데이터 변환이나 계산 중심의 작업에서 큰 강점을 보인다. 함수형 프로그래밍을 하면서도 의존성 주입 방식을 적용하고 싶다면 예제 3.10과 같이 작성할 수 있을 것이다.

예제 3.10 함수형 프로그래밍에 적용한 의존성 주입

```
# 함수로 구현한 비즈니스 로직
def calculate(get_data_fn):
  return get_data_fn("a") + get_data_fn("b")

# 데이터를 가져오는 함수
def get_from_mysql(key):
  return mysql_connection.query(key)

# 사용
result = calculate(get_from_mysql)
```

함수형 접근의 장점은 단순한 의존성 관리와 뛰어난 재사용성에 있다. 함수를 매개변수로 전달함으로써 복잡한 인터페이스 정의 없이도 유연한 의존성 관리가 가능하며, 순수 함수는 사이드 이펙트가 없어 테스트와 디버깅이 용이하다. 반면 복잡한 상태 관리가 필요한 경우나 캡슐화가 중요한 상황에서는 한계를 보일 수 있다.

간단한 모듈 패턴 구현

예제 3.11은 모듈 패턴을 적용한 예로, 딕셔너리나 클로저를 활용해 관련 기능들을 하나의 단위로 묶는 방식을 보여준다. 이는 특히 작은 규모의 프로젝트나 프로토타입 개발에서 유용하게 활용될 수 있다.

예제 3.11 딕셔너리 타입을 활용한 모듈 패턴 적용

```python
# 딕셔너리로 모듈을 구성
business_module = {
  "db": None,
  "calculate": lambda: business_module["db"].get_a() + business_module["db"].get_b()
}

# 사용
business_module["db"] = mysql_instance
result = business_module["calculate"]()
```

모듈 패턴의 가장 큰 장점은 단순성과 유연성이다. 특별한 문법적 구조 없이도 관련 기능을 모듈화할 수 있으며, 런타임에 모듈의 구성요소를 쉽게 변경할 수 있다. 하지만 타입 안전성이 부족하고 아직은 IDE(Integrated Development Environment)가 딕셔너리 키를 인식하지 못하는 경우가 많아 개발 생산성 저하로 이어질 수 있고, 큰 규모의 프로젝트에서는 코드베이스의 구조를 파악하기 어려워질 수 있다.

이처럼 각 구현 방식은 저마다 장단점이 있으며, 실제 프로젝트에서는 이러한 패턴들이 혼합되어 사용되는 경우가 많다. 예를 들어, 현대적인 웹 프레임워크들은 이러한 다양한 패러다임의 장점을 적절히 조합해서 활용한다. 실제로 많은 현대 프레임워크와 라이브러리들은 이러한 다양한 패러다임의 장점을 조화롭게 활용한다. 리액트(React)[2]는 함수형 컴포넌트와 훅을 주로 사용하면서도 클래스 컴포넌트를 지원하며, 파이썬의 FastAPI[3]는 의존성 주

2 리액트는 페이스북(현 Meta)에서 개발한 자바스크립트 라이브러리로, 사용자 인터페이스를 구축하기 위한 효율적이고 유연한 프런트엔드 도구다. 컴포넌트 기반 아키텍처를 통해 재사용 가능한 UI 요소를 만들 수 있으며, Virtual DOM을 활용해 최적화된 렌더링 성능을 보장한다. 참고: https://react.dev

3 FastAPI는 현대적이고 빠른 웹 API를 구축하기 위한 파이썬 웹 프레임워크다. 파이썬 3.6+ 타입 힌트를 기반으로 자동 API 문서화를 제공하며, 비동기 처리를 지원해 뛰어난 성능을 보여준다. OpenAPI(Swagger) 및 JSON 스키마를 자동으로 생성한다. 참고: https://fastapi.tiangolo.com

입을 함수형 방식으로 구현하면서도 Pydantic[4]을 통해 객체지향적인 데이터 검증을 제공한다. 중요한 것은 특정 패러다임에 대한 교조적인 접근을 피하고, 상황에 맞게 적절한 도구를 선택하는 실용적인 자세다. '모든 것을 객체로 만들어야 한다'거나 '상태를 완전히 배제해야 한다' 같은 극단적인 주장은 오히려 실용성을 해칠 수 있다. 대신 각 패러다임의 장단점을 이해하고, 프로젝트의 특성과 팀의 역량을 고려해 적절한 방식을 선택하는 것이 중요하다.

결국 좋은 설계란 코드의 의도가 명확하게 드러나고, 유지보수가 용이하며, 변화하는 요구사항에 유연하게 대응할 수 있는 구조를 만드는 것이다. 이러한 목표를 달성할 수 있다면 그 구현 방식이 객체지향이든, 함수형이든, 또는 다른 어떤 패러다임이든 상관없다. 중요한 것은 선택한 방식이 해당 문제 해결에 얼마나 효과적인지, 그리고 팀이 그 방식을 얼마나 잘 이해하고 활용할 수 있는가다.

3.6 정리

이번 장에서는 소프트웨어 설계의 변경 용이성과 테스트 용이성을 위한 핵심 개념과 기법을 다뤘다. 코드를 쉽게 변경하고 테스트하려면 코드 간 관계를 이해하고 제어해야 하며, 새로운 요구사항이 발생했을 때 기존 코드를 최소한으로 수정하면서 확장할 수 있어야 한다. 이를 위해서는 의존성 관리, 다형성, 관심사 분리를 적절히 활용해야 한다.

의존성 역전 원칙은 고수준 모듈이 저수준 모듈을 직접 의존하지 않도록 추상 인터페이스를 통해 의존성의 방향을 역전시킨다. 의존성 주입과 함께 사용하면 테스트 용이성을 높이고 결합도를 낮출 수 있다. 이는 개방-폐쇄 원칙을 만족함으로써 확장 시 기존 코드의 수정을 최소화하고 유연한 대응을 가능하게 한다.

관심사 분리는 역할을 명확히 나누어 응집도를 높이고 수정 이유를 최소화한다. 관심사는 계층별 관심사, 도메인 관심사, 횡단 관심사로 구분할 수 있으며, 이를 통해 각 관심사의 복잡성을 줄이고 유지보수성을 향상시킬 수 있다. 이러한 설계 철학은 객체 지향에만 한정되

4 Pydantic은 파이썬의 데이터 유효성 검사와 설정 관리를 위한 라이브러리다. 파이썬 타입 애너테이션을 사용해 데이터 모델을 정의하고 자동으로 데이터 검증, 직렬화, 역직렬화를 수행한다. JSON 스키마 생성을 지원하며 FastAPI와 같은 프레임워크와 함께 사용되어 API 요청/응답 데이터의 유효성을 검증한다. 참고: https://docs.pydantic.dev

지 않는다. 어떤 패러다임을 사용하든 핵심은 관심사 분리와 의존성 관리다. 이를 통해 코드의 의도를 명확히 드러내고, 유지보수를 용이하게 하며, 요구사항 변화에 유연하게 대응할 수 있다.

다음 장에서는 대표적인 설계 기법 중 하나인 계층형 설계에 대해 알아본다. 계층형 설계에서 관심사 분리와 의존성 관리를 어떻게 적용하는지, 그리고 이 설계 방식의 장단점은 무엇인지 살펴보자.

04

계층형 설계

소프트웨어 아키텍처는 복잡한 시스템을 체계적으로 관리하기 위한 설계 원칙과 구조를 제공한다. 앞에서 소프트웨어 품질 속성, 의존성 관리, 관심사 분리 같은 핵심 개념을 살펴봤다. 이러한 개념들은 실제 아키텍처 설계에서 구체화되며, 그중 가장 널리 사용되는 방식이 계층형 아키텍처다. 계층형 아키텍처는 코드를 명확한 역할과 책임에 따라 계층으로 나누어 복잡성을 줄이고 유지보수성을 높이는 접근법이다. 전통적으로 많은 소프트웨어 시스템이 이 구조를 채택해 왔으며, 클린 아키텍처를 포함한 현대적인 설계 방식의 기초가 됐다.

계층형 아키텍처는 직관적이고 이해하기 쉬운 구조로 소규모 프로젝트에서 특히 빛을 발한다. 그러나 시스템 규모가 커지거나 요구사항이 복잡해질수록 데이터베이스 중심 설계, 테스트의 어려움, 비즈니스 로직 표현 부족과 같은 한계가 드러난다. 이번 장에서는 계층형 아키텍처의 개념, 장점, 구조를 살펴보고, 그 한계를 분석함으로써 클린 아키텍처로의 전환 필요성을 탐구한다.

4.1 계층형 아키텍처란?

소프트웨어 개발에서 가장 큰 도전 과제는 복잡성을 관리하는 것이다. 수십만 줄의 코드로 구성된 시스템을 어떻게 이해하고 유지보수할 것인가? 새로운 기능을 추가할 때 기존 코드에 미치는 영향을 어떻게 최소화할 것인가? 이러한 질문에 답하는 데 3장에서 다룬 관심사 분리가 핵심적인 역할을 한다. 계층형 아키텍처(layered architecture)는 관심사 분리를 구현하는 가장 대표적이고 널리 사용되는 설계 방식이다.

계층형 아키텍처는 시스템을 수평적 계층으로 나눠서 구성한다. 각 계층은 특정 역할과 책임을 담당하며, 상위 계층은 하위 계층의 서비스를 사용하지만 역방향 의존성은 허용되지 않는다. 이는 건물의 층 구조와 유사하다. 기초 위에 1층을 올리고, 그 위에 2층을 올리는 방식으로, 각 층은 바로 아래층에만 의존하며 고유한 목적을 수행한다.

예를 들어, 네트워크 통신의 OSI 7계층 모델은 계층형 설계의 대표적인 사례다(그림 4.1). 물리 계층에서 시작해 응용 계층까지, 각 계층은 명확한 역할을 수행한다. 애플리케이션 계층에서 이메일을 보낼 때 개발자는 하위 계층의 전기 신호나 패킷 라우팅과 관련된 세부사항을 신경 쓰지 않아도 된다. 각 계층이 독립적으로 책임을 다하기 때문이다.

그림 4.1 OSI 7계층

운영체제 역시 하드웨어 추상화 계층, 커널 계층, 시스템 콜 계층, 사용자 공간 계층으로 구성된 계층형 구조를 띠며, 웹 애플리케이션에서도 계층형 설계가 광범위하게 사용된다. 즉, 전형적인 3계층 아키텍처에서는 프레젠테이션 계층이 사용자 인터페이스를 담당하고, 비즈니스 로직 계층이 핵심 업무 규칙을 처리하며, 데이터 액세스 계층이 데이터베이스와의 통신을 관리하는 식으로 구성된다.

그렇다면 무엇을 기준으로 계층을 나누는 것일까? 가장 핵심적인 원칙은 **목적에 따른 분리**다. 각 계층은 시스템 내에서 서로 다른 역할과 책임을 담당한다. 또한 계층 분리는 **추상화 수준**과 밀접하게 연관된다. 예를 들어, 웹 애플리케이션의 3계층 중 데이터 액세스 계층은 SQL 쿼리나 데이터베이스 연결과 같은 구체적인 기술 세부사항을 다루고, 애플리케이션 서비스 계층은 '고객 주문 처리'와 같은 비즈니스 중심의 고수준 개념을 다룬다. 추상화 수준이 올라갈수록 기술적 세부사항은 숨겨지고, 비즈니스 가치가 부각된다.

추가적인 분리 기준으로는 **변경 빈도**와 **의존성 방향**이 있다. 사용자 인터페이스는 자주 변경되지만, 핵심 비즈니스 규칙은 상대적으로 안정적이다. 계층형 설계는 자주 변경되는 부분과 안정적인 부분을 분리해서 변경의 영향을 최소화한다. 또한 상위 계층이 하위 계층에 의존하도록 설계해 순환 의존성을 방지한다.

계층형 아키텍처는 단순하면서도 강력한 설계 방식으로, 수십 년간 소프트웨어 설계의 기초를 이뤘다. 그러나 계층형 아키텍처에도 한계가 있으며, 이는 클린 아키텍처와 같은 현대적인 설계 방식으로의 전환할 필요성을 시사한다. 이어지는 절에서 계층형 아키텍처의 장점과 한계를 구체적으로 살펴본다.

4.1 계층형 아키텍처의 장점

계층형 아키텍처는 복잡한 소프트웨어 시스템을 체계적으로 관리할 수 있게 해주는 여러 장점이 있다. 이러한 장점은 특히 소규모에서 중규모 프로젝트에서 두드러지게 나타나며, 코드의 구조화와 팀 협업을 강화한다. 계층형 아키텍처의 대표적인 세 가지 장점을 살펴보자.

코드 가독성 향상

계층형 아키텍처는 코드를 논리적인 디렉터리 구조로 조직화해서 가독성을 크게 높인다. 그림 4.2에서 회색 배경은 디렉터리를, 알파벳이 적힌 흰색 네모는 특정 기능을 수행하는 파일을 나타낸다. 단순히 디렉터리 이름을 계층에 맞게 부여했을 뿐인데, 각 파일의 역할과 파일 간 관계를 한눈에 파악할 수 있다.

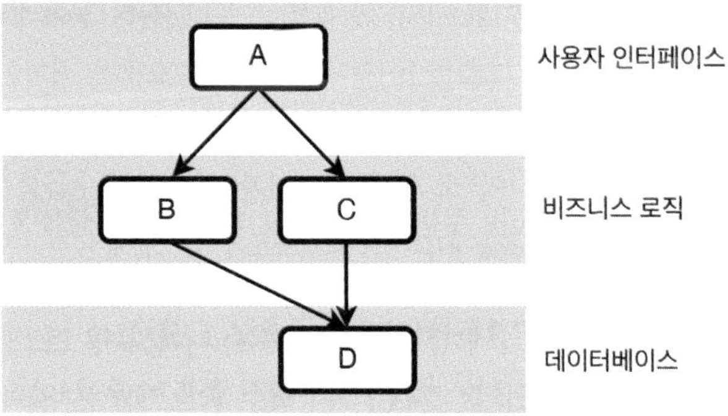

그림 4.2 계층 구분이 있는 구조 예시

이 구조는 실무에서 큰 이점을 발휘한다. 개발자는 대부분의 시간을 기존 코드 수정이나 기능 추가에 투자한다. 계층형 구조라면 문제가 발생했을 때 해당 계층의 디렉터리만 검토하면 된다. 예를 들어, 데이터베이스 관련 오류가 발생하면 '데이터베이스' 디렉터리를 우선 확인하고, 사용자 인터페이스 기능을 추가할 때는 '사용자 인터페이스' 디렉터리에 초점을 맞춘다. 이는 코드 탐색 시간을 줄이고, 오류 수정의 효율을 높인다.

반대로, 계층 구분이 없는 구조는 혼란을 초래한다. 그림 4.3처럼 파일들이 역할별로 분류되지 않고 뒤섞여 있으면 데이터베이스 코드가 UI 파일에 섞이거나 비즈니스 로직이 여러 곳에 산재할 수 있다. 이 경우 데이터베이스 문제를 해결하려면 모든 파일을 훑어야 하고, 새로운 기능을 추가할 때도 적합한 위치를 찾기까지 시간이 낭비된다. 이는 특히 초보 개발자나 새로운 팀원이 프로젝트에 합류할 때 큰 장애물이 된다.

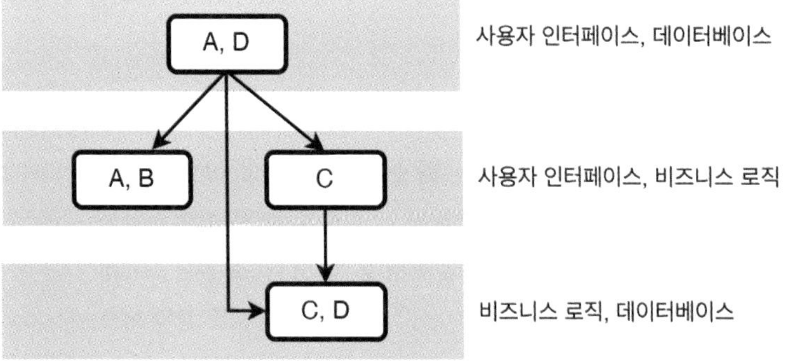

그림 4.3 계층 구분이 없는 구조 예시

파이썬 프로젝트에서 계층형 아키텍처를 적용하면 루트 디렉터리 아래에 presentation, business, data_access 같은 폴더를 두고 각 폴더에 관련 모듈을 배치한다. 이는 코드 리뷰 과정에도 유용하며, 전체 시스템의 개요를 빠르게 이해할 수 있게 한다.

관심사 분리로 수정 용이성 향상

계층형 아키텍처는 각 계층이 고유한 책임만 담당하도록 설계되어 수정 작업을 용이하게 만든다. 예를 들어, 사용자 인터페이스 계층, 비즈니스 로직 계층, 데이터 액세스 계층으로 나눌 경우, UI 변경은 인터페이스 계층만 수정하고, 비즈니스 규칙 업데이트는 로직 계층에 집중하며, 저장소 교체는 데이터 액세스 계층만 손보면 된다. 이는 변경의 파급 효과를 최소화해서 시스템의 안정성을 높인다.

이러한 관심사 분리는 팀 간 역할 분담과 협업을 촉진한다. 한 개발자나 팀이 데이터베이스 관련 코드를 담당하고, 다른 팀이 비즈니스 로직을 개발할 수 있다. 서로의 작업을 기다릴 필요 없이 병행 진행이 가능하며, '추상화 벽'을 통해 세부 구현을 숨길 수 있다. 예를 들어, 비즈니스 팀은 데이터 액세스 계층의 인터페이스만 알면 되지, 내부 SQL 쿼리나 연결 방식은 몰라도 된다. 또한 온라인 쇼핑몰 개발 팀에서 UI 디자이너가 프레젠테이션 계층만 수정하는 동안 백엔드 개발자가 비즈니스 계층을 업데이트하면 통합 테스트를 수행할 때 충돌이 최소화된다.

의존성 관리 용이

계층형 아키텍처는 의존 관계를 단방향으로 제한함으로써 코드 관리를 단순화한다. 상위 계층이 하위 계층에만 의존하도록 설계하면 시스템의 예측 가능성이 높아지고 유지보수가 쉬워진다.

코드 규모가 확대될수록 의존성 관리가 핵심 과제가 된다. 무계획적인 설계에서는 A 모듈이 B 모듈을 참조하고 B가 다시 A를 참조하는 순환 의존성이 발생하기 쉽다. 이는 컴파일 오류, 런타임 버그, 리팩터링 어려움을 초래하며, 해결 과정에서 시스템 전체를 재검토해야 할 수 있다.

그림 4.4 순환 의존성

계층형 구조는 이러한 문제를 사전에 방지한다. '프레젠테이션 → 비즈니스 → 데이터 액세스' 방향으로만 의존성을 허용하고, 역방향 의존성은 금지한다. 이는 코드의 흐름을 명확히 하고, 변경 시 영향 범위를 제한한다. 예를 들어, 데이터 액세스 계층 변경이 비즈니스 계층에 영향을 주지 않도록 인터페이스를 통해 연결하면 전체 시스템의 안정성이 유지된다.

잠깐! 계층을 많이 나눈다고 좋은 것일까?

계층형 아키텍처의 장점(코드 가독성, 관심사 분리, 의존성 관리)을 살펴보며 자연스럽게 드는 의문이 있다. 계층을 더 많이 나눌수록 시스템이 더 나아질까? 결론부터 말하자면, 그렇지 않다. 과도한 계층화는 오히려 복잡성을 증가시키고 개발 생산성을 저하시킬 수 있다. 계층 분리는 복잡성을 관리하기 위한 도구이어야지, 복잡성을 유발하는 원인이 돼서는 안 된다.

과도한 추상화의 문제

계층을 지나치게 세분화하면 **추상화의 늪**에 빠질 위험이 있다. 간단한 기능 하나를 구현하기 위해 여러 계층을 거쳐야 한다면 코드의 흐름을 파악하기가 어려워진다. 예를 들어, 사용자 정보를 조회하는 기능이 `UserController` → `UserApplicationService` → `UserDomainService` → `UserRepository` → `UserDataMapper` → `UserDAO`와 같은 6개 계층을 거친다고 가정하자. 단순한 SELECT 쿼리 하나를 실행하기 위해 6개의 클래스를 검토해야 한다면 코드 가독성과 유지보수성은 오히려 저하될 것이다. 이는 계층형 설계의 핵심 목표인 단순화와 상충한다.

성능 오버헤드

과도한 계층화는 성능 오버헤드를 초래한다. 각 계층을 통과할 때마다 메서드 호출, 객체 생성, 데이터 변환(예: DTO와 엔티티 간 매핑)이 발생하며, 이는 메모리 사용량과 처리 시간을 증가시킨다. 특히 대량의 데이터를 처리하거나 실시간 응답이 중요한 시스템에서는 이러한 오버헤드가 성능 병목으로 이어질 수 있다. 예를 들어, 주문 목록을 조회하는 API가 계층 간 데이터 변환으로 인해 초당 처리량이 감소하면 사용자 경험이 저하된다. 심지어 과도한 메서드 호출은 스택 메모리 사용량을 늘려 스택 오버플로와 같은 문제를 유발할 가능성도 있다(이는 주로 깊은 호출 스택이 발생하는 재귀적 구조에서 두드러지지만, 계층이 지나치게 많아도 유사한 위험이 있다).

변경의 연쇄 반응

계층이 많아지면 변경의 연쇄 반응이 문제로 대두된다. 요구사항이 변경되어 여러 계층에 걸쳐 수정 작업이 필요할 경우 세분화된 계층 구조는 변경 비용을 증가시킨다. 예를 들어, 주문 데이터에 새로운 필드(예: delivery_preference)를 추가하려면 DTO, 엔티티, 리포지터리, 서비스, 컨트롤러 등 여러 계층의 코드를 수정해야 할 수 있다. 이는 계층형 설계의 원래 목적인 '변경 영향 최소화'와 정반대의 결과를 초래한다. 특히, 계층 간 데이터 변환 로직이 복잡할수록 수정 작업은 더욱 부담스러워진다.

적절한 계층 수는?

그렇다면 적절한 계층의 수는 얼마일까? 이는 시스템의 규모, 요구사항, 팀 구조에 따라 다르지만 일반적으로 4개 계층이 주로 사용된다. 전통적인 4계층 구조(프레젠테이션, 비즈니스, 영속성, 데이터베이스)는 대부분의 웹 애플리케이션에서 효과적이며, 필요에 따라 각 계층을 더 세분화한다.

핵심은 **각 계층이 명확하고 의미 있는 책임**을 가져야 한다는 점이다. 계층을 나눌 때 '이 계층이 없으면 어떤 문제가 생길까?'라는 질문을 던져보자. 명확한 답이 나오지 않는다면 그 계층은 불필요할 가능성이 높다. 예를 들어, 데이터 매핑만 수행하는 UserDataMapper 계층이 단순히 DTO와 엔티티를 변환하는 역할만 한다면 Repository에 통합해서 계층 수를 줄이는 편이 더 나을 수 있다.

설계의 균형과 클린 아키텍처로의 전환

계층 수를 결정할 때는 2장에서 다룬 품질 속성(유지보수성, 확장성, 성능 등)을 기준으로 삼아야 한다. 계층화는 복잡성을 관리하기 위한 도구이지, 그 자체로 목표가 돼서는 안 된다. 소규모 프로젝트에서는 3계층 구조로도 충분히 가독성과 유지보수성을 확보할 수 있지만 시스템 규모가 커지거나 비즈니스 로직이 복잡해질수록 계층형 아키텍처의 한계가 드러난다. 과도한 계층화는 코드의 복잡성을 키우고, 데이터베이스 중심 설계로 이어질 가능성을 높인다. 이는 5장에서 다룰 클린 아키텍처가 유스케이스 중심 설계와 의존성 역전 원칙으로 해결하고자 하는 문제다.

계층형 설계의 장점을 최대한 활용하려면 적절한 계층 수와 명확한 책임 분리를 유지하며, 필요 이상의 추상화를 피해야 한다. 이는 단순히 코드를 나누는 기술적 작업이 아니라 시스템의 비즈니스 가치를 명확히 표현하는 설계의 예술이다.

4.3 계층형 아키텍처의 구조와 호출 흐름

계층형 아키텍처는 시스템을 논리적으로 분리된 수평적 계층으로 구성함으로써 복잡성을 관리한다. 이번 절에서는 웹 애플리케이션에서 일반적으로 사용되는 계층형 아키텍처의 구성 요소와 호출 흐름을 살펴보고, 의존성 방향과 파이썬 코드 예시를 통해 이를 구체적으로 알아본다.

구성 요소

계층형 아키텍처는 보통 **프레젠테이션**, **비즈니스**, **영속성**, **데이터베이스**라는 네 개의 주요 계층으로 구성된다. 각 계층은 명확한 역할과 책임을 가지며, 시스템의 특정 기능을 담당한다. 필요에 따라 계층 수를 줄이거나 늘릴 수 있지만 여기서는 그림 4.5와 같이 가장 보편적인 4계층 구조를 중심으로 설명한다.

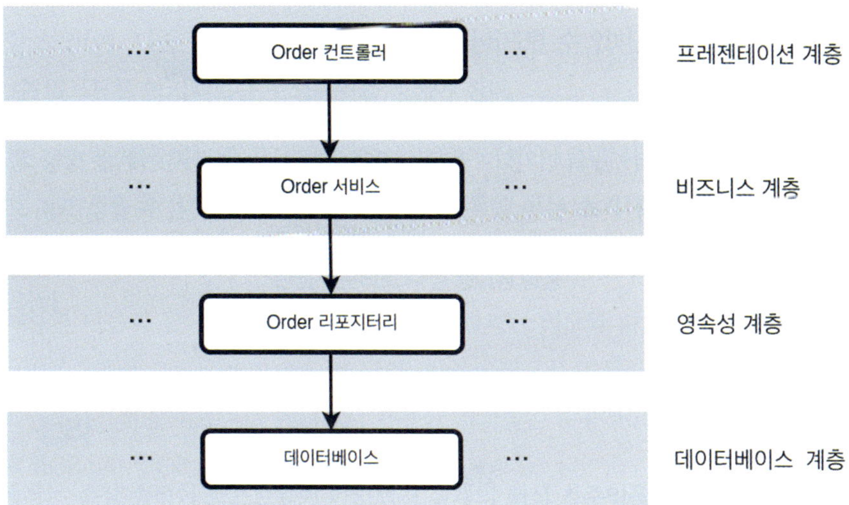

그림 4.5 계층형 아키텍처의 구성 요소와 호출 흐름

프레젠테이션 계층

사용자와 시스템 간의 상호작용을 처리한다. 웹 애플리케이션에서는 REST API나 웹 프레임워크(예: Flask, Django)를 통해 사용자 요청을 수신하고, 입력 값을 검증하며, 처리 결과를 사용자에게 반환한다. 이 계층은 UI 렌더링(HTML, JSON 포매팅 등)에 집중하며, 비즈니스 로직은 처리하지 않는다. 예를 들어, 온라인 주문 시스템에서는 사용자가 입력한 주문 데이터를 받아 비즈니스 계층으로 전달하고, 결과를 JSON으로 포매팅해 응답한다.

비즈니스 계층

시스템의 핵심 로직을 구현한다. 비즈니스 규칙, 데이터 유효성 검증, 엔티티 간 관계 처리를 담당하며, 순수한 비즈니스 로직에 집중한다. 이 계층은 종종 아래의 두 가지 하위 계층으로 세분화된다.

- **애플리케이션 서비스**: 비즈니스 프로세스를 조정하고, 트랜잭션의 시작과 끝을 관리한다. 예를 들어, `process_coffee_order()`는 주문 생성, 결제 처리, 재고 차감을 순차적으로 호출한다.
- **도메인 서비스**: 특정 비즈니스 규칙을 구현한다. 예를 들어, `calculate_delivery_fee()`는 배송비 계산 로직을, `validate_inventory()`는 재고 확인 로직을 처리한다. 이 계층은 도메인 모델(엔티티, 값 객체)과 밀접하게 연관된다.

영속성 계층

데이터베이스, 네트워크, 파일 시스템 등 외부 시스템과의 상호작용을 처리한다. 데이터 액세스 객체(DAO)나 ORM(예: SQLAlchemy)을 사용해 데이터를 저장, 조회, 수정하며, 시스템의 기술적 기반을 제공한다. 예를 들어, `save_coffee_order()`는 주문 데이터를 데이터베이스에 저장한다. 이 계층은 비즈니스 로직과 독립적으로 동작하며, 다른 계층을 지원하는 어댑터 역할을 한다.

데이터베이스 계층

실제 데이터가 저장되는 곳이다. 관계형 데이터베이스(예: PostgreSQL), NoSQL 데이터베이스(예: MongoDB) 등이 포함되며, 영속성 계층이 이를 조작한다.

호출 흐름과 의존성 방향

계층형 아키텍처의 호출 흐름은 상위 계층에서 하위 계층으로 단방향으로 진행된다. 사용자의 요청은 프레젠테이션 계층에서 시작되어 비즈니스 계층, 영속성 계층, 데이터베이스 계층 순으로 전달된다. 의존성 방향 역시 동일하다. 즉, 프레젠테이션 계층은 비즈니스 계층에 의존하고, 비즈니스 계층은 영속성 계층에 의존하며, 영속성 계층은 데이터베이스 계층에 의존한다. 역방향 의존성은 허용되지 않아 순환 의존성을 방지한다.

예를 들어, 온라인 주문 시스템을 개발한다고 할 때 사용자가 주문을 요청하면 다음과 같은 흐름이 발생한다.

1. 프레젠테이션 계층의 OrderController가 HTTP 요청을 받아 입력 데이터를 검증하고 OrderService를 호출한다.
2. 비즈니스 계층의 OrderService는 calculate_delivery_fee()와 validate_inventory()를 호출해 비즈니스 로직을 처리하고, OrderRepository를 통해 데이터를 저장한다.
3. 영속성 계층의 OrderRepository는 SQL 쿼리나 ORM을 사용해 데이터베이스에 주문 데이터를 저장한다.

예제 4.1은 앞에서 설명한 흐름을 파이썬으로 구현한 간단한 예다.

예제 4.1 간단한 계층형 아키텍처 구현

```
# presentation/order_controller.py
class OrderController:
  def __init__(self):
    self.service = OrderService()

  def process_order(self, order_data):
    return self.service.process_order(order_data)

# business/order_service.py
class OrderService:
  def __init__(self):
    self.repository = OrderRepository()

  def process_order(self, order_data):  # 비즈니스 로직: 배송비 계산, 재고 검증
    delivery_fee = self.calculate_delivery_fee(order_data)
    if self.validate_inventory(order_data):
      order = self.repository.save_order(order_data)
      return {"order_id": order.id, "delivery_fee": delivery_fee}
    return {"error": "Insufficient inventory"}

  def calculate_delivery_fee(self, order_data):  # 배송비 계산 로직
    return 5.0
```

```
  def validate_inventory(self, order_data):  # 재고 검증 로직
    return True

# persistence/order_repository.py
class OrderRepository:
  def save_order(self, order_data):  # 데이터베이스 저장
    order = OrderModel(order_data)
    return order
```

이 코드는 각 계층의 역할과 의존성 방향을 명확히 보여준다. OrderController는 OrderService에 의존하고, OrderService는 OrderRepository에 의존한다. 역방향 의존성은 존재하지 않는다.

4.4 계층형 아키텍처의 한계와 클린 아키텍처로의 전환 필요성

계층형 아키텍처는 소규모 프로젝트에서 효과적인 구조를 제공하지만 시스템 규모가 확대되거나 비즈니스 요구사항이 복잡해질수록 여러 한계가 드러난다. 이러한 문제들은 데이터베이스 중심 설계, 싱크홀 안티패턴, 테스트 및 외부 변경 어려움, 비즈니스 로직 표현 부족으로 요약할 수 있다. 이번 절에서는 각 한계점을 구체적인 예시와 함께 분석하고, 클린 아키텍처가 이를 어떻게 보완할 수 있는지 힌트로 제시한다. 이는 계층형 아키텍처의 실무적 제약을 이해하고, 더 나은 설계 방식으로의 전환 필요성을 강조하기 위해서다.

데이터베이스 중심 설계

계층형 아키텍처의 의존성 방향은 상위 계층에서 하위 계층(특히 데이터베이스)으로 향한다. 이는 인프라스트럭처 변경이 비즈니스 계층으로 쉽게 전파될 수 있는 구조적 취약점을 초래한다. 결과적으로 애플리케이션 설계가 비즈니스 규칙이나 정책 중심이 아니라 데이터베이스 종류나 모델링에 좌우되는 '데이터베이스 중심 설계'로 귀결되기 쉽다.

온라인 주문 시스템에서 사용자 ID를 입력받아 해당 사용자가 주문한 상품 이름을 응답하는 기능을 구현한다고 가정해 보자. 계층형 구조에서는 예제 4.2와 같은 가장 하위 계층인 데이터베이스부터 설계를 시작하게 된다. 먼저 주문(Order) 모델을 정의한다.

예제 4.2 데이터베이스 관련 코드

```
from sqlalchemy import Column, Integer, String
from sqlalchemy.ext.declarative import declarative_base

Base = declarative_base()

class Order(Base):
  __tablename__ = "orders"
  id = Column(Integer, primary_key=True)
  user_id = Column(Integer)
  product_name = Column(String)
```

그다음, 예제 4.3에서와 같이 영속성 계층에서 이 모델을 사용해 데이터를 조회한다.

예제 4.3 데이터 조회 코드

```
class OrderRepository:
  def get_orders_by_user(self, user_id: int):
    return Order.query.filter(Order.user_id == user_id).all()
```

예제 4.4는 비즈니스 계층의 코드로, 데이터 조회 결과를 처리한다.

예제 4.4 비즈니스 계층 코드

```
class OrderService:
  def __init__(self):
    self.repo = OrderRepository()

  def get_user_orders(self, user_id: int):
    orders = self.repo.get_orders_by_user(user_id)
    return [f"{o.id}: {o.coffee_name}" for o in orders]
```

이 같은 접근은 자연스럽게 보이지만 데이터베이스 코드가 상위 계층에 직접 노출되어 인프라 변경(예: RDBMS에서 NoSQL로 전환)이 비즈니스 계층에 영향을 미친다. 데이터베이스의 구조 변경이 전체 설계의 중심이 되면서 비즈니스 가치(예: 주문 처리 규칙)가 후순위로 밀려난다. 데이터 저장은 비즈니스 프로세스의 보조 수단일 뿐인데, 본말이 전도되는 상황이다.

물론 개발자가 의도적으로 코드를 설계하면 변경 영향이 전파되지 않게 할 수 있다. 그러나 구조적으로 의존성이 하위로 향하는 한, 이러한 위험은 사라지지 않는다. 클린 아키텍처는 의존성 역전 원칙을 통해 비즈니스 로직을 중심으로 설계함으로써 이 문제를 해결한다.

싱크홀 안티패턴과 코드 중복

계층형 아키텍처에서 자주 발생하는 싱크홀 안티패턴(sinkhole antipattern)은 계층이 단순한 데이터 전달자 역할만 수행해 계층 분리의 의미가 상실되는 현상을 가리킨다. 예를 들어, 비즈니스 계층이 영속성 계층의 메서드를 단순히 호출만 하는 경우 불필요한 계층이 쌓여 코드 중복과 복잡성이 증가한다.

온라인 주문 시스템에서 주문 저장 기능이 싱크홀 패턴에 빠지면 예제 4.5와 같이 만들어질 수 있다.

예제 4.5 싱크홀 안티패턴 코드

```
class OrderService:
  def save_order(self, order_data):
    return self.repository.save_order(order_data)  # 단순 전달
```

위 코드는 비즈니스 계층이 영속성 계층의 save_order()를 그대로 호출하는 경우를 표현한 것이다. 이 패턴은 계층의 책임이 모호해져 유지보수를 어렵게 만들고 코드 중복도 발생하기 쉽다. 즉, 각 계층에서 유사한 데이터 변환 로직(예: DTO와 엔티티 매핑)이 반복되면 코드를 변경할 때 여러 곳을 수정해야 한다. 싱크홀 패턴은 계층형 아키텍처의 관심사 분리라는 장점을 약화시키며, 대규모 시스템에서 코드 팽창을 초래한다. 클린 아키텍처는 유스케이스 중심으로 계층을 재구성함으로써 이러한 중복을 최소화한다.

테스트와 외부 요소 변경의 어려움

계층형 아키텍처의 강한 결합은 단위 테스트를 복잡하고 느리게 만든다. 작은 규모의 로직을 테스트하려 해도 모든 의존성(특히 데이터베이스)을 불러와야 하며, 이는 준비 작업에 과도한 시간을 소모하게 한다. 테스트 실패의 원인은 종종 RDBMS 값 저장/삭제 문제로 귀결된다.

가령 예제 4.6과 같은 구조로 코드가 작성돼 있는 경우 사용자 생성 기능을 테스트하려면 실제 데이터베이스 연결이 필요하다.

예제 4.6 테스트하기 힘든 구조의 코드

```
class Database:
  def save_user(self, user):
    # 실제 데이터베이스 연결 및 저장 로직
    pass

class UserService:
  def __init__(self):
    self.db = Database()

  def create_user(self, name, email):
    user = {"name": name, "email": email}
    self.db.save_user(user)
    return user

class UserController:
  def __init__(self):
    self.service = UserService()

  def register_user(self, name, email):
    return self.service.create_user(name, email)
```

이 구조에서 `UserService` 테스트는 데이터베이스 연결을 요구하기 때문에 느리고 운영 환경에 불필요한 데이터를 생성할 수 있다. 목(Mock)이나 스텁(Stub)을 사용해도 계층 간 의존성 때문에 구현이 복잡해진다. 파이썬의 `unittest.mock.patch` 같은 도구를 써도 예상치 못한 동작으로 테스트가 어려워질 수 있다.

외부 요소 변경(예: 데이터베이스 교체)도 여러 계층의 수정으로 이어진다. 예를 들어, MongoDB에서 PostgreSQL로 변경할 경우 `Database` 클래스뿐 아니라 상위 서비스도 영향을 받을 가능성이 높다. 이러한 확인 작업 자체가 부담이다.

비즈니스 로직 표현 부족

계층형 아키텍처는 기술 계층 중심으로 설계되어 비즈니스 로직을 직관적으로 표현하지 못한다. 패키지 구조가 계층별(Controller, Service, Repository)로 나뉘어 도메인(예: 주문 처리)이 희미해지며, 시스템의 비즈니스 가치를 명확히 드러내지 못한다. 이는 대규모 프로젝트에서 코드 이해와 유지보수를 어렵게 만든다.

예를 들어, 온라인 주문 시스템의 패키지 구조가 controllers, services, repositories 디렉터리로만 구성되면 '주문 생성'이나 '배송비 계산' 같은 비즈니스 유스케이스가 어디에 위치하는지 파악하기 어렵다.

```
project_root/
├─ controllers/
│  ├─ __init__.py
│  ├─ user_controller.py  # 사용자 관련 요청 처리
│  └─ order_controller.py # 주문 관련 요청 처리
├─ services/
│  ├─ __init__.py
│  ├─ user_service.py   # 사용자 관련 비즈니스 로직
│  └─ order_service.py  # 주문 관련 비즈니스 로직
├─ repositories/
│  ├─ __init__.py
│  ├─ user_repository.py  # 사용자 데이터 접근 메서드
│  └─ order_repository.py # 주문 데이터 접근 메서드
├─ models/
│  ├─ __init__.py
│  ├─ user.py         # 사용자 엔티티 정의
│  └─ order.py        # 주문 엔티티 정의
├─ app.py             # 애플리케이션 진입점
└─ requirements.txt  # 의존성 목록
```

비즈니스 로직 표현 부족은 변경 시 혼란을 유발하고, 팀원이 시스템의 핵심 가치를 파악하기 어렵게 만든다.

4.5 정리

계층형 아키텍처는 관심사를 프레젠테이션, 비즈니스, 영속성, 데이터베이스 계층으로 분리하는 설계 방식으로, 소규모 프로젝트에서 직관적인 장점을 제공한다.

계층별 디렉터리 구조로 코드 가독성이 향상되고, 단방향 의존성(상위 → 하위)으로 순환 의존성을 방지한다. `OrderController` → `OrderService` → `OrderRepository`와 같은 흐름처럼 초보 개발자도 쉽게 이해할 수 있다.

한편, 계층형 아키텍처는 소규모 프로젝트에는 적합하지만 대규모 시스템에서는 한계가 명확하다. 우선 데이터베이스 중심 설계로 귀결되어 비즈니스 로직보다 데이터 모델링이 설계 중심이 된다. 또, 싱크홀 안티패턴으로 계층이 단순 데이터 전달 역할만 수행해 복잡성이 증가한다. 무엇보다 강한 계층 결합으로 단위 테스트가 어렵고, 기술 계층 중심 구조는 비즈니스 유스케이스를 직관적으로 표현하지 못한다.

5장부터는 이러한 계층형 아키텍처의 한계점을 클린 아키텍처에서 어떻게 극복하는지 소개하겠다.

05

클린 아키텍처란?

이번 장에서는 클린 아키텍처가 무엇이고, 어떤 목표를 추구하는지, 그리고 그 목표를 달성하기 위해 앞에서 살펴본 소프트웨어 설계 개념들을 어떻게 활용하는지 살펴보고자 한다. 클린 아키텍처를 제대로 이해하려면 먼저 그것이 추구하는 목표를 명확히 아는 것이 중요하다. 마치 지도를 보기 전에 목적지를 정하는 것처럼, 클린 아키텍처가 왜 필요하고 무엇을 해결하려 하는지 이해해야 한다. 이러한 기초가 탄탄해야 6장에서 다룰 각 구성요소의 역할과 7장에서 살펴볼 실제 구현 예시가 단순한 코드 조각이 아닌, 의미 있는 설계 결정으로 다가올 것이다. 더 나아가 여러분의 프로젝트에 클린 아키텍처를 적용할 때도 맹목적인 따라하기가 아닌, 상황에 맞는 현명한 선택을 내릴 수 있게 될 것이다.

클린 아키텍처는 SOLID 원칙의 창시자로도 유명한, 소프트웨어 아키텍처의 대가 로버트 C. 마틴(Robert C. Martin)이 2012년 그의 블로그를 통해 처음 소개한 소프트웨어 설계 철학이다. 흥미로운 점은 이것이 완전히 새로운 개념이 아니라는 것이다. 로버트 C. 마틴은 30년이 넘는 기간 동안 수많은 프로젝트를 진행하며 소프트웨어 아키텍처의 진화를 직접 목격하고 경험했다. 그 과정에서 성공한 프로젝트들이 공통적으로 가지고 있던 설계 원칙들을 발견했고, 이를 체계적으로 정리한 것이 바로 클린 아키텍처다.

"아키텍처의 규칙은 동일하다"

— 로버트 C. 마틴

이 짧은 문장에는 깊은 통찰이 담겨 있다. 로버트 C. 마틴은 수십 년간 웹 애플리케이션부터 임베디드 시스템까지, 스타트업의 작은 프로젝트부터 대기업의 거대한 시스템까지 다양한 소프트웨어를 개발해왔다. 그 경험을 통해 그가 깨달은 것은, 겉으로 보기에는 천차만별인 시스템들도 결국 동일한 아키텍처 원칙을 따른다는 것이었다. 이것은 모든 소프트웨어가 똑같은 구조를 가져야 한다는 뜻이 아니다. 마치 모든 건물이 기초, 기둥, 지붕이라는 기본 요소를 가지면서도 각기 다른 모습을 하고 있듯이, 소프트웨어도 근본적인 설계 원칙은 공유하면서도 각자의 목적에 맞는 독특한 형태를 띤다는 뜻이다. 로버트 C. 마틴이 말하는 '동일한 규칙'이란 그러한 근본 원칙, 즉 변화에 유연하게 대응하고 비즈니스 가치를 효과적으로 전달하는 방법론을 의미한다. 클린 아키텍처는 이러한 원칙들을 구체화해서 소프트웨어를 계층화하고 의존성을 관리하는 명확한 방법을 제시한다. 어떤 계층이 필요한지, 각 계층의 책임은 무엇인지, 계층 간의 관계는 어떠해야 하는지에 대한 구체적인 가이드라인을 제공한다.

하지만 흥미롭게도, 이 모든 규칙 속에서도 창의성이 발휘될 여지는 충분히 남아있다. 특히 도메인 영역 내부를 설계하는 방법에는 정답이 없다. 동일한 비즈니스 요구사항을 구현하더라도 한 개발자는 복잡한 로직을 하나의 응집력 있는 클래스로 표현할 수 있고, 다른 개발자는 여러 개의 작은 클래스로 나누어 표현할 수도 있다. 이는 마치 같은 주제로 그림을 그려도 화가마다 다른 작품이 나오는 것과 같다. 아키텍트는 주어진 요구사항, 품질 속성, 제약사항 등을 종합적으로 고려해 자신만의 최적해를 찾아가는 것이다.

이처럼 소프트웨어 설계는 크게 두 영역으로 나뉜다. 하나는 '아키텍처를 구조화하는 규칙의 영역'이고, 다른 하나는 '도메인을 설계하는 예술의 영역'이다. 클린 아키텍처는 그중에서도 전자, 즉 검증된 규칙과 원칙을 바탕으로 아키텍처를 체계적으로 구조화하는 방법론에 초점을 맞춘다. 이 규칙들을 이해하고 나면 여러분도 자신만의 예술적 해석을 더할 수 있는 탄탄한 기반을 갖추게 될 것이다.

5.1 클린 아키텍처가 추구하는 것

클린 아키텍처의 핵심을 한 문장으로 압축한다면 무엇일까? 수많은 설계 원칙과 패턴들 사이에서 가장 중요한 하나를 꼽으라면 다음과 같이 표현할 수 있다.

"비즈니스 규칙과 외부 요소의 관심사를 분리하고,
의존성 제어를 통해 외부 요소의 변경이 용이하게 하자"

이 문장을 처음 읽으면 다소 추상적으로 느껴질 수 있다. '외부 요소'가 정확히 무엇을 의미하는지, 왜 굳이 분리해야 하는지 의문이 들 수도 있다. 하나씩 차근차근 살펴보자.

먼저 외부 요소란 우리가 직접 작성하지 않은, 하지만 애플리케이션을 만들기 위해 필수적으로 사용해야 하는 도구들을 의미한다. 데이터베이스(MySQL, PostgreSQL), 웹 프레임워크(FastAPI, Django), 클라우드 서비스(AWS S3, Firebase) 등이 모두 외부 요소에 해당한다. 이들의 공통점은 우리가 제어할 수 없는 제3자가 만든 것이며, 언젠가는 다른 것으로 교체될 가능성이 있다는 점이다.

외부 요소 분리의 진정한 가치

이 개념을 더 깊이 이해하기 위해 구체적인 예시를 들어 설명하겠다. 영화 예매 웹 서비스를 만든다고 상상해보자. 이 서비스를 구성하는 요소들을 크게 나누면 다음과 같다.

먼저 비즈니스의 핵심이 되는 예매 프로세스가 있다. 사용자가 원하는 영화와 시간을 선택하고, 좌석을 고르고, 결제를 진행하는 일련의 과정이다. 이를 처리하기 위해서는 데이터를 저장할 MySQL 같은 데이터베이스가 필요하고, 웹 요청을 처리할 FastAPI 같은 웹 프레임워크도 필요하다.

여기서 잠시 멈춰 생각해보자. 이 서비스의 진짜 가치는 무엇일까? MySQL일까, FastAPI일까? 아니다. 진정한 가치는 '영화 예매'라는 비즈니스 기능 그 자체다. 더 구체적으로 말하면 다음과 같은 비즈니스 규칙들이 이 서비스의 핵심이다.

영화 예매 시스템이 지켜야 할 핵심 규칙들을 살펴보면 먼저 해당 상영 회차에 예매 가능한 좌석이 있는지 확인해야 한다. 상영 시작 15분 전까지만 예매를 받고, 그 이후에는 차단해야 한다. 한 사람이 독점하지 못하도록 최대 4장까지만 예매를 허용하고, 조조 상영에는 30% 할인을 적용한다. 예매가 완료되면 즉시 사용자에게 확인 메시지를 보낸다.

이러한 규칙이야말로 우리 서비스의 정체성이자 경쟁력이다. 고객이 우리 서비스를 선택하는 이유는 MySQL을 쓰기 때문이 아니라 이러한 규칙들이 만들어내는 편리하고 공정한 예매 경험 때문이다. MySQL이나 FastAPI는 이 가치를 구현하기 위한 수단일 뿐이다.

변화의 현실을 직시하다

소프트웨어 개발의 현실은 끊임없는 변화다. 특히 기술 스택의 변화는 예상보다 자주, 그리고 갑작스럽게 찾아온다.

처음에는 스타트업의 빠른 개발을 위해 MySQL과 FastAPI를 선택했다고 하자. 하지만 서비스가 성장하면서 상황이 바뀐다. 대용량 트래픽을 처리하기 위해 PostgreSQL의 고급 기능이 필요해질 수 있다. 혹은 회사 정책이 바뀌어 모든 서비스를 Django로 통일하기로 결정할 수도 있다. 클라우드 환경에서는 더욱 극적이다. AWS에서 GCP로 이전하거나 서버리스 아키텍처로 전환하는 일이 실제로 일어난다.

만약 비즈니스 로직이 MySQL의 특정 기능에 깊게 의존하고 있다면 어떻게 될까? PostgreSQL로 전환하는 순간, 영화 예매의 핵심 로직까지 뜯어고쳐야 한다. 새로운 버그가 생길 위험이 높고, 검증된 비즈니스 로직의 안정성마저 위협받는다.

클린 아키텍처는 이런 문제를 근본적으로 해결한다. 비즈니스 규칙과 외부 도구 사이에 명확한 경계를 만들어 도구가 바뀌어도 비즈니스 로직은 전혀 영향받지 않게 한다. MySQL을 Oracle로 바꾸든, AWS DynamoDB로 전환하든, '상영 15분 전까지만 예매 허용'이라는 규칙은 한 줄도 수정할 필요가 없다.

이것이 바로 클린 아키텍처가 추구하는 궁극적인 목표다. 우리가 만든 소프트웨어가 사용하는 도구를 설명하는 것이 아니라 제공하는 서비스와 가치를 설명하도록 만드는 것, 코드를 읽는 사람이 "아, 이것은 MySQL을 쓰는 시스템이구나"가 아니라 "아, 이것은 영화 예매 시스템이구나"라고 이해하도록 만드는 것이다.

그런데 왜 하필 외부 요소의 변경에 집중할까?

여기서 한 가지 의문이 들 수 있다. '실무에서는 비즈니스 로직이 더 자주 바뀌는데, 왜 외부 요소의 변경 용이성에 집중하는 거지?'라는 생각이 들 수 있다. 실제로 고객의 요구사항은 끊임없이 변하고, 새로운 기능은 계속 추가된다. 할인 정책이 바뀌고, 예매 규칙이 수정되고, 새로운 결제 방식이 도입된다.

이 의문의 답을 찾기 위해서는 변경의 성격을 더 깊이 들여다볼 필요가 있다.

첫째, 변경의 파급 효과가 다르다. 비즈니스 로직의 변경은 대부분 국지적이다. 할인 정책이 바뀌면 할인 관련 코드만 수정하면 된다. 하지만 데이터베이스가 바뀐다면? 데이터를 다루는 모든 코드가 영향을 받는다.

둘째, 변경의 위험도가 다르다. 비즈니스 로직은 우리가 완전히 통제할 수 있는 영역이다. 우리가 만든 규칙이고, 우리가 이해하고 있으며, 우리가 테스트할 수 있다. 반면 외부 요소와의 결합은 우리가 통제할 수 없는 복잡성을 도입한다. 데이터베이스 드라이버의 버그, 프레임워크의 하위 호환성이 깨지는 변경, 클라우드 서비스의 API 변경 등은 예측하기 어렵고 대응하기도 까다롭다.

셋째, 기술적 복잡성의 격리가 필요하다. 데이터베이스 쿼리 최적화, 네트워크 프로토콜 처리, 외부 API 통합 등은 각각 고유한 복잡성을 가진다. 이러한 복잡성이 비즈니스 로직에 스며들면 코드를 이해하고 유지보수하기가 극도로 어려워진다. 영화 예매 규칙을 이해하려고 코드를 열었는데, SQL 쿼리와 HTTP 헤더 처리가 뒤섞여 있다면? 본질을 파악하기도 어렵고, 수정할 때 실수할 가능성도 높아진다.

결국 클린 아키텍처가 외부 요소의 변경에 집중하는 이유는 그것이 시스템의 장기적인 건강과 지속가능성을 결정하는 핵심 요인이기 때문이다. 비즈니스 로직의 잦은 변경을 수용하면서도 기술적 기반의 변화로부터 시스템을 보호하는 것, 이 두 마리 토끼를 모두 잡는 것이 클린 아키텍처의 진정한 지혜다.

5.2 클린 아키텍처의 품질 속성과 구현 방법

클린 아키텍처의 대표적인 목표가 비즈니스 규칙과 외부 요소의 분리라고 했지만 딱 그것만으로는 클린 아키텍처가 달성하고자 하는 것들을 모두 설명할 수 없다. 이번 절에서는 2장에서 확인한 클린 아키텍처가 중요하게 생각하는 품질 속성에 더해 추가적으로 어떤 품질 속성이 더 있는지 살펴보고, 그것을 위해 어떤 구현 방법을 사용하는지도 확인해보자.

테스트 용이성

> *"테스트가 없는 코드는 나쁜 코드다. 아무리 잘 작성되었다 해도, 아무리 예쁘거나 객체지향적이거나 잘 캡슐화되었다 해도 상관없다." — 마이클 페더스(Michael C. Feathers)*

테스트의 중요성은 아무리 강조해도 지나치지 않다. 특히 애플리케이션의 규모가 커질수록, 함께 개발/운영하는 인원이 많아질수록 그 중요성은 더욱 커진다. 이는 코드 수정이 기존 기능에 의도하지 않은 사이드 이펙트를 초래하지 않았는지 확인하는 것이 필수이기 때문이다.

따라서 새로운 기능이 추가될 때마다 그에 상응하는 테스트도 함께 작성해야 하며, 이렇게 축적된 테스트 코드는 장기적인 운영 과정에서 엄청난 자산이 된다. 기존 기능에 대한 테스트가 철저하게 구축돼 있다면 개발자들은 기능을 추가하거나 수정할 때 훨씬 더 자신감을 가질 수 있다. 이러한 자신감은 단순히 심리적인 안정감을 넘어 코드의 안정성을 보장하면서도 개발 생산성을 크게 향상시키는 핵심 요인이 된다.

또한 테스트 코드는 예상치 못한 상황에서도 그 가치를 발휘한다. 예를 들어, 애플리케이션의 세부 기능이 완전하게 문서화돼 있지 않은 경우 개발자들은 테스트 코드를 통해 기능의 의도와 작동 방식을 역으로 파악할 수 있다. 이처럼 테스트 코드는 단순한 검증 도구를 넘어 코드의 명세서이자 살아있는 문서로서의 역할도 수행한다.

결국, 체계적인 테스트 구축은 단기적으로는 개발 시간이 늘어나는 것처럼 보일 수 있으나 장기적인 관점에서는 유지보수 비용 감소, 버그 발생률 저하, 시스템 전반의 신뢰성 향상으로 이어져 궁극적으로 개발 과정 전체의 효율성을 극대화하는 현명한 투자라 할 수 있다.

클린 아키텍처의 해결 방법: 의존성 역전 원칙(DIP)

클린 아키텍처는 의존성 역전 원칙을 통해 테스트 용이성을 향상시킨다. 이 접근법의 효과를 계층형 아키텍처와 비교해서 살펴보자. 계층형 아키텍처와 클린 아키텍처 모두 비즈니스 도메인 영역과 외부 요소에 대한 영역을 계층으로 분리한다. 그러나 의존성 방향에서 중요한 차이가 있다.

아래 그림 5.1의 왼쪽과 같이 계층형 아키텍처는 도메인(Service 계층)이 외부 요소(Repository 계층)에 직접 의존하는 하향식 구조다. 이 구조에서 테스트를 위해 MySQL과 같은 실제 데이터베이스 대신 모의 객체를 사용하려면 Service 코드 자체에 모의 객체 사용을 위한 별도의 분기 처리가 필요하다. 이는 테스트 코드와 프로덕션 코드가 혼합되는 결과를 가져오며, 비즈니스 로직의 순수성을 해친다.

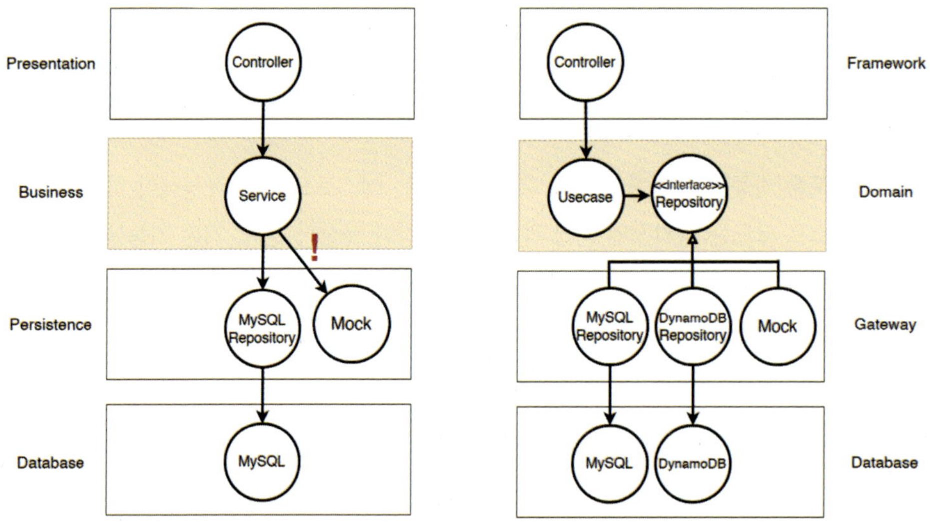

그림 5.1 계층형 아키텍처(왼쪽)와 클린 아키텍처(오른쪽)의 의존성 방향

반면, 오른쪽의 클린 아키텍처에서는 의존성 역전 원칙을 적용한다.

1. **인터페이스 정의:** 도메인 계층에서 데이터 접근을 위한 추상 인터페이스(Repository)를 정의한다.
2. **의존성 역전:** 도메인 계층은 오직 이 추상 인터페이스에만 의존한다.

3. **구현체 분리**: 인터페이스의 실제 구현체(MySQLRepository)는 외부 인프라스트럭처 계층에 위치한다.
4. **의존성 주입**: 실행 시점에 적절한 구현체가 도메인 계층에 주입된다.

이 구조에서는 도메인이 직접 의존하는 외부 요소가 없고, 의존성 방향이 항상 외부에서 내부로 향하기 때문에(즉, 저수준 모듈이 고수준 모듈에 의존) 외부 요소의 변경이 도메인에 영향을 주지 않는다. 테스트할 때는 Domain이 사용할 의존성 주입 부분에 실제 데이터베이스 대신 모의 객체를 주입하기만 하면 된다.

다음의 예제 5.1은 영화 애매 서비스의 클린 아키텍처에서 테스트를 위해 모의 객체를 어떻게 활용하는지 보여준다.

예제 5.1 클린 아키텍처에서 인터페이스를 통해 모의 객체를 활용하는 코드

```
# 도메인 계층에서 인터페이스를 정의
class MovieRepository(ABC):
  @abstractmethod
  def get_available_movies(self, date: datetime) -> List[Movie]:
    pass

# 유스케이스는 인터페이스에만 의존
class GetAvailableMoviesUseCase:
  def __init__(self, movie_repository: MovieRepository):
    self.movie_repository = movie_repository

  def execute(self, date: datetime) -> List[Movie]:
    return self.movie_repository.get_available_movies(date)

# 테스트에서는 모의 객체 사용
class MockMovieRepository(MovieRepository):
  def get_available_movies(self, date: datetime) -> List[Movie]:
    return [Movie("테스트 영화", "120분")]

# 실제 구현체는 인프라 계층에 존재
class MySQLMovieRepository(MovieRepository):
  def get_available_movies(self, date: datetime) -> List[Movie]:
    # 실제 DB 쿼리 로직
    pass
```

이렇게 구조화하면 데이터베이스 없이도 비즈니스 로직을 테스트할 수 있다. 테스트 환경에서는 `MockMovieRepository`를, 실제 환경에서는 `MySQLMovieRepository`를 주입하면 된다. 이 같은 의존성 역전과 주입 패턴은 데이터베이스뿐만 아니라 모든 외부 시스템(외부 API, 메시징 시스템, 파일 시스템 등)과의 상호작용에 적용할 수 있다.

효과적인 테스트 전략

테스트는 잘 변하지 않는 비즈니스의 규칙 단위로 작성하는 것이 중요하다. 모든 코드에 대한 테스트를 작성하고 그것을 유지하는 것은 현실적으로 어렵다. 왜냐하면 자주 변화하는 코드에 대해 작성한 테스트는 테스트 또한 자주 변경될 수 있기 때문이다. 그래서 잘 변하지 않으면서도 비즈니스의 핵심적인 규칙 단위를 테스트로 만들어 유지해야 한다. 클린 아키텍처에서는 유스케이스가 비즈니스의 핵심 규칙 단위이기 때문에 유스케이스를 기준으로 테스트 코드를 만드는 것이 일반적이고, 구조적으로 유스케이스에 대한 테스트 작성을 더 쉽게 만든다.

그럼 외부 요소에 대한 테스트는 어떻게 할까? 외부 요소에 대한 테스트는 앞에서 설명한 비즈니스 로직을 테스트하는 영역과 분리해 별도로 테스트를 수행하거나, API 테스트와 같이 클라이언트 레벨의 테스트에서 정상 수행 여부를 판단하도록 구현할 수 있다.

변경 용이성

"좋은 코드의 진정한 척도는 얼마나 쉽게 변경할 수 있느냐다."

— 마틴 파울러(Martin Fowler)

앞에서 여러 번 강조한 바와 같이, 클린 아키텍처가 가장 중요하게 생각하는 것은 외부 요소의 변경으로부터 핵심 비즈니스 로직을 보호하는 것이다. 앞서 본 계층 구조와 의존성 규칙은 이를 위한 것이다. 외부 요소가 변경되더라도 비즈니스 로직이 영향을 받지 않게 함으로써 기술 스택의 유연한 변경이 가능하다.

데이터베이스를 MySQL에서 MongoDB로 바꾸거나, 웹 프레임워크를 FastAPI에서 Flask로 교체하더라도 비즈니스 로직은 그대로 유지된다. 이는 요즘 많이 사용되는 클라우드 서비스 환경에서 특정 벤더에 대한 종속성을 줄이는 효과를 만들어 활용성을 더 높이는 요인이 된다. 예컨대 AWS에서 GCP로 전환하거나 각 클라우드 업체 내에서 다른 인프라 서비스를 도입할 때도 비즈니스 로직을 변경할 필요 없이 유연하게 대응할 수 있게 된다. 이러한 아키텍처적 분리는 단순히 기술적 편의성을 넘어서 비즈니스의 민첩성과 경쟁력을 강화하는 기반이 된다.

새로운 기술이 등장하거나 기존 기술이 더 이상 지원되지 않는 상황에서도, 비즈니스의 핵심 가치를 담고 있는 로직은 안전하게 보호받을 수 있기 때문이다. 결과적으로 조직은 외부 환경 변화에 빠르게 적응하면서도 내부적 안정성을 유지할 수 있는 균형 잡힌 시스템을 확보하게 된다.

클린 아키텍처의 해결 방법: 계층 분리와 의존성 역전 원칙

- **계층 분리**

  우선 클린 아키텍처는 비즈니스 로직을 외부 기술로부터 격리시킨다. 예제 5.2와 같이 핵심 비즈니스 규칙 계층에 해당하는 유스케이스 코드는 더 바깥쪽 계층인 프레임워크에 관해 알지 못한다.

예제 5.2 유스케이스 코드

```
# 이 코드는 FastAPI도, Django도 모른다
class CreateBookingUseCase:
  def execute(self, user_id: str, screening_id: str, seats: List[str]):
    # 순수한 비즈니스 로직만 존재
    pass
```

다르게 말하면, 유스케이스나 엔티티 코드에는 프레임워크 코드를 사용하는 부분이 없기 때문에 프레임워크가 다른 것으로 바뀌어도 아무 영향이 없다는 것이다. 예제 5.3과 같이 use_case를 실행하는 코드는 같지만 그것을 둘러싼 프레임워크는 달라질 수 있다.

예제 5.3 같은 유스케이스를 서로 다른 프레임워크에 적용

```
# FastAPI 어댑터
@router.post("/bookings")
async def create_booking(request: CreateBookingRequest):
  result = use_case.execute(...)
  return BookingResponse.from_domain(result)

# Django로 전환 시 - 비즈니스 로직의 변경 없음
class BookingView(APIView):
  def post(self, request):
```

```
    result = use_case.execute(...)
    return Response(BookingSerializer(result).data)
```

- **의존성 역전 원칙**

  두 번째는 앞서 테스트 용이성에서와 동일하게 의존성 역전 원칙을 사용하는 것이다. MySQLMovieRepository 객체를 테스트 목적으로 MockMovieRepository로 대체해서 쓸 수 있듯이, MongoMovieRepository, RedisMovieRepository 등 다른 객체를 의존성 주입을 통해 변경할 수 있다.

확장성

확장성은 새로운 요구사항을 추가할 때 기존 코드에 영향을 미치지 않고 독립적으로 구현할 수 있는 시스템의 능력을 뜻한다. 새로운 기능이 추가될 때마다 기존 코드를 수정해야 한다면 버그 발생 위험이 증가하고 개발 속도가 느려질 것이다.

클린 아키텍처의 해결 방법: 유스케이스 패턴, 계층 분리, 의존성 역전 원칙

- **유스케이스 패턴**

  클린 아키텍처에서는 각 비즈니스 기능을 독립적인 유스케이스로 구현한다. 각 유스케이스를 독립적으로 관리하기 때문에 기능 확장에 더 유리하다. 예를 들어, '상품 구매' 외에 '상품 대여' 기능을 추가하려면 기존 비즈니스 로직을 변경하지 않고 새로운 유스케이스를 독립적으로 구현할 수 있다. 그렇기 때문에 예제 5.4와 같이 새로운 요구사항인 '예매 변경 기능'을 추가하는 것은 기존 유스케이스에 영향을 주지 않는다. 이는 개방-폐쇄 원칙을 잘 따르는 설계로, 기존 코드를 수정하지 않고도 새로운 기능을 추가할 수 있게 해준다.

예제 5.4 유스케이스 간 의존성이 없음을 보여주는 코드

```
# 기존 기능에 영향을 주지 않고 새 기능을 추가
class CreateBookingUseCase:
  # 예매 생성 로직

class CancelBookingUseCase:
  # 예매 취소 로직

# 새로운 요구사항: 예매 변경 기능
class ModifyBookingUseCase:  # 기존 코드를 수정하지 않고 추가
  def execute(self, booking_id: str, new_seats: List[str]):
    # 예매 변경 로직
```

유스케이스 패턴을 적용하려면 다음과 같은 단계를 수행하면 된다.

- **유스케이스 식별**: 비즈니스 요구사항을 분석해 개별 유스케이스를 식별한다. 각 유스케이스는 특정 사용자 행동이나 시스템 기능에 해당한다.
- **입출력 경계 정의**: 각 유스케이스의 입력(요청)과 출력(응답) 모델을 명확히 정의한다. 이는 DTO(Data Transfer Object) 패턴으로 구현할 수 있다.
- **유스케이스 구현**: 각 유스케이스를 단일 책임을 가진 클래스로 구현한다. 이 클래스는 필요한 의존성을 주입받고, 비즈니스 로직을 실행한 후 결과를 반환한다.

중요한 구현 포인트는 각 유스케이스가 다른 유스케이스와 독립적으로 발전할 수 있도록 응집도를 높이고 결합도를 낮게 유지하는 것이다. 이는 일반적으로 다음과 같은 패턴으로 구현된다.

```
유스케이스 클래스 {
  생성자(필요한 인터페이스들)
  실행 메서드(입력 DTO) {
    비즈니스 규칙 검증
    도메인 엔티티 조작
    결과 저장 (인터페이스 통해)
    출력 DTO 반환
  }
}
```

- **계층 분리와 의존성 역전 원칙**

확장성에서도 계층 분리와 의존성 역전 원칙이 활용된다. 계층 분리와 의존성 역전 원칙을 통해 변경이 용이해졌다면 추가도 당연히 용이해질 것이다. 예를 들어, 웹, 모바일, CLI 등 다양한 인터페이스를 지원해야 할 때 비즈니스 로직을 재사용하면서 각 인터페이스에 맞는 컨트롤러와 프레젠터만 추가하면 된다. 또한 새로운 외부 시스템(예: 결제 게이트웨이, 외부 API)을 추가할 때 비즈니스 로직을 변경하지 않고 새로운 게이트웨이 구현체만 추가하면 된다.

협업과 가독성: 명확한 구조화

팀 개발에서는 코드 구조가 곧 커뮤니케이션이다. 작성한 코드가 잘 유지보수되게 하려면 코드를 작성한 본인뿐만 아니라 함께 그 코드를 개발/운영하는 동료들에게도 구조가 잘 이해되게 하는 것이 중요하다. 또한 새로운 팀원이 빠르게 코드베이스를 이해할 수 있어야 한다.

클린 아키텍처의 해결 방법: 계층별 패키지 구조

어떤 수정사항이 들어와 (혹은 처음 합류해) 코드를 열었을 때 패키지 구조(디렉터리 구조)를 먼저 보게 될 것이다. 해당 애플리케이션이 어떻게 구조화됐고, 내가 지금 수정해야 하는 부분이 어디에 해당하는지 패키지 구조를 보면서 파악할 수 있다.

클린 아키텍처에서는 외부 요소와 비즈니스 도메인 영역을 구분하고, 그 사이에 중개자 역할을 하는 영역도 구분했다. 그뿐만 아니라, 애플리케이션의 각 기능을 의미하는 유스케이스를 구분해서 관리하고, 그 유스케이스들을 구성하는 핵심 비즈니스 규칙 영역도 분리했다. 이처럼 기술적으로도 도메인 측면에서 의미적으로도 명확하게 분리함으로써 코드의 전체적인 구조에 대한 가독성을 향상시켰다.

```
movie_booking/
├─ domain/              # 비즈니스 핵심 - "무엇을"
│   ├─ entities/
│   └─ repositories/ # 인터페이스만
├─ application/        # 비즈니스 로직 - "어떻게"
│   └─ usecases/
└─ infrastructure/    # 기술적 구현 - "무엇으로"
    ├─ database/
    └─ web/
```

이러한 구조는 '이 시스템이 무엇을 하는가'를 코드 구조만으로도 어느 정도 설명한다. 이러한 구조는 코드의 역할과 책임을 명확히 함으로써 새로운 개발자도 쉽게 코드베이스를 이해하고 수정할 수 있게 해준다. 또한 각 계층 간의 의존성 방향이 명확히 드러나 의도하지 않은 의존성 위반을 쉽게 발견할 수 있다. 이는 대규모 팀 환경에서 특히 중요한데, 여러 개발자가 동시에 작업할 때 서로의 코드 영역을 침범하지 않고 병렬적으로 개발을 진행할 수 있기 때문이다.

또한 명확한 구조는 새로운 팀원의 온보딩 시간을 크게 단축시키는 효과도 있다. 복잡한 비즈니스 로직이라도 구조화된 형태로 제시되면 전체적인 맥락을 파악하고 특정 기능의 위치를 찾아내는 데 걸리는 시간이 현저히 줄어든다. 이는 팀의 생산성과 협업 효율성을 높이는 중요한 요소가 된다.

구조만으로도 가독성을 향상시키기 위해서는 다음과 같은 방법을 적용해볼 수 있다.

- **계층 분리**: 애플리케이션을 도메인, 응용, 인터페이스, 인프라스트럭처 계층으로 명확히 분리한다.
- **패키지 구조화**: 다음의 두 가지 주요 접근법이 있다.
    - **계층별 구조화**: 최상위 레벨에서 계층을 기준으로 패키지를 나눈다. (`domain`, `application`, `infrastructure` 등)
    - **기능별 구조화**: 비즈니스 기능을 기준으로 패키지를 나누고, 그 안에서 계층을 구분한다(user, order, product 등).
- **네이밍 규칙**: 일관된 네이밍 규칙을 적용해 코드의 역할과 책임을 파일 이름만으로도 파악할 수 있게 한다.
    - 인터페이스: `Repository`, `Gateway`, `Service` 등의 접미사 사용
    - 구현체: `MySQLRepository`와 같이 구체적인 기술명 포함
    - 유스케이스: 동사+명사 형태의 액션 중심 네이밍(예: `CreateOrder`, `CancelBooking`)

결론적으로, 클린 아키텍처의 품질 속성을 달성하기 위한 방법은 개념적인 원칙을 코드 구조와 패턴으로 구현하는 구체적인 전략들의 조합이다. 이러한 방법들은 단순한 코딩 테크닉을 넘어, 소프트웨어 설계의 근본적인 접근 방식을 변화시켜 장기적으로 유지보수 가능하고 확장 가능한 시스템을 구축하는 데 기여한다.

잠깐! 클린 아키텍처에서는 싱크홀 안티패턴이 없나요?

클린 아키텍처는 싱크홀 안티패턴을 직접 해결하도록 설계된 것은 아니지만 도메인 중심 설계 접근법을 통해 이 문제를 자연스럽게 완화시키는 효과가 있다.

클린 아키텍처에서는 도메인 중심의 설계를 통해 각 유스케이스가 비즈니스 시나리오를 중심으로 구성된다. 단순 조회 기능(예: GetUserUseCase)조차도 명확한 비즈니스 의도를 갖게 되며, 복잡한 비즈니스 로직은 해당 유스케이스 내부에 모든 규칙이 응집된다. 리포지터리 인터페이스 역시 비즈니스 요구사항에 맞춰 설계된다.

반면 계층형 아키텍처는 기술 계층을 중심으로 설계되는 경향이 있어 데이터베이스 테이블 구조가 거의 그대로 엔티티로 매핑되고, 서비스와 컨트롤러는 데이터베이스 조회 결과를 단순히 상위 계층으로 전달하는 역할만 하게 되기 쉽다. 이로 인해 컨트롤러 → 서비스 → 리포지터리로 이어지는 단순 위임 코드가 자연스럽게 생성되는 싱크홀 패턴이 형성된다.

클린 아키텍처가 싱크홀 문제를 구조적으로 완전히 방지하는 것은 아니지만 도메인 중심 설계 원칙을 따름으로써 불필요한 계층 통과를 줄이고 코드의 의미와 목적을 더 명확하게 해서 싱크홀 안티패턴의 발생 가능성을 낮추는 효과가 있다.

5.3 구성요소와 의존성 규칙

지금까지 클린 아키텍처가 추구하는 목표와 그것을 달성하기 위한 방법들을 살펴봤다. 이제 이 모든 개념이 하나로 합쳐진 클린 아키텍처의 전체 모습을 들여다볼 차례다. 그림 5.2는 클린 아키텍처를 검색하면 가장 먼저 마주하게 되는, 이제는 거의 아이콘처럼 자리잡은 다이어그램이다. 처음 보면 복잡해 보일 수 있지만 3장에서 배운 내용을 떠올리면 한결 이해하기가 쉬워진다. 화살표가 의존성을 나타낸다는 것을 알고 있으니, 이제 이 동심원이 전하고자 하는 메시지를 제대로 해석할 수 있을 것이다.

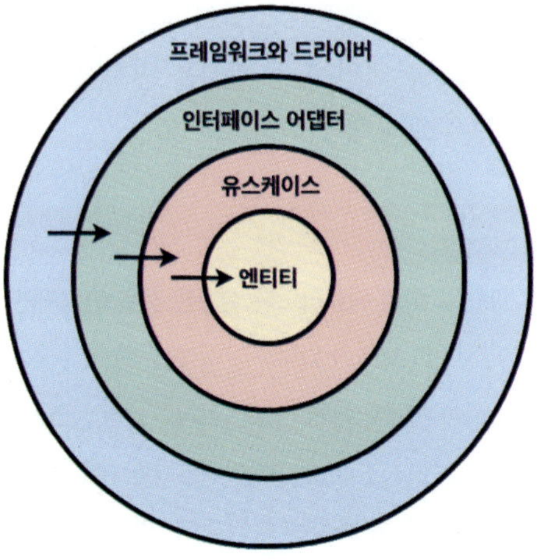

그림 5.2 클린 아키텍처의 계층 구조

그림을 자세히 보면 몇 가지 핵심 특징이 드러난다. 먼저 전체 시스템은 네 개의 동심원으로 구성돼 있다. 바깥쪽에는 데이터베이스나 웹 프레임워크 같은 구체적인 기술들이 자리하고, 안쪽으로 갈수록 비즈니스의 핵심 정책들이 위치한다. 그리고 가장 주목할 점은 모든 화살표가 예외 없이 안쪽을 향하고 있다는 사실이다. 이 단순해 보이는 규칙이 클린 아키텍처의 모든 것을 결정한다.

각 계층의 역할과 책임

이제 바깥쪽부터 안쪽까지, 각 계층이 담당하는 역할을 하나씩 살펴보자.

프레임워크와 드라이버

가장 바깥쪽 계층은 우리가 일상적으로 사용하는 모든 기술적 도구들의 집합소다. MySQL, PostgreSQL 같은 데이터베이스부터 FastAPI, Django 같은 웹 프레임워크, React나 Vue 같은 UI 라이브러리까지, 시스템을 실제로 돌아가게 만드는 구체적인 기술들이 모두 여기에 속한다.

이 계층의 특징은 언제든지 변화가 가능하다는 점이다. 오늘은 MySQL을 쓰다가 내일은 PostgreSQL로 갈아타야 할 수도 있고, FastAPI로 시작했던 프로젝트를 Django로 전환해야 할 수도 있다. 하지만 클린 아키텍처에서는 이 같은 변경이 일어나도 걱정할 필요가 없다. 왜냐하면 이 계층의 변화가 내부 비즈니스 로직에는 전혀 영향을 주지 않도록 설계돼 있기 때문이다. 이것이 가능한 이유는 바로 다음에 소개할 인터페이스 어댑터 계층이 방패막이 돼 주기 때문이다.

인터페이스 어댑터

인터페이스 어댑터 계층은 내부의 순수한 비즈니스 세계와 외부의 복잡한 기술 세계 사이에서 통역사 역할을 한다.

웹 요청으로 들어온 JSON 데이터가 있다고 하자. 이 데이터는 HTTP라는 프로토콜의 규칙을 따르는 외부 세계의 언어로 쓰여 있다. 하지만 내부의 비즈니스 로직은 HTTP가 뭔지, JSON이 뭔지 전혀 모른다. 알 필요도 없고, 알아서도 안 된다. 인터페이스 어댑터가 이 JSON을 비즈니스가 이해할 수 있는 순수한 객체로 변환해준다. 반대로 비즈니스 로직이 처리한 결과를 다시 JSON으로 변환해 외부로 내보내는 것도 이 계층의 몫이다.

여기서 3장에서 배운 의존성 역전 원칙이 빛을 발한다. 이 계층은 다음과 같은 핵심 구성요소들을 포함한다.

- **컨트롤러**: 외부의 요청을 받아 적절한 유스케이스로 전달하는 문지기
- **프레젠터**: 유스케이스의 처리 결과를 외부가 원하는 형태로 포장하는 스타일리스트
- **게이트웨이**: 데이터 저장소와 대화하는 방법을 정의하는 계약서

여기서 '인터페이스'라는 용어에 주의하자. 프로그래밍 언어의 `interface` 키워드만을 의미하는 것이 아니다. 더 넓은 의미로, 서로 다른 두 세계가 만나는 접점, 혹은 약속된 대화 방식을 의미한다. 어댑터, 중개자, 번역기 등으로 이해하면 더 자연스러울 것이다.

유스케이스

유스케이스 계층은 애플리케이션의 심장부다. 여기서는 사용자가 시스템을 통해 달성하고자 하는 목표들이 구체적인 비즈니스 시나리오로 구현된다.

유스케이스를 이해하는 가장 좋은 방법은 실제 예시를 통해 이해하는 것이다. 영화 예매 시스템에서 '영화 예매하기'라는 유스케이스를 생각해보자. 이 유스케이스는 단순히 '예매 정보를 저장한다'는 기능적 설명이 아니다. 사용자의 여정 전체를 담은 완전한 시나리오다.

1. 선택한 상영 회차에 예매 가능한 좌석이 있는지 확인한다.
2. 있다면 상영 시작 시간을 체크한다(15분 전까지만 예매가 가능하기 때문).
3. 시간이 괜찮다면 예매를 진행하고, 완료되면 사용자에게 확인 메시지를 보낸다.

이 모든 과정이 하나의 유스케이스에 담겨 있다.

중요한 점은 유스케이스가 이 모든 일을 하면서도 기술적 세부사항은 전혀 모른다는 것이다. 데이터가 MySQL에서 오는지 MongoDB에서 오는지, 알림이 이메일로 가는지 SMS로 가는지는 유스케이스의 관심사가 아니다. 오직 비즈니스 규칙과 흐름에만 집중한다.

엔티티

동심원의 가장 중심에는 엔티티가 자리한다. 이곳은 비즈니스의 가장 순수하고 본질적인 개념들이 사는 성역이다.

영화 예매 시스템의 엔티티들을 살펴보자. '영화'라는 엔티티는 제목, 상영 시간, 관람 등급 같은 속성을 가진다. 또 '이 영화는 청소년이 볼 수 있는가?'라는 핵심 비즈니스 규칙도 함께 담고 있다. '상영'이라는 엔티티는 특정 영화를 특정 시간에 특정 상영관에서 보여준다는 개념과 함께 '같은 상영관에서 동시에 두 영화를 상영할 수 없다'는 규칙을 포함한다.

'예매' 엔티티는 단순히 누가 언제 무엇을 예매했는지를 기록하는 데이터 구조가 아니다. '예매는 상영 30분 전까지만 취소할 수 있다', '한 사람이 같은 상영 시간에 5장 이상 예매할 수 없다' 같은 비즈니스의 핵심 정책들을 코드로 표현한 것이다.

이러한 엔티티는 기술과 완전히 분리돼 있다. 웹이 뭔지, 데이터베이스가 뭔지, 심지어 이것이 온라인 시스템인지 오프라인 시스템인지조차 모른다. 오직 비즈니스의 본질만을 담고 있을 뿐이다. 그래서 엔티티는 가장 안정적이고, 가장 오래 살아남으며, 가장 귀중하게 보호해야 한다.

의존성 규칙

이제 클린 아키텍처의 가장 중요한 규칙들을 정리해보자. 이 규칙들은 단순하지만, 그 영향력은 시스템 전체에 미친다.

첫째, 동심원의 안쪽으로 갈수록 더 추상적이고 더 안정적이다. 바깥쪽의 MySQL이나 FastAPI는 구체적이고 비즈니스 규칙과 관계없이 언제든지 비뀔 수 있다. 반대로 안쪽의 '예매' 개념이나 '할인 정책'은 추상적이고 비즈니스가 바뀌지 않는다면 잘 바뀌지 않는다.

둘째, 소스코드의 의존성은 오직 안쪽으로만 향한다. 이것이 클린 아키텍처의 가장 엄격한 규칙이다. 엔티티는 유스케이스를 모르고, 유스케이스는 컨트롤러를 모른다. 심지어 내부 계층은 외부 계층의 이름조차 언급해서는 안 된다.

셋째, 내부는 외부의 어떤 것도 알지 못한다. 클래스명, 함수명, 변수명은 물론이고 데이터 구조까지도 외부의 것을 사용하면 안 된다. 내부의 순수함을 지키기 위한 철저한 격리다.

넷째, 외부의 변경이 내부에 영향을 주어서는 안 된다. MySQL을 PostgreSQL로 바꿔도, FastAPI를 Django로 바꿔도, 비즈니스 로직은 한 줄도 수정할 필요가 없어야 한다.

이 규칙들이 만들어내는 효과는 명확하다. 비즈니스의 핵심은 보호받고, 기술적 변화는 격리된다. 변해야 할 것은 쉽게 변하고, 변하지 말아야 할 것은 굳건히 지켜진다. 이로 인해 우리가 비즈니스를 구현하기 위해 사용되는 특정 도구에 종속되지 않고, 더 유용하거나 경제적이거나 혹은 성능이 좋은 도구를 언제든지 적용할 수 있게 된다.

의존성 방향과 접근 제어

클린 아키텍처를 이해할 때 오해하기 쉬운 부분이 있다. 바깥쪽 계층이 안쪽 계층에 의존하고 접근할 수 있다고 해서 바깥쪽 계층의 모든 구성요소가 안쪽 계층의 모든 구성요소에 마음대로 접근할 수 있다는 의미는 아니다. 접근의 흐름에는 명확한 규칙이 있다.

인바운드 흐름

사용자의 요청이 시스템으로 들어오는 흐름(그림 5.3의 왼쪽 화살표)을 생각해보자. HTTP 요청이 컨트롤러에 도착한다. 컨트롤러는 이를 해석해서 적절한 유스케이스를 호출한다. 유스케이스는 필요한 엔티티들을 조작해서 비즈니스 로직을 수행한다. 이것이 인바운드 흐름이다. 이 흐름에서는 바깥쪽이 안쪽을 직접 호출한다. 자연스럽고 직관적이다. 즉, '외부 → 컨트롤러 → 유스케이스 → 엔티티'로 이어지는 흐름이며, 해당 애플리케이션이 요청을 받아서 비즈니스 로직으로 전달하는 정해진 입구와 경로가 있는 것이다.

아웃바운드 흐름

이번에는 외부 시스템으로 요청이 나가야 하는 흐름(그림 5.3의 오른쪽 화살표)을 생각해보자. 유스케이스가 데이터를 저장하려면 어떻게 할까? 여기서 의존성 역전 규칙이 적용된다. 유스케이스는 구체적인 데이터베이스를 모르지만 자신이 정의한 인터페이스는 안다.

유스케이스는 '데이터를 저장해줘'라는 계약(인터페이스)만 알고 있다. 실제로 MySQL에 저장하는 구현체는 외부에 있지만 이 구현체가 내부의 계약을 따르는 방식으로 연결된다. 결과적으로 의존성의 방향은 여전히 안쪽을 향하면서도, 실행 흐름은 밖으로 나갈 수 있다. 즉, 비즈니스 로직에서 외부 요소를 호출해야 할 때는 미리 약속한 인터페이스를 통해서만 간접적으로 접근할 수 있는 경로가 있는 것이다.

이렇게 설계된 구조 덕분에 우리는 비즈니스 로직을 전혀 건드리지 않고도 MySQL을 MongoDB로, REST API를 GraphQL로, 모놀리식을 마이크로서비스로 바꿀 수 있다.

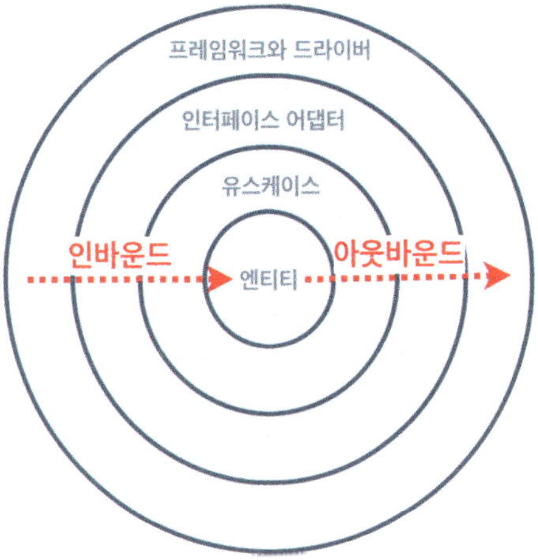

그림 5.3 클린 아키텍처 구조를 가진 애플리케이션의 인바운드/아웃바운드 흐름

5.4 경계를 가로지르는 데이터

클린 아키텍처에서 각 계층은 명확한 경계로 구분돼 있다. 하지만 실제로 시스템이 동작하려면 이 경계들을 넘나들며 데이터가 흘러야 한다. 사용자의 요청이 컨트롤러에서 유스케이스로, 유스케이스에서 엔티티로 전달되고, 다시 반대 방향으로 그 결과가 전달돼야 한다. 이때 한 가지 중요한 질문이 생긴다. '데이터는 어떤 형태로 경계를 넘어야 할까?' 이 질문의 답이 바로 DTO(Data Transfer Object)다. DTO는 말 그대로 데이터를 전달하기 위한 단순한 객체다. 복잡한 로직 없이 순수하게 데이터만을 담는 그릇이다. 하지만 이 단순해 보이는 개념 뒤에는 클린 아키텍처의 핵심 원칙을 지키기 위한 깊은 고민이 숨어 있다.

호출 흐름과 데이터 정의의 관계

클린 아키텍처를 제대로 이해하려면 두 가지 흐름을 구분해야 한다. 하나는 호출 흐름, 즉 메서드 호출이 일어나는 순서다. 다른 하나는 의존성의 방향이다. 이 둘은 때로는 같은 방향으로 향하기도 하고, 때로는 정반대 방향으로 향하기도 한다. 그리고 이 차이를 이해하는 것이 데이터 전달 전략의 핵심이다.

저수준에서 고수준으로의 제어 흐름

그림 5.4는 가장 직관적인 상황을 보여준다. 저수준 컴포넌트(클라이언트)가 고수준 컴포넌트(서비스)를 호출하는 모습이다. 웹 컨트롤러가 유스케이스를 호출하는 전형적인 예다.

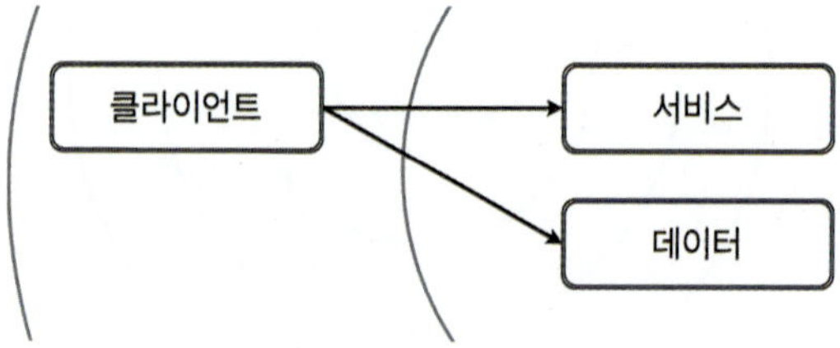

그림 5.4 일반적인 경계를 횡단할 때의 호출 흐름

여기서 주목할 점은 데이터가 서비스 쪽, 즉 고수준에 정의돼 있다는 것이다. 왜 그럴까? 만약 데이터를 클라이언트 쪽에 정의한다면 어떻게 될까? 서비스가 클라이언트의 데이터 구조를 알아야 하고, 이는 곧 고수준이 저수준에 의존하게 되는 상황을 만든다. 클린 아키텍처의 핵심 규칙이 깨지는 것이다. 그래서 데이터 구조는 항상 고수준에 정의된다. 저수준 컴포넌트는 이 구조에 맞춰 데이터를 준비해서 전달한다. 컨트롤러는 유스케이스가 정의한 입력 DTO 형식을 알고, 그에 맞춰 HTTP 요청을 변환한다. 주인은 유스케이스고, 컨트롤러는 그 규칙을 따르는 것이다.

고수준에서 저수준으로의 호출 흐름(의존성 역전)

그림 5.5는 좀 더 복잡하지만 클린 아키텍처의 진가를 보여준다. 고수준 컴포넌트(클라이언트)가 저수준 컴포넌트(서비스 구현체)의 기능을 사용해야 하는 상황이다. 유스케이스가 데이터베이스에 뭔가를 저장해야 한다고 생각해보자.

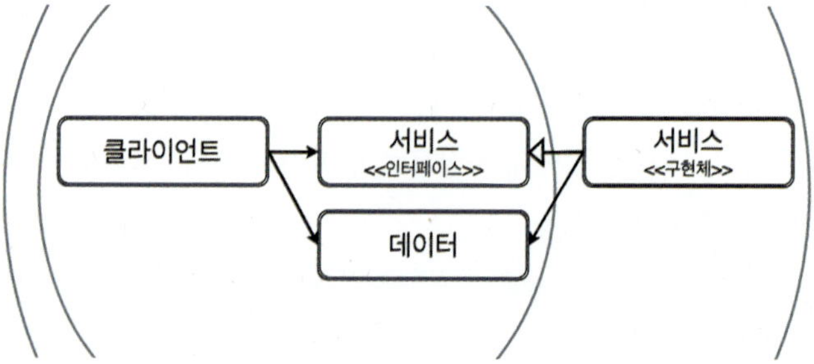

그림 5.5 의존성 역전이 적용됐을 때의 호출 흐름

일반적인 설계라면 유스케이스가 MySQL 리포지터리를 직접 의존하게 될 것이다. 하지만 클린 아키텍처는 인터페이스(서비스)를 중간에 둔다. 유스케이스는 인터페이스만 알고, 실제 구현체는 모른다. 의존성의 방향은 여전히 안쪽을 향하면서도, 실행 시에는 외부 기능을 사용할 수 있게 되는 것이다. 여기서도 데이터 구조는 고수준에 정의된다. 리포지터리 인터페이스가 다루는 데이터 타입은 도메인 모델이다. MySQL 테이블 구조가 아니라 비즈니스가 이해하는 개념으로 데이터를 주고받는다.

데이터 정의 위치가 중요한 이유

'데이터 구조는 항상 고수준에 정의한다'라는 원칙이 단순해 보일 수 있다. 하지만 이 원칙을 지키지 않으면 시스템 전체가 뒤틀리기 시작한다.

첫째, **의존성 규칙이 지켜진다.** 데이터 구조가 고수준에 있으면 저수준은 자연스럽게 고수준에 의존하게 된다. 클린 아키텍처가 추구하는 의존성 방향이 유지되는 것이다.

둘째, **비즈니스 개념이 보존된다.** '사용자', '주문', '상품' 같은 개념은 비즈니스의 언어다. 이러한 개념의 구조를 정의하는 것은 비즈니스 로직의 권한이지, 데이터베이스나 UI의 권한이 아니다. 고수준에서 정의함으로써 비즈니스의 순수성을 지킬 수 있다.

셋째, **변경의 영향이 격리된다.** 데이터베이스 스키마가 바뀌거나 API 형식이 바뀌어도 핵심 비즈니스 데이터 구조는 영향받지 않는다. 변환 계층에서 이 같은 변화를 흡수하면 된다.

DTO 사용 전략

이제 실제로 DTO를 어떻게 활용하는지 구체적인 전략을 살펴보자. 모든 경계에 DTO를 적용하는 것은 과도한 복잡성을 만들 수 있다. 각 경계의 특성을 이해하고 적절한 전략을 선택해야 한다.

- **엔티티와 유스케이스 간 통신**

  엔티티와 유스케이스는 모두 비즈니스의 핵심을 담당하는 내부 계층이다. 이들 사이에서는 별도의 DTO 없이 엔티티를 직접 주고받는 것이 자연스럽다. 즉, 엔티티가 가진 비즈니스 로직을 유스케이스가 그대로 활용하고, 번역이나 변환 없이 같은 언어로 대화하는 것이다. 예제 5.5는 유스케이스와 엔티티 간에 별도의 DTO 없이 호출하는 것을 보여준다.

예제 5.5 엔티티와 유스케이스 간 관계를 표현

```
# 엔티티
class User:
  def __init__(self, id: str, name: str, email: str):
    self.id = id
    self.name = name
    self.email = email

  def change_email(self, new_email: str) -> None:
    if not self._is_valid_email(new_email):
      raise ValueError("Invalid email")
    self.email = new_email

# 유스케이스
class UpdateUserEmailUseCase:
  def __init__(self, user_repository):
    self.user_repository = user_repository

  def execute(self, user_id: str, new_email: str) -> None:
    user = self.user_repository.get_user(user_id)
    user.change_email(new_email)  # 엔티티의 비즈니스 로직을 사용
    self.user_repository.save(user)
```

- **유스케이스와 게이트웨이 간 통신**

게이트웨이는 외부 세계와의 창구다. 여기서는 의존성 역전이 실제로 일어난다. 유스케이스는 인터페이스를 통해 필요한 것을 요청하고, 구체적인 구현은 외부에 맡긴다. 예제 5.6처럼 게이트웨이 인터페이스(`UserRepository`)는 도메인의 언어(`User` 엔티티)로 정의된다. MySQL 구현체는 이 약속을 지키기 위해 데이터 변환을 수행한다. 테이블 구조가 바뀌어도 인터페이스는 그대로다.

예제 5.6 게이트웨이 인터페이스와 게이트웨이 구현

```
from dataclasses import dataclass

# 게이트웨이 인터페이스(유스케이스 계층)
class UserRepository:
  def get_user(self, user_id: str) -> User:
    pass
```

```
    def save(self, user: User) -> None:
        pass

# 게이트웨이 구현(인터페이스 어댑터 계층)
class MySQLUserRepository(UserRepository):
    def get_user(self, user_id: str) -> User:
        # 데이터베이스로부터 데이터를 가져와 도메인 엔티티로 변환
        row = self.db_connection.query(f"SELECT * FROM users WHERE id = {user_id}")
        return User(
            id=row['id'],
            name=row['name'],
            email=row['email']
        )
```

- **컨트롤러와 유스케이스 간 통신**

가장 명확하게 DTO가 필요한 곳이다. HTTP 요청과 비즈니스 로직은 완전히 다른 세계에 산다. 컨트롤러가 이 둘 사이의 통역사 역할을 해서 HTTP의 세계와 비즈니스의 세계를 연결한다. JSON을 DTO로, DTO를 다시 JSON으로 변환하며, 두 세계가 서로를 알 필요가 없도록 격리한다. 예제 5.7은 컨트롤러에서 유스케이스로 진입할 때 CreateUserRequest라는 DTO를 사용하고, 유스케이스에서 컨트롤러로 응답이 나갈 때 CreateUserResponse라는 DTO를 사용하는 예시를 보여준다. 특히 유스케이스 응답의 경우 6장에서 프레젠터라는 개념을 통해 좀 더 자세히 다루겠지만, 일단 여기서는 유스케이스의 응답으로 DTO가 사용됐다는 정도로 이해해두자.

예제 5.7 컨트롤러와 유스케이스 간 통신

```
@dataclass
class CreateUserRequest:  # 유스케이스에서 정의된 입력 DTO
    name: str
    email: str

@dataclass
class CreateUserResponse:  # 유스케이스에서 정의된 출력 DTO
    id: str
    name: str
    email: str

class UserController:
    def create_user(self, http_request) -> http_response:
```

```
# HTTP 요청을 유스케이스 입력 DTO로 변환
request = CreateUserRequest(
  name=http_request.json['name'],
  email=http_request.json['email']
)

# 유스케이스 호출
user: CreateUserResponse = self.create_user_usecase.execute(request)

... 생략 ...
```

DTO 설계 시 고려사항

DTO를 설계하고 사용할 때는 다음과 같은 사항들을 고려해야 한다.

첫째, 과도한 DTO는 독이다. 모든 메서드 호출마다 DTO를 만들면 코드가 불필요하게 복잡해진다. 같은 계층 내에서는, 특히 같은 관심사를 가진 컴포넌트들 사이에서는 직접 통신하는 편이 더 자연스럽다.

둘째, 변환의 책임은 명확해야 한다. 데이터 변환은 항상 호출하는 쪽, 즉 저수준 컴포넌트의 책임이다. 컨트롤러는 유스케이스가 원하는 형태로 데이터를 준비해야 하고, 리포지터리 구현체는 도메인이 원하는 형태로 데이터를 변환해야 한다.

셋째, DTO는 로직이 아닌 구조다. DTO에 복잡한 비즈니스 로직을 넣고 싶은 유혹이 들 수 있다. 하지만 DTO는 단순한 데이터 컨테이너여야 한다. 기본적인 유효성 검사 정도는 괜찮지만, 비즈니스 규칙은 엔티티와 유스케이스에 있어야 한다.

넷째, 변화를 흡수하는 완충재가 되어야 한다. 외부 API가 바뀌거나 데이터베이스 스키마가 바뀌더라도 잘 설계된 DTO는 이러한 변화가 내부로 전파되지 않도록 막아준다. 변환 로직만 수정하면 되고, 핵심 비즈니스 로직은 안전하게 보호된다.

결국 DTO와 데이터 전달 전략은 클린 아키텍처의 핵심 가치인 '격리'와 '보호'를 실현하는 구체적인 방법이다. 각 계층이 자신의 언어로 말하면서도 서로 소통할 수 있게 하고, 변화의 파도가 닥쳐도 핵심은 흔들리지 않게 한다. 이것이 경계를 가로지르는 데이터 관리의 진정한 의미다.

5.5 왜 이해하기 어려웠을까?

클린 아키텍처는 많은 개발자가 관심을 갖고 배우려 하지만 실제로 정확하게 이해하고 적용하는 데 어려움을 겪는 경우가 많다. 그동안 대부분의 클린 아키텍처에 대한 설명은 다이어그램과 추상적인 개념 위주로 작성돼 있어 실제 구현으로 옮기기가 쉽지 않았다. 일부 개발자는 이러한 다이어그램을 통해 잘 이해할 수 있겠지만 상당수는 의존성 흐름이나 계층 간 관계를 정확히 파악하는 데 어려움을 겪었다. 이러한 어려움의 주요 원인들을 살펴보자.

개념 자체의 복잡성

클린 아키텍처는 SOLID 원칙(특히 개방-폐쇄 원칙, 의존성 역전 원칙)과 같은 여러 설계 원칙을 통합하고 있다. 이러한 개념 각각을 이해하기도 쉽지 않은데, 이것들이 어떻게 하나의 아키텍처로 융합되는지 이해하기란 더욱 어려운 일이다.

예를 들어, 의존성 역전 원칙에서는 고수준 모듈이 저수준 모듈에 의존하지 않도록 추상화를 도입하지만 이를 실제 코드로 구현할 때 어떤 계층에 인터페이스를 정의하고, 구현체는 어디에 위치시켜야 하는지 명확하게 이해하기 어려울 수 있다.

또한 클린 아키텍처에서 각 계층의 책임과 경계를 어디까지로 설정해야 하는지도 종종 혼란을 야기한다. 유스케이스와 엔티티, 인터페이스 어댑터와 프레임워크 및 드라이버 간의 구분이 실제 코드 구조에서 어떻게 표현돼야 하는지 직관적으로 파악하기가 쉽지 않다.

관점의 혼재

클린 아키텍처를 설명하는 많은 자료에서 아키텍처 구조에 대한 설명과 도메인 설계 방법을 함께 다루는 경우가 많다. 클린 아키텍처에서는 비즈니스 규칙 영역(유스케이스, 엔티티)을 중요하게 다루지만 엄밀히 말하자면 이는 비즈니스 규칙을 어떻게 설계해야 하는지를 설명하기 위해서는 아니다.

클린 아키텍처의 주된 목적은 그 비즈니스 규칙 영역을 외부 요소로부터 보호하는 방법을 제시하는 것이다. 하지만 이 두 가지 내용이 함께 설명되면서 클린 아키텍처를 처음 접하는 사람들은 무엇이 이 아키텍처의 핵심 요소인지 파악하기 어려울 수 있다. '어떻게 도메인을 설계할 것인가'와 '어떻게 그 도메인을 보호할 것인가'는 서로 다른 문제이기 때문이다.

이러한 관점의 혼재는 특히 도메인 주도 설계(Domain-Driven Design, DDD)와 클린 아키텍처를 함께 다루는 자료에서 두드러진다. 두 개념이 상호 보완적이면서도 각각의 목적과 초점이 다르기 때문에 이들 사이의 관계를 명확히 이해하지 못하면 개념적 혼란이 가중될 수 있다.

실전 예제의 부족과 구현 방식의 다양성

개인적으로 이것이 클린 아키텍처에 대한 이해를 어렵게 만든 가장 큰 원인이라고 생각한다. 대부분의 자료가 '의존성은 안쪽으로 향해야 한다', '외부 계층은 내부 계층을 알 수 없다' 같은 추상적인 개념으로만 설명한다. 개념 설명을 위한 다이어그램은 많지만 그것이 실제 코드에 어떻게 반영되는지 보여주는 구체적인 예제는 상대적으로 찾기 어렵다.

클린 아키텍처를 실제로 구현하려면 각 계층을 어떻게 구성하고, 그 안의 컴포넌트들이 의존 관계에 따라 어떻게 구현되는지를 코드로 확인할 수 있어야 한다. 이러한 예시가 풍부해야 개념을 정확히 이해하고, 각자의 요구사항에 맞게 수정할 수 있다.

게다가 기존 예제들은 각기 요구사항이 다르기에 구현의 복잡도와 방식이 달라져서 서로 다른 구현 패턴을 보여줌으로써 이해하기 어렵게 만드는 경우도 많았다. 예를 들면, 컨트롤러 부분의 구현 여부, 유스케이스 주입 방식, 프레젠터 구현 여부 등에서 차이를 보이는 경우가 많았다.

또한 DTO 변환 과정이나 의존성 주입의 구체적인 구현 방법의 예제가 부족한 경우가 많았다. 계층 간 데이터 변환 및 전달 방식, 그리고 이를 효율적으로 처리할 수 있는 라이브러리 활용법을 코드로 제시한다면 더욱 높은 품질의 코드를 작성하는 데 도움이 될 것이다.

용어의 비일관성

클린 아키텍처에 관한 자료 사이에 용어가 불일치할 때가 종종 있다. 같은 계층이나 개념을 지칭하는 데 서로 다른 용어를 사용하는 경우가 많아 혼란을 가중시킨다. 예를 들어, 어떤 자료에서는 외부 영역을 'Infrastructure'라 부르고, 어떤 자료에서는 'External'이라 부르기도 한다.

또한 '인터페이스'라는 용어가 단순히 계층 간 중개자라는 추상적인 의미로 사용되는지, 아니면 코드상의 인터페이스나 추상 클래스를 구체적으로 지칭하는지 명확하지 않은 경우도 있다. 이러한 용어의 비일관성은 학습자가 서로 다른 자료를 참고할 때 개념을 통합하고 이해하는 데 방해가 된다.

실용적 접근의 필요성

이 책의 6장에서는 각 계층과 컴포넌트를 설명할 때 되도록 코드를 통해 보여주려 했다. 그리고 7장에서는 실제 프로젝트를 통해 현업에서 클린 아키텍처를 어떻게 구현하는지 단계별로 살펴본다. 코드로 직접 구현하면서 이해하다 보면 앞에서 설명한 추상적인 개념들이 실제로 어떻게 동작하는지 더 명확히 알 수 있을 것이다.

실제 비즈니스 문제를 해결하기 위해 클린 아키텍처를 어떻게 적용하는지 알아보고, 그 과정에서 발생하는 트레이드오프와 결정 사항들을 함께 보여줌으로써 단순한 이론이 아닌 실용적인 접근법으로 클린 아키텍처를 이해할 수 있게 될 것이다.

5.6 정리

클린 아키텍처는 로버트 C. 마틴이 제안한 소프트웨어 설계 철학으로, 비즈니스 로직을 외부 요소로부터 분리하고 의존성을 체계적으로 관리함으로써 유지보수성과 확장성을 극대화한다. 이 접근법은 시스템의 핵심 가치를 보호하며, 데이터베이스나 웹 프레임워크 같은 외부 기술의 변화에도 유연하게 대응하도록 설계된다. 동심원 구조로 구성된 계층—엔티티, 유스케이스, 인터페이스 어댑터, 프레임워크와 드라이버—을 통해 모든 의존성은 안쪽으로 향하며, 내부 계층은 외부의 기술적 세부사항을 알지 못한다. 이를 통해 비즈니스 로직은 기술적 변화로부터 격리되어 안정성을 유지한다.

DTO는 계층 간 데이터 흐름을 관리하며, 고수준 계층에서 정의되어 의존성 방향을 유지한다. 의존성 역전 원칙은 테스트 용이성을 높이고, 유스케이스 패턴은 비즈니스 시나리오를 명확히 구현해 새로운 기능을 쉽게 추가할 수 있게 만든다. 명확한 패키지 구조와 네이밍 규칙은 코드 가독성을 높여 팀 협업을 원활하게 한다.

클린 아키텍처는 기술적 세부사항이 아닌 비즈니스 가치를 중심으로 시스템을 설계하며, 장기적인 안정성과 협업 효율성을 보장한다. 이는 소프트웨어가 비즈니스의 본질을 효과적으로 전달하도록 돕는 강력한 도구다.

다음 장에서는 앞에서 확인한 클린 아키텍처의 각 계층과 요청이 들어왔을 때 어떤 순서로 컴포넌트가 호출되며, 각 컴포넌트를 어떻게 구현할 수 있는지 알아본다.

06

호출 흐름에 따른 각 구성 요소의 역할

5장에서는 클린 아키텍처의 개념, 목표, 품질 속성, 그리고 이를 달성하기 위한 설계 원칙과 구조를 살펴봤다. 특히 비즈니스 로직과 외부 요소의 분리, 의존성 역전 원칙, 계층 구조의 역할 등을 통해 클린 아키텍처가 소프트웨어의 유지보수성과 확장성 등을 어떻게 보장하는지 다뤘다.

이번 장에서는 클린 아키텍처의 각 구성 요소가 사용자 요청의 처리 과정에서 어떻게 상호작용하는지, 호출 흐름을 따라가며 구체적인 역할과 책임을 코드 예시와 함께 확인한다. 이를 통해 추상적인 개념이 실제 코드에서 어떻게 구현되는지, 그리고 각 코드가 어떻게 유기적으로 연동되는지 명확히 이해할 수 있을 것이다.

호출 흐름과 의존 방향의 구분

클린 아키텍처에서는 의존 방향과 호출 흐름이 서로 다른 개념으로 작용한다. 5장에서 설명한 바와 같이 의존 방향은 소스코드의 의존성이 항상 내부(고수준, 즉 비즈니스 로직)로 향해야 한다는 규칙을 따른다. 이는 외부 요소(데이터베이스, 웹 프레임워크 등)의 변경이 비즈니스 로직에 영향을 주지 않도록 보장한다. 반면, 호출 흐름은 사용자 요청이 시스템에 들어와 처리되고 응답이 반환되는 실제 실행 경로를 의미한다. 이 두 개념은 종종 일치하지만 상속 관계나 의존성 역전 원칙이 적용될 때는 방향이 달라질 수 있다.

예를 들어, 유스케이스 계층은 외부 데이터베이스의 구체적인 구현체를 모르지만 의존성 역전 원칙을 통해 정의된 인터페이스를 호출해 필요한 데이터를 가져온다. 이 경우 호출 흐름은 유스케이스에서 외부 요소 방향으로 향하지만 의존 방향은 여전히 외부에서 내부로 향한다. 이러한 구조는 내부 비즈니스 로직의 순수성을 유지하면서도 외부 요소와 유연하게 상호작용할 수 있게 한다.

그림 6.1은 클린 아키텍처의 동심원 구조에서 사용자 요청이 처리되는 호출 흐름 예시를 시각적으로 나타낸다. 요청은 외부 요소들이 존재하는 계층(프레임워크 및 드라이버)에서 시작되어 컨트롤러, 유스케이스, 엔티티를 거치며 비즈니스 로직을 수행하고, 필요 시 외부 요소(데이터베이스, 외부 API 등)를 호출한 뒤, 다시 외부로 응답을 반환한다.

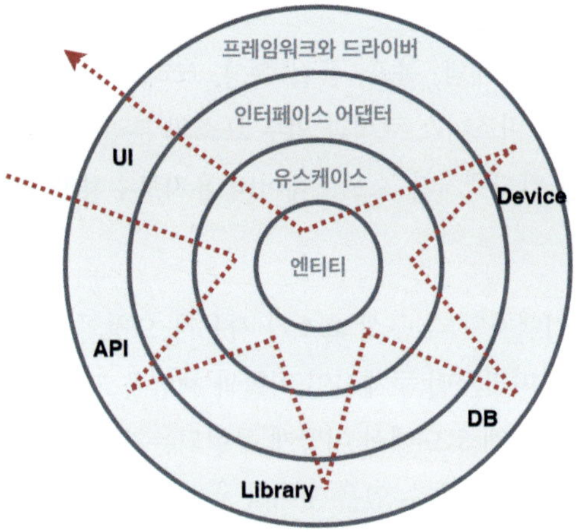

그림 6.1 클린 아키텍처의 동심원 다이어그램에서 사용자 요청이 처리되는 순서

호출 흐름의 중요성과 코드 예시의 필요성

호출 흐름을 이해하는 것은 클린 아키텍처를 실용적으로 적용하는 데 필수적이다. 5장에서 논의한 바와 같이 클린 아키텍처는 추상적인 원칙(의존성 역전, 계층 분리 등)을 제공하지만 이를 실제 코드로 구현하는 과정에서 구체적인 가이드라인이 필요하다. 특히 각 계층 간 데이터 전달(DTO 사용 여부, 변환 로직)과 의존성 주입의 구현 방식은 개발자가 직면하는 주요 도전 과제다. 따라서 이번 장에서는 예제 프로그램을 통해 각 구성 요소의 역할을 코드와 함께 상세히 다루겠다.

학생 성적 계산 프로그램 예제

이번 장에서는 호출 흐름을 구체적으로 이해하기 위해 '학생 성적 계산 프로그램'을 예제로 활용하겠다. 이 프로그램은 사용자가 학생의 성적 데이터를 요청하면 이를 바탕으로 평균 점수, 총점, 석차 등의 통계 정보를 계산해서 반환한다. 클린 아키텍처의 원칙을 적용해서 설계된 이 시스템은 외부 요소의 변경에도 비즈니스 로직이 영향을 받지 않도록 구성된다.

학생 성적 계산 프로그램의 호출 흐름은 다음과 같이 진행된다.

1. **사용자 요청 수신**: 사용자가 REST API, CLI, 또는 웹 인터페이스를 통해 특정 학생의 성적 계산 요청을 보낸다.
2. **컨트롤러 처리**: 컨트롤러는 HTTP 요청을 받아 유스케이스가 이해할 수 있는 입력 DTO로 변환한다.
3. **유스케이스 실행**: 유스케이스는 비즈니스 로직을 수행하며, 필요한 데이터를 인터페이스를 통해 요청한다.
4. **외부 요소 호출**: 인터페이스의 구현체는 데이터베이스에서 데이터를 가져와 도메인 객체로 변환한다.
5. **결과 처리 및 반환**: 유스케이스는 계산된 결과를 출력 DTO로 변환하고, 컨트롤러는 이를 HTTP 응답으로 포장해서 사용자에게 반환한다.

이 흐름은 5장에서 강조한 계층 분리와 의존성 역전 원칙을 기반으로 하며, 각 계층이 명확한 책임을 분담해서 시스템의 유연성과 유지보수성을 보장한다. 예를 들어, 데이터베이스가 MySQL에서 MongoDB로 변경되더라도 유스케이스와 엔티티는 변경 없이 그대로 사용되며, 새로운 리포지터리 구현체만 추가하면 된다.

이번 장에서는 학생 성적 계산 프로그램을 중심으로 프레임워크, 컨트롤러, 유스케이스, 엔티티, 프레젠터 등 클린 아키텍처의 각 구성 요소가 호출 흐름에서 어떤 역할을 수행하는지, 그리고 이를 구현하는 코드와 고려해야 할 설계상의 트레이드오프를 자세히 살펴본다. 이를 통해 클린 아키텍처의 원칙이 실제 소프트웨어 개발에서 어떻게 적용되는지, 그리고 개발자가 직면할 수 있는 현실적인 도전 과제를 어떻게 해결할 수 있는지 구체적으로 이해할 수 있을 것이다.

이번 장의 예제 코드는 아래 깃허브 저장소에서 확인할 수 있다.

- https://github.com/wikibook/clean-architecture-guide/tree/main/ch06

6.1 프레임워크

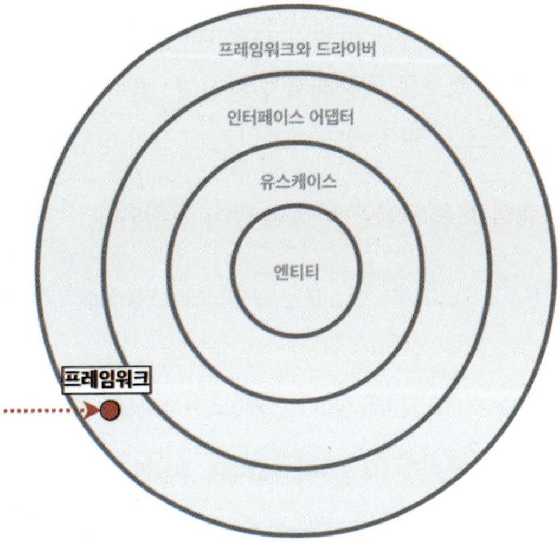

그림 6.2 클린 아키텍처 다이어그램에서 프레임워크의 위치와 호출 흐름

프레임워크는 클린 아키텍처의 호출 흐름에서 사용자 요청을 처음으로 수신하는 구성 요소로, 외부 세계와 애플리케이션의 로직을 연결하는 진입점 역할을 한다. 5장에서 논의한 바와 같이 프레임워크는 '프레임워크 및 드라이버' 계층에 속하며, HTTP 요청, CLI 입력, GUI 이벤트 등 다양한 형태의 사용자 요청을 받아 이를 내부 계층(컨트롤러 또는 유스케이스)으로 전달한다. 여기서는 학생 성적 계산 프로그램을 예로 들어 프레임워크가 호출 흐름에서 어떻게 작동하며, 어떤 코드로 구현되는지 구체적으로 살펴본다.

프레임워크의 호출 흐름 내 역할

프레임워크의 핵심 역할은 사용자 요청을 수신하고, 이를 내부 계층이 이해할 수 있는 형태로 변환해서 전달하는 것이다. 예를 들어, 웹 프레임워크(FastAPI, Flask 등)는 HTTP 요청을 받아 JSON 데이터를 파싱하고, CLI는 명령줄 인자를 처리하며, GUI는 사용자 입력 이벤트를 캡처한다. 이 과정에서 프레임워크는 HTTP 프로토콜, 데이터 직렬화, 입력 검증 같은 기술적 세부사항을 처리하며, 비즈니스 로직과 독립적으로 작동해서 내부 계층이 외부 기술에 의존하지 않게 한다.

학생 성적 계산 프로그램에서 프레임워크는 사용자가 요청한 성적 계산 요청을 수신해 컨트롤러로 전달한다. 이 과정에서 프레임워크는 요청의 유효성을 검증하고, 필요한 경우 데이터를 표준화된 형식으로 변환한다. 호출 흐름은 다음과 같이 시작된다.

1. 사용자가 REST API, CLI, 또는 GUI를 통해 요청(예: 학생 ID와 계산 유형)을 보낸다.
2. 프레임워크는 요청을 파싱하고 검증해서 컨트롤러로 전달한다.
3. 처리된 결과는 프레임워크를 통해 사용자에게 응답으로 반환된다(이는 이후 프레젠터 절에서 다룸).

FastAPI를 사용한 프레임워크 구현

학생 성적 계산 프로그램에서 FastAPI를 사용한 프레임워크 구현을 살펴보자. 예제 6.1은 사용자가 POST 요청을 통해 학생의 성적 계산을 요청하는 시나리오를 보여준다.

예제 6.1 FastAPI 프레임워크를 이용하는 간단한 API

```
# 6_1_framework/fastapi/main.py
from fastapi import FastAPI
from pydantic import BaseModel

app = FastAPI()

class ScoreRequest(BaseModel):
  student_id: str
  calculation_type: str  # 예: "average", "total"

@app.post("/calculate")
async def calculate_score(request: ScoreRequest):
  # 컨트롤러로 요청 전달(6.2절에서 구현)
  result = {"student_id": request.student_id, "calculation_type": request.calculation
_type}
  return {"status": "success", "data": result}
```

이 코드에서 FastAPI는 HTTP POST 요청을 `/calculate` 엔드포인트로 수신하고, `ScoreRequest` 모델을 사용해 요청 데이터를 검증한다. Pydantic 모델은 요청의 스키마를 정의해 잘못된 입력(예: 누락된 필드, 잘못된 데이터 타입)을 걸러낸다. 검증된 데이터는 컨트롤러로 전달되며, 프레임워크는 비즈니스 로직(성적 계산) 자체를 처리하지 않고 요청과 응답의 전달만 담당한다.

다양한 인터페이스 지원

프레임워크에 해당하는 영역에서는 그림 6.3과 같이 웹 인터페이스뿐만 아니라 CLI, GUI 등 다양한 입력 방식을 지원할 수 있다.

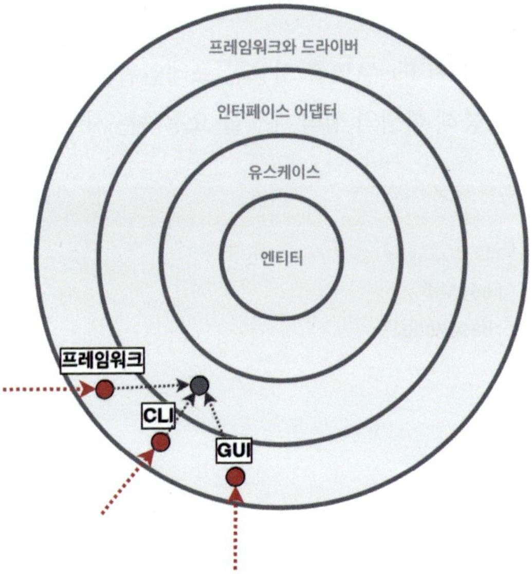

그림 6.3 프레임워크 외에 다른 외부 요소(CLI, GUI 등)도 같은 유스케이스를 호출할 수 있다.

CLI 구현은 FastAPI와 전혀 다른 기술이지만 동일한 비즈니스 로직(유스케이스 및 엔티티)을 재사용할 수 있다. 이는 5장에서 강조한 외부 요소의 교체 가능성을 잘 보여주며, 프레임워크가 호출 흐름의 진입점으로서 기술적 세부사항을 격리하는 역할을 수행한다는 것을 나타낸다.

동일한 학생 성적 계산 프로그램을 CLI로 구현한 예제는 다음과 같다.

예제 6.2 CLI를 이용해 비즈니스 로직을 수행하는 코드

```
# 6_1_framework/click/main.py
import click

@click.command()
@click.option('--student-id', required=True, type=str, help='Student ID')
@click.option('--calculation-type', required=True, type=str, help='Calculation type
(average/total)')
def calculate_score(student_id: str, calculation_type: str):
  # 컨트롤러로 요청을 전달(6.2절에서 구현)
  print(f"Received request: student_id={student_id}, calculation_type={calculation_
type}")
```

프레임워크를 구현할 때 고려해야 할 점들을 정리해보면 다음과 같다.

- **비즈니스 로직 배제**: 프레임워크는 요청 라우팅과 데이터 변환에 집중해야 하며, 성적 계산과 같은 비즈니스 로직은 포함하지 않아야 한다. 이는 계층 분리 원칙을 준수하기 위해서다.
- **간결한 인터페이스 제공**: 프레임워크는 컨트롤러가 이해하기 쉬운 단순한 데이터 구조를 전달해야 하며, 복잡한 기술적 처리는 프레임워크 내부에서 완료해야 한다.

6.2 컨트롤러

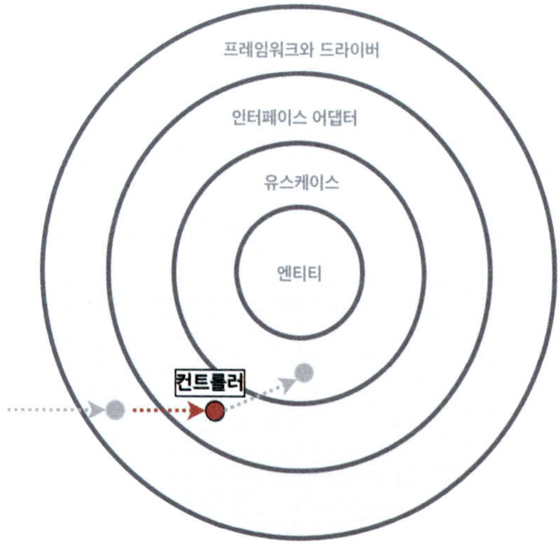

그림 6.4 컨트롤러의 위치와 호출 흐름

컨트롤러는 클린 아키텍처의 인터페이스 어댑터(Interface Adapter) 계층에 속하며, 프레임워크로부터 받은 사용자 요청을 비즈니스 로직(유스케이스)으로 연결하는 핵심적인 역할을 수행한다. 5장에서 설명한 바와 같이 인터페이스 어댑터 계층은 외부 세계의 요청을 내부 도메인 로직이 이해할 수 있는 형태로 변환하며, 반대로 도메인 로직의 결과를 외부 세계로 전달할 수 있도록 변환한다. 이 과정에서 컨트롤러는 입력 검증, 데이터 변환, 오류 처리를 담당하며, 프레임워크와 유스케이스 사이의 중간자 역할을 한다.

컨트롤러의 호출 흐름 내 역할

6.1절에서 다룬 프레임워크는 사용자 요청을 받아 이를 컨트롤러로 전달한다. 컨트롤러는 이 요청을 다음 단계에 따라 처리한다.

1. **입력 검증**: 요청 데이터의 유효성을 확인하고, 유효하지 않은 경우 적절한 오류를 반환한다.
2. **데이터 변환**: 외부 형식(예: JSON, CLI 인자)을 유스케이스가 이해할 수 있는 입력 DTO로 변환한다.
3. **유스케이스 호출**: 적절한 유스케이스를 실행해 비즈니스 로직을 수행한다.
4. **결과 처리**: 유스케이스의 결과를 받아 프레임워크가 반환할 수 있는 형태로 변환한다(프레젠터와 협력, 6.5절에서 다룸).
5. **오류 처리**: 유스케이스 실행 중 발생한 예외를 처리해 사용자에게 적절한 응답을 제공한다.

학생 성적 계산 프로그램에서 컨트롤러는 사용자가 요청한 학생 ID와 계산 유형(예: 평균, 총점)을 받아 이를 유스케이스로 전달하고, 계산 결과를 프레임워크로 반환한다. 이 과정은 프레임워크의 기술적 세부사항(HTTP, JSON 등)에 의존하지 않도록 설계되어 다양한 인터페이스(웹, CLI 등)에서 재사용할 수 있어야 한다.

컨트롤러 구현

학생 성적 계산 프로그램에서 컨트롤러를 구현한 예는 다음과 같다. 이 코드는 프레임워크(FastAPI)와 독립적으로 설계되어 구현된다.

예제 6.3 학생 성적 계산 프로그램의 컨트롤러 구현

```
# 6_2_controller/type1/controller/calculator_score_controller.py
from dataclasses import dataclass
from typing import Dict, Any
from .usecases import InputBoundary  # UseCase라는 유스케이스의 추상 클래스가 존재한
다고 가정

@dataclass
class ScoreRequestDTO:
  student_id: str
  calculation_type: str

@dataclass
class ScoreResponseDTO:
  student_id: str
  result: float
  status: str

class CalculateScoreController:
  def __init__(self, calculate_average_usecase: InputBoundary):
    self.calculate_average_usecase = calculate_average_usecase

  def execute(self, request: ScoreRequestDTO) -> ScoreResponseDTO:
    try:
      if request.calculation_type != "average":
        raise ValueError("Unsupported calculation type")

      # 입력 DTO를 유스케이스에 전달
      average = self.calculate_average_usecase.execute(request.student_id)

      # 출력 DTO로 변환
      return ScoreResponseDTO(
        student_id=request.student_id,
        result=average,
        status="success"
      )
    except Exception as e:
```

```
        return ScoreResponseDTO(
          student_id=request.student_id,
          result=0.0,
          status=f"error: {str(e)}"
        )
```

위 코드는 컨트롤러가 FastAPI나 CLI와 같은 프레임워크에 의존하지 않고, 입력 검증과 데이터 변환을 수행하며 유스케이스를 호출하는 구조를 보여준다. ScoreRequestDTO는 프레임워크로부터 받은 데이터를 표준화하고, ScoreResponseDTO는 유스케이스의 결과를 외부로 반환할 준비를 한다. 의존성 주입을 통해 CalculateAverageUseCase를 주입받아 구체적인 구현체에 의존하지 않도록 설계돼 있다.

프레임워크와의 연결

프레임워크는 컨트롤러를 호출하며, 예제 6.4는 FastAPI에서 컨트롤러를 사용하는 예다.

예제 6.4 FastAPI 프레임워크에서 컨트롤러를 호출하는 코드

```
# 6_2_controller/type1/presentation/fastapi.py
from fastapi import FastAPI
from pydantic import BaseModel
from ..controller.calculater_score_controller import CalculateScoreController,
ScoreRequestDTO

app = FastAPI()

class ScoreRequest(BaseModel):
  student_id: str
  calculation_type: str

@app.post("/calculate")
async def calculate_score(request: ScoreRequest):
  controller = CalculateScoreController(...)  # 의존성 주입은 별도 모듈에서 처리
  request_dto = ScoreRequestDTO(
    student_id=request.student_id,
    calculation_type=request.calculation_type
```

```
  )
  response_dto = controller.execute(request_dto)
  return {
    "student_id": response_dto.student_id,
    "result": response_dto.result,
    "status": response_dto.status
  }
```

이 코드는 프레임워크(FastAPI)가 컨트롤러를 호출하고, 컨트롤러가 반환한 결과를 HTTP 응답으로 변환하는 과정을 보여준다. 프레임워크는 기술적 세부사항(HTTP, JSON)을 처리하고, 컨트롤러는 비즈니스 로직 호출에 집중한다.

6.1절에서 언급한 바와 같이 컨트롤러가 프레임워크와 분리돼 있으므로 동일한 컨트롤러를 예제 6.5와 같이 CLI에서도 재사용할 수 있다.

예제 6.5 CLI를 이용해 컨트롤러를 호출

```
# 6_2_controller/type1/presentation/cli.py
import click
from ..controller.calculater_score_controller import CalculateScoreController,
ScoreRequestDTO

@click.command()
@click.option('--student-id', required=True, type=str, help='Student ID')
@click.option('--calculation-type', required=True, type=str, help='Calculation type
(average)')
def calculate_score(student_id: str, calculation_type: str):
  controller = CalculateScoreController(...)  # 의존성 주입은 별도 모듈에서 처리
  request_dto = ScoreRequestDTO(
    student_id=student_id,
    calculation_type=calculation_type
  )
  response_dto = controller.execute(request_dto)
  print(f"Student ID: {response_dto.student_id}, Result: {response_dto.result}, Stat
us: {response_dto.status}")
```

이 CLI 구현은 FastAPI와 다른 인터페이스지만 동일한 `CalculateScoreController`를 재사용함으로써 코드 중복을 줄였고 계층 분리의 이점을 보여준다.

FastAPI 라우터에서 컨트롤러의 역할 수행

현실적으로는 많은 프로젝트에서 FastAPI 같은 프레임워크의 라우터 내에서 컨트롤러의 역할(입력 검증, 데이터 변환, 유스케이스 호출, 오류 처리)을 직접 수행한다. 이를 그림으로 표현하면 그림 6.5와 같이 프레임워크에서 바로 유스케이스를 호출하는 방식으로 구현되는 것이다.

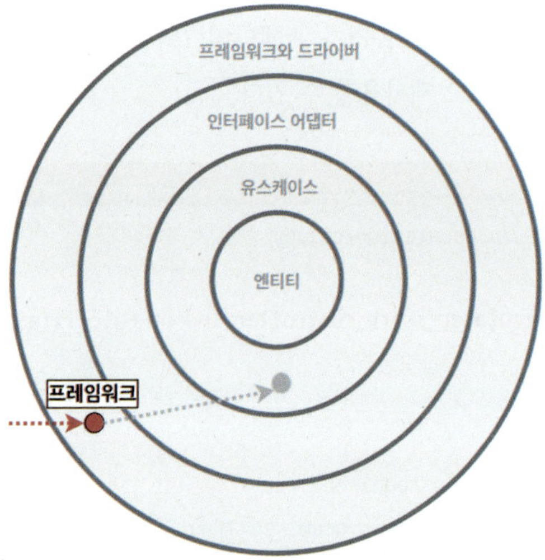

그림 6.5 프레임워크가 컨트롤러의 역할을 수행하는 경우의 호출 흐름

이는 클린 아키텍처의 엄격한 계층 분리를 따르지 않는 방식이지만 소규모 프로젝트나 빠른 프로토타이핑에서 자주 사용된다. 예제 6.6은 FastAPI 라우터에서 컨트롤러의 역할을 통합한 예다.

예제 6.6 FastAPI의 라우터 기능을 컨트롤러로 활용하는 예

```
# 6_2_controller/type2/presentation/fastapi.py
from fastapi import FastAPI, HTTPException
from pydantic import BaseModel
```

```
from .usecases import CalculateAverageUseCase  # CalculateAverageUseCase 클래스가
존재한다고 가정

app = FastAPI()

class ScoreRequest(BaseModel):
  student_id: str
  calculation_type: str

@app.post("/calculate")
async def calculate_score(request: ScoreRequest):
  try:
    # 유스케이스를 직접 호출
    usecase = CalculateAverageUseCase()
    average = usecase.execute(request.student_id)

    # 응답 변환
    return {
      "student_id": request.student_id,
      "result": average,
      "status": "success"
    }
  except Exception as e:
    raise HTTPException(status_code=500, detail=f"Internal server error: {str(e)}")
```

프레임워크와 컨트롤러를 합치는 방식의 장단점을 정리하면 다음과 같다. 둘을 합칠지 말지에 대한 결정은 아래의 장단점을 고민해보고 각자가 처한 상황에 맞게 판단할 필요가 있다.

장점

- **코드 간결성**: FastAPI의 Pydantic 모델과 `HTTPException`을 활용해 입력 검증과 오류 처리를 간결하게 구현할 수 있다. 별도의 컨트롤러 클래스를 만들지 않아 코드의 양이 줄어든다.
- **빠른 개발**: 소규모 프로젝트나 프로토타입에서 빠르게 구현 가능하며, FastAPI의 내장 기능(자동 문서화, 비동기 지원)을 최대한 활용할 수 있다.
- **프레임워크 기능 활용**: FastAPI의 의존성 주입, 스키마 검증, 자동 응답 직렬화 등 강력한 기능을 직접 사용할 수 있다.

단점

- **프레임워크 의존성**: FastAPI의 특정 클래스(`HTTPException`, `BaseModel`)에 의존하게 되어 CLI나 GUI 같은 다른 인터페이스로 확장하려면 로직을 새로 구현해야 한다.
- **재사용성 저하**: 컨트롤러 로직이 FastAPI 라우터에 묶여 있어 동일한 로직을 다른 프레임워크에서 재사용하려면 중복 코드가 발생한다.
- **테스트 어려움**: HTTP 요청/응답과 밀접히 연관된 코드는 단위 테스트가 어렵고, E2E 혹은 API 테스트에 의존해야 할 가능성이 높다.
- **계층 분리 약화**: 클린 아키텍처의 인터페이스 어댑터 계층이 프레임워크와 섞여 비즈니스 로직과 기술적 세부사항의 분리가 약화된다.

6.3 유스케이스

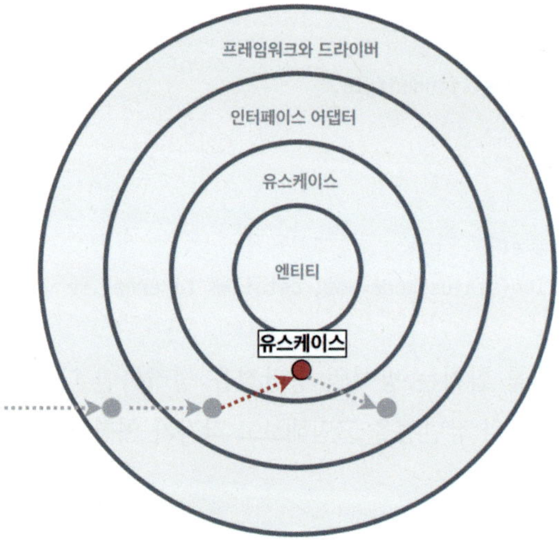

그림 6.6 유스케이스의 위치와 호출 흐름

유스케이스에서는 비즈니스 로직을 구현한다. 유스케이스는 사용자가 애플리케이션을 통해 달성하고자 하는 목표(예: 학생 성적 계산, 총점 조회)를 정의하며, 엔티티를 조합해서 비즈니스 규칙을 실행한다. 그래서 유스케이스가 있는 계층을 애플리케이션 계층 혹은 응용 계층이라고 부르기도 한다. 여기서는 학생 성적 계산 프로그램을 통해 유스케이스가 호출 흐름에서 어떤 역할을 수행하며, 어떻게 구현되는지 구체적인 코드 예시와 함께 살펴본다.

유스케이스의 호출 흐름 내 역할

유스케이스는 컨트롤러로부터 전달받은 요청을 바탕으로 비즈니스 로직을 실행하고, 필요한 데이터를 저장소에서 가져오며, 결과를 프레젠터로 전달한다. 호출 흐름에서 유스케이스의 역할은 다음과 같다.

- **입력 검증**: 컨트롤러로부터 입력 DTO를 받아 필요한 값이 모두 잘 들어왔는지 검증한다.
- **외부 시스템 호출**: 저장소 인터페이스를 통해 데이터베이스나 외부 시스템에서 데이터를 가져온다.
- **비즈니스 로직 실행**: 엔티티를 활용해 애플리케이션에 특화된 비즈니스 규칙(예: 평균 계산)을 수행한다.
- **결과 전달**: 처리된 결과를 출력 DTO로 변환해 프레젠터에 전달한다.

학생 성적 계산 프로그램에서 유스케이스는 학생 ID를 받아 성적 데이터를 조회하고, 평균을 계산해 결과를 반환한다. 이 과정에서 유스케이스는 외부 시스템(예: 데이터베이스)이나 프레임워크의 세부사항에 의존하지 않으며 추상화된 인터페이스에만 의존한다.

유스케이스 구현

학생 성적 계산 프로그램의 `CalculateAverageUseCase`를 예제 6.7과 같이 구현했다. 이 코드는 컨트롤러로부터 받은 요청을 저장소와 비즈니스 로직을 활용해 처리하고, 프레젠터를 통해 결과를 응답한다.

예제 6.7 학생 성적 계산 프로그램의 유스케이스 구현 예

```
# 6_3_usecase/calculate_average_usecase.py
from dataclasses import dataclass
from typing import List
from abc import ABC, abstractmethod

# 저장소 인터페이스
class ScoreRepository(ABC):
```

```
  @abstractmethod
  def get_scores(self, student_id: str) -> List[float]:
    pass

# 출력 인터페이스(프레젠터 인터페이스)
class OutputBoundary(ABC):
  @abstractmethod
  def set_result(self, output_dto: 'ScoreOutputDTO') -> None:
    pass

  @abstractmethod
  def present(self) -> None:
    pass

# 입력 DTO
@dataclass
class ScoreInputDTO:
  student_id: str

# 출력 DTO
@dataclass
class ScoreOutputDTO:
  student_id: str
  average: float
  status: str

# 유스케이스 인터페이스
class InputBoundary(ABC):
  @abstractmethod
  def execute(self, input_dto: ScoreInputDTO) -> None:
    pass

# 유스케이스 구현
class CalculateAverageUseCase(InputBoundary):
  def __init__(self, repository: ScoreRepository, presenter: OutputBoundary):
    self.repository = repository
    self.presenter = presenter
```

```
def execute(self, input_dto: ScoreInputDTO) -> None:
  try:
    # 저장소에서 성적 데이터 조회
    scores = self.repository.get_scores(input_dto.student_id)

    # 비즈니스 로직: 평균 계산
    average = sum(scores) / len(scores) if scores else 0.0

    # 출력 DTO 생성
    output_dto = ScoreOutputDTO(
      student_id=input_dto.student_id,
      average=average,
      status="success"
    )

    # 프레젠터로 결과 전달
    self.presenter.set_result(output_dto)

  except ValueError as e:
    output_dto = ScoreOutputDTO(
      student_id=input_dto.student_id,
      average=0.0,
      status=f"error: {str(e)}"
    )
    self.presenter.set_result(output_dto)
```

위 코드는 유스케이스가 비즈니스 로직(평균 계산)을 수행하고, 저장소와 프레젠터를 추상화된 인터페이스로 호출하는 구조를 보여준다. ScoreInputDTO는 컨트롤러로부터 받은 학생 ID를 전달하며, ScoreOutputDTO는 계산 결과를 프레젠터로 전달한다. 다시 한번 말하지만, 유스케이스는 구체적인 저장소 구현(예: MySQL, MongoDB)이나 출력 방식(예: JSON, CLI)에 의존하지 않는다.

유스케이스의 핵심 원칙

유스케이스는 애플리케이션의 핵심 기능을 정의하며, 다음과 같은 원칙을 따른다.

- **추상화**: 유스케이스는 저장소나 프레젠터의 구체적인 구현에 의존하지 않고, 인터페이스를 통해 상호작용한다. 이는 외부 시스템의 변경(예: MySQL에서 MongoDB로 전환)이 비즈니스 로직에 영향을 주지 않도록 한다.
- **단일 책임**: 유스케이스는 비즈니스 로직(예: 평균 계산)에 집중하며, 데이터 저장 방식이나 출력 포맷과 같은 세부사항은 처리하지 않는다.
- **재사용성**: 유스케이스는 프레임워크나 컨트롤러와 독립적이므로 웹, CLI, 모바일 앱 등 다양한 인터페이스에서 재사용할 수 있다.

추상화와 의존성 주입

유스케이스는 의존성 역전 원칙을 준수함으로써 저장소와 프레젠터를 인터페이스로 주입받는다. 예를 들어, `ScoreRepository` 인터페이스는 구체적인 데이터베이스 구현을 감추고, `get_scores` 메서드만 정의한다. 의존성 주입은 컨트롤러 또는 별도의 구성 모듈에서 처리되며, 이는 유스케이스의 테스트 용이성과 확장성을 높인다.

예를 들어, 예제 6.8과 같이 유스케이스를 테스트할 때 모의 객체(mock)를 주입해서 데이터베이스 없이도 비즈니스 로직을 검증할 수 있다.

예제 6.8 모의 객체를 활용한 유스케이스 테스트 코드

```
# 6_3_usecase/unit_test.py
from unittest.mock import Mock
from calculate_average_usecase import ScoreRepository, OutputBoundary, CalculateAve
rageUseCase, ScoreInputDTO, ScoreOutputDTO

# 테스트용 모의 객체
mock_repository = Mock(spec=ScoreRepository)
mock_repository.get_scores.return_value = [90.0, 85.0, 95.0]
mock_presenter = Mock(spec=OutputBoundary)

# 유스케이스 테스트
```

```
usecase = CalculateAverageUseCase(mock_repository, mock_presenter)
usecase.execute(ScoreInputDTO(student_id="123"))

# 결과 검증
mock_presenter.set_result.assert_called_with(
  ScoreOutputDTO(student_id="123", average=90.00, status="success")
)
```

이 테스트는 데이터베이스나 프레임워크 없이 유스케이스의 로직을 독립적으로 검증한다.

입력 및 출력 인터페이스

유스케이스는 `InputBoundary`와 `OutputBoundary` 인터페이스를 통해 컨트롤러 및 프레젠터와 상호작용한다. 이는 관심사 분리를 강화하고, 각 계층의 변경이 다른 계층에 영향을 주지 않도록 한다. `InputBoundary`는 유스케이스의 실행 메서드를 정의하며, `OutputBoundary`는 결과 전달 방식을 규정한다. 학생 성적 계산 프로그램에서는 `ScorcInputDTO`와 `ScoreOutputDTO`를 통해 데이터를 주고받는다.

`InputBoundary`의 사용은 선택적일 수 있다. 소규모 프로젝트에서는 유스케이스 클래스를 직접 호출해도 충분하지만, 복잡한 시스템에서는 인터페이스를 통해 공통 로직(예: 로깅, 예외 처리)을 적용하거나 테스트를 용이하게 할 수 있다. 예를 들어, `InputBoundary`를 사용하면 여러 유스케이스에서 공통 예외 처리를 중앙화할 수 있다. 그뿐만 아니라 유스케이스를 모의 객체로 처리하고 컨트롤러 레벨의 테스트를 수행할 수도 있다.

FastAPI 라우터와의 연계

6.2절에서 논의한 바와 같이 일부 프로젝트에서는 컨트롤러를 생략하고 FastAPI 라우터에서 유스케이스를 직접 호출하기도 한다. 예제 6.9는 FastAPI 프레임워크 코드에서 유스케이스를 호출하고 결과를 응답하는 간단한 코드 예시를 보여준다. 유스케이스를 실행하기 위해 필요한 값인 입력 DTO는 `ScoreRequest`로 전달받은 값을 이용해 구성하고, 유스케이스 결과는 프레젠터로 전달받아 값을 응답 포맷에 맞게 적절히 변환한 후 응답한다. 프레젠터에 대해서는 6.7절에서 더 자세히 다룰 예정이다.

예제 6.9 유스케이스를 호출하고 응답받는 간단한 예

```
# 6_3_usecase/fastapi.py
from fastapi import FastAPI
from pydantic import BaseModel
from .calculate_average_usecase import CalculateAverageUseCase, ScoreInputDTO

app = FastAPI()

class ScoreRequest(BaseModel):
  student_id: str
  calculation_type: str

@app.post("/calculate")
async def calculate_score(request: ScoreRequest):
  input_dto = ScoreInputDTO(student_id=request.student_id)

  usecase = CalculateAverageUseCase()
  result = usecase.execute(input_dto) # 유스케이스 호출

  # 응답 변환
  return result.present()
```

이 방식은 간결하지만 작성한 코드가 FastAPI에 더 의존하게 된다는 단점이 있다. 그러나 유스케이스 자체는 프레임워크와 독립적이므로 컨트롤러 분리 여부와 관계없이 재사용 가능하다.

정리해보면, 유스케이스를 작성할 때는 다음과 같은 사항들을 고려해야 한다. 유스케이스가 결국 애플리케이션의 핵심이며, 다음과 같은 고려 사항들이 클린 아키텍처가 추구하는 바의 핵심이라는 점을 기억하자.

- **추상화 수준**: 유스케이스는 저장소나 프레젠터의 구체적인 구현에 의존하지 않아야 하며, 인터페이스를 통해 상호작용해야 한다.
- **단일 책임**: 하나의 유스케이스는 단일 비즈니스 목표(예: 평균 계산)에 집중해야 하며, 복잡한 로직은 엔티티로 위임한다.

- **입력/출력 명확성**: DTO를 통해 입력과 출력 데이터를 명확히 정의해서 컨트롤러 혹은 프레젠터와의 인터페이스를 단순화한다.
- **테스트 용이성**: 의존성 주입과 인터페이스를 활용해 단위 테스트를 쉽게 작성할 수 있도록 설계한다.

파이썬의 덕 타이핑과 인터페이스

파이썬은 덕 타이핑(duck typing)을 지원하는 언어이기 때문에 '인터페이스를 명시적으로 만드는 것이 정말 필요한가?'라는 의문이 생길 수 있다. 덕 타이핑은 객체가 특정 메서드나 속성을 가지고 있다면 그 객체의 실제 타입에 관계없이 해당 인터페이스를 구현한 것으로 간주한다.

그럼에도 파이썬에서 명시적인 인터페이스(추상 클래스)를 사용하는 데는 여러 이점이 있다. 코드 자체가 문서화되어 의도와 계약이 명확해지고, 타입 힌팅과 정적 분석 도구(mypy 등)를 사용할 때 더 정확한 분석이 가능해진다. 또한 인터페이스는 개발자에게 구현해야 할 방향을 제시하며, 덕 타이핑만으로는 우연히 동작하는 코드가 생길 수 있는 반면, 인터페이스를 명시적으로 상속받으면 코드의 의도가 더 명확해진다.

결론적으로, 파이썬에서 인터페이스를 사용하는 것은 언어가 강제하지는 않지만 코드의 구조와 의도를 명확히 하고 유지보수성을 높이는 데 도움이 된다. 특히 복잡한 시스템이나 여러 개발자가 함께 일하는 환경에서는 더욱 그 가치가 높아진다.

6.4 게이트웨이

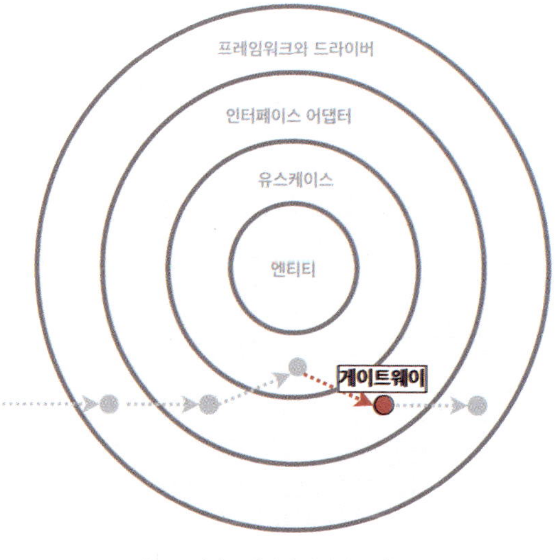

그림 6.7 게이트웨이의 위치와 호출 흐름

유스케이스 계층(애플리케이션 계층)으로 들어온 요청이 데이터베이스나 외부 시스템으로 나갔다 와야 하는 경우 그러한 외부 요소와의 연동을 처리하는 부분을 통칭해 게이트웨이라고 부른다.

게이트웨이는 클린 아키텍처의 인터페이스 어댑터 계층에 위치하며, 유스케이스와 외부 요소 간의 중개자 역할을 수행한다. 5장에서 설명한 바와 같이 게이트웨이는 외부 시스템의 데이터를 내부 도메인 형식으로 변환하고, 비즈니스 로직이 외부 시스템의 세부사항에 의존하지 않게 한다. 이번 절에서는 학생 성적 계산 프로그램을 통해 게이트웨이가 호출 흐름에서 어떤 역할을 하며, 어떻게 구현되는지 구체적인 코드 예시와 함께 살펴본다.

게이트웨이의 호출 흐름 내 역할

게이트웨이는 유스케이스로부터 호출되어 데이터베이스나 외부 시스템에서 필요한 데이터를 가져오거나 저장한다. 호출 흐름에서 게이트웨이의 역할은 다음과 같다.

- **데이터 요청 수신**: 유스케이스로부터 추상화된 인터페이스(예: `ScoreRepository`)를 통해 데이터 요청을 받는다.
- **외부 시스템 상호작용**: 데이터베이스(예: DynamoDB) 또는 외부 API와 통신해 데이터를 조회하거나 저장한다.
- **데이터 변환**: 외부 시스템의 응답을 비즈니스 로직이 이해할 수 있는 형식(예: `List[float]`)으로 변환한다.
- **결과 반환**: 변환된 데이터를 유스케이스로 반환한다.

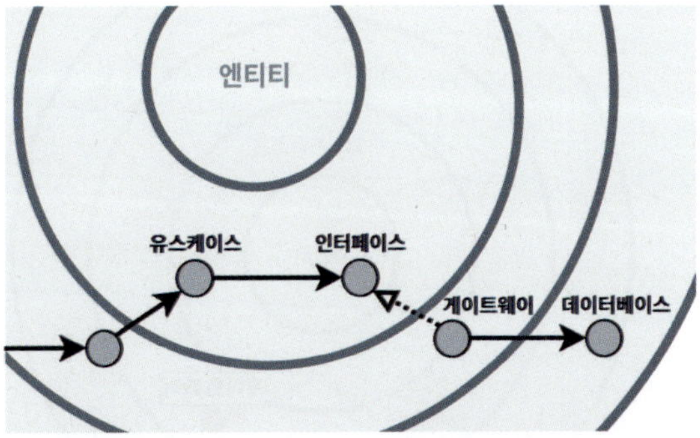

그림 6.8 유스케이스에서 게이트웨이를 통해 데이터베이스에 접근하는 상세 흐름

학생 성적 계산 프로그램에서 게이트웨이는 학생 ID를 받아 해당 학생의 성적 데이터를 조회하고, 이를 유스케이스가 처리할 수 있는 형태로 반환한다. 게이트웨이는 외부 시스템의 복잡한 응답 구조(예: DynamoDB의 JSON 형식)를 비즈니스 로직에 필요한 단순한 데이터로 변환해 유스케이스가 데이터 소스의 세부사항에 의존하지 않게 한다.

게이트웨이 구현

학생 성적 계산 프로그램에서 게이트웨이를 구현한 예는 다음과 같다. 예제에서는 `ScoreRepository` 인터페이스와 이를 구현한 `DdbScoreRepository`를 통해 DynamoDB에서 성적 데이터를 조회한다.

예제 6.10 게이트웨이 인터페이스와 구현체 예시

```
# 6_4_gateway/repository.py
from abc import ABC, abstractmethod
from typing import List
import boto3
from botocore.exceptions import ClientError

# 게이트웨이 인터페이스(유스케이스 계층)
class ScoreRepository(ABC):
  @abstractmethod
  def get_scores(self, student_id: str) -> List[float]:
    pass

# DynamoDB 구현체(인터페이스 어댑터 계층)
class DdbScoreRepository(ScoreRepository):
  def __init__(self):
    self.client = boto3.resource('dynamodb')
    self.table = self.client.Table('scores')

  def get_scores(self, student_id: str) -> List[float]:
    try:
      response = self.table.get_item(
        Key={'student_id': student_id}
      )
```

```
    if 'Item' in response and 'scores' in response['Item']:
      # DynamoDB 응답에서 성적 데이터를 추출 및 변환
      return [float(score) for score in response['Item']['scores']['L']]
    return []
  except ClientError as e:
    raise ValueError(f"Failed to retrieve scores: {str(e)}")
```

위 코드는 ScoreRepository 인터페이스를 정의하고, DdbScoreRepository가 이를 구현해 DynamoDB에서 학생의 성적 데이터를 조회하는 과정을 보여준다. get_scores 메서드는 학생 ID를 받아 DynamoDB의 복잡한 응답 구조(예: {"scores": {"L": ["90.0", "85.0", "88.0"]}})에서 필요한 데이터만 추출한 후 List[float]로 변환한다. 이를 통해 유스케이스는 DynamoDB의 세부사항(예: JSON 구조, 타입 정보)을 알 필요 없이 단순한 리스트 형식으로 데이터를 받는다.

참고로 위 코드에서 게이트웨이 인터페이스인 ScoreRepository와 구현체인 DdbScoreRepository는 실제로 구현할 때는 같은 파일이나 디렉터리에 있지 않을 가능성이 높다. 왜냐하면 서로 다른 계층에 있는 코드들이기 때문이다.

게이트웨이의 핵심 원칙

게이트웨이는 다음과 같은 원칙을 따른다.

- **추상화**: 게이트웨이는 유스케이스와 외부 시스템 간의 인터페이스를 제공하며, 구체적인 데이터 소스(예: DynamoDB, MySQL)에 의존하지 않도록 인터페이스(ScoreRepository)를 통해 상호작용한다.
- **데이터 변환**: 외부 시스템의 복잡한 데이터 형식을 비즈니스 로직에 적합한 단순한 형식으로 변환한다.
- **단일 책임**: 게이트웨이는 데이터 접근과 변환에만 집중하며, 비즈니스 로직은 유스케이스에 위임한다.
- **의존성 역전**: 유스케이스는 구체적인 구현체가 아닌 ScoreRepository 인터페이스에 의존하며, 구현체는 인터페이스 어댑터 계층에서 주입된다.

인터페이스의 위치와 의존성 주입

ScoreRepository 인터페이스는 유스케이스와 동일한 유스케이스 계층(혹은 애플리케이션)에 위치하며, 구현체(DdbScoreRepository)는 인터페이스 어댑터 계층에 속한다. 즉,

클린 아키텍처의 의존성 방향 규칙을 준수해 유스케이스가 외부 시스템에 직접 의존하지 않게 한다. 의존성 주입은 애플리케이션의 초기화 단계에서 처리되며, 유스케이스는 `ScoreRepository` 인터페이스를 통해 데이터를 요청한다.

예를 들어, 애플리케이션 초기화 코드에서 의존성을 구성하는 방식(즉, 의존성 주입)은 예제 6.11과 같다.

예제 6.11 의존성 주입 코드

```
# 6_4_gateway/dependency_injection.py
from .controllers import CalculateScoreController
from .usecase import CalculateAverageUseCase
from .presenter import ConsolePresenter
from .repository import DdbScoreRepository

def initialize_application() -> CalculateScoreController:
  # 리포지터리와 프레젠터 초기화
  repository = DdbScoreRepository()
  presenter = ConsolePresenter()

  # 유스케이스 초기화
  usecase = CalculateAverageUseCase(repository, presenter)

  # 컨트롤러 초기화
  controller = CalculateScoreController(usecase)
  return controller
```

위 코드에서 의존성 주입은 애플리케이션의 진입점에서 처리되며, FastAPI 같은 프레임워크를 사용하는 경우 애플리케이션을 초기화하는 코드인 '`app = FastAPI()`'가 실행되는 위치에 둘 수 있을 것이다.

그런 컨트롤러가 구체적인 리포지터리 구현체(예: `DdbScoreRepository`)를 직접 초기화하지 않게 해서 클린 아키텍처의 추상화 원칙을 유지한다. 예제 6.12는 유스케이스에서 리포지터리를 호출하는 예다.

예제 6.12 유스케이스에서 리포지터리를 호출

```
# 6_4_gateway/usecase.py
scores = self.repository.get_scores(input_dto.student_id)
```

결과적으로 이 코드는 MySQL, DynamoDB, 또는 메모리 저장소와 같은 구체적인 구현을 알지 못하며, `ScoreRepository` 인터페이스의 `get_scores` 메서드만 호출한다. 이처럼 추상화를 통해 비즈니스 로직의 독립성을 보장한다.

데이터 변환의 중요성

게이트웨이는 외부 시스템의 응답을 비즈니스 로직에 맞게 변환하는 역할을 한다. 예를 들어, DynamoDB에서 반환되는 응답은 다음과 같을 수 있다.

```
{
  "Item": {
  "student_id": {"S": "123"},
  "scores": {"L": [{"N": "90.0"}, {"N": "85.0"}, {"N": "88.0"}]},
  "metadata": {"M": {"updated_at": {"S": "2025-07-21T10:00:00Z"}}}
  }
}
```

유스케이스는 이 복잡한 구조 대신 `[90.0, 85.0, 88.0]`과 같은 단순한 리스트를 필요로 한다. `DdbScoreRepository`는 불필요한 정보를 제거하고, DynamoDB의 타입 정보(`{"N": "90.0"}`)를 `float`로 변환해 유스케이스에 전달한다. 이를 통해 유스케이스는 외부 시스템의 응답 형식 변경에 영향을 받지 않게 된다.

외부 시스템과의 확장성

게이트웨이는 데이터베이스뿐만 아니라 외부 API와 같은 다른 시스템에도 적용될 수 있다. 예를 들어, 외부 성적 관리 API에서 데이터를 조회해야 한다면 예제 6.13과 같이 `ApiScoreRepository`를 구현해 API 응답을 동일한 `List[float]` 형식으로 변환할 수 있다.

예제 6.13 다른 게이트웨이 구현체인 ApiScoreRepository

```
# 6_4_gateway/repository.py
import requests

class ApiScoreRepository(ScoreRepository):
  def __init__(self, api_url: str):
    self.api_url = api_url

  def get_scores(self, student_id: str) -> List[float]:
    response = requests.get(f"{self.api_url}/students/{student_id}/scores")
    if response.status_code == 200:
      return [float(score) for score in response.json().get('scores', [])]
    return []
```

이처럼 게이트웨이 인터페이스를 통해 다양한 외부 시스템을 추상화하면 유스케이스는 데이터 소스를 변경하지 않고도 동일한 로직을 유지할 수 있다.

게이트웨이 설계 시 고려사항

게이트웨이를 설계할 때는 다음과 같은 사항을 고려해야 한다.

- **인터페이스 추상화**: 게이트웨이 인터페이스는 구체적인 구현을 감추고, 유스케이스가 필요한 데이터의 형식만 정의해야 한다.
- **데이터 변환**: 외부 시스템의 복잡한 응답을 비즈니스 로직에 맞는 단순한 형식으로 변환해야 한다.
- **예외 처리**: 외부 시스템의 오류(예: 연결 실패, 데이터 없음)를 적절히 처리해 유스케이스에 전달한다.
- **의존성 주입**: 게이트웨이 구현체는 유스케이스에 주입되며, 구체적인 구현체는 컨트롤러 또는 구성 모듈에서 결정된다.

6.5 외부 요소

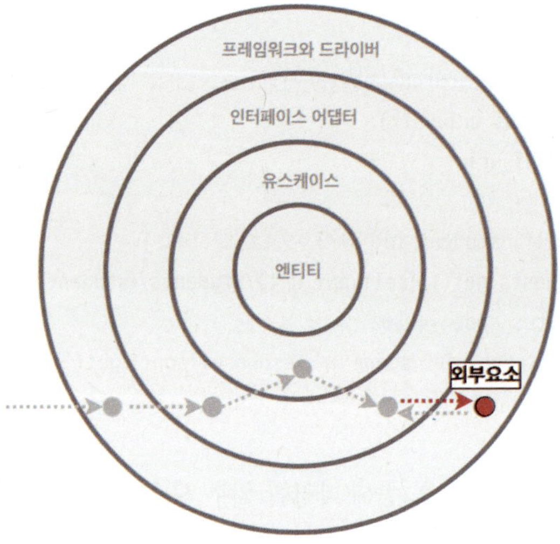

그림 6.9 외부 요소의 위치와 호출 흐름

외부 요소는 클린 아키텍처의 가장 바깥쪽 계층인 프레임워크 및 드라이버 계층(혹은 인프라스트럭처 계층)이라고 불리는 곳에 있는 것으로, 실제 외부 시스템(데이터베이스, 메시징 시스템 등)과의 직접적인 통신을 담당한다. 이 계층은 게이트웨이를 통해 호출되며, 데이터베이스 연결과 같은 기술적 세부사항을 처리한다. 이번 절에서는 학생 성적 계산 프로그램을 통해 외부 요소의 역할과 구현을 구체적인 코드 예시와 함께 살펴본다.

외부 요소의 호출 흐름 내 역할

외부 요소는 게이트웨이에서 호출되어 외부 시스템과 직접 상호작용한다. 호출 흐름에서 이 계층의 역할은 다음과 같다.

- **외부 시스템 연결**: 데이터베이스 또는 외부 API와의 연결을 설정하고 관리한다.
- **저수준 작업 수행**: CRUD 작업, 네트워크 요청, 오류 처리 등 외부 시스템의 기술적 세부사항을 처리한다.
- **응답 전달**: 호출의 출발지는 유스케이스이며, 이곳에서 시작된 호출이 같은 계층에 있는 인터페이스를 통과하고, 게이트웨이를 거쳐 외부 요소까지 전달된다. 그리고 외부 요소에서 외부 시스템과의 통신의 결과로 그 응답을 호출부인 유스케이스로 돌려준다. 이때 그 응답의 형식을 게이트웨이에서 도메인 형식으로 변환하도록 한다.

코드 예시

학생 성적 계산 프로그램에서 외부 요소는 DynamoDB 클라이언트를 통해 성적 데이터를 조회하는 역할을 수행한다. 예제 6.14는 DynamoDBClient를 구현한 예로, 인터페이스(ScoreRepository)로부터 호출되어 저수준 데이터베이스 작업을 처리한다.

예제 6.14 DynamoDB 클라이언트의 구현과 호출

```
# 6_5_external/infrastructure.py

# 프레임워크와 드라이버 계층
import boto3
from botocore.exceptions import ClientError
from typing import Dict, Any

class DynamoDBClient:
  def __init__(self, region: str = "ap-northeast-2"):
    self.client = boto3.resource('dynamodb', region_name=region)

  def get_item(self, table_name: str, key: Dict[str, Any]) -> Dict[str, Any]:
    try:
      table = self.client.Table(table_name)
      response = table.get_item(Key=key)
      return response
    except ClientError as e:
      raise ValueError(f"Failed to retrieve data: {str(e)}")

# 6_5_external/repository.py

# 인터페이스 어댑터 계층
from abc import ABC, abstractmethod
from typing import List

class ScoreRepository(ABC):
  @abstractmethod
  def get_scores(self, student_id: str) -> List[float]:
    pass
```

```
class DdbScoreRepository(ScoreRepository):
  def __init__(self, dynamodb_client: DynamoDBClient):
    self.dynamodb_client = dynamodb_client
    self.table_name = "scores"

  def get_scores(self, student_id: str) -> List[float]:
    response = self.dynamodb_client.get_item(
      table_name=self.table_name,
      key={'student_id': student_id}
    )
    if 'Item' in response and 'scores' in response['Item']:
      return [float(score) for score in response['Item']['scores']['L']]
    return []
```

위 코드에서 DynamoDBClient는 외부 요소에 해당하며, Boto3[1]를 사용해 DynamoDB와의 연결을 설정하고 저수준 작업(예: get_item)을 수행한다. DdbScoreRepository(인터페이스 어댑터 계층)는 이 클라이언트를 호출해 데이터를 조회하고, 복잡한 DynamoDB 응답을 도메인 형식(List[float])으로 변환한다. 이를 통해 유스케이스는 데이터베이스의 기술적 세부사항을 알 필요 없이 성적 데이터를 처리할 수 있다.

외부 요소의 핵심 원칙

정리하면, 외부 요소는 다음과 같은 원칙을 따른다.

- **기술적 세부사항 처리**: 데이터베이스 연결, 네트워크 요청, 저수준 오류 처리 등 외부 시스템과의 통신을 담당한다.
- **도메인 독립성**: 비즈니스 로직(유스케이스, 엔티티)과 무관한 기술적 작업에 집중하며, 도메인 객체를 직접 다루지 않는다.
- **재사용성**: DynamoDBClient 같은 컴포넌트는 여러 게이트웨이에서 재사용할 수 있으며, 특정 도메인에 종속되지 않는다.
- **의존성 역전**: 유스케이스나 엔티티가 아닌 게이트웨이가 이 계층의 컴포넌트를 호출하며, 클린 아키텍처의 의존성 방향 규칙을 준수한다.

1 https://aws.amazon.com/ko/sdk-for-python/

의존성 주입과의 연계

외부 요소 객체(예: DynamoDBClient)는 애플리케이션 초기화 단계에서 별도의 구성 모듈에서 생성되고, 의존성 주입을 받는다. 예를 들어, 학생 성적 계산 프로그램의 의존성 주입 코드는 다음과 같다.

예제 6.15 학생 성적 계산 프로그램 의존성 주입

```python
# 6_5_external/dependency_injection.py
from .controllers import CalculateScoreController
from .usecase import CalculateAverageUseCase
from .presenter import ConsolePresenter
from .repository import DdbScoreRepository
from .infrastructure import DynamoDBClient

def initialize_application() -> CalculateScoreController:
  # 인프라스트럭처 초기화
  dynamodb_client = DynamoDBClient(region="ap-northeast-2")

  # 인터페이스 어댑터 초기화
  repository = DdbScoreRepository(dynamodb_client)
  presenter = ConsolePresenter()

  # 유스케이스 초기화
  usecase = CalculateAverageUseCase(repository, presenter)

  # 컨트롤러 초기화
  controller = CalculateScoreController(usecase)
  return controller
```

결과적으로 위 코드에서 DynamoDBClient는 프레임워크 및 드라이버 계층에 속하며, 구성 모듈에서 초기화되어 DdbScoreRepository에 주입된다. 이를 통해 컨트롤러나 유스케이스가 직접 데이터베이스 클라이언트를 다루지 않게 한다.

ORM을 사용하는 경우

ORM(Object-Relational Mapping)을 사용할 경우 외부 요소는 ORM 라이브러리(예: PynamoDB)를 통해 데이터베이스와 상호작용할 수 있다. 예제 6.16은 PynamoDB를 사용하는 간단한 예다.

예제 6.16 PynamoDB를 사용하는 예

```
# 프레임워크 및 드라이버 계층
from pynamodb.models import Model
from pynamodb.attributes import UnicodeAttribute, ListAttribute, NumberAttribute

class ScoreModel(Model):
  class Meta:
    table_name = 'scores'
    region = 'ap-northeast-2'

  student_id = UnicodeAttribute(hash_key=True)
  scores = ListAttribute(of=NumberAttribute)

# 인터페이스 어댑터 계층
class PynamoDBScoreRepository(ScoreRepository):
  def get_scores(self, student_id: str) -> List[float]:
    try:
      pynamodb_score = ScoreModel.get(student_id)
      return [float(score) for score in pynamodb_score.scores]
    except ScoreModel.DoesNotExist:
      return []
```

예제에서 `ScoreModel`은 외부 요소에 속하며, PynamoDB를 통해 DynamoDB와의 연결과 CRUD 작업을 처리한다. `PynamoDBScoreRepository`는 인터페이스 어댑터 계층에서 이 모델을 호출해서 데이터를 도메인 형식(`List[float]`)으로 변환한다. ORM은 데이터베이스 작업을 객체지향적으로 단순화하지만, 여전히 프레임워크 및 드라이버 계층에 포함되는 개념으로, 역할은 기술적 세부사항에 국한된다.

게이트웨이와 외부 요소의 분리

게이트웨이와 외부 요소를 분리하는 것은 클린 아키텍처의 관심사 분리를 강화한다. 그러나 분리한다고 해서 장점만 있는 것은 아닌데, 분리의 장단점을 정리하면 다음과 같다.

- **장점**
  - **관심사 분리**: 게이트웨이는 도메인 로직과의 연동에 집중하고, 외부 요소는 기술적 세부사항을 처리해 계층 간 결합도를 낮춘다.
  - **테스트 용이성**: `DynamoDBClient`를 모킹해서 게이트웨이만 따로 단위 테스트를 할 수 있으며, 실제 데이터베이스 연결 없이 단위 테스트가 가능하다.
  - **재사용성**: `DynamoDBClient`는 여러 게이트웨이에서 재사용할 수 있으며, 데이터베이스 설정(예: 리전, 재시도 정책)을 중앙화할 수 있다.
  - **확장성**: 데이터베이스를 변경할 경우(예: DynamoDB에서 MongoDB로 전환) 외부 요소만 수정하면 된다. 즉, 수정 범위를 더 좁힐 수 있다.
- **단점**
  - **코드 복잡성**: 소규모 프로젝트에서는 추가 계층이 불필요한 복잡성을 초래할 수 있다. 이는 6.2절에서 소개했던 프레임워크와 컨트롤러 분리에 대한 실용적 판단과 같은 맥락이다.
  - **초기 설계 비용**: 계층 분리를 위한 초기 설계와 구현 시간이 증가할 수 있다.

프로젝트 규모와 요구사항에 따라 분리 여부를 결정해야 한다. 소규모 프로젝트에서는 게이트웨이가 직접 데이터베이스 클라이언트를 포함할 수 있지만 복잡한 시스템에서는 계층 분리가 유지보수성과 확장성을 높인다.

호출 흐름에서의 외부 요소

ORM을 사용하지 않다고 가정할 경우 학생 성적 계산 프로그램의 호출 흐름에서 외부 요소는 다음과 같이 작동한다.

1. 유스케이스가 `ScoreRepository.get_scores`를 호출해 성적 데이터를 요청한다.
2. 게이트웨이인 `DdbScoreRepository`가 `DynamoDBClient`를 호출해 DynamoDB에서 원시 데이터를 조회한다.
3. `DynamoDBClient`는 데이터베이스와 통신한 후 응답을 반환하고, 게이트웨이는 이를 `List[float]`로 변환해 유스케이스로 전달한다.

잠깐! 같은 계층의 다른 요소들을 호출할 수 있나요?

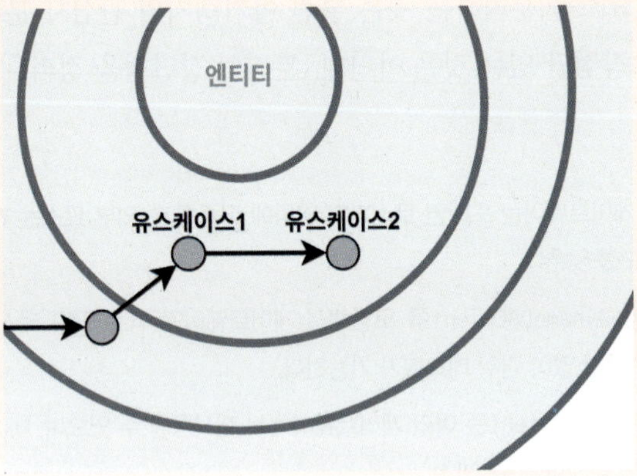

그림 6.10 유스케이스가 다른 유스케이스를 호출하는 예

클린 아키텍처에서는 같은 계층 내의 요소들이 서로 호출하는 것이 이론적으로 가능하지만, 이는 신중히 설계해야 한다. 클린 아키텍처의 의존성 규칙은 내부 계층이 외부 계층으로 의존하지 않도록 하며, 같은 계층 내에서도 불필요한 결합을 최소화하는 것을 목표로 한다. 여기서는 학생 성적 계산 프로그램을 예로 들어 유스케이스 계층과 프레임워크 및 드라이버 계층에서 같은 계층 내 호출의 장단점과 설계 고려사항을 살펴본다.

유스케이스 간 호출

유스케이스는 유스케이스 계층(혹은 애플리케이션 계층)에 위치하며, 각각 독립적인 비즈니스 목표(예: 평균 계산, 총점 계산)를 수행한다. 유스케이스가 다른 유스케이스를 호출하는 것은 가능하지만, 일반적으로 권장되지 않는다. 이는 다음과 같은 이유 때문이다.

- **결합도 증가**: 유스케이스 간 의존성이 생기면 한 유스케이스의 수정이 다른 유스케이스에 영향을 미쳐 유지보수성이 저하된다.
- **단일 책임 위반**: 유스케이스는 단일 비즈니스 목표에 집중해야 하며, 다른 유스케이스의 로직에 의존하면 책임이 모호해질 수 있다.
- **테스트 복잡성**: 유스케이스 간 호출은 테스트 시 모의 객체의 적용 범위를 확대해 테스트 설계를 어렵게 만든다.

예를 들어, 학생 성적 계산 프로그램에서 `CalculateAverageUseCase`가 `CalculateTotalScoreUseCase`를 호출해서 총점을 먼저 계산한 후 평균을 구하는 경우를 생각해보자. 이 경우 예제 6.17과 같이 작성할 수 있을 것이다.

예제 6.17 유스케이스가 유스케이스를 호출하는 예

```
from dataclasses import dataclass
from typing import List
from .repositories import ScoreRepository
from .presenters import OutputBoundary, ScoreOutputDTO

@dataclass
class TotalScoreOutputDTO:
  student_id: str
  total_score: float
  status: str

class CalculateTotalScoreUseCase:
  def __init__(self, repository: ScoreRepository, presenter: OutputBoundary):
    self.repository = repository
    self.presenter = presenter

  def execute(self, input_dto: ScoreInputDTO) -> None:
    scores = self.repository.get_scores(input_dto.student_id)
    total_score = sum(scores) if scores else 0.0
    output_dto = TotalScoreOutputDTO(
      student_id=input_dto.student_id,
      total_score=total_score,
      status="success"
    )

    self.presenter.present(output_dto)

class CalculateAverageUseCase:
  def __init__(self, repository: ScoreRepository, presenter: OutputBoundary,
total_score_usecase: CalculateTotalScoreUseCase):
    self.repository = repository
    self.presenter = presenter
    self.total_score_usecase = total_score_usecase

  def execute(self, input_dto: ScoreInputDTO) -> None:
    self.total_score_usecase.execute(input_dto) # 다른 유스케이스를 호출
```

```
    scores = self.repository.get_scores(input_dto.student_id)
    average = sum(scores) / len(scores) if scores else 0.0
    output_dto = ScoreOutputDTO(
      student_id=input_dto.student_id,
      average=average,
      status="success"
    )
    self.presenter.present(output_dto)
```

이 방식은 CalculateAverageUseCase가 CalculateTotalScoreUseCase에 의존해 결합도가 증가한다. 그렇게 하기보다는 예제 6.18과 같이 공통 로직(예: 성적 데이터 조회)을 엔티티나 별도의 서비스 클래스로 추출해서 공통 비즈니스 규칙으로 만드는 편이 더 적절하다.

예제 6.18 유스케이스가 유스케이스를 호출하는 대신 엔티티를 활용해 처리하는 예

```
from dataclasses import dataclass
from typing import List

@dataclass
class Scores:
  values: List[float]

  def calculate_total(self) -> float:
    return sum(self.values) if self.values else 0.0

  def calculate_average(self) -> float:

    return sum(self.values) / len(self.values) if self.values else 0.0

class CalculateAverageUseCase:
  def __init__(self, repository: ScoreRepository, presenter: OutputBoundary):
    self.repository = repository
    self.presenter = presenter

  def execute(self, input_dto: ScoreInputDTO) -> None:
    raw_scores = self.repository.get_scores(input_dto.student_id)
    scores = Scores(values=raw_scores)
    average = scores.calculate_average()
```

```
output_dto = ScoreOutputDTO(
  student_id=input_dto.student_id,
  average=average,
  status="success"
)
self.presenter.present(output_dto)
```

위 코드에서 Scores 엔티티는 공통 로직(총점, 평균 계산)을 캡슐화해서 유스케이스 간 의존성을 제거하고, 각 유스케이스가 독립적으로 동작하도록 한다.

프레임워크 및 드라이버 계층 내 호출

프레임워크 및 드라이버 계층 내에서 외부 요소 간 호출은 가능하지만 직접 호출과 인터페이스를 통한 간접 호출의 설계 선택이 중요하다. 예를 들어, 학생 성적 계산 프로그램에서 DynamoDBClient가 비밀번호 데이터를 가져오기 위해 가상의 SecretManagerClient를 호출하는 경우를 살펴보자.

- **직접 접근 방식**: DynamoDBClient가 SecretManagerClient를 직접 의존

  예제 6.19는 DynamoDBClient가 SecretManagerClient를 직접 의존하는 경우를 보여준다. 이 방식은 간단하지만 DynamoDBClient가 SecretManagerClient에 강하게 결합돼 있어 비밀번호 관리 시스템을 변경할 경우(예: AWS Secrets Manager에서 Vault로 전환) 코드 수정이 필요하다.

예제 6.19 DynamoDBClient가 SecretManagerClient에 직접 의존하는 예

```python
import boto3
from botocore.exceptions import ClientError
from typing import Dict, Any

class SecretManagerClient:
  def __init__(self, region: str = "ap-northeast-2"):
    self.client = boto3.client('secretsmanager', region_name=region)

  def get_secret(self, secret_name: str) -> str:
    try:
      response = self.client.get_secret_value(SecretId=secret_name)
      return response['SecretString']
    except ClientError as e:
      raise ValueError(f"Failed to retrieve secret: {str(e)}")
```

```
class DynamoDBClient:
  def __init__(self, region: str = "ap-northeast-2"):
    self.client = boto3.resource('dynamodb', region_name=region)
    self.secret_manager = SecretManagerClient(region=region)

  def get_item(self, table_name: str, key: Dict[str, Any]) -> Dict[str, Any]:
    # SecretManagerClient를 직접 호출
    credentials = self.secret_manager.get_secret("dynamodb-credentials")
    # 데이터베이스 연결 및 조회(실제로는 boto3가 자격 증명을 자동 관리)
    table = self.client.Table(table_name)
    try:
      response = table.get_item(Key=key)
      return response
    except ClientError as e:
      raise ValueError(f"Failed to retrieve data: {str(e)}")
```

- **인터페이스를 통한 간접 접근 방식:** SecretProvider 인터페이스를 통해 비밀번호에 접근

예제 6.20은 인터페이스를 통해 간접 접근하는 방식을 보여준다. 이 방식은 DynamoDBClient 가 SecretProvider 인터페이스에만 의존하므로 비밀번호 관리 시스템을 변경할 경우 새로운 SecretProvider 구현체를 주입하면 된다.

예제 6.20 인터페이스를 통해 간접 접근하는 예

```
from abc import ABC, abstractmethod
import boto3
from botocore.exceptions import ClientError

from typing import Dict, Any

class SecretProvider(ABC):
  @abstractmethod
  def get_secret(self, secret_name: str) -> str:
    pass

class AWSSecretManagerProvider(SecretProvider):
  def __init__(self, region: str = "ap-northeast-2"):
    self.client = boto3.client('secretsmanager', region_name=region)
```

```
  def get_secret(self, secret_name: str) -> str:
    try:
      response = self.client.get_secret_value(SecretId=secret_name)
      return response['SecretString']
    except ClientError as e:
      raise ValueError(f"Failed to retrieve secret: {str(e)}")

class DynamoDBClient:
  def __init__(self, secret_provider: SecretProvider, region: str = "ap-
northeast-2"):
    self.client = boto3.resource('dynamodb', region_name=region)
    self.secret_provider = secret_provider

  def get_item(self, table_name: str, key: Dict[str, Any]) -> Dict[str, Any]:
    # 인터페이스를 통해 비밀번호에 접근
    credentials = self.secret_provider.get_secret("dynamodb-credentials")
    # 데이터베이스 연결 및 조회
    table = self.client.Table(table_name)
    try:
      response = table.get_item(Key=key)
      return response
    except ClientError as e:
      raise ValueError(f"Failed to retrieve data: {str(e)}")
```

의존성 주입은 앞에서 이야기한 별도 구성 모듈에서 처리될 수 있다. 앞에서 살펴본 예제 6.20처럼 인터페이스를 통한 간접 접근 방식을 사용하기 위한 의존성 주입 방식은 예제 6.21과 같다.

예제 6.21 외부 요소 간의 의존성 주입 예

```
from .drivers import DynamoDBClient, AWSSecretManagerProvider

def initialize_application():
  secret_provider = AWSSecretManagerProvider()
  dynamodb_client = DynamoDBClient(secret_provider=secret_provider)
  # 나머지 초기화 로직...
```

중복 코드의 관리

유스케이스나 프레임워크 및 드라이버 계층에서 중복 코드는 제거해야 할 중복과 의도된 중복으로 구분해서 관리해야 한다. 제거해야 할 중복은 동일한 기능을 수행하며 함께 변경될 가능성이 높은 코드로, 공통 기능으로 추출해서 재사용하는 것이 좋다. 반면, 의도된 중복은 현재는 동일하지만 향후 서로 다른 방향으로 발전할 가능성이 있는 경우 허용될 수 있다.

예를 들어, 학생 성적 계산 프로그램에서 CalculateAverageUseCase와 CalculateTotalScoreUseCase가 모두 성적 데이터의 유효성 검증(예: 음수 점수 방지)을 수행한다고 가정하자. 그러면 예제 6.22와 같이 작성할 수 있다.

예제 6.22 동일한 기능을 두 유스케이스에 중복 작성한 예

```
class CalculateAverageUseCase:
  def execute(self, input_dto: ScoreInputDTO) -> None:
    scores = self.repository.get_scores(input_dto.student_id)
    # 성적 유효성 검증
    if any(score < 0 for score in scores):
      raise ValueError("음수 점수는 허용되지 않습니다")
    average = sum(scores) / len(scores) if scores else 0.0
    output_dto = ScoreOutputDTO(
      student_id=input_dto.student_id,
      average=average,
      status="success"
    )
    self.presenter.present(output_dto)

class CalculateTotalScoreUseCase:
  def execute(self, input_dto: ScoreInputDTO) -> None:
    scores = self.repository.get_scores(input_dto.student_id)

    # 동일한 성적 유효성 검증
    if any(score < 0 for score in scores):
      raise ValueError("음수 점수는 허용되지 않습니다")
    total_score = sum(scores) if scores else 0.0
    output_dto = TotalScoreOutputDTO(
      student_id=input_dto.student_id,
      total_score=total_score,
```

```
    status="success"
  )
  self.presenter.present(output_dto)
```

현재는 두 유스케이스의 검증 로직이 동일하지만 향후 CalculateAverageUseCase는 추가 검증(예: 과목 수 제한)을, CalculateTotalScoreUseCase는 다른 검증(예: 최대 점수 제한)을 요구할 수 있다. 이 경우 의도된 중복을 유지해서 각 유스케이스가 독립적으로 발전할 수 있게 한다. 반면, 검증 로직이 항상 동일하게 유지된다면 공통 로직을 예제 6.23과 같이 Scores 엔티티로 추출하는 편이 더 적절하다.

예제 6.23 공통 로직을 별도의 엔티티로 구현한 예

```
class Scores:
  def __init__(self, values: List[float]):
    self.values = values

  def validate(self) -> None:
    if any(score < 0 for score in self.values):
      raise ValueError("음수 점수는 허용되지 않습니다")

  def calculate_average(self) -> float:
    return sum(self.values) / len(self.values) if self.values else 0.0
```

같은 계층 내 다른 요소를 호출하는 것에 대한 설계 고려사항을 정리하면 다음과 같다.

- **결합도 최소화**: 유스케이스 간 호출은 되도록 피하고, 공통 로직은 엔티티나 서비스 클래스로 추출한다.
- **인터페이스 활용**: 프레임워크 및 드라이버 계층 내 호출은 인터페이스를 통해 간접적으로 처리해 유연성을 높인다.
- **중복 코드 관리**: 의도된 중복과 제거해야 할 중복을 구분해서 코드의 발전 가능성을 고려한다.

6.6 엔티티

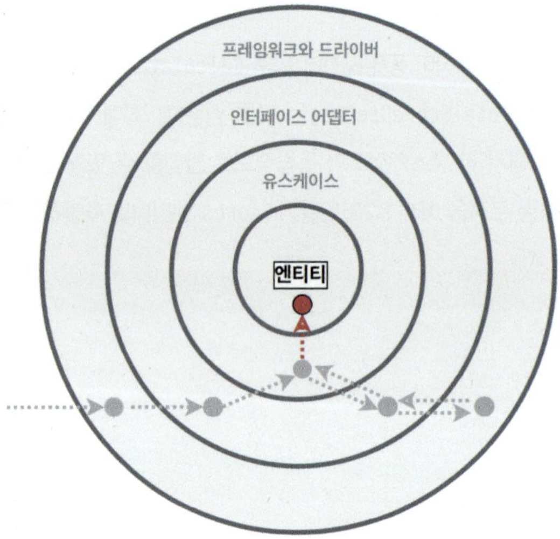

그림 6.11 엔티티 위치와 호출 흐름

엔티티 계층은 클린 아키텍처에서 가장 안쪽에 위치하며, 애플리케이션의 핵심 비즈니스 규칙을 캡슐화한다. 이 계층은 물론 외부 시스템이나 유스케이스의 변화에도 영향을 받지 않으며, 전사적 비즈니스 로직을 정의해서 안정성과 재사용성을 보장한다. 이번 절에서는 학생 성적 계산 프로그램을 통해 엔티티의 역할과 설계를 구체적인 코드 예시와 함께 살펴본다.

엔티티의 역할

엔티티는 다음과 같은 특성을 가진다.

- **핵심 비즈니스 규칙 캡슐화**: 애플리케이션의 핵심 개념(예: 학생 성적)과 그에 대한 규칙(예: 평균 계산, 유효성 검증)을 정의한다.
- **외부 독립성**: 외부 시스템(예: DynamoDB, FastAPI)이나 유스케이스의 세부 구현에 의존하지 않는다.
- **재사용성**: 여러 유스케이스에서 재사용 가능하며, 특정 애플리케이션에 국한되지 않는다.

학생 성적 계산 프로그램에서 엔티티는 학생의 성적 데이터를 나타내고, 이를 처리하는 핵심 로직(예: 평균 계산, 총점 계산)을 캡슐화한다. 다시 말해, 유스케이스가 시나리오(예: '학생의 평균 성적을 계산한다')를 정의하면 엔티티가 그 시나리오를 실행하는 구체적인 로직을 제공한다.

코드 예시

학생 성적 계산 프로그램에서 Scores 엔티티는 학생의 성적 데이터를 나타내며, 핵심 비즈니스 규칙(예: 평균 계산, 유효성 검증)을 처리한다. 예제 6.24는 Scores 엔티티의 구현 예다.

예제 6.24 Score 엔티티의 구현 예

```
# 6_6_entity/entity.py
from typing import List

class Scores:
  def __init__(self, values: List[float]):
    self.values = values

  def validate(self) -> None:
    """성적 데이터의 유효성을 검증한다."""
    if any(score < 0 for score in self.values):
      raise ValueError("음수 점수는 허용되지 않습니다")
    if any(score > 100 for score in self.values):
      raise ValueError("100점을 초과하는 점수는 허용되지 않습니다")

  def calculate_average(self) -> float:
    """성적의 평균을 계산한다."""
    if not self.values:
      return 0.0
    return sum(self.values) / len(self.values)

  def calculate_total(self) -> float:
    """성적의 총점을 계산한다."""
    return sum(self.values) if self.values else 0.0
```

보다시피 Scores 엔티티는 학생의 성적 리스트를 캡슐화하고, 유효성 검증(음수 또는 100점 초과 점수 방지)과 계산 로직(평균, 총점)을 정의한다. 이 엔티티는 외부 시스템(예: DynamoDB)이나 유스케이스에 의존하지 않으며, 단일 책임 원칙을 준수함으로써 각 메서드가 명확한 역할을 수행한다.

엔티티 내부의 계층화

엔티티 내부에서도 비즈니스 로직의 변경 가능성에 따라 계층화를 고려할 수 있다. 클린 아키텍처에서는 엔티티와 유스케이스를 명시적으로 분리하지만 엔티티 내부의 분리는 명시하지 않는다. 그러나 엔티티 내부에서도 고수준 정책과 상대적으로 저수준의 세부 구현을 구분하면 유지보수성이 향상된다. 예를 들어, 학생 성적 계산 프로그램에서 예제 6.25처럼 성적 유효성 검증 정책을 별도의 클래스로 분리할 수 있다.

예제 6.25 엔티티를 계층화해서 구현한 예

```
# 6_6_entity/entity.py
from abc import ABC, abstractmethod
from typing import List

class ScoreValidationPolicy(ABC):
  @abstractmethod
  def validate(self, scores: List[float]) -> None:
    pass

class StandardScoreValidationPolicy(ScoreValidationPolicy):
  def validate(self, scores: List[float]) -> None:
    if any(score < 0 for score in scores):
      raise ValueError("음수 점수는 허용되지 않습니다")
    if any(score > 100 for score in scores):
      raise ValueError("100점을 초과하는 점수는 허용되지 않습니다")

class Scores:
  def __init__(self, values: List[float], validation_policy: ScoreValidationPolicy):
    self.values = values
    self.validation_policy = validation_policy
```

```
    def validate(self) -> None:
        """유효성 검증 정책을 적용한다."""
        self.validation_policy.validate(self.values)

    def calculate_average(self) -> float:
        """성적의 평균을 계산한다."""
        if not self.values:
            return 0.0
        return sum(self.values) / len(self.values)

class Student:
    def __init__(self, student_id: str, scores: Scores):
        self.student_id = student_id
        self.scores = scores

    def get_average_score(self) -> float:
        """학생의 평균 성적을 계산한다."""
        return self.scores.calculate_average()

    def validate_scores(self) -> None:
        """학생의 성적을 검증한다."""
        self.scores.validate()
```

위 코드에서 StandardScoreValidationPolicy는 변경 가능성이 높은 유효성 검증 로직을 분리했으므로 예를 들어 프리미엄 학생에 대한 별도의 정책(예: 120점까지 허용)이 추가될 때 Scores 엔티티를 수정하지 않고 새로운 정책 클래스를 주입할 수 있다.

유스케이스와의 관계

엔티티는 유스케이스에서 호출되어 비즈니스 로직을 실행한다. 유스케이스는 사용자 요청의 시나리오(예: '학생의 평균 성적을 계산한다')를 정의하고, 엔티티는 그 시나리오 안에서 수행해야 하는 일들 중 구체적인 특정 로직을 제공한다. 학생 성적 계산 프로그램에서 CalculateAverageUseCase는 Scores 엔티티를 예제 6.26과 같이 사용한다.

예제 6.26 유스케이스 내에서 엔티티들을 호출하는 예

```
# 6_6_entity/usecase.py
from dataclasses import dataclass
from abc import ABC, abstractmethod

from .repository import ScoreRepository
from .presenter import OutputBoundary
from .entity import Student, Scores, StandardScoreValidationPolicy

... 생략 ...

# 유스케이스 구현(엔티티 활용)
class CalculateAverageUseCase(InputBoundary):
    ... 생략 ...

  def execute(self, input_dto: ScoreInputDTO) -> None:
    try:
      # 저장소에서 성적 데이터 조회
      raw_scores = self.repository.get_scores(input_dto.student_id)

      # 엔티티 생성 및 비즈니스 로직 적용
      validation_policy = StandardScoreValidationPolicy()
      scores_entity = Scores(values=raw_scores, validation_policy=validation_policy)

      # Student 엔티티 생성
      student = Student(student_id=input_dto.student_id, scores=scores_entity)

      # 엔티티를 통한 유효성 검증
      student.validate_scores()

      # 엔티티를 통한 평균 계산
      average = student.get_average_score()

      # 출력 DTO 생성
      output_dto = ScoreOutputDTO(
        student_id=input_dto.student_id,
        average=average,
```

```
    status="success"
)

... 생략 ...
```

이 예시에서 CalculateAverageUseCase는 저장소로부터 데이터를 받아 Scores 엔티티로 전달하고, 엔티티가 유효성 검증과 평균 계산을 수행한다. 이는 유스케이스가 시나리오를 조율하고, 엔티티가 핵심 비즈니스 규칙을 처리하는 클린 아키텍처의 구조를 따른다.

엔티티 설계 시 고려사항

엔티티를 설계할 때는 다음과 같은 사항을 고려해야 한다.

- **단일 책임 원칙**: 각 엔티티는 하나의 명확한 책임(예: 성적 데이터 관리)을 가져야 한다.
- **재사용성**: 엔티티는 특정 유스케이스에 종속되지 않고, 여러 유스케이스(예: 평균 계산, 총점 계산)에서 재사용 가능해야 한다.
- **변경 용이성**: 변경 가능성이 높은 로직(예: 유효성 검증 정책)은 별도의 클래스로 분리해서 유연성을 높인다.
- **도메인 주도 설계(DDD)**: 엔티티는 도메인 개념(학생 성적)을 정확히 모델링해서 비즈니스 전문가와의 의사소통을 원활하게 한다. 관련 내용은 9장에서 좀 더 자세히 살펴본다.

학생 성적 계산 프로그램에서 Scores 엔티티는 학생 성적이라는 도메인 개념을 명확히 표현하며, 평균 계산과 유효성 검증을 캡슐화해서 비즈니스 로직의 안정성을 보장한다.

이번 절에서는 엔티티가 핵심 비즈니스 규칙을 캡슐화해서 호출 흐름의 중심을 이루는 것을 확인했다. 이어지는 절에서는 프레젠터와 뷰 모델을 통해 유스케이스의 결과를 외부 시스템에 맞게 변환하는 과정을 확인해보자.

6.7 프레젠터

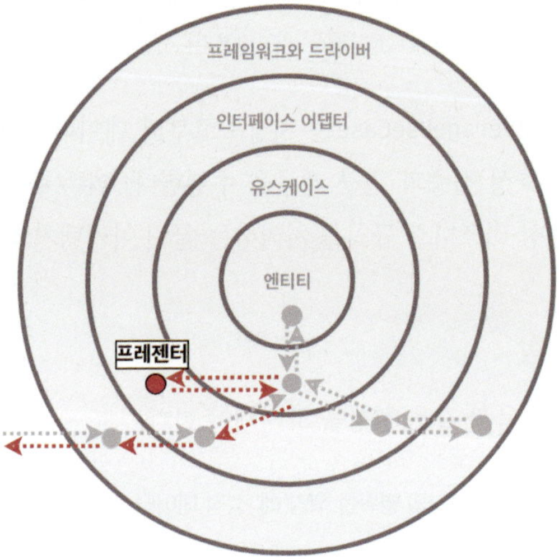

그림 6.12 프레젠터의 위치와 호출 흐름

프레젠터(Presenter)는 클린 아키텍처의 인터페이스 어댑터 계층에 위치하며, 유스케이스의 출력 데이터(출력 DTO)를 사용자 인터페이스에 적합한 형태로 변환하는 역할을 수행한다. 주요 역할은 다음과 같다.

- **결과 가공**: 유스케이스의 OutputDTO를 UI에 필요한 형식으로 변환해 뷰 모델(`ViewModel`)을 생성한다.
- **관심사 분리**: 비즈니스 로직(유스케이스)과 표현 로직(UI 렌더링)을 분리해 결합도를 낮춘다.
- **의존성 규칙 준수**: `OutputBoundary` 인터페이스를 통해 의존성 역전 원칙을 준수하며, 유스케이스가 프레젠터의 구현 세부사항에 의존하지 않게 한다.

프레젠터는 단일 뷰 모델을 생성해서 다양한 UI(웹, JSON API, 콘솔 등)에서 재사용 가능하도록 설계되며, 뷰(View)는 이를 특정 UI 형식으로 렌더링한다. 이번 절에서는 학생 성적 계산 프로그램을 통해 프레젠터의 구현, 뷰 모델과 뷰의 필요성, 그리고 FastAPI를 사용한 동적 UI 처리를 살펴본다.

프레젠터의 구성 요소

프레젠터는 다음과 같은 구성 요소로 정의된다.

- **OutputBoundary**: 유스케이스 계층에 정의된 인터페이스로, 유스케이스의 결과를 외부로 전달한다.
- **프레젠터**: `OutputBoundary`를 구현해서 OutputDTO를 뷰 모델로 변환하고, 뷰를 호출해 렌더링된 결과를 반환한다.
- **뷰 모델**: UI에 필요한 형식으로 데이터를 모델링한 객체로, 여러 뷰에서 재사용된다.
- **뷰**: 뷰 모델을 받아 특정 UI 형식(HTML, JSON, 텍스트 등)으로 렌더링하며, UI별 세부 조정(예: 스타일, 대문자 변환)을 처리한다.

이 구성 요소들은 비즈니스 로직과 UI 렌더링을 분리해서 UI를 변경하더라도 유스케이스는 수정하지 않아도 된다.

프레젠터와 유스케이스 간 의존성 제어

클린 아키텍처의 의존성 규칙에 따라 내부 계층(유스케이스)은 외부 계층(프레젠터)을 직접 참조할 수 없다. 이를 해결하기 위해 의존성 역전 원칙을 적용하며, 유스케이스는 `OutputBoundary` 인터페이스에 의존하고, 프레젠터가 이를 구현한다. 이는 지금까지 살펴본 의존성 주입과 동일한 원칙을 따른다.

뷰 모델과 뷰의 필요성

프레젠터가 OutputDTO를 직접 UI 형식(HTML, JSON 등)으로 변환할 수도 있지만 뷰 모델과 뷰를 사용하는 이유는 관심사 분리, 유연성, 테스트 용이성 때문이다.

- **관심사 분리**: 뷰 모델은 UI에 공통적인 데이터 구조를 제공하고, 뷰는 UI별 렌더링을 처리한다.
- **유연성**: 단일 뷰 모델을 여러 뷰가 재사용해서 새로운 UI를 추가할 때 프레센터를 수정하지 않아도 된다.

잠깐! 뷰 모델과 OutputDTO의 차이는 무엇인가요?

학생 성적 계산 프로그램에서 OutputDTO를 ScoreOutputDTO라 두고, 뷰 모델을 ScoreViewModel로 따로 뒀을 때 각각은 목적과 책임이 다르다.

ScoreOutputDTO

- 유스케이스의 결과물로, 비즈니스 도메인의 관점에서 데이터를 표현한다.
- 순수한 데이터 구조체로, 도메인 계층과 외부 계층 간 데이터 전달을 담당한다.
- 예: `ScoreOutputDTO(student_id="123", average=85.5, status="success")`

ScoreViewModel

- UI에 최적화된 데이터 구조로, 포매팅된 데이터(예: `average="85.50점"`, `grade="B"`)를 포함한다.
- 여러 UI에서 재사용되며, UI별 조정(예: 스타일, 대문자 변환)은 뷰에서 처리한다.

예시 시나리오

- **단순한 데이터**: 학생 ID와 평균만 있는 경우 뷰 모델은 평균을 "85.50점"으로 포매팅하고 등급을 추가해서 웹, JSON, 콘솔 UI에서 재사용한다.
- **복잡한 데이터**: OutputDTO가 과목별 성적과 통계를 포함할 때 뷰 모델은 웹 UI에 통계를 포함하고 JSON API에는 제외하도록 필터링한다. (예: 웹은 최대/최소 점수를 표시하지만, JSON은 간결한 데이터만 제공한다.)
- **UI별 조정**: 웹 UI는 등급에 이탤릭체 스타일을 적용하고, JSON은 등급을 대문자로 변환한다. 이러한 조정은 뷰에서 처리된다.

이렇게 구분할 경우 관심사 분리와 유연성을 달성할 수 있으며, 단순한 데이터에서도 코드 중복을 방지하고, 복잡한 데이터에서는 필터링과 UI별 최적화를 지원할 수 있다.

구현 예시

학생 성적 계산 프로그램에서 프레젠터는 `CalculateAverageUseCase`의 결과(`ScoreOutputDTO`)를 `ScoreViewModel`로 변환하고, 뷰를 호출해 UI별 출력을 생성한다. 다음 코드는 각 구성 요소의 역할을 보여준다.

- OutputBoundary 정의

예제 6.27은 유스케이스의 출력 데이터를 전달하기 위한 인터페이스와 데이터 구조를 정의한다. OutputBoundary는 프레젠터가 구현할 메서드를 지정하며, ScoreOutputDTO는 비즈니스 데이터를 포함한다.

예제 6.27 유스케이스의 결과를 전달하기 위한 인터페이스 정의

```
# 6_7_presenter/presenter.py
from abc import ABC, abstractmethod
from dataclasses import dataclass

class OutputBoundary(ABC):
  @abstractmethod
  def set_result(self, output_dto: 'ScoreOutputDTO') -> None:
    pass

  @abstractmethod
  def present(self) -> Any:
    pass
```

- 유스케이스 구현

예제 6.28은 CalculateAverageUseCase가 학생 성적 데이터를 처리하고, 프레젠터를 통해 결과를 전달하는 과정을 보여준다. 유스케이스는 결과를 OutputBoundary를 통해 반환한다.

예제 6.28 유스케이스에서 인터페이스를 통해 결과를 반환하는 예

```
# 6_7_presenter/usecase.py
class CalculateAverageUseCase(InputBoundary):
  ... 생략 ...

  def execute(self, input_dto: ScoreInputDTO) -> None:
    try:
      ... 생략 ...

      # 프레젠터로 결과를 전달
      self.presenter.set_result(output_dto)

    except Exception:
      ... 생략 ...
```

```
        self.presenter.set_result(output_dto)
```

execute 메서드는 비즈니스 로직(평균 계산)을 수행하고, ScoreOutputDTO를 생성해 프레젠터에 전달한다. 그리고 프레젠터의 present 메서드가 호출되어 UI별 렌더링 결과(HTML, JSON 등)를 반환한다. 이때 유스케이스는 OutputBoundary에만 의존하므로 프레젠터의 구현 세부사항과 분리된다.

- **뷰 모델 정의**

예제 6.29는 UI에 필요한 포매팅된 데이터를 정의하는 뷰 모델인 ScoreViewModel을 보여준다. 이 데이터 구조는 웹, JSON, 콘솔 UI에서 공통적으로 사용된다.

예제 6.29 뷰 모델 예시

```
# 6_7_presenter/viewmodels.py
from dataclasses import dataclass

@dataclass
class ScoreViewModel:
  student_id: str
  average: str
  status: str
  grade: str
```

ScoreViewModel은 평균 값(average)을 문자열로 포매팅(예: "85.50점")하고, 등급(grade)을 추가해서 UI에 적합한 데이터를 제공한다고 가정한 것을 반영한다. 그리고 이렇게 만들어진 단일 뷰 모델은 여러 뷰에서 재사용되며, UI별 조정(예: 스타일, 대문자 변환)은 뷰에서 처리한다.

- **프레젠터 구현**

예제 6.30은 프레젠터인 ScorePresenter가 ScoreOutputDTO를 ScoreViewModel로 변환하고, 뷰를 호출해서 결과를 반환하는 과정을 보여준다.

예제 6.30 인터페이스를 구현해 프레젠터를 작성한 예

```
# 6_7_presenter/presenter.py
class ScorePresenter(OutputBoundary):
  def __init__(self, view):
    self.view = view
    self.output_dto = None

  def set_result(self, output_dto):
```

```
        self.output_dto = output_dto

    def present(self) -> Any:
        # 등급 계산
        grade = "A" if self.output_dto.average >= 90 else "B" if self.output_dto.av
erage >= 80 else "C"

        # 뷰 모델 생성
        view_model = ScoreViewModel(
            student_id=self.output_dto.student_id,
            average=f"{self.output_dto.average:.2f}점",
            status="성공" if self.output_dto.status == "success" else "실패",
            grade=grade
        )

        # 뷰를 통해 표시
        return self.view.display(view_model)
```

present 메서드는 OutputDTO를 받아 등급을 계산하고 뷰 모델을 생성한다. 그리고 생성된 뷰 모델은 뷰의 display 메서드에 전달되어 UI별 출력(HTML, JSON 등)으로 변환된다. 즉, 프레젠터는 단일 뷰 모델을 생성하며, UI별 렌더링은 뷰에 위임한다.

- **뷰 구현**

예제 6.31은 뷰 모델을 받아 서로 다른 형식으로 렌더링하는 두 가지 뷰를 정의한다. 각 뷰는 UI별 조정(스타일, 대문자 변환)을 처리한다.

예제 6.31 웹과 API 뷰의 예

```
# 6_7_presenter/views.py
from .viewmodels import ScoreViewModel

class WebScoreView:
    def display(self, view_model: ScoreViewModel) -> str:
        styled_grade = f"<em>{view_model.grade}</em>"
        return f"""
        <div class="score-card">
            <h2>성적 결과: {view_model.student_id}</h2>
            <div class="score-details">
                <p>평균: <strong style="color: blue">{view_model.average}</strong></p>
```

```
        <p>등급: {styled_grade}</p>
        <p>상태: <span style="color: {'#28a745' if view_model.status == '성공'
else '#dc3545'}">{view_model.status}</span></p>
      </div>
    </div>
    """


class ApiScoreView:
  def display(self, view_model: ScoreViewModel) -> dict:
    return {
      "student_id": view_model.student_id,
      "average": view_model.average,
      "grade": view_model.grade,
      "status": view_model.status,
    }
```

위 예제는 서로 다르게 구현된 뷰 클래스들을 보여준다. WebScoreView는 HTML 형식으로 렌더링하며, 등급에 이탤릭체 스타일을 적용한다. ApiScoreView는 JSON 형식으로 출력한다. 각 뷰는 하나의 뷰 모델을 공통적으로 사용하며, UI별 조정을 독립적으로 처리해 관심사 분리를 유지한다.

FastAPI를 사용한 웹 애플리케이션 통합

FastAPI를 사용한 웹 애플리케이션에서는 클라이언트 요청 경로에 따라 출력 형식(HTML, JSON)을 결정한다. 이때 앞에서 작성했던 의존성 주입 모듈을 사용해 뷰를 주입한다. 단, 출력 형식에 따라 서로 다른 모듈(initialize_application, initialize_web_application)을 사용한다. 예제 6.32에서는 요청된 출력 형식에 따라 적절한 뷰를 선택하고, 애플리케이션의 구성 요소를 초기화하는 별도 모듈을 정의한다.

예제 6.32 서로 다른 뷰를 의존성 주입하는 함수

```
# 6_7_presenter/dependency_injection.py
def initialize_application() -> CalculateScoreController:
  """기본 API 형식(JSON) 응답용 애플리케이션 초기화"""
  # 인프라스트럭처 초기화
  dynamodb_client = DynamoDBClient(region="ap-northeast-2")
```

```
    # 인터페이스 어댑터 초기화
    repository = DdbScoreRepository(dynamodb_client)
    presenter = ScorePresenter(ApiScoreView())  # 기본 API 형식

    # 유스케이스 초기화
    usecase = CalculateAverageUseCase(repository, presenter)

    # 컨트롤러 초기화
    controller = CalculateScoreController(usecase)
    return controller

def initialize_web_application() -> CalculateScoreController:
    """웹 형식 응답용 애플리케이션 초기화"""
    # 인프라스트럭처 초기화
    dynamodb_client = DynamoDBClient(region="ap-northeast-2")

    # 인터페이스 어댑터 초기화
    repository = DdbScoreRepository(dynamodb_client)
    presenter = ScorePresenter(WebScoreView())  # Web 형식

    # 유스케이스 초기화
    usecase = CalculateAverageUseCase(repository, presenter)

    # 컨트롤러 초기화
    controller = CalculateScoreController(usecase)
    return controller
```

initialize_application은 지금까지 응답해왔던 것과 같은 형식으로 응답하게 하며, ApiScoreView를 주입한다. 그리고 initialize_web_application은 웹 형식 응답용인 WebScoreView를 주입한다. 두 뷰는 모두 ScorePresenter에 주입되고, 프레젠터는 CalculateAverageUseCase와 연결된다.

컨트롤러와 FastAPI 통합

예제 6.33은 FastAPI를 사용해 클라이언트 요청을 처리하고, 동적으로 선택된 뷰의 결과를 반환하는 엔드포인트를 정의한다.

예제 6.33 API 경로에 따라 서로 다른 뷰가 의존성 주입된 컨트롤러를 사용

```
# 6_7_presenter/fastapi.py
from fastapi import FastAPI
from pydantic import BaseModel
from .dependency_injection import initialize_application, initialize_web_application
from .controllers import ScoreRequestDTO

app = FastAPI()

# 각 형식별로 별도의 컨트롤러를 초기화
api_controller = initialize_application()
web_controller = initialize_web_application()

class ScoreRequest(BaseModel):
  student_id: str
  calculation_type: str

@app.post("/calculate/api")
async def calculate_score_api(request: ScoreRequest):
  """API 형식으로 응답"""
  request_dto = ScoreRequestDTO(
    student_id=request.student_id,
    calculation_type=request.calculation_type
  )
  return api_controller.execute(request_dto)

@app.post("/calculate/web")
async def calculate_score_web(request: ScoreRequest):
  """HTML 형식으로 응답"""
  request_dto = ScoreRequestDTO(
    student_id=request.student_id,
    calculation_type=request.calculation_type
  )
  return web_controller.execute(request_dto)
```

출력 형식이 다른 두 가지 컨트롤러(api_controller, web_controller)를 초기화하고, 요청이 들어온 경로(/calculate/api 혹은 /calculate/web)에 따라 해당하는 컨트롤러를 적용해 원하는 형태의 출력을 반환했다.

6.8 정리

이번 장에서는 학생 성적 계산 프로그램을 통해 클린 아키텍처를 코드 예시와 함께 조금 더 자세히 살펴봤다. 클린 아키텍처의 동심원 구조를 바탕으로 각 계층의 역할과 책임을 정의하고, 학생 성적 데이터를 처리하는 시스템을 설계했다. 호출 흐름에 따라 살펴봤던 각 영역에서의 내용을 정리해보면 다음과 같다.

도메인과 유스케이스

먼저 클린 아키텍처의 내부 계층인 엔티티와 유스케이스를 정의했다. 엔티티는 비즈니스 규칙을 캡슐화한 Scores 클래스로, 성적 데이터의 유효성 검사와 평균 계산 로직을 포함한다. 이는 시스템의 핵심 비즈니스 로직을 외부 프레임워크나 기술 세부사항과 독립적으로 유지한다. 유스케이스는 학생 성적 계산의 특정 시나리오를 구현하며, 입력을 받아 인터페이스를 통해 데이터를 조회하고, 결과를 OutputDTO로 반환한다. 유스케이스는 OutputBoundary 인터페이스를 통해 프레젠터와 상호작용하며, 의존성 역전 원칙을 준수한다.

데이터 접근과 어댑터

데이터 저장소와의 인터페이스와 구현체를 정의해서 데이터베이스인 DynamoDB의 클라이언트를 통해 데이터에 접근했다. 별도 구성 모듈을 활용해 의존성을 주입함으로써 유스케이스가 특정 데이터 저장소 구현에 의존하지 않게 했다.

프레젠터와 UI 처리

인터페이스 어댑터 계층의 프레젠터가 유스케이스의 출력를 UI에 적합한 값으로 변환하는 역할을 다뤘다. 프레젠터는 뷰 모델을 생성해서 여러 뷰(웹, JSON, 콘솔)에서 재사용 가능하게 하며, 뷰는 UI별 렌더링(예: HTML 스타일링, JSON 대문자 변환)을 처리한다. 이는 관심사 분리를 보장하며, UI 변경(예: 소수점 자릿수 조정, 새로운 UI 추가) 시 프레젠터와 유스케이스를 수정하지 않아도 되도록 돕는다. FastAPI를 사용한 웹 통합에서는 단일 엔드포인트와 동적 뷰 선택을 통해 다양한 출력 형식을 지원하며, 클라이언트 요청에 따라 유연하게 처리하게 했다. 복잡한 데이터(예: 과목별 성적, 통계 포함)에서도 뷰 모델은 필터링된 데이터를 제공하고, 뷰는 UI별 조정을 처리해서 유연성과 유지보수성을 높인다.

이처럼 6장에서는 학생 성적 계산 프로그램을 통해 호출 흐름을 따라가며 클린 아키텍처의 계층별 설계 및 구현을 살펴봤다. 엔티티와 유스케이스는 비즈니스 로직을 캡슐화하고, 저장소와 어댑터는 데이터 접근을 추상화하며, 프레젠터와 뷰는 UI를 유연하게 처리한다. 이러한 구조는 코드의 유지보수성과 확장성을 높이며, 프레임워크나 외부 시스템 변경에 강건한 시스템을 만든다. 학생 성적 계산 프로그램은 단순한 예시지만 복잡한 데이터나 다양한 UI 요구사항에서도 동일한 원칙을 적용할 수 있다. 이는 소프트웨어 설계에서 관심사 분리와 의존성 역전의 중요성을 강조하며, 실제 애플리케이션에 클린 아키텍처를 적용하는 기반을 제공한다.

07

온라인 커피 주문 API 구현

5장에서 클린 아키텍처의 이론적 원칙(관심사 분리, 의존성 역전, 동심원 구조)을 다루며 소프트웨어 설계의 기반을 제공했다. 이어서 6장에서는 학생 성적 계산 프로그램을 통해 이러한 원칙을 간단한 애플리케이션에 적용해 엔티디, 유스케이스, 프레젠터, 저장소의 구현을 실습했다. 그러나 이론과 단순한 예시만으로는 실무에서 직면하는 복잡한 요구사항, 외부 시스템 연동, 배포, 테스트 자동화 등의 과제를 해결하기 어렵다. 진정한 가치는 클린 아키텍처를 실제 프로젝트에 적용하고, 이를 둘러싼 개발 프로세스(요구사항 분석, CI/CD, 예외 처리 등)를 통합적으로 관리할 때 드러난다.

이번 7장에서는 '온라인 커피 주문 API'라는 실제 애플리케이션을 통해 클린 아키텍처를 실무에 적용하는 전 과정을 단계별로 탐구한다. 이 서비스는 주문 생성, 재고 확인과 같은 복잡한 도메인 요구사항을 다루며, 6장의 학생 성적 계산 프로그램보다 더 현실적인 시나리오를 제공한다. 이번 장에서는 요구사항 분석, API 연동 규격 정의, 디렉터리 구조 설계, CI/CD 파이프라인 구축, 클린 아키텍처 구현, 예외 처리, 테스트 전략을 체계적으로 다룬다. 각 단계마다 클린 아키텍처의 원칙을 준수하면서도 실무에서 필수적인 주변 프로세스를 통합해 코드의 유지보수성과 확장성을 보장한다.

또한 그 과정에서 파이썬의 고급 기능을 사용해 코드 품질과 가독성을 높인다. CI/CD 파이프라인은 개발 초기에 설정되어 반복적인 배포와 테스트를 가능하게 하며, AWS 람다와 서버리스 프레임워크 등의 도구를 활용해 운영 비용을 최소화할 수 있는 배포 환경을 구현한다. 이를 통해 클린 아키텍처가 단순히 코드 구조에 그치지 않고, 요구사항 분석부터 배포, 테스트 자동화까지 모든 개발 프로세스와 맞물려야 완성된다는 점을 이해할 수 있을 것이다.

> 이번 장의 예제 코드는 아래 깃허브 저장소에서 확인할 수 있다.
>
> - https://github.com/wikibook/clean-architecture-guide/tree/main/ch07

7.1 요구사항 분석

명확한 요구사항 정의는 소프트웨어 개발의 성공적인 출발점이다. 요구사항 분석은 시스템이 '무엇을 해야 하는지'를 명확히 하고, 설계와 구현의 방향을 제시하는 나침반 역할을 한다. 이번 절에서는 '온라인 커피 주문 API'의 요구사항을 분석하고, 핵심 유스케이스, 품질 속성, 제약사항을 체계적으로 정리한다. 이를 통해 클린 아키텍처의 원칙을 실무적으로 적용할 수 있는 기반을 마련하며, 이후 구현 단계와의 연계를 보장한다.

요구사항 개요

'온라인 커피 주문 API'는 고객이 커피를 주문하고, 메뉴를 조회하고, 주문 상태를 확인할 수 있는 RESTful API를 제공하는 서비스다. 이 시스템은 AWS 환경에서 운영되며, 서버리스 아키텍처와 FastAPI 프레임워크를 활용해 개발된다. 요구사항은 실제 애플리케이션에서 자주 등장하는 기능을 중심으로 구성됐으며, 실무에서의 요구사항 분석 과정을 반영한다.

핵심 유스케이스

온라인 커피 주문 서비스의 주요 기능을 다음과 같은 핵심 유스케이스로 정의한다. 각 유스케이스는 API 엔드포인트와 연계되며, 클라이언트(예: 모바일)가 시스템과 상호작용하는 방식을 명확히 한다. API의 세부 명세(예: JSON 스키마)는 7.2절 '연동 규격 정의'에서 다루므로 여기서는 간략히 요약한다.

커피 주문 생성

- **설명**: 고객이 원하는 메뉴를 선택해 주문을 생성한다. 주문 시 메뉴 ID, 수량을 지정한다.
- **입력**: 메뉴 ID(문자열, 필수), 수량(정수, 최소 1 이상)
- **출력**: 주문 ID와 상태(예: `"completed"`)
- **API 예시**: `POST /order`
- **특징**: 재고가 충분해야 주문이 성공하며, 잘못된 메뉴 ID는 에러를 반환한다.

메뉴 목록 조회

- **설명**: 현재 제공되는 커피 메뉴 목록을 조회한다.
- **입력**: 없음
- **출력**: 메뉴 목록(메뉴 ID, 이름, 가격, 카테고리 포함)
- **API 예시**: `GET /menu`
- **특징**: 메뉴 데이터는 DynamoDB에서 조회하며, 데이터베이스 오류 시 에러를 반환한다.

주문 상태 확인

- **설명**: 특정 주문의 진행 상태(예: 준비 중, 완료)를 확인한다.
- **입력**: 주문 ID(문자열, 필수)
- **출력**: 주문 ID, 상태, 생성 시간
- **API 예시**: `GET /order/{orderId}`
- **특징**: 존재하지 않는 주문 ID는 에러를 반환한다.

품질 속성

요구사항이 시스템의 기능을 정의한다면 품질 속성은 '어떻게' 구현할지를 결정한다. 클린 아키텍처의 핵심 가치인 테스트 가능성과 유지보수성을 기반으로 이번 프로젝트에서 우선시할 품질 속성은 다음과 같다.

테스트 용이성

모든 유스케이스에 대해 단위 테스트를 작성해 기능의 정확성을 보장한다. 테스트 설계 시에는 성공 시나리오뿐 아니라 잘못된 메뉴 ID나 재고 부족과 같은 에러 조건, 그리고 수량

0과 같은 경계 조건까지 포함한다. 이러한 접근을 통해 코드 변경 시 발생할 수 있는 사이드 이펙트를 최소화하고, CI/CD 파이프라인에서 자동화된 테스트를 원활하게 지원할 수 있다.

변경 용이성

시스템이 DynamoDB나 FastAPI와 같은 특정 기술 스택에 종속되지 않도록 의존성 주입을 활용한다. 특히 저장소 인터페이스(OrderRepository)를 통해 데이터베이스를 추상화함으로써 향후 DynamoDB를 MySQL과 같은 다른 저장소로 교체해야 할 때 최소한의 수정만으로 대응할 수 있도록 설계한다.

확장성

주문 취소와 같은 새로운 기능을 추가할 때 기존 구조에 최소한의 영향을 주도록 모듈화를 유지한다. FastAPI의 라우터를 활용해 각 유스케이스를 독립적으로 관리하며, 이를 통해 새로운 엔드포인트를 필요에 따라 쉽게 추가할 수 있는 구조를 갖춘다.

제약사항

제약사항은 설계와 구현의 방향을 제한하며, 품질 속성과 균형을 맞추기 위해 고민해야 한다. 이번 프로젝트의 주요 제약사항은 다음과 같다.

데이터베이스: DynamoDB

AWS 환경의 비용 효율성과 서버리스 특성을 활용하기 위해 DynamoDB를 데이터베이스로 선택한다. 이에 따라 DynamoDB의 NoSQL 구조 특성을 고려해 주문이나 메뉴와 같은 데이터 모델을 설계한다.

프레임워크: FastAPI

팀의 기술 스택에 대한 익숙함과 빠른 개발 속도를 고려해 파이썬 기반의 비동기 프레임워크인 FastAPI를 채택한다. FastAPI가 제공하는 Pydantic 모델을 활용하면 입력 검증과 API 문서화를 효율적으로 처리할 수 있다.

배포 환경: AWS 람다

초기 운영 비용 절감을 위해 서버리스 플랫폼인 AWS 람다를 배포 환경으로 사용한다.

에러 처리 및 응답 포맷

실무에서 안정적인 시스템은 명확한 에러 처리와 일관된 응답 포맷을 제공한다. 이번 서비스에서는 다음과 같은 방식을 따른다.

에러 처리

- **사용자 입력 오류**: 잘못된 메뉴 ID, 음수 수량 등은 표준화된 에러 메시지와 HTTP 상태 코드(예: 400 Bad Request)를 반환한다.
- **시스템 오류**: 데이터베이스 연결 실패 등은 관리자에게 슬랙이나 이메일로 알림을 전송하고, 클라이언트에는 일반화된 에러 메시지(예: 500 Internal Server Error)를 반환한다.
- 예외 처리는 7.6절에서 커스텀 예외 클래스와 FastAPI의 `HTTPException`을 활용해 구현한다.

응답 포맷 통일

- 모든 API 응답은 일관된 JSON 구조를 유지함으로써 클라이언트의 데이터 처리를 용이하게 한다.
- **성공 응답**: `{ "status": "success", "data": {…}, "message": "…" }`
- **실패 응답**: `{ "status": "error", "message": "…" }`

7.2 연동 규격 정의

연동 규격 정의는 클라이언트와 서버 간의 상호작용을 명확히 하는 핵심 단계다. 이때 API의 엔드포인트, 요청/응답 형식, HTTP 상태 코드를 체계적으로 설계해 개발자와 클라이언트가 일관된 인터페이스를 공유할 수 있도록 한다. 이번 절에서는 온라인 커피 주문 API의 요구사항에서 정의한 유스케이스(커피 주문 생성, 메뉴 목록 조회, 주문 상태 확인)를 기반으로 RESTful API 규격을 정의한다.

RESTful API 설계 원칙

RESTful API 설계는 자원 중심의 인터페이스와 표준화된 HTTP 메서드를 활용해 직관적이고 확장 가능한 인터페이스를 제공한다. 예제 서비스에서는 다음 원칙을 따른다.

- **자원 중심**: 주문(order), 메뉴(menu)를 자원으로 정의하고, URI로 표현(예: /order, /menu)
- **HTTP 메서드**: POST로 생성, GET으로 조회를 수행
- **상태 코드**: 성공(200 OK), 클라이언트 오류(400 Bad Request, 404 Not Found), 서버 오류(500 Internal Server Error)를 사용
- **일관된 응답 포맷**: 7.1절에서 정의한 { "status": "success/error", "data": {…}, "message": "…" } 구조를 준수

API 명세

7.1절에서 확인한 유스케이스를 기반으로 다음과 같이 API 엔드포인트를 정의한다. 각 엔드포인트는 요청/응답 형식과 에러 조건을 포함하며, Pydantic 모델을 활용해 입력 검증과 응답 구조를 명확히 한다.

커피 주문 생성(POST /order)

- **설명**: 고객이 메뉴를 선택해 주문을 생성한다.
- **요청**
  - Content-Type: application/json
  - Body

```
{
  "customer_id": "customer-123",
  "coffee_id": "americano-001",
  "quantity": 2
}
```

  - 필드 구성
    - customer_id: 문자열, 필수, 유효한 메뉴 ID
    - coffee_id: 문자열, 필수, 유효한 메뉴 ID
    - quantity: 정수, 필수, 1 이상
- 응답
  - 성공(200 OK)

```
{
  "status": "success",
  "data": {
    "orderId": "order-cust-123-1754747039",
    "customerId": "cust-123",
    "totalAmount": 9000,
    "currency": "KRW",
    "status": "pending",
    "items": [
      {
        "id": "item-order-cust-123-1754747039-americano-001",
        "coffeeId": "americano-001",
        "quantity": 2,
        "unitPrice": "4500 KRW",
        "subtotal": "9000 KRW"
      }
    ]
  },
  "message": "order created successfully"
}
```

- 실패

  – 400 Bad Request(잘못된 커피 ID 또는 수량)

```
{
  "status": "failure",
  "errorCode": "1001",
  "message": "Bad Request",
  "debugMessage": "주문 불가능한 커피입니다"
}
```

메뉴 목록 조회(GET /menu)

- **설명**: 제공되는 커피 메뉴 목록을 조회한다.
- **요청**: 파라미터 없음
- **응답**
  - 성공(200 OK)

```json
{
  "status": "success",
  "data": [
  {
    "coffeeId": "latte-001",
    "name": "Caffe Latte",
    "price": 4500,
    "currency": "KRW",
    "category": "coffee"
  },
  {
    "coffeeId": "espresso-001",
    "name": "Espresso",
    "price": 3000,
    "currency": "KRW",
    "category": "coffee"
  }
  ],
  "message": "menu list retrieved successfully"
}
```

- 실패(500 Internal Server Error)

```json
{
  "status": "failure",
  "errorCode": "5001",
  "message": "Internal Server Error",
  "debugMessage": "메뉴 목록 조회에 실패했습니다"
}
```

주문 상태 확인(GET /order/{order_id})

- **설명:** 특정 주문의 진행 상태를 확인한다.
- **요청:**
  - **경로 파라미터:** order_id(문자열, 필수)
  - **예시 URL:** GET /order/order-12345

- 응답
  - 성공(200 OK)

```
{
  "status": "success",
  "data": {
  "orderId": "order-12345",
  "status": "preparing",
  "createdAt": "2025-07-26T16:42:00Z"
  },
  "message": "order status retrieved successfully"
}
```

  - 실패(404 Not Found)

```
{
  "status": "failure",
  "errorCode": "4041",
  "message": "Not Found",
  "debugMessage": "주문을 찾을 수 없습니다"
}
```

7.3 디렉터리 구조

디렉터리 구조는 소프트웨어 프로젝트의 설계 철학과 동작 방식을 반영하는 설계의 출발점이다. 디렉터리 구조는 클린 아키텍처의 계층(엔티티, 유스케이스, 저장소, 컨트롤러)을 명확히 구분하며, 온라인 커피 주문 API의 유스케이스들이 구현될 수 있도록 지원한다.

다음은 프로젝트의 초기 디렉터리 구조로, 각 디렉터리는 특정 계층의 책임을 나타낸다. 디렉터리 구조는 고정된 정답이 없으며, 프로젝트 규모와 팀의 선호도에 따라 조정될 수 있다. 본 구조는 실무에서 효율적인 코드 조직화와 클린 아키텍처의 원칙을 균형 있게 반영한 예다.

```
src/
├─ domain/
│   ├─ entities/            # 엔티티
│   └─ exceptions/          # 도메인 예외 클래스
├─ application/
│   ├─ ports/
│   │   ├─ inbound/         # 인바운드 포트(입력 인터페이스)
│   │   ├─ outbound/        # 아웃바운드 포트(출력 인터페이스)
│   │   └─ repository/      # 저장소 인터페이스
│   ├─ dtos/                # 데이터 전송 객체
│   └─ usecases/            # 유스케이스
├─ infrastructure/
│   ├─ persistence/
│   │   └─ tables.py        # DynamoDB 테이블 정의
│   └─ web/
│       └─ fastapi.py       # FastAPI 애플리케이션
├─ adapter/
│   ├─ repository/          # 저장소 구현체
│   └─ presenter/           # 프레젠터
└─ tests/                   # 테스트
    ├─ unit/
    ├─ api/
    └─ scripts/
```

각 디렉터리에 대한 설명은 다음과 같다.

- domain: 클린 아키텍처의 내부 계층(엔티티, 값 객체)을 포함한다. order.py와 coffee.py는 비즈니스 규칙(예: 주문 상태 전이, 재고 확인)을 정의하며, money.py는 금액 계산 로직을 캡슐화한다.
- application: 유스케이스와 저장소 인터페이스를 포함한다. create_order_usecase.py 같은 유스케이스가 이 곳의 usecases 하위에 구현되며, order_repository.py, coffee_repository.py와 같이 데이터 접근을 추상화한 코드는 ports의 repository 하위에 구현한다.
- adapter: 외부 시스템(예: DynamoDB)과의 연결을 담당한다. 주로 유스케이스에서 사용하는 인터페이스의 구현체가 있는 곳이다.
- infrastructure: DynamoDB 테이블 정보와 같이 주로 비즈니스 로직과 관계없는 인프라 관련 코드가 있는 곳이다(예외적으로 FastAPI는 컨트롤러의 기능을 가지고 있으므로 컨트롤러 로직이 반영될 수 있음).

- tests: 단위 테스트(엔티티, 유스케이스), 통합 테스트(컨트롤러)와 API 테스트를 작성하는 곳이다.

디렉터리 구조의 설계 의도

디렉터리 구조는 단순한 파일 정리 이상의 역할을 한다. 이는 클린 아키텍처의 계층별 책임을 시각화하고, 개발자와 이해관계자가 애플리케이션의 설계 철학을 이해하도록 돕는다. 주요 설계 의도는 다음과 같다.

- **계층 분리**

  domain 디렉터리는 비즈니스 로직(엔티티, 값 객체)을 캡슐화해서 외부 시스템(DynamoDB, FastAPI)에 독립적이다. application 디렉터리는 유스케이스와 저장소 인터페이스를 통해 비즈니스 시나리오를 정의하며, 의존성 역전 원칙을 준수한다. 그리고 infrastructure 디렉터리는 외부 시스템과의 연결을 처리함으로써 클린 아키텍처의 외부 계층(프레임워크/드라이버)을 구현한다.

- **유지보수성과 확장성**

  새로운 유스케이스(예: 주문 취소)를 추가할 때는 usecases 디렉터리에 새 파일(예: cancel_order_usecase.py)을 추가하고, 기존 저장소와 컨트롤러를 재사용할 수 있다. 또한 DynamoDB를 MySQL로 교체할 경우 infrastructure/persistence 디렉터리의 구현체만 변경하면 된다.

- **테스트 용이성**

  tests 디렉터리는 단위 테스트와 통합 테스트를 분리해 CI/CD 파이프라인에서 자동화된 테스트를 지원한다. 엔티티와 유스케이스는 독립적으로 테스트할 수 있으며, 모의 객체(unittest.mock)를 사용해 수행할 수 있다.

- **실무적 유연성**

  디렉터리 구조는 프로젝트 초기의 큰 틀을 제공하며, 개발 과정에서 요구사항 변경에 따라 세부 조정이 가능하다.

7.4 CI/CD와 배포

지속적 통합과 지속적 배포(CI/CD)는 소프트웨어 개발의 효율성과 안정성을 높이는 핵심 프로세스다. CI/CD를 개발 초기부터 설정하면 작은 기능 단위를 반복적으로 개발, 배포, 테스트함으로써 코드 품질을 유지하고, 배포 문제를 조기에 발견할 수 있다. 이는 품질 속성(테스트 용이성, 확장성)을 지원하며, 클린 아키텍처의 유지보수성을 강화한다.

이 책에서는 온라인 커피 주문 API를 AWS 람다에 배포하고, 서버리스 프레임워크와 깃허브 액션(GitHub Actions)을 활용해 CI/CD 파이프라인을 구축한다. 또한 FastAPI와 Mangum을 사용해 API를 서버리스 환경에 최적화하며, 초기 테스트로 배포 성공을 확인한다.

CI/CD의 중요성

본격적으로 CI/CD를 구축하기 전에 CI/CD를 구축하는 것이 왜 중요한지 확인해볼 필요가 있다. CI/CD는 코드 작성 후 배포까지의 주기를 단축해 개발자가 비즈니스 로직에 집중할 수 있도록 돕는다. 주요 이점은 다음과 같다.

- **빠른 피드백**: 코드를 작성하고 즉시 배포해서 동작을 확인하고, 오류를 조기에 수정한다.
- **자동화**: 빌드, 테스트, 배포를 자동화해서 수동 작업의 오류를 줄인다.
- **안정성**: 단위/통합 테스트를 CI 파이프라인에 통합해 코드 품질을 보장한다.

개발 초기 CI/CD 설정은 이후 요구사항 변경이나 새로운 유스케이스 추가를 수용할 때 유연성을 제공하며, 실무에서 필수적인 프로세스다. 그럼 이제 본격적으로 AWS 환경에서 클린 아키텍처로 작성된 코드를 AWS 람다에 서버리스 프레임워크를 활용해서 배포하는 방법을 단계별로 확인해보자.

1. AWS 자격 증명 설정

배포 과정을 간편화하고 최종적으로는 자동화하려면 AWS 콘솔 환경에서 사람이 직접 마우스 클릭을 통해 작업하기보다는 CLI 환경에서 명령어를 기반으로 동작하게 해야 한다. AWS에 람다를 생성하고 코드를 배포하는 과정도 마찬가지인데, CLI 환경에서 AWS에 그러한 작업을 하기 위해서는 자격 증명이 필요하다. 자격 증명이란 명령어를 수행하는 주체가 AWS의 내 계정에 그런 조작을 할 수 있는 사람(혹은 프로그램)인지 인증하고, 권한을 확인하는 방법이라고 보면 된다. 이를 위해 인증과 권한의 의미를 모두 담고 있는 액세스 키를 AWS에서 발급받고, 액세스 키를 이용하는 방법도 알아본다.

1.1 액세스 키 발급

우선 **AWS Management Console**[1]로 이동한 후 로그인한다. 계정이 없다면 먼저 AWS 계정을 생성한다.

참고로 AWS 계정을 처음 생성하면 root 계정이 발급될 텐데, root 계정은 모든 동작과 권한을 부여할 수 있는 계정으로, 실수로 노출되거나 탈취되는 경우 위험하기 때문에 평소 개발/운영 작업을 할 때 웬만하면 사용하지 않는다. 따라서 root 계정으로 접속한 후 새로운 IAM User 계정을 생성해서 사용한다. 이때 해당 계정에 대한 권한을 애플리케이션 개발/운영/배포를 위해 꼭 필요한 것 외에는 되도록 축소하고, 그 계정을 이용해 로그인하고 배포에 이용하는 것이 안전하다.

그림 7.1은 IAM 사용자로 로그인해서 생성된 사용자 ID를 클릭한 후 **보안 자격 증명** 탭으로 이동했을 때 표시되는 화면이다. 화면을 보면 **액세스 키**라는 항목이 있는데, 기존에 만들어진 액세스 키가 있다면 그 정보가 보이고, 없다면 상단에 있는 **액세스 키 만들기**를 통해 새로 생성해야 한다.

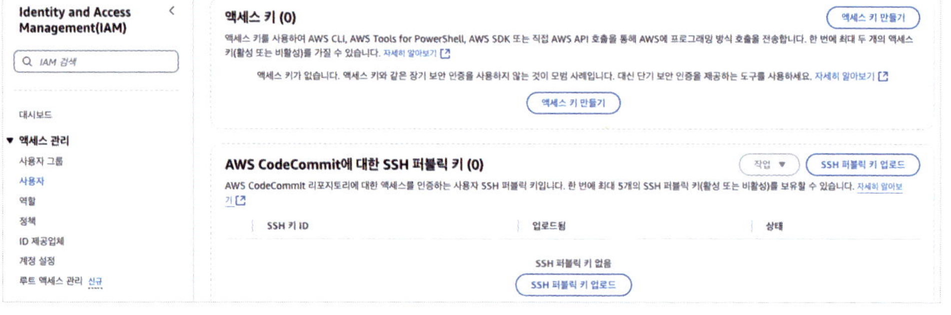

그림 7.1 IAM의 보안 자격 증명 페이지

액세스 키 만들기를 통해 액세스 키를 생성하면 그림 7.2와 같은 화면이 나오고 액세스 키(Access key)와 비밀 키(Secret key)를 확인할 수 있게 된다. 이때 비밀 키의 경우 이곳에서 CSV 파일로 다운로드해서 저장하거나 **표시** 버튼을 클릭해 확인한 후 따로 저장해 두지 않으면 다시 볼 수 있는 방법이 없기 때문에 잘 저장해 둬야 한다. 참고로 이 액세스 키와

1 https://aws.amazon.com/ko/console/

비밀 키만 가지고 있으면 해당 키에 부여된 접근 권한을 누구나 이용할 수 있기 때문에 절대 외부에 노출되지 않도록 주의해야 한다.

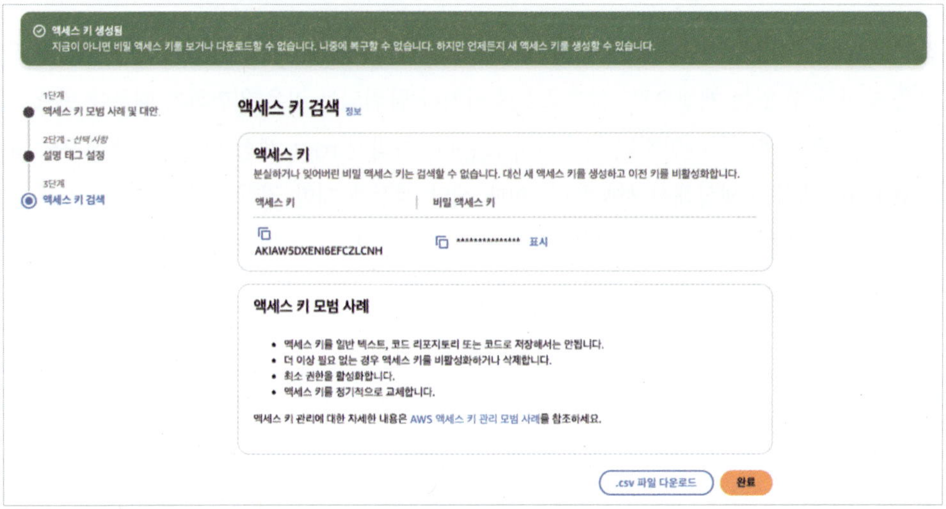

그림 7.2 액세스 키 발급 완료

1.2 AWS 프로파일 설정

앞에서 발급받은 키를 사용하는 방법은 몇 가지 있지만 여기서는 로컬 PC 환경에 `aws configure` 명령어를 통해 저장해두고 사용하는 방식을 알아본다. 이를 위해서는 우선 AWS CLI(Command Line Interface)를 설치해야 한다. AWS CLI를 설치하는 방법은 운영체제별로 다를 수 있으니 공식 사이트[2]를 참고해 설치한다.

AWS CLI 설치가 완료되면 `aws configure` 명령어를 실행하고 앞에서 발급받은 액세스 키와 비밀 키를 입력한다(`Default region name`, `Default output format`은 입력하지 않아도 된다).

```
$ aws configure

AWS Access Key ID [None]:        # 앞에서 발급받은 액세스 키 입력
```

2 https://docs.aws.amazon.com/ko_kr/cli/latest/userguide/getting-started-install.html

```
AWS Secret Access Key [None]:  # 앞에서 발급받은 비밀 키 입력
Default region name [None]:
Default output format [None]:
```

이렇게 저장된 키는 ~/.aws/credentials에서 확인할 수 있다.

```
$ cat ~/.aws/credentials

[default]
aws_access_key_id =      # 앞에서 입력한 액세스 키 출력
aws_secret_access_key = # 앞에서 입력한 비밀 키 출력
```

default라는 이름의 프로파일로 저장된 것을 확인할 수 있는데, 이는 AWS 자격증명이 필요한 명령어를 실행했을 때 default 프로파일의 키가 사용된다는 의미다. 이렇게 하면 AWS 프로파일 설정은 완료된다.

2. 서버리스 프레임워크 설정

이제 앞에서 작성한 애플리케이션을 AWS 람다 환경에 배포하기 위해 서버리스 프레임워크라는 오픈소스 도구를 사용할 텐데, 이것이 무엇이고, 어떤 도움을 주는지, 그리고 어떻게 설정하고 사용하는지 알아보자.

2.1 서버리스 프레임워크란?

이 책에서는 FastAPI로 개발한 API를 AWS 람다에 배포하는 과정에서 서버리스 프레임워크를 활용한다. 서버리스 프레임워크는 서버리스 애플리케이션을 쉽게 개발하고 클라우드에 배포할 수 있도록 도와주는 오픈소스 도구다.

서버리스 프레임워크의 핵심은 serverless.yml 파일을 통해 배포 설정을 인간이 읽기 쉬운(human-readable) YAML 형식으로 작성하는 것이다. 이를 통해 AWS 클라우드 콘솔에서 복잡한 작업을 하지 않고도 FastAPI 애플리케이션이 HTTP 요청에 응답할 수 있도록 람다 함수와 API 엔드포인트를 연결하는 작업을 간단한 설정만으로 할 수 있게 된다.

또한 AWS 람다뿐만 아니라 Azure Functions, Google Cloud Functions 등 주요 클라우드 환경에 배포할 수 있으므로 단일 도구로 다양한 플랫폼을 지원한다. AWS, Azure, GCP는 서버리스 애플리케이션 배포를 위한 고유의 도구와 문법을 요구하며, 이는 개발자의 학습 부담과 관리 복잡성을 증가시킨다. 하지만 서버리스 프레임워크를 사용하면 특정 클라우드 문법에 의존하지 않고 일관된 YAML 형식으로 함수, 트리거, 리소스를 정의할 수 있어 AWS의 CloudFormation JSON이나 GCP의 명령줄 설정과 같은 복잡성을 피할 수 있다.

그 밖의 서버리스 프레임워크에 대한 자세한 내용은 https://www.serverless.com/에서 확인할 수 있다.

2.2 서버리스 프레임워크 설치 및 설정

서버리스 프레임워크는 Node.js로 작성돼 있기 때문에 NPM(Node Package Manager)을 통해 설치한다. npm이 설치돼 있지 않다면 먼저 Node.js와 함께 설치해야 한다. Node.js 및 npm 설치 방법은 Node.js 공식 웹사이트[3]를 참고한다.

npm이 설치됐다면 서버리스 프레임워크를 설치하기 위해 다음 명령어를 실행한다.

```
$ npm install -g serverless
```

또한 이 책에서는 예제를 파이썬 코드로 작성하고 파이썬 패키지를 사용할 것이기 때문에 의존성 관리를 위한 플러그인을 설치하기 위해 다음 명령어를 실행한다. 이 플러그인은 FastAPI 애플리케이션에 필요한 파이썬 패키지를 람다 환경에 함께 배포하도록 도와준다.

```
$ npm install --save-dev serverless-python-requirements
```

2.3 서버리스 프로젝트 초기화

이제 드디어 프로젝트를 생성할 수 있다. `serverless`라는 명령어를 입력하면 환영 메시지와 함께 템플릿을 고를 수 있다. 이 책에서는 AWS 환경에서 파이썬을 이용한 API 백엔드 코드를 작성할 것이기 때문에 **'AWS / Python / HTTP API'**를 선택한다.

---

3 https://nodejs.org/

```
$ serverless

Creating a new serverless project

? What do you want to make?
  AWS - Node.js - Starter
  AWS - Node.js - HTTP API
  AWS - Node.js - Scheduled Task
  AWS - Node.js - SQS Worker
  AWS - Node.js - Express API
  AWS - Node.js - Express API with DynamoDB
  AWS - Python - Starter
❯ AWS - Python - HTTP API
  AWS - Python - Scheduled Task
  AWS - Python - SQS Worker
  AWS - Python - Flask API
  AWS - Python - Flask API with DynamoDB
  Other
```

그러고 나면 프로젝트 이름과 앱 이름을 작성하라는 프롬프트가 출력되는데, 각자의 상황에 맞게 입력하면 된다. 여기서는 프로젝트명으로 coffee-api-project를, 앱 이름으로 coffee-api-app을 입력했다.

이렇게 입력하고 나면 프로젝트 디렉터리가 생긴다. 프로젝트 디렉터리로 들어가면 README.md, handler.py, serverless.yml 파일이 생성된 것을 확인할 수 있다.

```
$ cd coffee-api-project && ls
README.md    handler.py    serverless.yml
```

3. 온라인 커피 주문 API 프로젝트 설정 및 배포

앞에서 환경 설정이 끝났으므로 이제 앞에서 작성한 애플리케이션을 배포할 수 있게 설정하면 된다.

3.1 디렉터리 설정

앞서 7.3절에서 프로젝트 패키지 구조에 대해 알아봤다. 앞에서 살펴본 패키지 구조를 생성한 이번 프로젝트 디렉터리에 반영하고, 루트 디렉터리(`src`)에 `README.md`와 `serverless.yml` 파일이 위치하도록 옮긴다. 그리고 `handler.py`는 `order/infrastructure/web` 아래의 `fastapi.py`로 대체한다. 최종적으로 다음과 같은 디렉터리 구조를 만든다.

```
src/
├── domain/
├── application/
├── infrastructure/
│   ├── persistence/
│   └── web/
│       └── fastapi.py
├── adapter/
└── tests/                # 테스트
├── serverless.yml
└── README.md
```

3.2 FastAPI와 Mangum 설정

FastAPI 애플리케이션을 AWS 람다에 배포하려면 Mangum을 사용해 람다 이벤트를 ASGI(FastAPI) 형식으로 변환해야 한다. 이는 7.2절에서 정의한 API 엔드포인트(`POST /order`, `GET /menu`, `GET /order/{order_id}`)를 서버리스 환경에서 실행 가능하게 한다.

의존성 추가

프로젝트 루트에 `requirements.txt`를 생성해 FastAPI와 Mangum을 추가한다. 그 외 이번 프로젝트를 진행하기 위해 필요한 라이브러리들도 함께 미리 추가해두자.

```
boto3==1.40.5
botocore==1.40.5
fastapi==0.116.1
mangum==0.19.0
pydantic==2.11.7
```

```
pynamodb==6.1.0
requests==2.32.4
uvicorn==0.35.0
httpx==0.27.2
```

의존성 설치

```
$ pip install -r requirements.txt
```

3.3 Hello World API 구현

예제 7.1은 초기 배포 테스트를 위해 간단한 'Hello World' API를 구현한 코드다. 이 내용을 fastapi.py에 반영하면 된다.

예제 7.1 FastAPI를 이용한 Hello World 예시

```
from fastapi import FastAPI
from mangum import Mangum

app = FastAPI()

@app.get("/test")
def hello_world():
  return {"status": "success", "data": {"message": "Hello, World!"}}

handler = Mangum(app)
```

먼저 FastAPI()로 애플리케이션을 생성하고, Mangum(app)으로 람다 핸들러를 생성한다. /test 엔드포인트는 앞에서 정의한 응답 포맷(status, data, message)을 준수해서 작성한다.

3.4 serverless.yml 구성

기본값으로 생성된 serverless.yml을 수정해서 예제 7.2와 같이 만들고 FastAPI 애플리케이션을 배포한다. 이때 한국 리전(ap-northeast-2)과 앞에서 생성한 디렉터리 구조를 반영한다.

예제 7.2 온라인 커피 주문 서비스를 배포하기 위한 serverless.yml 예시

```
service: coffee-api-project
frameworkVersion: "3"

# AWS 클라우드 환경의 전반적인 설정
provider:
  name: aws
  runtime: python3.11  # 람다 함수 실행 환경
  region: ap-northeast-2  # AWS 서울 리전
  stage: dev  # 배포 스테이지(개발 환경)
  deploymentBucket:
    name: coffee-api-deploy-bucket  # 배포 아티팩트 저장용 S3 버킷

# 서버리스 애플리케이션의 람다 함수 정의
functions:
  create-order:
    name: create-order-api  # 람다 함수 식별자
    handler: infrastructure/web/fastapi.handler  # 진입점: fastapi.py의 핸들러 함수
    events:
      - http:
        path: /{proxy+}  # 모든 경로를 이 람다 함수로 라우팅
        method: ANY  # 모든 HTTP 메서드 지원
        cors: true  # CORS 활성화

# 파이썬 의존성 관리 플러그인
plugins:
  - serverless-python-requirements

# 파이썬 의존성 관리의 세부 설정
custom:
  pythonRequirements:
    pythonBin: python3.11  # 파이썬 실행 파일 버전
    usePipenv: false  # requirements.txt 사용(pipenv 비활성화)

# 배포 패키지에 포함/제외할 파일 패턴
package:
  patterns:
```

```
# 포함할 파일들
- 'infrastructure/web/fastapi.py' # FastAPI 애플리케이션의 메인 파일
- 'domain/**' # 도메인 디렉터리의 모든 파일
- 'application/**' # 애플리케이션 디렉터리의 모든 파일
- 'adapter/**' # 어댑터 디렉터리의 모든 파일
# 제외할 파일들
- '!tests/**' # 테스트 파일 제외
- '!__pycache__/**' # 캐시 파일 제외
- '!.git/**' # Git 관련 파일 제외
- '!.serverless/**' # 서버리스 프레임워크의 임시 파일 제외
- '!node_modules/**' # Node.js 모듈 제외
```

위 serverless.yml을 구성하는 요소 중 기억해 둘 만한 세부 정보는 다음과 같다.

- deploymentBucket

  서버리스 프레임워크가 배포 아티팩트(람다 함수 코드, CloudFormation 템플릿 등)를 저장하는 S3 버킷을 지정한다. 이를 위해서는 사용 중인 AWS 계정의 S3에 같은 이름의 버킷을 미리 생성해 둬야 한다. 이 버킷은 배포 과정에서 임시로 파일을 저장하고 버전 관리에도 사용된다.

- path: /{proxy+}

  FastAPI는 내부적으로 다양한 경로(/orders, /health 등)를 가지고 있지만 이번 프로젝트에서는 API 게이트웨이에서 모든 요청을 하나의 람다 함수로 전달하게 하려고 한다. {proxy+}는 모든 하위 경로를 포착하는 와일드카드 패턴으로, 이를 통해 하나의 람다가 모든 경로에 대한 요청을 받은 후 FastAPI가 내부적으로 적절한 엔드포인트로 라우팅할 수 있도록 구성한다.

- Plugins

  파이썬 의존성을 관리하고 람다 배포 패키지에 포함시키는 플러그인이다. requirements.txt에 명시된 라이브러리를 자동으로 패키징한다.

- package.patterns

  이번 프로젝트 구조처럼 AWS 람다의 핸들러 코드가 루트에 있지 않고 특정 패키지 내에 있다면 파이썬이 다른 패키지들을 임포트할 수 있도록 모든 관련 디렉터리를 배포 패키지에 포함시켜야 한다. 예를 들어, infrastructure/web/fastapi.py에서 from domain.models import Order와 같은 임포트 문이 정상적으로 작동하려면 domain 디렉터리가 람다 환경에 존재해야 한다.

Mangum과 Lambda, 그리고 ASGI

Mangum은 FastAPI와 람다를 연결해주는 어댑터로, 두 세계의 간극을 메워주는 핵심적인 역할을 한다. 여기서는 Mangum이 무엇이고, 왜 필요한지, 어떻게 동작하는지 알아본다.

FastAPI와 Lambda의 충돌

FastAPI는 ASGI(Asynchronous Server Gateway Interface)를 따르는 비동기 웹 프레임워크다. Uvicorn 같은 웹 서버와 함께 동작하면서 HTTP 요청을 받고 응답을 반환한다. 반면 AWS 람다는 서버리스 환경에서 이벤트 단위로 실행되는 함수다. API 게이트웨이가 요청을 전달하면 람다가 잠깐 깨어나서 처리하고 다시 잠든다.

문제는 이 둘의 생태계가 다르다는 점이다. FastAPI는 지속적인 서버를 가정하고, 람다는 요청 한 번에 생겼다 사라지는 환경이다. FastAPI를 람다에 억지로 배포하면 호환성 문제가 생긴다. Mangum은 바로 이 문제를 해결한다.

Mangum이란?

Mangum은 ASGI 애플리케이션(FastAPI 같은)을 람다에서 실행할 수 있게 해주는 중간 계층이다. 한마디로, 람다의 이벤트 기반 호출을 FastAPI가 이해할 수 있는 ASGI 형식으로 바꾸고, FastAPI의 응답을 다시 람다가 내보낼 수 있는 형태로 변환한다. 이 과정에서 개발자는 복잡한 변환 로직을 신경 쓸 필요 없이 FastAPI 코드를 그대로 가져다 쓰면 된다.

Mangum의 동작 원리

Mangum이 하는 일을 구체적으로 뜯어보면 다음과 같다.

- **람다 이벤트 파싱**: API 게이트웨이에서 온 JSON 형식의 이벤트를 ASGI scope, receive, send로 변환한다. 예를 들어, HTTP 메서드, 경로, 헤더 같은 정보가 FastAPI에 맞게 재구성된다.
- **FastAPI 호출**: 변환된 요청을 FastAPI 애플리케이션에 전달해서 비즈니스 로직을 실행한다.
- **응답 변환**: FastAPI가 반환한 응답(상태 코드, 헤더, 바디)을 람다가 API 게이트웨이로 보낼 수 있는 JSON 형태로 바꾼다.
- **경로 조정**: API 게이트웨이의 스테이지 경로(예: `/dev`, `/prod`)를 고려해 라우팅이 깨지지 않게 한다.

이 과정을 Mangum이 알아서 처리하므로 람다의 세부 사항에 신경 쓰지 않고도 FastAPI의 편리함을 누릴 수 있다.

Mangum을 써야 할까?

Mangum 없이 FastAPI를 람다에 배포하려면 이벤트 변환, 응답 포매팅, 경로 처리 같은 귀찮은 작업을 직접 다뤄야 한다. 이는 시간 낭비이고 코드도 지저분해진다. Mangum은 이 모든 작업을 추상화해서 개발자가 비즈니스 로직에 집중할 수 있게 해준다.

더 큰 장점은 서버리스의 이점을 살리면서 FastAPI의 강력한 기능(타입 힌트, 자동 문서화, 비동기 처리)을 그대로 활용할 수 있다는 점이다. 확장성 좋고 비용 효율적인 람다 환경에서 FastAPI를 운영할 수 있으니 일석이조다.

3.5 배포

이제 앞에서 작성한 내용을 배포해보자. `serverless.yml` 파일이 있는 프로젝트의 루트 디렉터리로 이동한 후 다음 명령을 실행하면 된다.

```
serverless deploy
```

배포가 정상적으로 완료되면 다음과 같이 생성된 URL 엔드포인트와 람다 함수의 이름이 출력될 것이다.

```
Deploying "coffee-api-project" to stage "dev" (ap-northeast-2)

✔ Service deployed to stack coffee-api-project-dev (35s)

endpoint: ANY - https://ontxcg5u71.execute-api.ap-northeast-2.amazonaws.com/
dev/{proxy+}
functions:
  create-order: create-order-api (22 MB)
```

그리고 그림 7.3과 같이 AWS 콘솔에서 람다 서비스로 이동하면 앞에서 배포한 람다 함수를 확인할 수 있다.

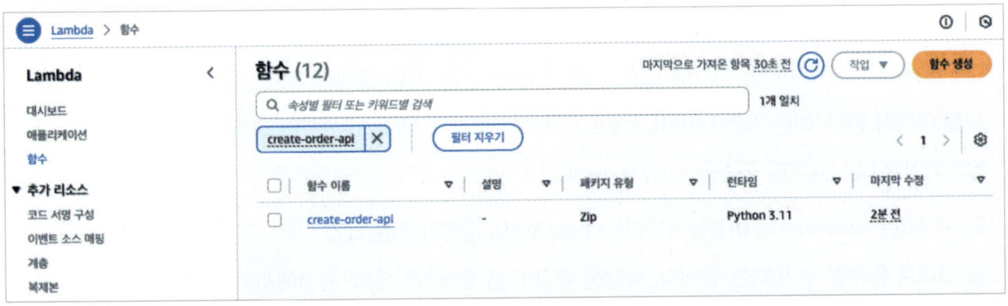

그림 7.3 배포 후 AWS 콘솔에서 앞에서 배포한 람다 함수를 확인할 수 있음

내가 작성한 코드를 확인하고 싶으면 그림 7.4와 같이 앞에서 배포한 람다 함수를 클릭하고 들어간 후 **코드** 탭을 통해 확인할 수 있다.

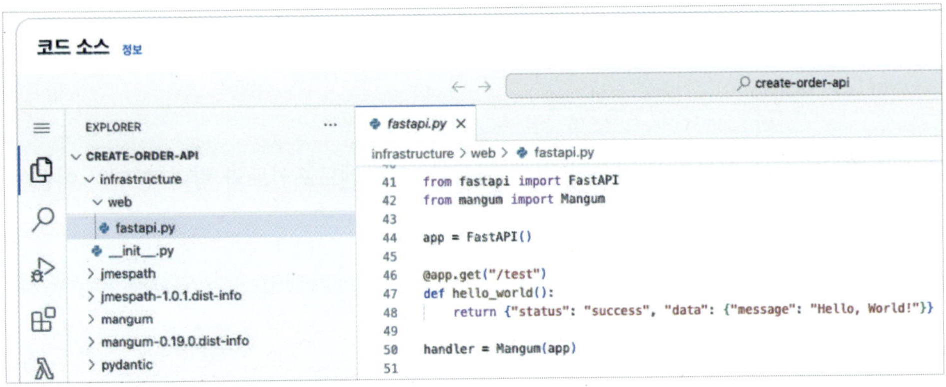

그림 7.4 람다에 배포된 코드

3.6 테스트

배포가 완료되면 서버리스 프레임워크는 다음과 같은 엔드포인트 URL을 출력한다(앞의 배포 완료 메시지를 참고).

```
endpoint: ANY - https://ontxcg5u71.execute-api.ap-northeast-2.amazonaws.com/
dev/{proxy+}
```

이 URL을 브라우저나 포스트맨(Postman)[4]에서 테스트할 수 있는데, 포스트맨을 이용해 메서드와 URL을 입력한 후 **Send** 버튼을 클릭하면 그림 7.5와 같이 하단에 응답으로 `{"Hello": "World"}`가 잘 반환되는 것을 확인할 수 있다.

그림 7.5 포스트맨을 이용한 API 테스트와 응답 결과

지금까지 FastAPI로 작성한 백엔드 API 코드를 서버리스 프레임워크를 통해 AWS 람다에 배포하고, 포스트맨으로 동작을 확인하는 전체 과정을 살펴봤다. 이제 코드가 수정되거나 새로운 기능이 추가될 때마다 `serverless deploy` 명령으로 간편하게 배포하고, 포스트맨으로 즉시 테스트할 수 있는 개발 환경이 만들어졌다.

이러한 방식은 개인 개발자가 기능을 개발하고 배포하는 데 충분히 효율적이다. 하지만 실제 업무 환경에서 여러 개발자가 협업하는 상황에서는 각자가 개발한 코드를 규칙 없이 자유롭게 배포하는 것만으로는 일관성 있고 안정적인 배포를 보장하기 어렵다. 서로 다른 개발자의 작업물이 충돌하거나 한 개발자의 변경 사항이 다른 개발자의 작업을 덮어쓸 위험이 있기 때문이다. 따라서 팀 단위 개발에서는 체계적인 브랜치 전략을 수립하고, 정의된 CI/CD 파이프라인을 통해 배포가 이뤄지도록 구성하는 것이 필수적이다.

4 포스트맨은 API를 테스트하기 위해 개발자들이 널리 사용하는 도구로서, HTTP 요청을 보내고 응답을 확인하는 과정을 직관적으로 수행할 수 있으며, 다양한 환경 설정과 자동화 기능을 제공함으로써 개발 효율성을 높여준다. 참고: https://www.postman.com/

4. 깃허브 액션 기반의 CI/CD 파이프라인

앞에서 이야기한 것처럼 여러 개발자가 협업하는 환경에서는 코드 충돌이나 변경 사항의 불일치로 인해 배포 안정성이 저하될 수 있다. 이를 방지하기 위해 이번 프로젝트에서는 체계적인 브랜치 전략과 풀 리퀘스트(Pull Request, PR) 프로세스를 도입해서 코드가 `main` 브랜치에 병합될 때만 배포가 트리거되도록 구성한다. 그리고 `main` 브랜치에 병합됐을 때 배포 프로세스가 수행되게 하는 다양한 도구가 있지만 여기서는 깃허브 액션(GitHub Actions)을 활용한 방법을 소개하겠다.

4.1 브랜치 전략

브랜치 전략 또한 다양하게 있지만 이번 프로젝트에서는 깃허브 플로(GitHub Flow)를 기반으로 한 간단한 브랜치 전략을 채택한다.

- **main 브랜치**: 배포 가능한 안정적인 코드만 유지. 모든 배포는 `main` 브랜치에서 수행
- **기능 브랜치**: 새로운 기능이나 버그 수정을 위해 'feature/기능명' 형태로 생성(예: `feature/order-create`)
- **풀 리퀘스트(PR)**: 기능 브랜치에서 작업을 완료한 후, `main` 브랜치로 풀 리퀘스트를 생성. 코드 리뷰와 테스트를 거쳐 병합
- **자동 배포**: 풀 리퀘스트가 `main` 브랜치에 병합되면 깃허브 액션 워크플로가 트리거되어 배포를 수행

다음은 깃허브 플로 전략을 나타내는 그림이다.

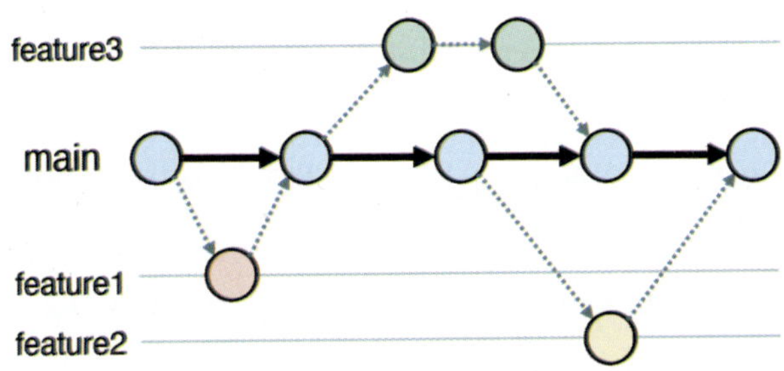

그림 7.6 깃허브 플로 전략

깃허브 플로를 활용한 브랜치 전략을 사용하면 개발 과정에서 다음과 같은 프로세스를 수행하게 된다.

1. 개발자가 feature/list-menus 브랜치를 생성해 메뉴 조회 기능을 구현
2. 작업 완료 후 main 브랜치로 풀 리퀘스트를 생성, 팀원이 코드 리뷰를 수행
3. 풀 리퀘스트가 승인되고 병합되면 깃허브 액션이 배포를 자동 실행

4.2 깃허브 액션 워크플로 설정

팀원들의 코드 리뷰가 끝나고, 풀 리퀘스트가 main 브랜치로 병합되고 나면 깃허브 액션 워크플로가 트리거되어 배포가 수행된다. 이때 수행하고자 하는 내용을 .github/workflow/deploy.yml에 정의할 수 있다. 일반적으로 빌드와 배포 관련 내용을 작성하는데, 이 책에서는 서버리스 프레임워크를 활용하기 때문에 예제 7.3과 같이 작성할 수 있다.

예제 7.3 서버리스 프레임워크 배포를 위한 깃허브 액션 워크플로

```
# 워크플로 이름(깃허브 액션 대시보드에서 식별됨)
name: Deploy to AWS Lambda

# main 브랜치로 푸시될 때 워크플로를 실행
on:
  push:
    branches:
      - main

jobs:
  deploy:
    runs-on: ubuntu-latest  # 최신 우분투 환경에서 실행
    steps:
      # 리포지터리 코드를 워크플로 환경에 체크아웃
      - uses: actions/checkout@v4

      # 파이썬 3.11 환경 설정
      - name: Set up Python
        uses: actions/setup-python@v5
```

```
      with:
        python-version: '3.11'

    # Node.js 20 환경 설정
    - name: Set up Node.js
      uses: actions/setup-node@v4
      with:
        node-version: '20'

    # Node.js 의존성 설치
    - name: Install Node.js dependencies
      run: npm install

    # 서버리스 프레임워크를 전역 환경에 설치
    - name: Install Serverless Framework
      run: npm install -g serverless@3

    # 파이썬 의존성 설치
    - name: Install Python dependencies
      run: pip install -r requirements.txt

    # AWS 자격 증명을 사용해 프로젝트를 AWS 람다에 배포
    - name: Deploy to AWS
      env:
        AWS_ACCESS_KEY_ID: ${{ secrets.AWS_ACCESS_KEY_ID }}
        AWS_SECRET_ACCESS_KEY: ${{ secrets.AWS_SECRET_ACCESS_KEY }}
        AWS_DEFAULT_REGION: ap-northeast-2
      run: serverless deploy
```

AWS 자격 증명 설정

`${{ secrets.AWS_ACCESS_KEY_ID }}`와 `${{ secrets.AWS_SECRET_ACCESS_KEY }}`는 깃허브 리포지터리의 Secrets에서 설정해야 하는 값들이다. 이는 AWS CLI나 SDK가 AWS 서비스에 접근할 수 있도록 인증하는 데 사용된다. 깃허브 리포지터리의 별도 공간에서 저장하고 사용할 수 있으며, 코드에 직접 노출되지 않아 보안상 안전하다. 자세한 설정 방법은 바로 아래의 **4.3단계 '깃허브 시크릿 설정'**에서 소개한다.

Node.js와 파이썬 환경이 모두 필요한 이유

서버리스 프레임워크는 Node.js 기반으로 작동하므로 Node.js 환경이 필요하고, 실제 애플리케이션 코드는 파이썬으로 작성했기 때문에 파이썬 환경도 필요하다. 또한 serverless-python-requirements 플러그인이 파이썬 의존성을 패키징할 때 파이썬 환경을 사용한다.

4.3 깃허브 시크릿 설정

앞에서 살펴본 `deploy.yml` 파일에는 `AWS_ACCESS_KEY_ID`와 `AWS_SECRET_ACCESS_KEY`를 사용하는 부분이 있는데, 앞서 AWS 자격 증명을 획득했을 때 얻은 값을 이용할 수 있고, 다음과 같은 과정을 통해 깃허브 시크릿을 활용해 적용할 수 있다(그림 7.7).

1. 깃허브 리포지터리에서 Settings → Secrets and variables → Actions → New repository secret 메뉴를 차례로 선택
2. `AWS_ACCESS_KEY_ID`와 `AWS_SECRET_ACCESS_KEY`를 추가(이번 절의 **1단계 'AWS 자격 증명 설정'**에서 발급한 키).

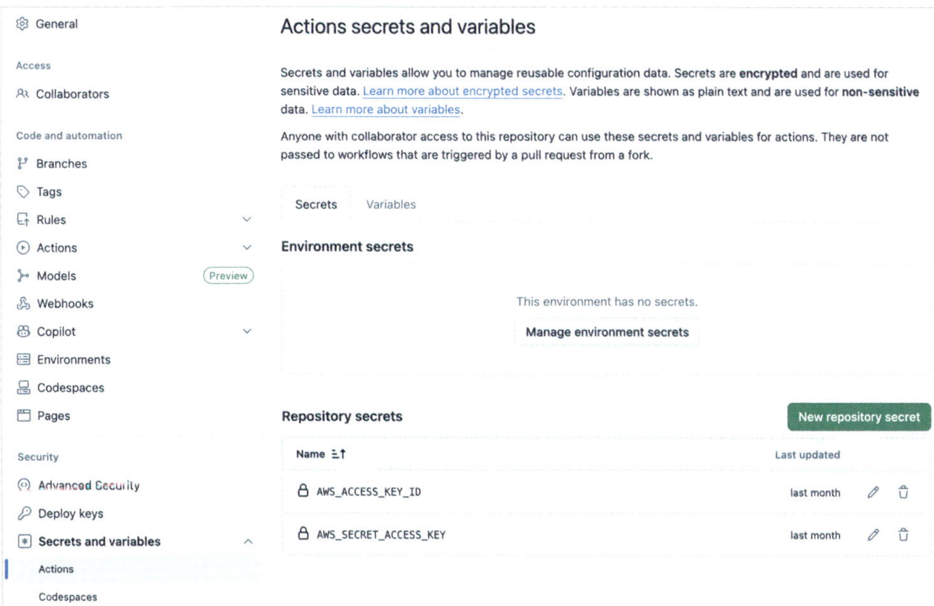

그림 7.7 깃허브 시크릿 설정

이렇게 해서 공통 협업을 위한 최소한의 CI/CD 파이프라인 구축이 완료됐다. 이제 구현을 위한 준비는 끝났다고 볼 수 있다. 이후의 7.5절에서는 어떻게 클린 아키텍처를 활용해 코드를 구현하고 테스트하는지 살펴볼 것이다.

4.3 깃허브 액션 배포

마지막으로, 앞에서 작성한 `deploy.yml`의 내용에 따라 `main` 브랜치에 코드가 푸시됐을 때 깃허브 액션이 수행된다. 코드가 있는 리포지터리의 **Action** 탭으로 이동하면 그림 7.8과 같이 깃허브 액션이 실행된 내역을 확인할 수 있다.

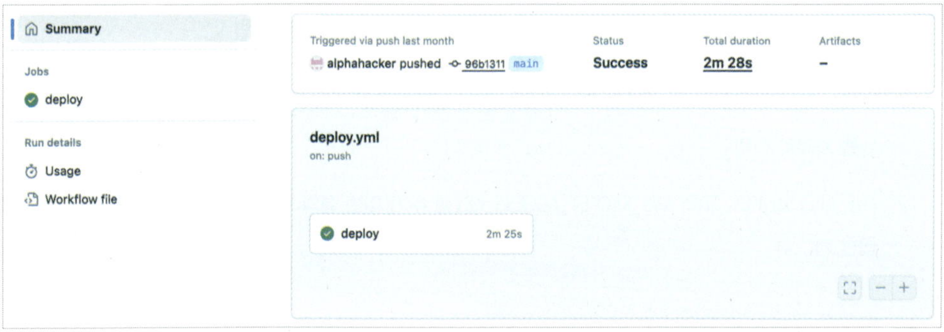

그림 7.8 깃허브 액션의 실행 내역

참고! 자주 발생하는 문제와 해결법

서버리스 프레임워크와 AWS 람다를 이용해 FastAPI 애플리케이션을 배포하는 과정에서 자주 발생하는 오류와 해결 방법을 알아보자. 이는 실무에서 배포 문제를 신속히 해결하고, 안정적인 CI/CD 파이프라인을 유지하는 데 도움을 준다.

- **루트 경로 에러**('Missing Authentication Token')

  문제: serverless.yml에서 `httpApi: path: /{proxy+}`로 설정할 경우 `/test` 같은 경로는 정상적으로 동작하지만 루트 경로(/)는 `{ "message": "Missing Authentication Token" }` 에러를 반환한다.

  원인: API 게이트웨이의 `/{proxy+}` 패턴은 `/`로 시작하는 경로만 매치하며, 루트 경로(/)는 별도 리소스로 처리된다. 따라서 루트 경로에 대한 명시적 설정이 필요하다.

해결 방법: serverless.yml에 루트 경로를 별도로 추가한다.

예제 7.4 루트 경로 에러를 해결하기 위해 루트 경로를 별도로 추가

```
functions:
  api:
  handler: order/infrastructure/web/controllers/order_controller.handler
  events:
    - httpApi:
      path: /{proxy+}
      method: ANY
    - httpApi:
      path: /
      method: ANY
```

위 설정은 루트 경로(/)와 기타 경로(/{proxy+})를 동일한 람다 함수로 라우팅한다. 이는 7.2절의 API 엔드포인트와 호환되며, FastAPI가 내부적으로 경로를 처리한다.

- **도커 오류**

문제: serverless-python-requirements 플러그인의 dockerizePip: true 설정을 사용할 경우 'Docker is not running' 또는 유사한 에러가 발생한다.

원인: 파이썬 의존성을 패키징하기 위해 도커가 필요하지만, 로컬 환경에 도커가 설치되지 않았거나 실행 중이 아니기 때문이다.

해결 방법:

- 도커 데스크톱을 설치하고 실행한다(참고: https://www.docker.com/get-started).
- 도커가 불필요한 경우 serverless.yml에서 dockerizePip: false로 설정한다.

예제 7.5 도커가 필요 없는 경우 도커 사용 여부를 false로 설정

```
custom:
  pythonRequirements:
  dockerizePip: false
```

도커 없이 패키징할 경우 람다의 런타임 환경(리눅스)과 로컬 환경 간 의존성 호환성 문제를 확인해야 한다.

- **권한 오류**

  문제: 배포 시 'Access Denied' 또는 'Insufficient permissions' 에러가 발생한다.

  원인: 배포를 위한 AWS 자격 증명에 람다, API 게이트웨이, DynamoDB, CloudFormation에 대한 권한이 부족하기 때문이다.

  해결 방법: AWS 콘솔에서 IAM → **사용자** → **권한** 탭으로 이동한 후 아래와 같은 정책을 추가한다.

예제 7.6 람다, API 게이트웨이, DynamoDB, Cloud Formation에 대한 권한 부여

```
{
  "Version": "2012-10-17",
  "Statement": [
  {
    "Effect": "Allow",
    "Action": [
    "lambda:*",
    "apigateway:*",
    "dynamodb:*",
    "cloudformation:*",
    "s3:*"
    ],
    "Resource": "*"
  }
  ]
}
```

- **패키지 크기 초과**

  문제: 배포 시 'Code storage limit exceeded' 또는 유사한 에러가 발생한다.

  원인: 람다 함수의 압축된 코드와 의존성 크기가 250MB(압축 해제 시) 또는 50MB(압축 시)를 초과한다.

  해결 방법

  - **의존성 최적화**: 먼저 requirements.txt에서 불필요한 패키지를 제거하거나 대용량 패키지(예: numpy)를 pydantic, fastapi 같은 경량 패키지로 대체 가능한지 검토한다.

- **람다 계층 사용**: 의존성을 최적화했음에도 용량이 크다면 의존성을 별도의 계층으로 분리하는 것이 좋다. 서버리스 프레임워크를 이용해 계층을 사용하려면 `serverless.yml`에 다음 설정을 추가해야 한다.

예제 7.7 람다 계층을 사용하기 위한 설정

```
custom:
  pythonRequirements:
  layer: true
```

7.5 클린 아키텍처 구현 순서

이제 클린 아키텍처 기반의 코드 구현을 본격적으로 시작할 차례다. 클린 아키텍처를 적용하는 방법은 여러 가지가 있지만 이번 절에서는 그중 한 가지 접근 방식을 단계별 예시를 통해 소개하려고 한다. 또한 파이썬과 관련 라이브러리를 활용해 더욱 고품질의 코드를 작성하는 실무 팁도 함께 다루겠다. 여기서는 '주문 생성' API를 기준으로 설명하겠다.

1단계: 전체 구조의 뼈대 구현

클린 아키텍처 구현의 첫 단계는 전체 구조의 뼈대를 설정하는 것이다. 여기서는 유스케이스를 중심으로 계층 간 연결을 정의할 것이다. 그리고 중/소 규모의 조직에서 코드 구현을 한다는 것을 가정하고, 코드의 복잡도를 되도록 줄여서 작성한다.

본 단계에서는 엔티티를 임시로 비워두고, 유스케이스, 저장소 인터페이스, FastAPI 엔드포인트, 프레젠터, 의존성 주입을 설정하며, 최소 동작을 구현하려고 한다.

(1) 유스케이스 뼈대

유스케이스는 `InputBoundary` 추상 클래스를 구현하며, 저장소와 프레젠터를 의존성 주입으로 받는다. 먼저 '주문 생성' 유스케이스의 전체적인 프로세스를 대략적으로 구성하자면, 엔티티에서 처리할 것으로 예상되는 로직은 주석으로 표시해두고, 요청 정보를 저장소에 저장하는 코드와 프레젠터를 통해 결과를 반환하는 코드를 작성한다. 참고로 이 단계에서는 완벽하지 않다고 걱정할 필요가 없다. 이후 과정에서 점진적으로 개선해 나갈 것이다.

지금 당장은 유스케이스 코드를 완벽하게 작성할 수 없으며, 클린 아키텍처를 이용해 코드를 작성할 때는 우선 구조적으로 필요한 코드 요소인 Input/OutputDTO, 유스케이스의 인터페이스, 의존성 주입, 출력(Output Boundary) 등을 예제 7.8과 같이 작성한다. 그리고 요구사항 분석을 통해 해당 유스케이스에서 다뤄야 한다고 생각하는 요소를 주석으로 간단히 표현한다.

예제 7.8 유스케이스를 구현하는 데 필요한 요소와 구조를 간단히 작성

```
# application/dtos/__init__.py
@dataclass
class CreateOrderInputDTO(InputDto): #①
  customer_id: str
  coffee_id: str
  quantity: int

@dataclass
class CreateOrderOutputDTO(OutputDto): #①
  order_id: str

# application/ports/inbound/__init__.py
class InputBoundary(metaclass=ABCMeta):
  @abstractmethod
  def execute(self, input_dto: InputDto) -> None:
    pass

class CreateOrderInputBoundary(InputBoundary): #②
  pass

# application/usecases/create_order_usecase.py
class CreateOrderUseCase(CreateOrderInputBoundary):
  def __init__(
    self,
    output_boundary: OutputBoundary, #⑤
    order_repo: OrderRepository, #③
  ):
    self.output_boundary = output_boundary
    self.order_repo = order_repo
```

```
    def execute(self, input_dto: CreateOrderInputDto) -> None: #③
        # 사용자 입력 값 검증
        # 엔티티는 2단계에서 구현, 현재는 임시 데이터로 처리

        # 주문 저장
        self.order_repo.save(order) #④

        # 결과 응답
        output_dto = CreateOrderOutputDto(order_id) #⑤
        self.output_boundary.set_result(output_dto) #⑤
```

① CreateOrderUseCase의 입력 값과 출력 값을 저장할 CreateOrderInputDTO와 CreateOrderOutputDTO를 정의

② 바깥 계층에서 유스케이스 계층에 있는 코드인 CreateOrderUseCase에 진입하기 위한 인터페이스로 CreateOrderInputBoundary를 정의

③ CreateOrderUseCase는 의존성 주입으로 OrderRepository를 받고, CreateOrderInputDTO를 입력으로 처리

④ OrderRepository는 저장소 인터페이스로서, save 메서드를 정의

⑤ CreateOrderOutputDTO와 OutputBoundary를 이용해 응답 포맷을 준수

잠깐! @dataclass는 왜 쓰는 건가요?

@dataclass는 파이썬 3.7부터 추가된 데코레이터로, 객체지향 프로그래밍에서 init, repr, eq 같은 보일러플레이트 코드를 자동으로 생성해 코드의 양을 줄이며 간결함과 가독성을 제공한다. 이는 속성 중심의 도메인 객체에 적합하며, 메서드를 추가해 로직을 보강할 수 있어 단순성을 유지하면서도 유연성을 확보한다. 또한 디버깅과 객체 비교 같은 기본 기능을 지원하고, 타입 힌트를 활용해 코드 안정성과 가독성을 높인다.

예를 들어, 다음과 같이 id, name, price, description, stock을 생성자의 파라미터로 받아 멤버 변수로 저장하고, __repr__를 통해 생성자의 파라미터로 해당 클래스의 객체에 대한 문자열을 반환하는 코드가 있다고 해보자.

예제 7.9 @dataclass를 사용하지 않고 값을 저장하는 클래스

```
class ItemInfo:
    def __init__(self, id: str, name: str, price: int, description: str, stock: int):
```

```
        self.id = id
        self.name = name
        self.price = price
        self.description = description
        self.stock = stock

    def __repr__(self):
        return f"MenuItem(id={self.id}, name={self.name}, price={self.price})"
```

같은 코드를 @dataclass로 표현하면 다음과 같이 간단하게 작성할 수 있다.

예제 7.10 @dataclass를 활용해 값을 저장하는 클래스

```
@dataclass
class ItemInfo:
    id: str
    name: str
    price: int
    description: str
    stock: int
```

그러나 @dataclass를 사용하는 것이 장점만 있는 것은 아니다. 표 7.1은 @dataclass의 장단점을 정리한 것이다.

표 7.1 @dataclass의 장단점

항목	장점	단점
코드 양	반복 코드 감소	복잡한 초기화 로직이 제한됨
유연성	기본 동작을 자동화	커스터마이징에 제약이 발생
적합성	속성 중심 객체에 적합	복잡한 생성 로직이 필요할 경우 부적합

이처럼 @dataclass는 속성 정의와 기본 기능을 간소화해 개발 생산성을 높이지만 복잡한 초기화나 생성 로직이 필요한 경우에는 일반 클래스가 더 적합할 수 있다.

(2) 저장소 인터페이스

다음과 같이 저장소 인터페이스는 유스케이스와 외부 시스템(DynamoDB)을 분리한다.

예제 7.11 저장소 인터페이스

```
# application/ports/repository/__init__.py
from abc import ABC, abstractmethod

class OrderRepository(ABC):
  @abstractmethod
  def save(self, order):
    """주문 데이터를 저장하고 저장된 데이터를 반환"""
    pass
```

(3) DynamoDB 저장소 뼈대 구현

앞에서 정의한 인터페이스를 다음과 같이 상속해서 구현한다. 추후에 save를 재정의한 구체적인 코드를 작성하겠지만 여기서는 뼈대만 작성하는 차원에서 간략히 임시 값을 응답하도록 작성한다.

예제 7.12 저장소 구현체

```
# adapter/repository/__init__.py
from application.ports.repository import OrderRepository

class DynamoDBOrderRepository(OrderRepository):
  def save(self, order) -> None:
    # 추후 구체화 예정, 현재는 임시 값을 응답
    return {"order_id": "temp-id", order}
```

(4) 프레젠터

프레젠터는 유스케이스 출력(OutputDTO)을 API 응답 포맷으로 변환한다. 예제 7.13에서는 앞에서 언급한 것처럼 복잡도를 낮추기 위해 뷰 모델 및 뷰 기능을 따로 두지 않고 프레젠터 기능으로만 출력 포맷을 만들어 응답할 수 있도록 구성한다.

예제 7.13 프레젠터 구현체

```
# application/dtos/__init__.py
@dataclass
class CreateOrderOutputDto(OutputDto): #①
  order_id: Optional[str]

# adapter/presenter/create_order_presenter.py
class CreateOrderPresenter(OutputBoundary):
  def __init__(self):
    self._result = None

  def set_result(self, output_dto: CreateOrderOutputDto) -> None: #②
    self._result = output_dto

  def present(self) -> Dict: #②
    return {
      "status": "success",
      "data": {
        "orderId": self._result.order_id
      },
      "message": "order created successfully"
    }
```

① @dataclass로 CreateOrderOutputDto를 정의

② CreateOrderPresenter는 CreateOrderOutputDto를 받아 7.2절에서 정의한 포맷(status, data, message)으로 변환

(5) FastAPI 컨트롤러

다음과 같이 FastAPI의 라우팅 기능을 컨트롤러로 활용하며, 간소화를 위해 별도 컨트롤러 클래스를 작성하지 않는다.

예제 7.14 FastAPI의 라우팅 기능을 이용한 컨트롤러 구현

```
# infrastructure/web/fastapi.py
@app.post("/order")
def create_order(request: OrderRequest, usecase: CreateOrderUseCase = Depends(get_
```

```
create_order_use_case)): #③

  input_dto = CreateOrderInputDto(
    request.customer_id, request.coffee_id, request.quantity #②
  )
  usecase.execute(input_dto) #①
  return JSONResponse(content=usecase.output_boundary.present()) #①

handler = Mangum(app)
```

① 'POST /order'는 CreateOrderUseCase를 호출, 프레젠터의 present 메서드로 API 응답을 반환

② 사용자로부터 사용자 ID(customer_id), 커피 ID(coffee_id), 수량(quantity)을 입력받음

③ get_create_order_use_case로 의존성을 주입

(6) 의존성 주입

의존성 주입은 따로 파일을 만들어서 관리해도 되지만 여기서는 간편하게 구현하기 위해 FastAPI 코드가 있는 위치에서 함께 관리한다.

예제 7.15 의존성 주입

```
# infrastructure/web/fastapi.py
def get_create_order_use_case() -> CreateOrderUseCase: #①
  presenter = CreateOrderPresenter()
  order_repo = DynamoDBOrderRepository()
  return CreateOrderUseCase(presenter, order_repo)
```

① get_create_order_use_case는 CreateOrderUseCase에 DynamoDBOrderRepository와 CreateOrderPresenter를 주입

요구사항이 도출되면 엔티티 구현과 외부 요소의 구체적인 구현체를 제외한 전체적인 구조를 작성할 수 있다. 앞에서 언급했듯이 작성된 코드도 일부 수정될 수 있지만 전체적인 틀은 크게 변하지 않을 가능성이 높다. 이처럼 큰 틀을 먼저 설계하는 것이 중요한 이유는 아키텍처 자체가 일종의 약속이기 때문이다. 구체적인 구현물이 작성되기 전에 전체적인 구조와 규칙을 미리 정의해두면 협업 관점에서 각 개발자가 담당 영역을 독립적으로 개발할

수 있다. 또한 이러한 명확한 약속하에 개발된 컴포넌트들은 나중에 훨씬 더 수월하게 통합하거나 연동할 수 있다.

2단계: 엔티티 구체화

엔티티는 클린 아키텍처의 핵심 비즈니스 규칙을 캡슐화하는 컴포넌트로, 외부 시스템과 독립적으로 동작한다. '온라인 커피 주문 API'의 요구사항을 기반으로, 세 가지 엔티티(`Coffee`, `Order`, `OrderItem`)와 값 객체(`Money`, `OrderStatus`)를 정의한다. 이번 절에서는 '주문 생성' 유스케이스를 중심으로 엔티티를 구현하며, 객체지향 원칙을 준수하고 유스케이스로 연결한다. 엔티티 구현은 간결하게 유지하되, 역할과 관계를 명확히 전달한다.

표 7.2 엔티티 구조와 역할

엔티티	역할
`Coffee`	커피 메뉴의 핵심 비즈니스 로직. 재고 관리, 주문 가능 여부 판단
`Order`	주문의 핵심 비즈니스 로직. 주문 항목 추가, 총액 계산, 상태 관리
`OrderItem`	주문 항목의 핵심 비즈니스 로직. 개별 항목의 소계 계산
`Money`	금액과 통화를 표현하는 불변 값 객체
`OrderStatus`	주문 상태를 열거형으로 표현. 값 객체

엔티티 간 관계

앞에서 정의한 각 엔티티의 역할에 따라 엔티티 간 관계는 아래 그림 7.9와 같이 표현할 수 있다. `Order`는 주문 프로세스의 중심이며, `Coffee`의 재고를 예약하고 `OrderItem`을 생성한다. `Money`는 가격 계산에 사용되며, `OrderStatus`는 상태 전이를 제어한다. 아래 클래스 다이어그램은 협력 관계를 나타낸다.

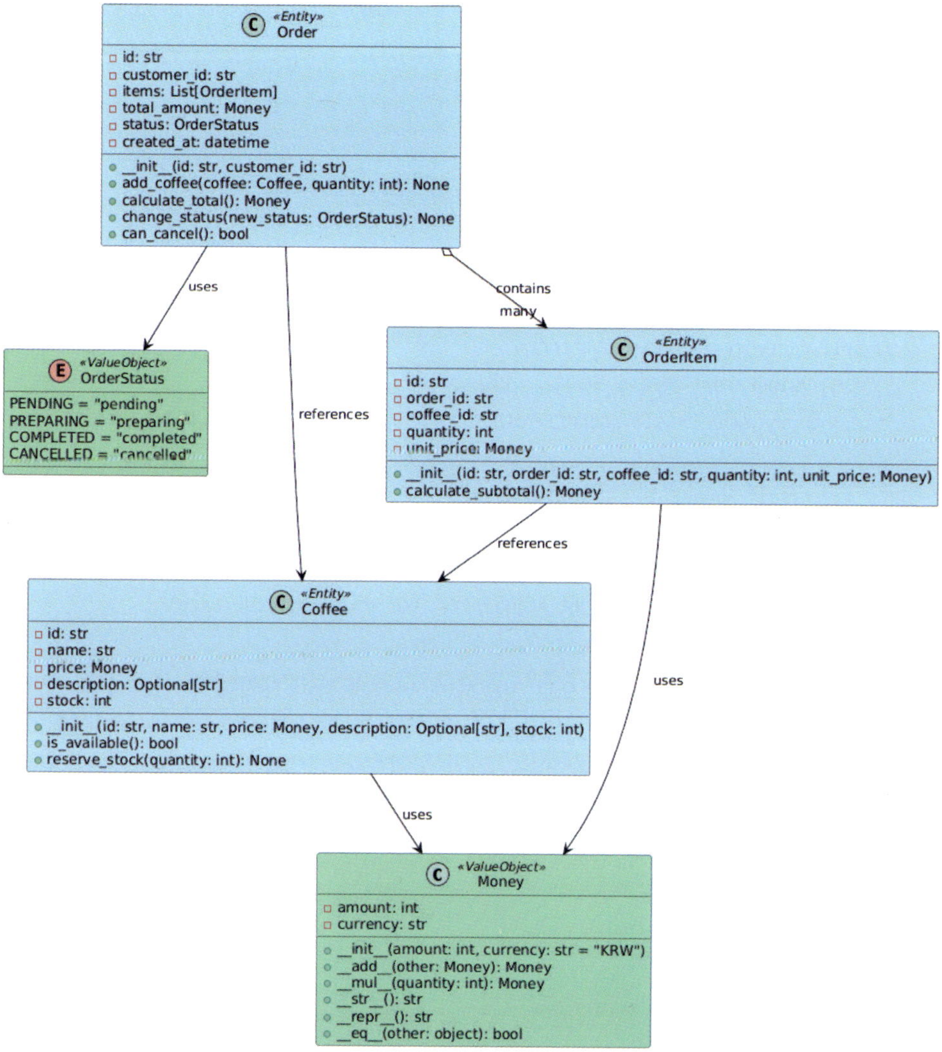

그림 7.9 엔티티 클래스 다이어그램

Money는 불변 값 객체이며, 금액 계산(덧셈, 곱셈)을 제공한다. 코드로 표현하면 다음과 같다.

예제 7.16 Money 값 객체

```
# order/domain/value_objects/money.py
class Money:
```

```
    def __init__(self, amount: int, currency: str = "KRW"):
        if amount < 0:
            raise ValueError("금액은 0 이상이어야 합니다")
        if currency not in ["USD", "KRW"]:
            raise ValueError("지원되지 않는 통화입니다")
        self.amount = amount
        self.currency = currency

    def __add__(self, other: "Money") -> "Money":
        if self.currency != other.currency:
            raise ValueError("통화가 일치하지 않습니다")
        return Money(amount=self.amount + other.amount, currency=self.currency)

    def __mul__(self, quantity: int) -> "Money":
        if quantity < 0:
            raise ValueError("수량은 0 이상이어야 합니다")
        return Money(amount=self.amount * quantity, currency=self.currency)
```

OrderStatus는 주문 상태를 열거형으로 정의하며, 다음과 같이 작성할 수 있다.

예제 7.17 OrderStatus 값 객체

```
# order/domain/value_objects/order_status.py
from enum import Enum

class OrderStatus(Enum):
    PENDING = "pending"
    PREPARING = "preparing"
    COMPLETED = "completed"
    CANCELLED = "cancelled"
```

Coffee는 메뉴 관리, 재고 예약 등의 역할을 수행하며, 다음과 같이 작성할 수 있다. Coffee의 메뉴 관리 및 재고 예약 관련 세부 기능을 살펴보면 다음과 같다.

- 커피 객체를 초기화하기 위해 ID, 이름, 가격, 설명(선택), 재고를 설정
- is_available 메서드를 통해 재고가 0보다 큰지 확인해 커피의 주문 가능 여부를 반환
- reserve_stock 메서드를 통해 요청된 수량만큼 재고를 예약하고, 유효성 검사(양수, 재고 충분)를 수행

예제 7.18 Coffee 엔티티

```
# order/domain/entities/coffee.py
class Coffee:
  def __init__(self, id: str, name: str, price: Money, description: Optional[str] =
None, stock: int = 0):
    self.id = id
    self.name = name
    self.price = price
    self.description = description
    self.stock = stock

  def is_available(self) -> bool:
    return self.stock > 0

  def reserve_stock(self, quantity: int) -> None:
    if quantity <= 0:
      raise ValueError("수량은 1 이상이어야 합니다")
    if quantity > self.stock:
      raise ValueError(f"재고 부족: {self.name} (남은 수량: {self.stock})")
    self.stock -= quantity
```

Order는 주문의 핵심 비즈니스 로직으로, 주문 항목 추가, 총액 계산, 상태 관리를 수행하며, 다음과 같이 작성할 수 있다. 주문 엔티티의 세부 동작을 정리하면 다음과 같다.

- 주문 객체를 초기화할 때 ID, 고객 ID, 항목 목록, 총액, 상태, 생성 시간을 설정
- add_coffee 메서드에서 커피와 수량을 주문에 추가하고, 수량 유효성(1~100)을 확인한 후 재고를 예약하고 총액을 갱신
- calculate_total 메서드에서 주문 항목의 소계 합을 계산해 총액을 갱신하고 반환
- change_status 메서드에서 주문 상태를 변경하며, 완료/취소된 주문이나 PENDING으로의 복귀를 제한함
- can_cancel 메서드에서 주문 상태가 PENDING인 경우에만 취소 가능 여부를 반환

예제 7.19 Order 엔티티

```
# order/domain/entities/order.py
class Order:
```

```python
def __init__(self, id: str, customer_id: str):
    self.id = id
    self.customer_id = customer_id
    self.items: List[OrderItem] = []
    self.total_amount = Money(amount=0)
    self.status = OrderStatus.PENDING
    self.created_at = datetime.now()

def add_coffee(self, coffee: Coffee, quantity: int) -> None:
    if quantity <= 0 or quantity > 100:
        raise ValueError("수량은 1~100 사이여야 합니다")
    coffee.reserve_stock(quantity)
    order_item = OrderItem(
        id=f"item-{self.id}-{coffee.id}",
        order_id=self.id,
        coffee_id=coffee.id,
        quantity=quantity,
        unit_price=coffee.price,
    )
    self.items.append(order_item)
    self.calculate_total()

def calculate_total(self) -> Money:
    total = Money(amount=0)
    for item in self.items:
        total = total + item.calculate_subtotal()
    self.total_amount = total
    return self.total_amount

def change_status(self, new_status: OrderStatus) -> None:
    if self.status in [OrderStatus.COMPLETED, OrderStatus.CANCELLED]:
        raise ValueError("완료/취소된 주문은 상태 변경 불가")
    if new_status == OrderStatus.PENDING:
        raise ValueError("PENDING으로 되돌릴 수 없습니다")
    self.status = new_status

def can_cancel(self) -> bool:
    return self.status == OrderStatus.PENDING
```

마지막으로 OrderItem은 항목별 합계 계산, 수량 검증은 Order로 위임하며, 다음과 같이 작성할 수 있다. 주문 항목에 대한 정보를 저장하고, 주문 금액 계산 기능을 수행한다.

예제 7.20 OrderItem 엔티티

```
# order/domain/entities/order_item.py
class OrderItem:
  def __init__(self, id: str, order_id: str, coffee_id: str, quantity: int, unit_pri
ce: Money):
    self.id = id
    self.order_id = order_id
    self.coffee_id = coffee_id
    self.quantity - quantity
    self.unit_price = unit_price

  def calculate_subtotal(self) -> Money:
    return self.unit_price * self.quantity
```

3단계: 유스케이스 구체화

엔티티를 설계하고 나면 유스케이스를 좀 더 구체화할 수 있게 된다. 유스케이스는 본질적으로 사용자의 요구를 충족하기 위한 작업을 정의하는 데 초점이 맞춰져 있다. 이 작업은 구체적인 구현 세부사항에 의존하지 않고, **어떤 비즈니스 로직이 필요한지**를 중심으로 작성된다. 각 유스케이스가 의도한 대로 수행되려면 어떤 로직이 필요하고, 그에 따라 어떤 값과 검증이 필요한지 먼저 확인해보자. 이 과정에서 다음과 같이 의사 코드(pseudo code) 방식으로 작성할 수 있다.

예제 7.21 의사 코드로 작성된 유스케이스

```
class CreateOrderUseCase(InputBoundary):
  ... 생략 ...

  def execute(self, input_dto: CreateOrderInputDTO) -> None:
    1. 입력 데이터(customer_id, coffee_id, quantity)를 검증한다.
    2. coffee_repo를 통해 coffee_id로 커피 메뉴를 조회한다.
    3. 커피가 존재하지 않거나 재고가 없으면 InvalidInputParameter 예외를 발생시킨다.
```

4. Order 엔티티를 통해 주문 처리를 수행한다.
5. order_repo에 주문 데이터를 저장한다.
6. coffee_repo에 업데이트된 커피 재고를 저장한다.
7. 주문 항목 정보를 기반으로 CreateOrderOutputDto를 생성한다.
8. output_boundary에 결과 DTO를 설정한다.

'커피 주문' 유스케이스를 처리하기 위해서 CreateOrderUseCase의 execute 메서드는 커피 주문 API에서 주문 생성 유스케이스를 처리한다. 이 메서드는 고객 ID, 커피 ID, 수량을 입력받아 검증하고, 커피 메뉴와 재고를 확인한 후 주문 객체를 생성하고 저장한다. 이후 주문 정보를 응답으로 반환한다.

입력 데이터는 customer_id(고객 식별자), coffee_id(커피 메뉴 식별자), quantity(주문 수량)로 구성된다. CoffeeRepository를 통해 커피 메뉴를 조회하고 재고를 확인하며, 재고가 부족하거나 커피가 없으면 예외를 발생시킨다. Order 객체를 생성해 커피와 수량을 추가하고, OrderRepository와 CoffeeRepository에 각각 주문과 재고 정보를 저장한다. 최종적으로 CreateOrderOutputDto를 통해 주문 ID, 고객 ID, 총액, 통화, 상태, 항목 정보를 반환한다.

이 과정에서 CoffeeRepository, OrderRepository, Order, Coffee 엔티티를 활용한다. 이를 통해 입력 검증, 비즈니스 로직 처리, 데이터 저장, 결과 응답을 체계적으로 수행하며, 주문 생성 프로세스를 명확히 정의한다.

이처럼 유스케이스에서 필요한 작업의 종류와 순서를 정의하면 해당 유스케이스를 실행하는 데 필요한 입력값과 검증 사항, 그리고 어떤 외부 시스템이나 데이터베이스, 엔티티가 사용되는지 구체화할 수 있게 된다.

그럼 앞의 내용을 토대로 다음과 같이 데이터베이스와의 통신을 위한 인터페이스를 정의할 수 있을 것이다. 여기서는 커피 메뉴를 조회하고, 재고를 확인하기 위해 커피 객체(Coffee)를 생성하는 find_by_id 메서드를 추가하고, 업데이트된 커피 재고를 저장하기 위해 save 메서드를 추가했다.

예제 7.22 커피 정보를 얻고, 저장하기 위한 인터페이스 정의

```
# application/ports/repository/__init__.py
class CoffeeRepository(ABC):
  @abstractmethod
  def find_by_id(self, coffee_id: str) -> Optional[Coffee]:
    pass

  @abstractmethod
  def save(self, coffee: Coffee) -> None:
    pass
```

이번에는 주문을 저장하기 위한 인터페이스를 다음과 같이 정의할 수 있다. OrderRepository에서 전달받는 파라미터는 엔티티에서 정의한 Order 클래스로 정의했다.

예제 7.23 주문 저장을 위한 인터페이스 정의

```
# application/ports/repository/__init__.py
class OrderRepository(ABC):
  @abstractmethod
  def save(self, order: Order) -> None:
    """주문 저장"""
    pass
```

그리고 주문 API의 요구사항에 응답 값으로 주문 ID 뿐만 아니라, 고객 ID, 주문 총액, 통화 종류, 상태, 각 주문 상세 정보가 포함돼 있기 때문에 이를 다음과 같이 CreateOrderOutputDTO에 반영한다.

예제 7.24 주문 결과를 저장하기 위한 DTO

```
# application/dtos/__init__.py
@dataclass
class CreateOrderOutputDto(OutputDto):
  order_id: str
  customer_id: str
  total_amount: int
  currency: str
  status: str
  items: List[dict]
```

이렇게 각 세부사항이 정의되고 나면 이를 반영해 비로소 더 구체화된 유스케이스를 다음과 같이 작성할 수 있게 된다.

예제 7.25 구체화된 커피 주문 유스케이스

```
class CreateOrderUseCase(CreateOrderInputBoundary):
  def __init__(self, output_boundary: OutputBoundary, coffee_repo: CoffeeRepository,
order_repo: OrderRepository):
    self.output_boundary = output_boundary
    self.coffee_repo = coffee_repo
    self.order_repo = order_repo

  def execute(self, input_dto: CreateOrderInputDto) -> None:
      # 커피 정보를 데이터베이스로부터 읽어와 Coffee 객체를 생성
    coffee = self.coffee_repo.find_by_id(input_dto.coffee_id)
    if not coffee or not coffee.is_available():
      raise InvalidInputParameter("주문 불가능한 커피입니다")

    # 주문 ID 및 주문 객체를 생성
    order_id = f"order-{input_dto.customer_id}-{int(datetime.datetime.now().timesta
mp())}"
    order = Order(id=order_id, customer_id=input_dto.customer_id)
    order.add_coffee(coffee, input_dto.quantity)

    # 주문과 커피 정보를 저장
    self.order_repo.save(order)
    self.coffee_repo.save(coffee)

    # 출력 DTO 생성
    items = []
    for item in order.items:
      items.append(
        {
          "id": item.id,
          "coffee_id": item.coffee_id,
          "quantity": item.quantity,
          "unit_price": str(item.unit_price),
          "subtotal": str(item.calculate_subtotal()),
```

```
    }
  )

output_dto = CreateOrderOutputDto(
  order_id=order.id,
  customer_id=order.customer_id,
  total_amount=order.total_amount.amount,
  currency=order.total_amount.currency,
  status=order.status.value,
  items=items,
)

self.output_boundary.set_result(output_dto)
```

잠깐! 왜 유스케이스 함수명은 보통 execute일까?

유스케이스 클래스는 단일 책임 원칙에 따라 한 가지 작업만 수행하도록 설계된다. 그 작업을 실행하는 메서드명으로 execute가 일반적으로 사용되는데, 이는 해당 메서드가 유스케이스의 핵심 기능을 실행한다는 의미를 명확히 전달하기 때문이다. 이는 커맨드(Command) 패턴과도 유사한 개념으로, 클래스 자체가 수행할 작업을 캡슐화하고 그 실행은 표준화된 메서드명을 통해 이뤄진다.

잠깐! execute로 전달해야 하는 파라미터와 생성자로 전달해야 하는 파라미터의 종류

공식적으로 정해진 것은 아니지만 경험적으로는 많은 경우에 다음과 같은 규칙을 따른다.

- **생성자 파라미터**: 의존성 주입에 사용된다. 리포지터리, 서비스 등 유스케이스가 의존하는 컴포넌트들이 여기에 해당한다. 이것들은 유스케이스의 수명 주기 동안 변경되지 않는 값들이다.
- execute **파라미터**: 사용자로부터 직접 입력받는 데이터나 각 요청마다 달라지는 값들이 여기에 해당한다. 보통 DTO 형태로 전달된다.

이러한 구분은 관심사의 분리를 돕고, 코드의 가독성과 테스트 용이성을 높인다.

4단계: 저장소 구체화

저장소 구현체는 클린 아키텍처의 인터페이스 어댑터 계층에 위치하며, 핵심 비즈니스 로직(유스케이스)과 외부 시스템(DynamoDB) 사이의 다리 역할을 한다. 여기서는 앞에서 정의한 저장소 인터페이스(`OrderRepository`, `CoffeeRepository`)를 DynamoDB로 구현하며, 요구사항 분석과 함께 설정했던 제약사항을 DynamoDB 사용을 통해 충족시키고자 한다. 또한 PynamoDB ORM 라이브러리를 사용해 데이터 접근을 간소화한다.

앞에서 유스케이스와 엔티티를 먼저 설계한 덕분에 이제 데이터베이스 테이블을 모델링할 때 실제 비즈니스 요구사항이 명확히 드러난다. 예를 들어, `OrderItem` 엔티티를 관리함으로써 주문 정보를 저장하기 위해 `Order` 테이블 외에 별도로 `OrderItems` 테이블을 만들어 구현할 수도 있다. 또한 구현 과정에서 저장소 인터페이스의 메서드 파라미터나 반환 타입을 더 구체화해야 할 수 있으며, 이는 전체 아키텍처를 더욱 견고하게 만든다.

데이터베이스 설계

DynamoDB는 NoSQL 기반 데이터베이스로, 관계형 데이터베이스와 다른 설계 철학을 따른다. 특히 파티션 키(partition key)를 중심으로 데이터를 분산 저장하며, 필요에 따라 정렬 키(sort key)를 추가할 수 있다. 커피 주문 시스템에서는 주문 생성 유스케이스를 효율적으로 지원하는 테이블 구조를 설계한다.

이때 `OrderItem`은 앞에서 이야기한 바와 같이 별도 테이블(`OrderItems`)로 분리해서 관리한다. 이는 DynamoDB의 특성상 조인이 비효율적이며, 주문과 주문 항목이 항상 함께 조회되지만 독립적인 관리와 확장성을 고려한 설계 선택이다. 설계된 테이블의 종류와 각 테이블의 속성을 정리하면 표 7.3과 같다.

표 7.3 DynamoDB를 이용한 테이블 설계와 속성

테이블	속성	설명
`Coffees`	`id`(파티션 키, 문자열): 커피 ID `name`(문자열): 커피 이름 `price`(숫자): 가격 `currency`(문자열): 통화, 기본값 "KRW" `description`(문자열, 선택): 설명 `stock`(숫자): 재고	커피 메뉴 조회와 재고 업데이트를 지원

테이블	속성	설명
Orders	id(파티션 키, 문자열): 주문 ID customer_id(문자열): 고객 ID total_amount (숫자): 총액 currency(문자열): 통화, 기본값 "KRW" status(문자열): 주문 상태 created_at(문자열): 생성 시간	주문 저장 및 조회를 담당
OrderItems	id(파티션 키, 문자열): 주문 항목 ID order_id(문자열): 주문 ID coffee_id(문자열): 커피 ID quantity(숫자): 수량 unit_price(숫자): 단가 currency(문자열): 통화, 기본값 "KRW"	주문 항목 저장 및 조회를 지원

테이블 정의

PynamoDB는 파이썬용 DynamoDB ORM 라이브러리로, 직접적인 Boto3 API 호출보다 **가독성과 생산성을 크게 향상**시킨다. ORM의 개념을 NoSQL에 적용한 것으로, 테이블을 파이썬 클래스로 정의하고 속성을 클래스 변수로 관리할 수 있다. PynamoDB를 이용해 앞에서 설계한 내용을 코드로 작성하면 다음과 같다.

예제 7.26 ORM(PynamoDB)을 활용한 DynamoDB 테이블 정의

```
# infrastructure/persistence/tables.py
from pynamodb.models import Model
from pynamodb.attributes import UnicodeAttribute, NumberAttribute

class CoffeeModel(Model): #①
  class Meta:
    table_name = "Coffees"
    region = "ap-northeast-2"

  id = UnicodeAttribute(hash_key=True) #②
  name = UnicodeAttribute()
  price = NumberAttribute()
```

```
  currency = UnicodeAttribute(default="KRW")
  description = UnicodeAttribute(null=True) #③
  stock = NumberAttribute()

class OrderItemModel(Model): #①
  class Meta:
    table_name = "OrderItems"
    region = "ap-northeast-2"

  id = UnicodeAttribute(hash_key=True) #②
  order_id = UnicodeAttribute()
  coffee_id = UnicodeAttribute()
  quantity = NumberAttribute()
  unit_price = NumberAttribute()
  currency = UnicodeAttribute(default="KRW")

class OrderModel(Model): #①
  class Meta:
    table_name = "Orders"
    region = "ap-northeast-2"

  id = UnicodeAttribute(hash_key=True) #②
  customer_id = UnicodeAttribute()
  total_amount = NumberAttribute()
  currency = UnicodeAttribute(default="KRW")
  status = UnicodeAttribute()
  created_at = UnicodeAttribute()
```

① `CoffeeModel`, `OrderModel`, `OrderItemModel`: 각각 `Coffees`, `Orders`, `OrderItems` 테이블을 나타낸다.

② `hash_key=True`: DynamoDB의 파티션 키를 지정한다.

③ `null=True`: 선택적 속성을 나타낸다.

PynamoDB는 **연결 관리를 자동으로 처리**하므로 개발자는 테이블 작업에만 집중할 수 있다. 또한 타입 힌트와 함께 사용하면 코드의 안정성을 크게 높일 수 있다.

저장소 구현

이제 저장소 인터페이스를 실제 DynamoDB 연동 코드로 구현한다. 각 저장소는 **도메인 객체와 데이터베이스 모델 간의 변환**을 담당한다.

실제 구현을 진행하면서 저장소 인터페이스에서 놓친 부분들을 발견할 수 있다. 예를 들어, 에러 처리 방식이나 반환 타입의 세부사항, 트랜잭션 처리 등을 더 구체화해야 할 수 있다. 이러한 피드백은 인터페이스를 개선하는 데 도움이 된다.

먼저 다음은 `CoffeeRepository` 구현을 보여준다.

예제 7.27 CoffeeRepository 구현

```
# adapter/repository/__init__.py
class DynamoDBCoffeeRepository(CoffeeRepository):
  def find_by_id(self, coffee_id: str) -> Optional[Coffee]: #①
    try:
      model = CoffeeModel.get(coffee_id)
      price = Money(amount=model.price, currency=model.currency) #④
      return Coffee(id=model.id, name=model.name, price=price, description=model.de
scription, stock=model.stock)
    except CoffeeModel.DoesNotExist: #②
      return None

  def save(self, coffee: Coffee) -> None:
    model = CoffeeModel(
      id=coffee.id,
      name=coffee.name,
      price=coffee.price.amount,
      currency=coffee.price.currency,
      description=coffee.description,
      stock=coffee.stock,
    )
    model.save() #③
```

① `find_by_id`: 커피 ID로 DynamoDB에서 데이터를 조회하고, 찾은 데이터를 도메인 객체(Coffee)로 변환한다.

② DoesNotExist 예외: PynamoDB에서 제공하는 예외로, 요청한 데이터가 존재하지 않을 때 발생한다. 예제에서는 이 경우 None을 반환한다.

③ save: 도메인 객체(Coffee)를 받아서 DynamoDB 모델로 변환한 후 저장한다.

④ Money 객체 처리: 도메인에서는 Money 값 객체를 사용하지만, 데이터베이스에는 정수(amount)로 저장한다.

다음은 OrderRepository 구현이다.

예제 7.28 OrderRepository 구현체 코드 예시

```
# adapter/repository/__init__.py
class DynamoDBOrderRepository(OrderRepository):
  def save(self, order: Order) -> None:
    model = OrderModel(
      id=order.id, #②
      customer_id=order.customer_id, #②
      total_amount=order.total_amount.amount, #②
      currency=order.total_amount.currency, #②
      status=order.status.value, #②
      created_at=order.created_at.isoformat() #②
    )
    model.save() #①
    for item in order.items:
      item_model = OrderItemModel(
        id=item.id, #②
        order_id=item.order_id, #②
        coffee_id=item.coffee_id, #②
        quantity=item.quantity, #②
        unit_price=item.unit_price.amount, #②
        currency=item.unit_price.currency #②
      )
      item_model.save() #①
```

① save: Order와 OrderItem을 각각 OrderModel과 OrderItemModel로 저장한다.

② 데이터 변환: 도메인 객체를 원시 타입으로 변환해서 저장하고, 조회 시 역으로 변환한다.

DynamoDB 테이블 생성

앞에서 작성한 코드를 통해 실제로 데이터를 저장할 수 있는 DynamoDB 테이블을 만들어야 한다. 테이블을 생성하는 방법으로 AWS 콘솔에 접속해 직접 생성할 수도 있겠지만, 앞에서 소개했던 서버리스 프레임워크에 아래 내용을 반영해 CI/CD 파이프라인을 통해 코드와 함께 배포되게 할 수도 있다.

예제 7.29는 `Coffees`, `Orders`, `OrderItems` 테이블을 생성하며, 각 테이블은 `id` 파티션 키와 요청당 과금 모드(PAY_PER_REQUEST)를 사용해 커피 주문 API를 지원한다. 이 코드를 예제 7.2를 통해 보여준 `serverless.yml`에 추가하면 된다.

예제 7.29 DynamoDB 테이블을 생성하기 위한 CloudFormation 코드

```
resources:
  Resources:  # DynamoDB 테이블을 정의
  CoffeesTable:  # Coffees 테이블, 요청당 과금, id를 문자열 파티션 키로 사용
    Type: AWS::DynamoDB::Table
    Properties:
    TableName: Coffees
    BillingMode: PAY_PER_REQUEST
    AttributeDefinitions:
      - AttributeName: id
      AttributeType: S
    KeySchema:
      - AttributeName: id
      KeyType: HASH

  OrdersTable:  # Orders 테이블, 요청당 과금, id를 문자열 파티션 키로 사용
    Type: AWS::DynamoDB::Table
    Properties:
    TableName: Orders
    BillingMode: PAY_PER_REQUEST
    AttributeDefinitions:
      - AttributeName: id
      AttributeType: S
    KeySchema:
      - AttributeName: id
```

```
    KeyType: HASH

  OrderItemsTable:  # OrderItems 테이블, 요청당 과금, id를 문자열 파티션 키로 사용
    Type: AWS::DynamoDB::Table
    Properties:
    TableName: OrderItems
    BillingMode: PAY_PER_REQUEST
    AttributeDefinitions:
      - AttributeName: id
      AttributeType: S
    KeySchema:
      - AttributeName: id
      KeyType: HASH
```

그리고 람다에서 생성한 DynamoDB 테이블로 액세스할 수 있도록 권한 설정이 필요하다. 그러려면 마찬가지로 `serverless.yml`의 `provider` 항목에 다음과 같이 추가하면 된다.

예제 7.30 람다에서 생성한 DynamoDB 테이블로 액세스할 수 있게 권한을 추가

```
provider:
  name: aws
  runtime: python3.11
  region: ap-northeast-2
  stage: dev
  deploymentBucket:
    name: coffee-api-deploy-bucket
    iamRoleStatements:
      - Effect: Allow
        Action:
          - dynamodb:Query
          - dynamodb:Scan
          - dynamodb:GetItem
          - dynamodb:PutItem
          - dynamodb:UpdateItem
          - dynamodb:DeleteItem
        Resource:
          - "arn:aws:dynamodb:${self:provider.region}:*:table/Coffees"
```

```
    - "arn:aws:dynamodb:${self:provider.region}:*:table/Orders"
    - "arn:aws:dynamodb:${self:provider.region}:*:table/OrderItems"
```

의존성 주입

이제 구현체를 의존성 주입되게 해야 한다. 앞에서 구현한 의존성 주입 코드에 새로 작성한 구현체를 다음과 같이 추가로 반영하면 된다.

예제 7.31 의존성 주입 코드 예시

```
# infrastructure/web/fastapi.py
def get_create_order_use_case() -> CreateOrderUseCase:
  presenter = CreateOrderPresenter()
  coffee_repo = DynamoDBCoffeeRepository()
  order_repo = DynamoDBOrderRepository()

  return CreateOrderUseCase(presenter, coffee_repo, order_repo)
```

이처럼 유스케이스와 엔티티를 먼저 설계하고 저장소를 나중에 구체화하는 접근법은 여러 장점이 있다. 비즈니스 로직이 명확해진 상태에서 데이터베이스를 설계하므로 더 효율적인 테이블 구조를 만들 수 있고, 실제 사용 패턴을 반영한 인덱스나 파티션 키 설계가 가능하다. 또한 구현 과정에서 저장소 인터페이스의 부족한 부분을 발견하고 개선할 수 있어 전체 아키텍처가 더욱 견고해진다.

5단계: 프레젠터 구체화

이제 출력 내용에 영향을 주는 프레젠터 부분을 구체화한다. 프레젠터는 요구사항과 연동 규격을 정의하는 과정에서 대부분의 내용이 결정되므로 앞에서 뼈대를 작성할 때 거의 완성됐다. 다만 유스케이스와 엔티티를 구체화하는 과정에서 Output DTO 내용이 추가되거나 수정될 수 있으며, 이에 대한 내용을 이번 단계에서 처리한다. 여기서는 처음 뼈대를 만들 때 구체화되지 않았던 고객ID(`customerId`), 총액(`totalAmount`) 등의 필드가 추가됐다고 가정하고, 다음과 같이 작성할 수 있다.

예제 7.32 커피 주문 프레젠터

```
# adapter/presenter/create_order_presenter.py
class CreateOrderPresenter(OutputBoundary):
  ... 생략 ...

  def present(self) -> Dict:
    if not self._result:
      return {"status": "error", "message": "No result to present"}

    return {
      "status": "success",
      "data": {
        "orderId": self._result.order_id,
        "customerId": self._result.customer_id,
        "totalAmount": self._result.total_amount,
        "currency": self._result.currency,
        "status": self._result.status,
        "items": self._result.items,
      },
      "message": "order created successfully",
    }
  ... 생략 ...
```

프레젠터까지 구현을 완료하면 API 호출을 통해 다음과 같이 요청한 내용이 미리 약속된 규격에 맞게 응답으로 반환되는지 여부를 확인할 수 있다.

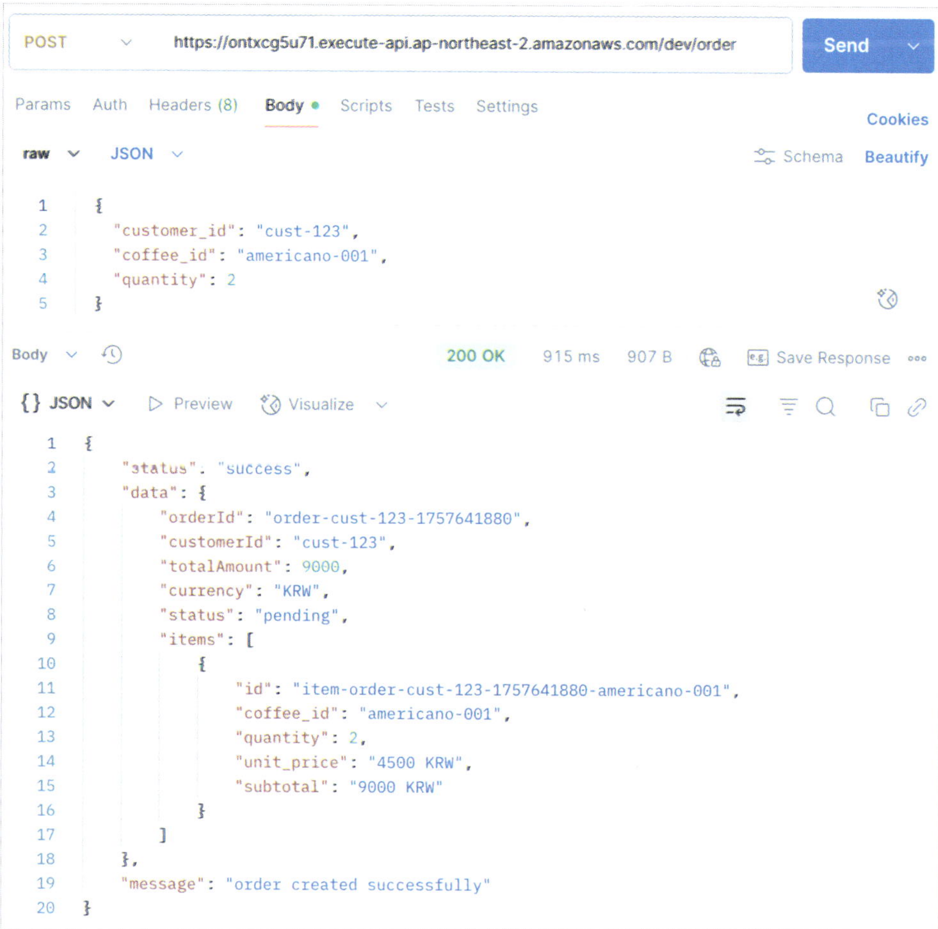

그림 7.10 호출 결과로 프레젠터에서 설정한 응답 포맷을 확인

7.6 예외 처리

소프트웨어 개발에서 예외 처리는 단순히 오류를 잡아내는 것을 넘어 시스템의 인정성과 유지보수성을 높이는 데 중요한 역할을 한다. 실제로 현업에서 작성되는 코드의 상당 부분이 예외 처리를 위해 쓰이는 이유도 여기에 있다. 클린 아키텍처에서는 각 계층(도메인, 유스케이스, 저장소, 컨트롤러)에서 예외를 명확히 정의하고, 에러 상황을 도메인 언어로 표현하는 것이 바람직하다. 이렇게 하면 예외 상황을 빠르게 파악하고 적절한 대응책을 세우는 데 도움이 된다.

예외는 비즈니스 규칙의 일부로 간주되며, '유효하지 않은 입력'이나 '데이터베이스 저장 실패' 같은 상황을 도메인적으로 의미 있는 형태로 나타낸다. 외부 시스템(PynamoDB)에서 발생한 에러도 도메인 예외로 매핑해서 처리하면 운영 환경에서 예외의 원인과 위치를 쉽게 파악할 수 있다. 또한 예외 종류에 따라 로깅만 수행하거나 개발자에게 슬랙/이메일 알림을 전송하는 등 규칙을 정의해 유연하게 대응할 수 있다. 이는 시스템의 안정성을 높이고, 코드 수정과 디버깅을 용이하게 한다.

지금까지 도메인 중심의 엔티티, 유스케이스, PynamoDB 저장소, FastAPI 컨트롤러를 구현했다. 이번 절에서는 온라인 커피 주문 API의 예외 처리 체계를 설계하고, 도메인 예외(`OnlineCafeException`)를 정의해 계층별로 적용한다.

예외 정의 위치와 의존성

예외는 도메인 계층에 `exceptions.py`를 두어 정의한다. 이는 클린 아키텍처의 의존성 방향을 준수하며 외부 계층(저장소, 컨트롤러)이 도메인 예외를 참조할 수 있게 한다. 예외를 계층적으로 설계하면 관리하기가 쉽고, 같은 분류(예: 클라이언트 에러)의 예외를 공통적으로 처리할 수 있다. 예를 들어, 클라이언트 요청 에러를 세부적으로 나눠서 '유효하지 않은 입력'이나 '잘못된 요청 형식'으로 정의하면 각 상황에 적합한 처리가 가능하다.

예외 클래스 정의

애플리케이션의 최상위 예외인 `OnlineCafeException`은 다음과 같이 작성할 수 있다. HTTP 상태 코드와 에러 코드 등을 포함하며, 모든 예외를 계층적으로 관리한다.

예제 7.33 온라인 커피 주문 서비스의 최상위(루트) 예외 정의

```
# domain/exceptions/__init__.py
class OnlineCafeException(Exception):
  _CODE = "Undefined"
  _STATUS_CODE = 500
  _MESSAGE = "Undefined"
  _DESCRIPTION = "Unknown error"

  def __init__(self, debug_message=None):
```

```
    self._debug_message = debug_message
    super(OnlineCafeException, self).__init__(self.get_response_body())

  @classmethod
  def get_error_code(cls):
    return cls._CODE

  @classmethod
  def get_status_code(cls):
    return cls._STATUS_CODE

  def get_debug_message(self):
    return self._debug_message

  def get_error_message(self):
    return self._MESSAGE

  def get_response_body(self) -> str:
    return json.dumps(
      {
        "status": "failure",
        "errorCode": self._CODE,
        "message": self._MESSAGE,
        ({"debugMessage": self.get_debug_message()} if self._debug_message else {}),
      }
    )
```

① OnlineCafeException은 애플리케이션의 루트 예외로, 에러 코드(_CODE), 상태 코드(_STATUS_CODE), 메시지(_MESSAGE), 설명(_DESCRIPTION)을 정의한다.

② get_error_code, get_status_code, get_error_message, get_response_body는 클라이언트 응답 생성에 사용된다.

OnlineCafeException이라는 애플리케이션의 최상위 예외를 정의한 후, 그것을 상속한 세부 예외를 정의하고, 그 세부 예외들이 애플리케이션 코드 내에서 상황에 맞게 발생(raise)하게 해야 한다. 이를 위해서는 다양한 에러 상황에 대한 예외들을 미리 정의해둘 필요가 있다. 또한 애플리케이션 루트 예외를 상속해 예외가 발생하는 상황에 맞춰 _CODE, _STATUS_CODE, _MESSAGE, _DESCRIPTION을 재정의한다.

다음은 루트 예외인 OnlineCafeException을 상속해 클라이언트 에러와 서버 에러를 만들고, 각 에러에 대해 _MESSAGE, _STATUS_CODE, _DESCRIPTION을 재정의한 예다.

예제 7.34 루트 예외를 상속해서 예외를 추가 정의

```
# 4xx 에러: 클라이언트 요청 에러
class ClientError(OnlineCafeException):
  _MESSAGE = "Bad Request"
  _STATUS_CODE = 400
  _DESCRIPTION = "요청 에러"

# 5xx 에러: 서버 에러
class ServerError(OnlineCafeException):
  _MESSAGE = "Server Error"
  _STATUS_CODE = 500
  _DESCRIPTION = "서버 에러"
```

예외도 계층 구조로 설계하는 것이 바람직하다. 계층 구조를 통해 지속적으로 예외가 추가되더라도 관리하기가 쉬워지고, 새로운 예외를 어느 위치에 작성해야 할지 판단하기가 편해진다. 또한 동일한 분류의 에러들을 모아서 공통적인 처리를 수행하는 것도 가능해진다. 예를 들어, 클라이언트의 잘못된 요청을 의미하는 'ClientError 400'이라도 세부적으로는 예제 7.35와 같이 '유효하지 않은 입력'으로 인한 에러와 '요청 형식이 잘못된 경우'에 대한 에러로 구분될 수 있다. 각각에 대해 에러 코드를 1001, 1002로 정하고 설명을 작성하면 상속 관계에 의해 _MESSAGE는 'Bad Request', _STATUS_CODE는 '400'이 되고, _CODE와 _DESCRIPTION은 각각 재정의된 값으로 설정된다.

예제 7.35 계층 구조를 이용해 더 세부적인 예외를 생성

```
# 클라이언트 에러
class InvalidInputParameter(ClientError):
  _CODE = "1001"
  _DESCRIPTION = "유효하지 않은 입력 파라미터"

class MalformedRequestError(ClientError):
  _CODE = "1002"
  _DESCRIPTION = "요청 형식이 잘못된 경우"
```

```
... 생략 ...

# 서버 에러
class DatabaseSaveError(ServerError):
  _CODE = "1010"
  _DESCRIPTION = "데이터베이스 저장 실패"

... 생략 ...
```

비즈니스 로직에서 발생한 에러

예외에 대한 정의가 완료되면 작성하는 로직에 적용할 수 있다. 예를 들어, 다음과 같이 클라이언트로부터 받은 커피 ID(coffee_id) 값이 주문 가능하지 않는 상품이라면 앞에서 정의한 InvalidInputParameter 예외를 "주문 불가능한 커피입니다"라는 추가 정보와 함께 발생시킬 수 있다.

예제 7.36 기정의한 예외를 비즈니스 로직에 적용

```
class CreateOrderUseCase(InputBoundary):
    ... 생략 ...

  def execute(self, input_dto: CreateOrderInputDTO) -> None:
    coffee = self.coffee_repo.find_by_id(input_dto.coffee_id)
    if not coffee or not coffee.is_available():
      raise InvalidInputParameter("주문 불가능한 커피입니다")

        ... 생략 ...
```

외부 요소에서 발생한 에러

동일한 방법으로 외부 요소를 사용하기 위한 구현체에서 발생한 에러도 처리할 수 있다. 다음과 같이 주문 저장소 인터페이스(OrderRepository)의 구현체인 DynamoDBOrderRepository의 save 메서드에서 주문 정보를 저장하는 과정에서 에러가 발생한 경우 PynamoDB에서 생성한 에러를 try-except를 이용해 예외를 포착한 후 앞서 정의한 DatabaseSaveError를 발생시켜 호출한 곳으로 전파할 수 있다.

예제 7.37 기정의한 예외를 게이트웨이에 적용

```
class DynamoDBOrderRepository(OrderRepository):
  def save(self, order: Order) -> None:
    try:
      model = OrderModel( ... 생략 ... )
      model.save()
    except Exception as e:
      raise DatabaseSaveError(f"주문 저장 실패: {str(e)}")
```

컨트롤러에서의 에러 처리

지금까지 각 상황에서 정해진 규칙에 의해 예외가 어떻게 발생하는지 살펴봤다. 이제 예외를 어떻게 처리할지도 정해야 한다. 예외를 처리하는 코드의 위치와 처리 방법은 애플리케이션의 성격과 설계에 따라 다양할 수 있지만 여기서는 컨트롤러에서 처리하는 방법을 소개한다.

유스케이스든 데이터베이스 관련 코드든 에러가 발생하면 중간에 그것을 처리하는 코드(try-except)가 없을 때 발생한 에러는 호출 스택을 따라 호출한 지점으로 계속 전파된다. 현재 작성한 코드 구조상 컨트롤러까지 에러가 전달될 것이고, 컨트롤러에 있는 try-except 구문에 의해 처리된다.

다음과 같이 컨트롤러에서 에러를 처리할 때는 해당 애플리케이션의 최상위 예외인 OnlineCafeException을 사용해 OnlineCafeException을 상속해서 정의한 예외들이 코드 동작 흐름 내에서 발생했을 때 이를 포착해서 처리할 수 있게 한다.

예제 7.38 예외를 컨트롤러에서 처리

```
@app.post("/order")
def create_order(request: OrderRequest, usecase: CreateOrderUseCase = Depends(get_
create_order_use_case)):
  try:
    ... 생략 ...
  except OnlineCafeException as e:
    return JSONResponse(status_code=e.get_status_code(), content=json.loads(e.get_
response_body()))
```

이때 파이썬 최상위 예외인 Exception으로 모든 에러를 잡을 수 있게 하지 않고 OnlineCafeException으로 바꾸는 이유가 궁금할 수 있다. 가장 바깥쪽에서 Exception을 이용해 잡으면 모든 에러를 처리할 수 있지만 애플리케이션의 최상위 예외인 OnlineCafeException으로 잡는 이유는 예상한 범위 내의 에러가 발생했을 때의 처리 방법과 예상하지 못한 에러가 발생했을 때의 처리 방법이 달라야 하기 때문이다.

try-except 구문을 통해 발생한 에러가 애플리케이션의 장애로 이어지지 않게 하는 것만이 능사는 아니다. 예상하지 못한 동작이 발생한 곳은 모니터링이 필요하다. 정해진 범위 밖의 에러가 발생하면 차라리 장애로 이어져 개발자 및 담당자가 인지하게 하는 편이 바람직하다. 그리고 개선 작업을 통해 해당 장애를 규칙 안으로 포함시켜 예상 범위 내로 만드는 작업이 중요하다.

그럼에도 불구하고 예상하지 못한 장애가 애플리케이션 중단으로 바로 이어지지 않게 하면서도 해당 장애가 발생했음을 충분히 인지할 수 있도록 하려면 다음과 같이 다중 예외 처리 기법을 활용할 수 있다. 즉, 애플리케이션의 최상위 예외로 잡히지 않고 파이썬 최상위 예외인 Exception으로 잡힌 경우에는 즉시 알람이 발생하게 하는 방법이다.

예제 7.39 다중 예외 처리 기법을 활용해 예외를 처리

```
@app.post("/orders")
async def create_order(input_dto: CreateOrderInputDTO) -> dict:
  try:
    ... 생략 ...
  except OnlineCafeException as e:
    ... 생략 ...
  except Exception as e:
      ... 알람 발생 코드 ...
```

잠깐! 파이썬 예외 처리에서 if 문보다 try-except를 선호하는 이유

파이썬에서 조건문(예: if문)을 이용한 에러 처리 대신 try-except와 같은 예외 처리 메커니즘을 사용하는 이유는 코드의 가독성, 유지보수성, 에러 관리의 효율성과 깊은 관련이 있다. if 문을 통해 에러를 사전에 방지하는 접근은 직관적일 수 있지만 예외 처리는 더 자연스럽고 파이썬다운 방식으로 프로그램의 흐름을 관리할 수 있게 한다. 이를 조금 더 자세히 설명하면 다음과 같다.

코드 가독성과 간결함

if 문을 사용하면 에러를 방지하기 위해 여러 조건을 미리 검사해야 하므로 코드가 길어지고 복잡해질 수 있다. 반대로, 예외 처리는 에러가 발생할 때만 동작하므로 정상적인 프로그램 흐름을 더 명확하게 드러낸다. 이는 코드를 읽는 사람이 주요 로직에 집중할 수 있게 한다.

다음 코드를 통해 이를 확인할 수 있다. try-except 방식은 정상 로직(a / b)을 먼저 제시한 후 에러 처리 부분을 분리해서 코드 흐름을 직관적으로 만든다. 반면 if 문을 사용하는 방식은 로직과 에러 처리가 섞여 있어 코드를 전체적으로 이해하기가 어려워질 수 있다.

예제 7.40 예외 상황을 처리하는 두 가지 방식

```
# 조건문을 사용하는 방식
def divide(a, b):
  if b != 0:
    return a / b
  else:
    print("0으로 나눌 수 없습니다.")
    return None

# 예외 처리를 사용하는 방식
def divide(a, b):
  try:
    return a / b
  except ZeroDivisionError:
    print("0으로 나눌 수 없습니다.")
    return None
```

에러 발생 시점과 처리 분리

if 문은 에러를 사전에 방지하기 위해 조건을 확인하는 '예방 중심' 접근이다. 그러나 예외 처리는 에러가 실제로 발생했을 때 대응하는 '관리 중심' 접근으로, 코드의 책임 분리를 명확히 한다. 이는 특히 에러가 발생할 가능성이 낮거나 예측하기 어려운 경우에 유용하다.

다음 코드에서 볼 수 있듯이 예외 처리는 리스트의 길이나 값을 미리 확인할 필요 없이 IndexError를 자연스럽게 처리한다. 이는 불필요한 검사 코드를 줄여 프로그램을 간소화한다. 이번 예시는 조건이 비교적 단순한 편이라 차이가 크지 않다고 느껴지겠지만 조건이 많아질수록 간결함 정도는 차이가 많이 날 것이다.

예제 7.41 에러 처리 방식에 따른 간결함의 차이

```
# 조건문을 사용하는 경우
def get_item(lst, index):
  if index < len(lst) and index >= 0:
    return lst[index]
  else:
    print("인덱스가 범위를 벗어났습니다.")
    return None

# 예외 처리를 사용하는 경우
def get_item(lst, index):
  try:
    return lst[index]
  except IndexError:
    print("인덱스가 범위를 벗어났습니다.")
    return None
```

파이썬 철학: "허락보다 용서를 구하기가 쉽다"

파이썬은 'Look Before You Leap(LBYL)' 스타일(`if` 문으로 미리 조건을 확인하는 방식)보다 'Easier to Ask for Forgiveness than Permission(EAFP)' 스타일(예외가 발생하면 처리하는 방식)을 선호한다. EAFP는 코드가 더 파이썬답게 작성되도록 유도하며, 불필요한 사전 검사를 줄여 성능을 최적화할 수 있다. 이는 파이썬의 철학인 '간단함이 복잡함보다 낫다'와도 일맥상통한다.

복잡한 상황에서의 유지보수성

복잡한 로직에서 여러 조건을 검사해야 할 때 `if` 문은 중첩되거나 반복되어 코드가 혼란스러워질 수 있다. 반대로, 예외 처리는 에러를 계층적으로 처리할 수 있어 유지보수하기가 쉽다. 특히 다중 예외를 처리할 때 `try-except` 블록은 코드를 모듈화해서 코드 변경 시 영향을 최소화한다.

다음 예제에서는 중첩된 조건문과 다중 예외 처리 코드를 비교해볼 수 있다. 보다시피 예외 처리 방식이 훨씬 더 간결하고 유지보수하기 쉽다는 점이 명확히 드러난다.

예제 7.42 에러 처리 방식에 따른 유지보수성 차이

```
# 조건문을 사용하는 경우
def process_data(data, index):
  if data is not None:
    if isinstance(data, list):
```

```
      if index < len(data):
        return data[index]
      else:
        print("인덱스 오류")
        return None
    else:
      print("리스트가 아님")
      return None
  else:
    print("데이터가 없음")
    return None

# 예외 처리를 사용하는 경우
def process_data(data, index):
  try:
    return data[index]
  except TypeError:
    print("데이터가 리스트가 아니거나 None입니다.")
    return None
  except IndexError:
    print("인덱스 오류")
    return None
```

이러한 이유로 파이썬 개발에서는 가능한 한 EAFP 스타일을 활용하는 것을 권장한다. 다만, 모든 상황에서 예외 처리가 적합한 것은 아니니(예: 입력 유효성 검사처럼 에러가 빈번한 경우) 맥락에 따라 적절히 선택하는 것이 중요하다.

7.7 테스트 전략

테스트 코드를 CI/CD 파이프라인에 통합해서 자동화하면 코드가 변경될 때마다 즉각적인 피드백을 얻을 수 있다. 클린 아키텍처의 계층 구조를 기반으로 계층별 테스트(단위, 통합, API)를 수립하면 변경된 계층이나 기능에 해당하는 테스트만 선별적으로 실행하거나 전체 API 테스트로 최종 검증할 수 있다. 이는 코드의 안정성을 극대화하고, 팀이 안심하고 리팩터링하거나 새로운 기능을 추가할 수 있는 환경을 조성한다.

테스트 자동화는 클린 아키텍처의 테스트 용이성을 강화하며, 장기적으로 코드 품질과 생산성을 유지한다. 이번 절에서는 온라인 커피 주문 API의 테스트 전략을 수립하고, 파이썬의 unittest 기능을 사용해 도메인, 유스케이스, 컨트롤러를 테스트하며, pre-commit과 깃허브 액션을 이용해 테스트를 자동화한다.

단위 테스트

단위 테스트는 개별 코드 단위(함수, 클래스)가 의도한 대로 동작하는지 확인한다. 이는 초기 버그를 발견하고, 리팩터링 시 기존 기능의 손상을 방지한다. 단위 테스트는 외부 시스템(예: DynamoDB)에 의존하지 않고, 모킹(unittest.mock)을 활용해 독립적으로 실행된다. 빠른 실행 속도로 개발자가 자주 테스트할 수 있으며, unittest를 사용해 자동화한다. 테스트는 도메인, 유스케이스, 컨트롤러로 나누어 설계한다.

도메인 테스트

도메인 테스트는 클린 아키텍처의 가장 안쪽 계층인 엔티티와 값 객체에 집중하며, 외부 의존성 없이 순수 비즈니스 규칙만 검증한다. 다음은 도메인 테스트의 테스트 대상, 목적, 작성 방법을 구체적으로 정리한 것이다.

- **대상**: 도메인 엔티티(`Coffee`, `Order`, `OrderItem` 등)의 비즈니스 규칙
- **목적**: 외부 의존성 없이 재고 예약, 총액 계산 등 로직을 검증
- **작성 방법**: unittest로 입력과 기대 출력을 비교

이때 테스트 코드를 작성하는 방법으로 Given-When-Then 기법을 사용하는데, Given-When-Then은 테스트 의도를 명확히 하고 가독성을 높이는 표준 형식이다. 이 경우 테스트를 다음의 세 단계로 나누어 작성한다.

- Given: 테스트를 위한 초기 조건 설정(예: 객체 생성)
- When: 테스트 대상 동작 실행(예: 메서드 호출)
- Then: 결과 검증(예: 출력 확인)

이 형식을 사용하는 이유는 테스트의 목적과 흐름을 명확히 전달함으로써 초보 개발자도 쉽게 이해하고 코드를 유지보수할 때 코드의 의도를 빠르게 파악할 수 있기 때문이다.

아래의 단위 테스트 코드는 엔티티를 테스트하는 예로, Order.add_coffee가 항목 추가, 총액 계산, 재고 감소를 올바르게 처리하는지 확인한다.

- Given: Coffee는 메뉴 항목으로, 가격(Money(500))과 재고(10)를 관리하며, 주문 가능 여부(is_available)와 재고 예약(reserve_stock)을 담당한다. Order는 주문 정보를 관리하며, 항목 추가(add_coffee)와 총액 계산(calculate_total)을 수행한다.
- When: order.add_coffee를 호출해 주문에 커피를 추가한다.
- Then: 항목 추가, 수량, 총액, 재고 감소를 검증한다.

예제 7.43 Order 엔티티에 대한 단위 테스트

```
# tests/unit/entity/test_order.py
class TestOrder(unittest.TestCase):
  def test_add_coffee(self):
    # Given
    coffee = Coffee(id="coffee-1", name="Latte", price=Money(500), stock=10)
    order = Order(id="order-1", customer_id="cust-1")

    # When
    order.add_coffee(coffee, 2)

    # Then
    self.assertEqual(len(order.items), 1)  # (1) 항목 추가 확인
    self.assertEqual(order.items[0].quantity, 2)  # (2) 수량 확인
    self.assertEqual(order.total_amount.amount, 1000)  # (3) 총액 확인
    self.assertEqual(coffee.stock, 8)  # (4) 재고 감소 확인
```

유스케이스 테스트

유스케이스 테스트는 클린 아키텍처의 중간 계층에 해당하는 유스케이스 클래스를 대상으로 하며, 엔티티와 저장소 간 상호작용을 포함한 비즈니스 흐름을 검증한다. 다음은 유스케이스 테스트의 테스트 대상, 목적, 작성 방법을 구체적으로 정리한 것이다.

- **대상**: 유스케이스(CreateOrderUseCase)의 비즈니스 로직
- **목적**: 저장소와 엔티티 상호작용을 검증
- **작성 방법**: 저장소 모킹 및 다양한 시나리오 테스트

아래 테스트에서는 unittest.mock을 사용하는데, unittest.mock은 외부 의존성(예: 저장소)을 제거하고 동작을 시뮬레이션하는 도구다. 이는 실제 데이터베이스 호출 없이 유스케이스 로직을 테스트할 수 있게 하며, 모의 객체의 메서드 호출(return_value, side_effect)을 제어함으로써 다양한 시나리오를 모방한다. 모의 객체는 실제 데이터베이스와 통신하지 않고도 비즈니스 로직을 테스트할 수 있게 할 뿐만 아니라 테스트 속도를 높이고 외부 시스템 의존성을 제거해 안정적인 테스트를 가능하게 한다.

아래의 test_create_order_success 테스트는 CreateOrderUseCase의 로직을 검증하는 것으로, 고객/커피 검증과 주문 생성, 저장이 정상적으로 수행되는지 확인하고, 마지막으로 응답 포맷을 확인한다.

- Given: 모의 객체로 저장소(customer_repo, coffee_repo, order_repo)를 설정해 실제 DynamoDB 호출을 대체한다. input_dto는 사용자 요청을 시뮬레이션한다.
- When: CreateOrderUseCase.execute를 호출해 주문 생성 로직을 실행한다.
- Then: 주문 ID, 총액, 저장 호출, 프레젠터 응답을 검증한다.

예제 7.44 커피 주문 유스케이스에 대한 단위 테스트

```
# tests/unit/usecase/test_create_order_usecase.py
class TestCreateOrderUseCase(unittest.TestCase):
  def setUp(self):
    # 의존성 모킹
    self.output_boundary = Mock()
    self.coffee_repo = Mock()
    self.order_repo = Mock()

    # 유스케이스 초기화
    self.use_case = CreateOrderUseCase(
      output_boundary=self.output_boundary, coffee_repo=self.coffee_repo, order_repo
=self.order_repo
```

```
    )

  def test_execute_success(self):
    # Given: 정상적인 입력 DTO와 모킹된 커피
    input_dto = CreateOrderInputDto(customer_id="customer1", coffee_id="coffee1",
quantity=2)
    coffee = Coffee(id="coffee1", name="아메리카노", price=Money(amount=3000),
description="깔끔한 아메리카노", stock=10)
    self.coffee_repo.find_by_id.return_value = coffee

    # When: 유스케이스 실행
    self.use_case.execute(input_dto)

    # Then: 의존성이 올바르게 호출됐는지 확인
    self.order_repo.save.assert_called_once()  # (1) 주문 저장 호출 확인
    self.coffee_repo.save.assert_called_once()  # (2) 커피 저장(재고 감소 반영) 호출
확인
    self.output_boundary.set_result.assert_called_once()  # (3) 출력 결과 설정 호출
확인

    # 출력 DTO 구조 확인
    called_output_dto = self.output_boundary.set_result.call_args[0][0]
    self.assertIsInstance(called_output_dto, CreateOrderOutputDto)  # (4) 결과 타입
확인
    self.assertEqual(called_output_dto.customer_id, "customer1")  # (5) 고객 ID 매핑
확인
    self.assertIsInstance(called_output_dto.total_amount, int)  # (6) 총액 타입(int)
확인
    self.assertIsInstance(called_output_dto.currency, str)  # (7) 통화 타입(str) 확인
    self.assertIsInstance(called_output_dto.status, str)  # (8) 주문 상태 타입(str)
확인
    self.assertEqual(len(called_output_dto.items), 1)  # (9) 주문 항목이 1개
추가됐는지 확인
```

컨트롤러 테스트

컨트롤러 테스트는 외부 요청을 적합한 유스케이스 입력으로 변환하고, 유스케이스 결과를 외부와 약속된 형식의 응답으로 반환하는 역할을 검증한다. 다음은 컨트롤러 테스트의 테스트 대상, 목적, 작성 방법을 구체적으로 정리한 것이다.

- 대상: FastAPI 컨트롤러(`order_controller.py`).
- 목적: 사용자 요청이 유스케이스로 변환되고, 응답이 약속된 포맷으로 반환되는지 확인
- 작성 방법: TestClient로 HTTP 요청 시뮬레이션, 유스케이스 모킹

앞에서 수행한 유스케이스의 단위 테스트를 통해 각 유스케이스에 대한 기능 검증을 완료했다. 이제는 컨트롤러 레벨에서의 검증이 필요하다. 컨트롤러의 중요한 기능은 사용자의 입력을 받아 유스케이스로 전달하는 것과 유스케이스의 수행 결과를 사용자에게 돌려주는 것이다. 그렇기 때문에 컨트롤러 테스트에서는 다음과 같은 사항을 검증해야 한다.

- 사용자의 입력을 유스케이스 입력 포맷에 맞게 잘 변환하는지
- 유스케이스의 응답을 사용자와 약속한 형태로 잘 변환하는지

위와 같은 목적을 달성하기 위해 우선 `setUp` 부분을 다음과 같이 작성할 수 있다.

예제 7.45 커피 주문 컨트롤러의 단위 테스트를 위한 setUp 코드

```
class TestCreateOrderController(unittest.TestCase):
  def setUp(self):
    self.client = TestClient(app)
    self.use_case_mock = Mock(spec=CreateOrderUseCase)
    self.use_case_mock.output_boundary = CreateOrderPresenter()
    app.dependency_overrides[get_create_order_use_case] = lambda: self.use_case_mock
```

여기서 `app`은 FastAPI 애플리케이션의 인스턴스를 의미한다. 일반적으로 FastAPI 프로젝트에서 `app = FastAPI()`로 정의되며, 모든 라우트와 설정이 이 객체에 등록된다. 이 `app`은 테스트 환경에서도 동일하게 사용되며, 실제 서버를 실행하지 않고도 라우트를 호출하고 응답을 확인할 수 있게 해준다.

다음으로 TestClient는 FastAPI에서 제공하는 테스트 유틸리티로, app을 기반으로 HTTP 요청을 시뮬레이션할 수 있게 해준다. 실제 네트워크 요청 없이 애플리케이션의 라우트를 호출하고 응답을 받을 수 있어 컨트롤러의 동작을 빠르고 효율적으로 검증할 수 있다. self.client = TestClient(app)를 통해 생성된 self.client는 이후 테스트에서 GET, POST 같은 HTTP 메서드를 사용해 라우트를 테스트할 때 핵심 도구로 활용된다.

그리고 self.use_case_mock = Mock(spec=CreateOrderUseCase)는 unittest.mock.Mock을 사용해 CreateOrderUseCase 클래스의 모의 객체를 생성한다. spec=CreateOrderUseCase는 이 모의 객체가 CreateOrderUseCase의 인터페이스를 따르도록 강제한다. 즉, 실제 유스케이스 객체가 가진 메서드와 속성만 접근 가능하도록 제한한다. 이렇게 하면 테스트 중에 실제 비즈니스 로직을 실행하지 않고, 원하는 동작을 시뮬레이션할 수 있다.

self.use_case_mock.output_boundary = CreateOrderPresenter()는 모킹된 유스케이스의 출력 경계(output boundary)를 실제 CreateOrderPresenter 객체로 설정한다. 우리가 TestCreateOrderController를 통해 테스트하고자 하는 것은 앞에서 언급한 바와 같이 유스케이스에서 나온 응답이 약속한 형태인 프레젠터에 작성된 내용에 맞게 만들어지는 것인지 확인하는 것이기 때문에 우리가 작성한 CreateOrderPresenter 클래스를 이용해 테스트한다.

app.dependency_overrides[get_create_order_use_case] = lambda: self.usecase_mock은 get_create_order_use_case 함수가 호출될 때 실제 유스케이스 객체 대신 모킹된 self.usecase_mock을 반환하도록 재정의한다. 이를 통해 컨트롤러가 실제 유스케이스 대신 테스트용 모의 객체를 사용하게 된다. 즉, 실제 유스케이스가 실행되지 않고 가짜 유스케이스에 의해 정해진 응답을 내보내도록 하는 것이다.

이렇게 하면 컨트롤러를 위한 준비가 끝난다. 이제 컨트롤러 테스트 코드를 작성해보자. 지금까지와 마찬가지로 테스트 코드는 다음과 같이 Given, When, Then 형식으로 작성할 수 있다.

- Given: usecase_mock은 CreateOrderUseCase의 동작을 모방해서 요청 처리와 응답 생성을 시뮬레이션
- When: TestClient로 /order에 POST 요청을 전송

- Then: 요청이 CreateOrderInputDTO로 변환되고 응답이 약속된 포맷을 따르는지 확인

예제 7.46 커피 주문 컨트롤러에 대한 단위 테스트

```
class TestCreateOrderController(unittest.TestCase):
  def setUp(self):
  ... 생략 ...

  def test_create_order_success(self):
    # Given: 모킹된 성공 응답
    output_dto = CreateOrderOutputDto(
      order_id="order-123",
      customer_id="customer1",
      total_amount=6000,
      currency="KRW",
      status="pending",
      items=[
        {
          "id": "item-order-123-coffee1",
          "coffee_id": "coffee1",
          "quantity": 2,
          "unit_price": "3000 KRW",
          "subtotal": "6000 KRW",
        }
      ],
    )
    self.use_case_mock.output_boundary.set_result(output_dto)

    # When: POST 요청
    response = self.client.post("/order", json={"customer_id": "customer1", "coffee_
id": "coffee1", "quantity": 2})

    # Then: (1) Input DTO로의 변환 확인
    called_input_dto = self.use_case_mock.execute.call_args[0][0]
    self.assertIsInstance(called_input_dto, CreateOrderInputDto)  # (1) 컨트롤러가
올바른 DTO로 변환했는지 확인
    self.assertEqual(called_input_dto.customer_id, "customer1")  # (2) 고객 ID 매핑
확인
```

```
    self.assertEqual(called_input_dto.coffee_id, "coffee1") # (3) 커피 ID 매핑 확인
    self.assertEqual(called_input_dto.quantity, 2)  # (4) 수량 매핑 확인

    # Then: (2) 응답 확인
    self.assertEqual(response.status_code, 200) # (5) HTTP 200 OK 응답 확인
    self.assertEqual(  # (6) 응답 JSON 스냅샷 검증
      response.json(),
      {
        "status": "success",
        "data": {
          "orderId": "order-123",
          "customerId": "customer1",
          "totalAmount": 6000,
          "currency": "KRW",
          "status": "pending",
          "items": [
            {
              "id": "item-order-123-coffee1",
              "coffee_id": "coffee1",
              "quantity": 2,
              "unit_price": "3000 KRW",
              "subtotal": "6000 KRW",
            }
          ],
        },
        "message": "order created successfully",
      },
    )

  def tearDown(self):
    app.dependency_overrides.clear()
```

여기서 Given은 CreateOrderUseCase에서 정상적으로 주문이 완료됐고, 그 결과로 주문 번호 'order-123'이라는 내용을 CreateOrderOutputDTO 객체에 저장하고, 그것을 프레젠터 객체의 인터페이스인 Output Boundary로 전달했다는 것이다.

그 후 When 부분에서는 `client` 객체를 이용해 FastAPI 앱을 경로와 메서드에 따라 호출했고, 요청 내용을 `json` 파라미터로 전달했다.

마지막으로 Then을 통해 의도한 대로 코드가 동작했는지 확인한다. 먼저 사용자 요청을 유스케이스가 이해할 수 있는 형태로 잘 변환했는지 확인한다. 먼저 유스케이스를 실행하는 메서드의 파라미터로 `CreateOrderInputDTO`의 객체가 생성되어 전달됐는지 확인한다. 그리고 해당 객체에 사용자의 요청이 잘 전달됐는지도 확인한다.

다음으로 응답 결과를 확인한다. 코드가 정상적으로 수행됐을 때 사용자가 받는 결과가 기존에 약속된 응답 포맷 및 내용과 일치하는지 확인한다. 여기서는 `CreateOrderPresenter`가 만들어주는 형식에 맞게, 그리고 우리가 이 테스트에서 미리 정해놓은 유스케이스의 응답이 적용된 값이 나오는지를 확인하면 된다.

컨트롤러 테스트의 복잡도가 높아진 이유

앞에서 엔티티나 유스케이스 테스트에 비해 컨트롤러 테스트가 복잡해 보인 이유는 온라인 커피 주문 API가 프레임워크와 컨트롤러 기능이 결합된 애플리케이션이기 때문이다. FastAPI의 라우터와 컨트롤러 기능이 분리되어 구현됐다면 컨트롤러 기능만 비교적 간단한 모킹으로 테스트할 수 있었을 것이다. 하지만 프레임워크 기능과 혼재되면서 프레임워크 기능을 고려한 테스트 작성이 필요해졌고, 이로 인해 테스트 복잡도가 증가했다.

이는 외부 요소와 개발자가 작성한 코드가 혼재될 때 테스트가 어려워지는 대표적인 사례다. 이 밖에도 개발자가 작성한 로직과 외부 요소 간의 경계가 불분명하고 혼재되면 테스트하기가 어려워지는 경우는 매우 많다. 따라서 적절한 분리가 테스트 용이성 향상의 핵심이다.

pre-commit을 활용한 단위 테스트 자동화

단위 테스트를 작성했다면 이제 테스트 코드가 자동으로 실행되게 해야 한다. 실패는 조기 발견이 중요한데, 단위 테스트가 외부 시스템에 대한 의존성이 없고 빠르다는 특성 덕분에 코드 수정 후 커밋하는 순간 테스트를 수행할 수 있다. 따라서 개발자는 코드를 수정한 후 사이드 이펙트로 인한 오류 발생 여부를 빠르게 탐지하고 개선할 수 있다. 커밋과 연동해서 테스트가 실행되게 하려면 pre-commit 훅을 이용해야 한다. 그럼 구체적인 사용법을 살펴보자.

1. 패키지 설치

다음 명령으로 프로젝트에 pre-commit를 설치한다.

```
pip install pre-commit
```

2. pre-commit 설정 파일 생성

프로젝트 루트 디렉터리에 `.pre-commit-config.yaml` 파일을 생성하고 다음과 같이 설정한다.

예제 7.47 단위 테스트 자동화를 적용한 pre-commit 설정

```
repos:
- repo: https://github.com/ambv/black
  rev: 23.3.0
  hooks:
  - id: black
    args: ["--line-length", "120"]
- repo: https://github.com/pycqa/flake8
  rev: 6.0.0
  hooks:
  - id: flake8
    args:
    - --max-line-length=120
    - --exclude=.git,__pycache__,.serverless,node_modules,tests/scripts
    - --extend-ignore=E203,W503
- repo: local
  hooks:
  - id: unit-tests-and-integration-tests
    name: Unit and Integration tests
    entry: tests/scripts/run_unit_test.sh
    language: python
    pass_filenames: false
    types: [file]
    stages: [commit]
```

3. pre-commit 활성화

프로젝트에 pre-commit 훅을 설치하고 활성화한다.

```
pre-commit install
```

실제로 커밋을 수행하기 전에 pre-commit이 정상적으로 동작하는지 직접 테스트해보자.

```
pre-commit run --all-files
```

이제 개발자가 코드를 커밋할 때마다 변경된 파일과 관련된 테스트만 자동으로 실행된다. 테스트가 실패하면 커밋이 중단되어 문제가 있는 코드가 저장소에 들어가는 것을 방지할 수 있다.

테스트가 실패한 부분을 정상적으로 처리하고 나면 다음과 같은 메시지를 볼 수 있다.

```
$ git commit -m "initial"

black...............................................................Passed
flake8..............................................................Passed
Unit and Integration tests..........................................Passed
```

API 테스트

API 테스트는 실제 사용자처럼 구현체를 호출해 정상 응답 여부를 검증하는 테스트다. 이 테스트는 주로 환경을 배포할 때 자동 실행되도록 설정한다. API 테스트는 로컬에서도 수행할 수 있지만 외부 요소에 대한 실제 호출은 호출한 곳의 환경에 영향을 받는 경우가 있다(예: 특정 IP에서만 호출 가능). 따라서 배포 환경에서 실제 배포 후 테스트를 진행하는 편이 더 효과적이다.

배포 대상은 보통 여러 환경으로 나누어 관리하며, 일반적으로 다음과 같이 DEV, STG, PRD로 구분한다.

- DEV(**개발**): 내부 개발자들이 각자 배포하고 테스트하는 환경. 수시로 누구나 배포하고 테스트할 수 있다.
- STG(**스테이징**): 프로젝트에 참여하는 개발자들의 코드가 모두 통합된 상태로 배포되고 테스트되는 환경. 유관 부서나 QA팀이 접근해 테스트를 진행한다.
- PRD(**프로덕션**): 실제 운영 환경. 운영 환경에 배포한 후 정상적으로 배포됐는지 여부를 테스트한다.

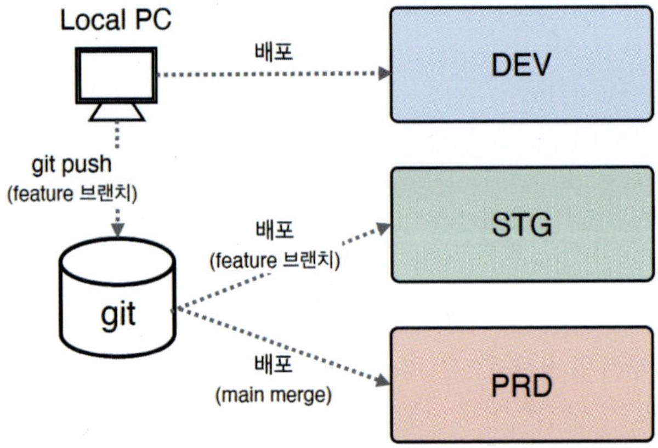

그림 7.11 형상 분리

각 형상의 배포 방식은 전략에 따라 다양할 수 있지만 DEV는 개발자가 개발한 내용을 로컬에서 바로 배포할 수 있도록 하고, STG와 PRD는 깃 브랜치 전략을 중심으로 CI/CD 파이프라인에 따라 배포되도록 구성하는 것이 일반적이다.

실제 환경에 배포할 때는 배포 스크립트에 인프라와 코드를 배포한 후 테스트 코드가 실행되도록 설정해 배포 직후에 테스트가 이뤄지게 한다. 그럼 테스트가 실패했을 때 즉시 롤백을 진행할 수 있다.

예를 들면, 다음과 같이 셸 스크립트를 작성해 테스트에 필요한 데이터를 배포 환경에 넣어두고 호출한 후, 테스트가 정상적으로 완료되면 테스트용 데이터는 삭제하고 테스트가 종료되도록 구성할 수 있다.

예제 7.48 배포 후 API 테스트 자동화를 위한 셸 스크립트

```
# tests/scripts/run_api_test.sh

# 환경변수 설정(기본값: ap-northeast-2, dev)
```

```
REGION="${AWS_DEFAULT_REGION:-ap-northeast-2}"
STAGE="${STAGE:-dev}"

# 배포된 API 게이트웨이의 엔드포인트 주소 확인
SERVICE_ENDPOINT=$(serverless info --verbose --stage "$STAGE" --region "$REGION" |
awk '/ServiceEndpoint/ {print $2; exit}') || true
if [ -z "${SERVICE_ENDPOINT:-}" ]; then
  echo "ServiceEndpoint를 찾을 수 없습니다." >&2
  exit 1
fi

SERVICE_ENDPOINT=${SERVICE_ENDPOINT%/}    # 끝에 있는 슬래시 제거
ORDER_ENDPOINT="$SERVICE_ENDPOINT/order"  # 주문 API 엔드포인트 구성

# 테스트용 고유 ID 생성(타임스탬프 기반)
ts=$(date +%s)
TEST_COFFEE_ID="ci-coffee-$ts"
TEST_CUSTOMER_ID="ci-cust-$ts"
TEST_ORDER_ITEM_ID="item-PLACEHOLDER"
PRICE=4500
QTY=2

# DynamoDB Coffees 테이블에 테스트용 커피 데이터를 삽입
aws dynamodb put-item \\
  --table-name Coffees \\
  --region "$REGION" \\
  --item "{\\"id\\":{\\"S\\":\\"$TEST_COFFEE_ID\\"},\\"name\\":{\\"S\\":\\"Americano CI
\\"},\\"price\\":{\\"N\\":\\"$PRICE\\"},\\"currency\\":{\\"S\\":\\"KRW\\"},\\"descripti
on\\":{\\"S\\":\\"CI Test Coffee\\"},\\"stock\\":{\\"N\\":\\"100\\"}}"

echo "Seeded coffee: $TEST_COFFEE_ID"

# JSON 요청 본문 생성 및 주문 생성 API 호출
REQ_BODY=$(jq -n --arg cust "$TEST_CUSTOMER_ID" --arg coffee "$TEST_COFFEE_ID"
--argjson qty $QTY '{customer_id:$cust, coffee_id:$coffee, quantity:$qty}')
RESP=$(curl -sS -X POST "$ORDER_ENDPOINT" -H 'Content-Type: application/json' -d
"$REQ_BODY")
```

```
echo "Request: $REQ_BODY"
echo "Response: $RESP"

# API 응답 상태 검증
STATUS=$(echo "$RESP" | jq -r '.status // empty')
if [ "$STATUS" != "success" ]; then
  echo "API 응답이 실패했습니다." >&2
  # 실패 시 테스트 데이터를 정리 후 종료
  aws dynamodb delete-item --table-name Coffees --region "$REGION" --key
"{\\"id\\":{\\"S\\":\\"$TEST_COFFEE_ID\\"}}" || true
  exit 1
fi

# 응답에서 주문 ID 추출 및 검증
ORDER_ID=$(echo "$RESP" | jq -r '.data.orderId // empty')
if [ -z "$ORDER_ID" ]; then
  echo "응답에 orderId가 없습니다." >&2
  aws dynamodb delete-item --table-name Coffees --region "$REGION" --key
"{\\"id\\":{\\"S\\":\\"$TEST_COFFEE_ID\\"}}" || true
  exit 1
fi

# 주문 항목 ID 생성 및 총 금액 검증
ORDER_ITEM_ID="item-$ORDER_ID-$TEST_COFFEE_ID"
TOTAL=$(echo "$RESP" | jq -r '.data.totalAmount // empty')
if [ -z "$TOTAL" ] || [ "$TOTAL" = "null" ]; then
  echo "totalAmount가 없습니다." >&2
  exit_code=1
else
  exit_code=0
fi

# 테스트 완료 후 생성된 모든 테스트 데이터를 정리
aws dynamodb delete-item --table-name Orders --region "$REGION" --key "{\\"id\\":{\\"
S\\":\\"$ORDER_ID\\"}}" || true
aws dynamodb delete-item --table-name OrderItems --region "$REGION" --key "{\\"id\\":
{\\"S\\":\\"$ORDER_ITEM_ID\\"}}" || true
```

```
aws dynamodb delete-item --table-name Coffees --region "$REGION" --key "{\\"id\\":{\\
"S\\":\\"$TEST_COFFEE_ID\\"}}" || true

exit $exit_code
```

서비스 엔드포인트의 동적 확인

도메인이 따로 없다고 가정한다면 서버리스 프레임워크를 이용해 API 게이트웨이를 배포한 후 출력으로 나오는 API 게이트웨이의 주소값(SERVICE_ENDPOINT)을 확인해야 한다. serverless info 명령을 통해 배포된 스택의 정보를 가져오고, awk 명령으로 ServiceEndpoint 값을 파싱해 동적으로 API 엔드포인트를 구성한다.

테스트 데이터 격리 및 정리

CI/CD 환경에서는 동시에 여러 테스트가 실행될 수 있으므로 타임스탬프를 기반으로 고유한 테스트 ID를 생성해 데이터 충돌을 방지한다. 또한 테스트 성공/실패와 관계없이 반드시 테스트용 데이터를 정리해 환경을 깔끔하게 유지한다. '|| true' 구문을 사용해 삭제가 실패했을 때도 스크립트가 중단되지 않게 한다.

테스트 자동화 구성(깃허브 액션)

지금까지 작성한 테스트를 CI/CD 파이프라인에 적용해서 배포하는 과정에서도 테스트가 자동으로 이뤄질 수 있게 하자. 배포가 본격적으로 시작되기 전에 단위 테스트가 실행되어 실패 시 배포가 중단되게 하고, 배포 후에도 API 테스트가 실행되어 정상 배포 및 요청 처리 여부를 판단할 수 있도록 한다.

앞서 7.4절에서 작성한 deploy.yml에 단위 테스트와 API 테스트가 실행될 수 있도록 다음과 같이 단계를 추가하자.

예제 7.49 단위 테스트와 API 테스트가 적용된 깃허브 액션 워크플로

```
... 생략 ...

jobs:
  deploy:
```

```
    runs-on: ubuntu-latest
    steps:

      ... 생략 ...

      - name: Install Python dependencies
        run: pip install -r requirements.txt
      - name: Run unit tests
        run: bash tests/scripts/run_unit_test.sh
      - name: Deploy to AWS
        env:
          AWS_ACCESS_KEY_ID: ${{ secrets.AWS_ACCESS_KEY_ID }}
          AWS_SECRET_ACCESS_KEY: ${{ secrets.AWS_SECRET_ACCESS_KEY }}
          AWS_DEFAULT_REGION: ap-northeast-2
        run: serverless deploy
      - name: Resolve ServiceEndpoint
        id: sls_info
        env:
          AWS_ACCESS_KEY_ID: ${{ secrets.AWS_ACCESS_KEY_ID }}
          AWS_SECRET_ACCESS_KEY: ${{ secrets.AWS_SECRET_ACCESS_KEY }}
          AWS_DEFAULT_REGION: ap-northeast-2
        run: echo "SERVICE_ENDPOINT=$(serverless info --verbose | awk '/Service End
point/ {print $2; exit}')" >> $GITHUB_OUTPUT
      - name: Run API tests
        env:
          AWS_ACCESS_KEY_ID: ${{ secrets.AWS_ACCESS_KEY_ID }}
          AWS_SECRET_ACCESS_KEY: ${{ secrets.AWS_SECRET_ACCESS_KEY }}
          AWS_DEFAULT_REGION: ap-northeast-2
          SERVICE_ENDPOINT: ${{ steps.sls_info.outputs.SERVICE_ENDPOINT }}
        run: bash tests/scripts/run_api_test.sh
```

7.8 정리

이번 장에서는 클린 아키텍처를 기반으로 온라인 커피 주문 API의 설계와 구현 과정을 체계적으로 다루며, 요구사항 분석부터 배포, 테스트, 예외 처리에 이르기까지 실무 중심의 개발 흐름을 살펴봤다. 그 과정에서 단순히 기능 구현에 그치지 않고, 유지보수성과 확장성을 보장하는 소프트웨어 개발의 핵심 원칙을 실천하는 데 중점을 뒀다.

요구사항 분석과 유스케이스 설계

온라인 커피 주문 API는 고객이 메뉴를 선택해 주문을 생성하고, 상태를 확인하며, 메뉴 목록을 조회하는 핵심 유스케이스를 중심으로 설계됐다. RESTful API 원칙을 준수하며 FastAPI와 Pydantic을 활용해 직관적이고 확장 가능한 인터페이스를 구성했다. JSON 스키마를 명확히 정의해 입력 검증과 API 문서화를 간소화했으며, 이는 시스템의 일관성과 사용자 경험을 향상시켰다.

클린 아키텍처 기반 코드 작성

클린 아키텍처의 계층적 구조를 적용해 비즈니스 로직과 외부 시스템 간의 의존성을 분리했다. 도메인 계층에서는 주문(`Order`), 커피(`Coffee`), 금액(`Money`)과 같은 엔티티와 값 객체를 정의해 비즈니스 규칙을 명확히 구현했다. 예를 들어, `Order` 엔티티는 상태 전이 로직과 금액 계산을 캡슐화하며, `Money` 값 객체는 불변성을 유지함으로써 계산의 정밀도를 보장했다. 애플리케이션 계층에서는 `CreateOrderUseCase` 같은 유스케이스를 통해 비즈니스 로직을 실행하고, 입력과 출력 DTO를 활용해 데이터 흐름을 체계화했다. 인프라 계층에서는 DynamoDB 저장소 구현과 FastAPI 컨트롤러를 통해 외부 요청을 처리하며, `OrderRepository` 같은 인터페이스를 통해 도메인과 인프라 간의 추상화를 유지했다. 이러한 코드 작성 방식은 각 계층의 책임을 명확히 분리해 테스트 용이성과 유지보수성을 강화한다. 또한 전체 틀을 먼저 구성한 후, 엔티티와 유스케이스 중심으로 애플리케이션을 작성하면 데이터베이스와 같은 외부 시스템을 사용할 때도 비즈니스 중심의 최적화가 가능하다는 점을 확인할 수 있었다.

서버리스 배포와 CI/CD

배포 환경으로는 AWS 람다와 서버리스 프레임워크를 채택해 초기 운영 비용을 절감하고, CI/CD 파이프라인을 통해 자동화된 배포와 테스트를 구현했다. 깃허브 액션과 pre-commit 훅을 활용한 자동화 전략은 코드 품질을 유지하고, 배포 과정에서의 오류를 최소화했다. 그리고 이러한 CI/CD 자동화 구성이 코드 품질을 향상시키는 방법이라는 사실도 배웠다. Mangum을 사용해 FastAPI와 AWS 람다 간의 호환성을 확보하며, 서버리스 아키텍처의 장점을 최대한 활용했다.

예외 처리와 테스트 전략

예외 처리는 시스템 안정성을 높이는 데 핵심적인 역할을 한다. 또한 단순히 오류를 처리하는 것을 넘어 코드의 비즈니스 로직의 일부라는 점을 이해할 수 있었다.

애플리케이션의 최상위 예외인 `OnlineCafeException`을 기반으로 한 계층적 예외 구조는 클라이언트(4xx)와 서버(5xx) 에러를 명확히 구분하고, 도메인 언어로 에러를 표현함으로써 유지보수성을 강화했다. 예를 들어, `DatabaseSaveError`는 DynamoDB 저장 실패 시 발생하며, 명확한 에러 메시지와 상태 코드를 제공했다. 테스트 전략은 단위 테스트, 통합 테스트, API 테스트를 포괄하며, `unittest`와 `TestClient`를 활용해 유스케이스와 컨트롤러의 동작을 검증했다. `TestCreateOrderUseCase` 같은 테스트는 Given-When-Then 패턴을 따라 성공 및 실패 시나리오를 검증하며, 모킹을 통해 의존성을 제거해 테스트의 독립성을 보장했다.

결론

이번 장에서는 단순히 클린 아키텍처 기반의 코드 작성뿐만 아니라 실무에서 요구사항 분석부터 예외 처리, 테스트 자동화까지 해당 설계와 코드를 극대화해서 활용할 수 있는 대부분의 내용을 다뤘다. 도메인 중심의 코드 작성, 명확한 계층 분리, 자동화된 배포 및 테스트 전략은 프로젝트 규모가 커지더라도 일관성을 유지하며 유지보수와 확장이 용이한 소프트웨어를 만드는 데 필수적이다. 이번 장에서 배운 내용을 토대로 실제 프로젝트에서 도메인 요구사항과 팀 상황에 맞게 클린 아키텍처를 적용하고 최적화할 수 있을 것이다.

08

클린 아키텍처로 애자일하게 일하기

소프트웨어 개발 프로젝트는 요구사항을 충족하기 위해 계획, 설계, 구현, 운영이라는 일련의 과정을 거친다. 이러한 과정에서 체계적인 방법론은 성공적인 프로젝트 완수를 위한 핵심이다. 이 책의 5장에서는 클린 아키텍처의 이론적 기반을 살펴보고, 6장에서는 각 계층의 역할과 호출 흐름을 학생 성적 계산 프로그램으로 구체화했으며, 7장에서는 온라인 커피 주문 API를 통해 요구사항 분석부터 CI/CD 배포까지 실무적 구현을 다뤘다. 이번 장에서는 클린 아키텍처가 애자일 방법론과 어떻게 결합되어 프로젝트를 효과적으로 기획하고 진행할 수 있는지 탐구한다.

애자일 방법론은 짧은 주기의 반복과 지속적인 피드백을 통해 변화하는 요구사항에 유연하게 대응하는 것을 목표로 한다. 클린 아키텍처는 계층 분리, 의존성 역전, 테스트 용이성을 통해 코드의 유연성과 유지보수성을 보장하며, 이러한 특성이 애자일의 빠른 개발과 품질 유지에 어떻게 기여하는지 살펴본다. 7장의 온라인 커피 주문 API 사례를 중심으로, 클린 아키텍처를 적용한 프로젝트가 애자일 프로세스에서 어떻게 점진적으로 발전하는지, 스프린트 단위로 어떤 계획과 작업이 이뤄지는지 구체적으로 분석한다. 이를 통해 클린 아키텍처가 단순한 설계 원칙을 넘어, 실무에서 프로젝트 기획과 실행의 효율성을 높이는 도구로 작용한다는 사실을 확인할 수 있을 것이다.

8.1 워터폴 방법론이란?

워터폴 방법론은 소프트웨어 개발의 전통적인 접근 방식으로, 프로젝트를 순차적인 단계로 나눠서 진행한다. 요구사항 분석, 설계, 구현, 테스트, 배포, 유지보수로 이어지는 각 단계는 이전 단계가 완료된 후에 시작되며, 마치 폭포수가 위에서 아래로 흐르듯이 단방향으로 진행된다. 이 방법론은 논리적으로 단순하고 직관적이다. 각 단계의 목표와 산출물이 명확히 정의되며, 프로젝트 초기에 전체 계획을 세우고 이를 체계적으로 실행하는 구조는 초보자도 이해하기 쉽다. 예를 들어, 7장에서 다룬 온라인 커피 주문 API 프로젝트를 워터폴로 접근한다면 요구사항 분석(예: 주문 생성, 메뉴 조회)부터 시작해 설계, 구현, 테스트를 순차적으로 진행했을 것이다. 실제로도 7장은 쉽게 설명하기 위해 그와 같은 방식으로 구성돼 있다.

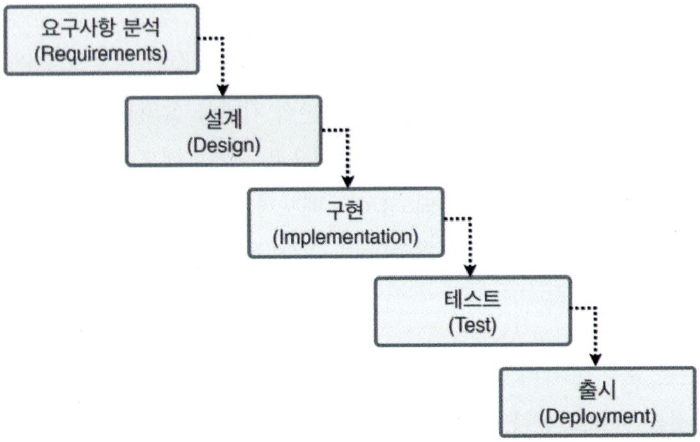

그림 8.1 워터폴 방법론의 순차적 단계 구조

그러나 워터폴 방법론은 실무에서 여러 한계를 드러낸다.

첫째, 요구사항의 불확실성이다. 프로젝트 초기에 모든 요구사항을 완벽히 정의하기는 현실적으로 어렵다. 대부분의 경우 초기 요구사항이 개발 중에 세부사항으로 구체화되거나 변경된다. 워터폴에서는 이러한 변경을 수용하려면 이전 단계로 되돌아가야 하며, 이는 시간과 비용을 크게 증가시킨다.

둘째, 계획의 신뢰성 문제다. 불확실한 요구사항 속에서 각 단계의 소요 시간을 정확히 예측하기 어렵다. 결국 계획은 경험에 의존한 추정에 가까워지며, 이는 프로젝트 지연이나 품질 저하로 이어질 수 있다.

워터폴 방법론이 '변경 불가'라는 오해를 받기도 하는데, 변경 자체는 가능하지만 순차적 구조로 인해 변경 비용이 매우 크다. 예를 들어, 구현 단계에서 요구사항이 수정되면 설계와 분석 단계로 거슬러 올라가 재작업해야 한다. 이 과정에서 마감 기한까지 시간이 부족해지며, 테스트와 배포 단계가 압박을 받는다.

결과적으로 계획된 기능의 일부만 구현되거나 품질이 저하된 채로 배포되는 경우가 빈번히 발생한다. 배포 후에도 미완성 작업이 쌓여 '업무 인플레이션'이 발생하며, 개발자는 밤샘 수정 작업에 매달리게 된다. 이는 화려한 포장지로 감싼 불완전한 제품을 출시하는 것과 같다.

이러한 워터폴의 한계는 클린 아키텍처가 해결하고자 하는 문제와 밀접히 연결된다. 예를 들어, 5장에서 설명한 클린 아키텍처의 품질 속성(테스트 용이성, 변경 용이성)은 워터폴의 경직된 구조에서 발생하는 문제를 완화한다. 이는 워터폴의 한계를 극복하는 애자일 방법론이 클린 아키텍처와 유사한 철학을 공유한다는 것을 암시한다.

워터폴 방법론은 단순하고 체계적이지만, 현대 소프트웨어 개발의 동적이고 불확실한 환경에서는 한계가 명확하다. 이어지는 절에서는 애자일 방법론이 이러한 한계를 어떻게 극복하며, 클린 아키텍처와 결합해 어떤 시너지를 내는지 살펴본다.

8.2 애자일 방법론이란?

애자일 방법론은 소프트웨어 개발에서 변화하는 요구사항에 유연하게 대응하고, 지속적으로 가치를 전달하기 위한 프로세스다. 워터폴 방법론이 장기 계획과 순차적 단계를 강조하며 예측 불가능한 변경에 취약한 반면, 애자일은 큰 문제를 작은 단위로 나누어 짧은 주기(스프린트)로 수행하고, 그 과정에서 데이터를 수집해 계획을 조정한다. 이는 불확실한 환경에서 현실적인 기능 범위와 우선순위를 설정하며, 프로젝트를 납기일에 맞춰 성공적으로 완수하는 데 목적이 있다.

그림 8.2와 같이 애자일은 1~4주 간의 스프린트로 요구사항 분석, 설계, 구현, 테스트, 배포를 반복하며, 각 주기마다 작동하는 소프트웨어를 제공한다. 이를 통해 고객 피드백을 빠르게 반영하고, 단위 시간당 수행 가능한 작업량을 측정해 계획의 정확성을 높인다. 예를 들어, 커피 주문 API를 구현한다면 '주문 생성', '메뉴 조회', '주문 상태 확인' 기능을 스프린트 단위로 세분화해 점진적으로 구현할 수 있을 것이다. 그리고 각 스프린트에서 측정되는 작업량을 통해 다른 기능이나 고객의 피드백을 반영하기 위한 다음 스프린트를 계획한다.

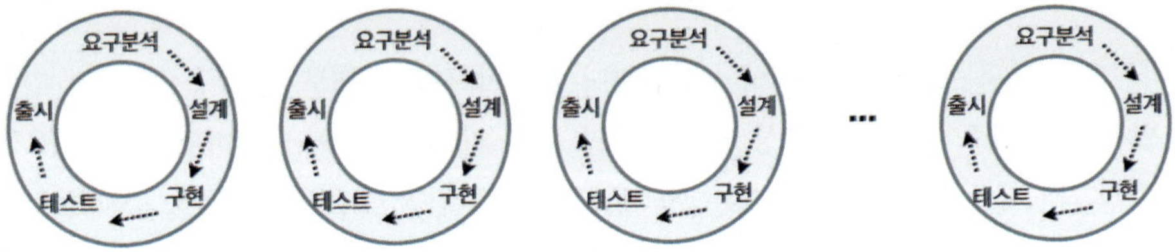

그림 8.2 애자일 스프린트 주기 다이어그램: 요구사항 분석, 설계, 구현, 테스트, 출시의 상호작용

애자일의 핵심 가치와 원칙

애자일은 2001년 발표된 애자일 선언문(Agile Manifesto)을 기반으로 하며, 네 가지 핵심 가치와 열두 가지 원칙을 제시한다. 핵심 가치는 다음과 같다.

- **개인과 상호작용**이 프로세스와 도구보다 우선한다.
- **작동하는 소프트웨어**가 포괄적인 문서보다 우선한다.
- **고객과의 협업**이 계약 협상보다 우선한다.
- **변화에 대한 대응**이 계획 준수보다 우선한다.

이러한 가치들은 워터폴의 한계를 직접적으로 해결한다. '개인과 상호작용'은 엄격한 프로세스나 도구에 얽매이기보다 팀원 간의 직접적인 소통과 협업을 통해 문제를 해결하는 것을 강조한다. '작동하는 소프트웨어'는 완벽한 문서나 계획보다 실제 동작하는 제품을 통해 빠른 피드백을 얻는 것을 중시한다. '고객과의 협업'은 일방적인 계약 이행보다 지속적인 소통을 통해 진정한 고객 가치를 창출하는 것을 목표로 한다. '변화에 대한 대응'은 고정된 계획보다 변화하는 요구사항에 유연하게 적응하는 것을 우선시한다.

애자일에 대한 오해와 진실

애자일 방법론은 널리 알려져 있지만, 그만큼 오해도 많이 받는다. 특히 실무에서 애자일을 도입할 때 이러한 오해들이 제대로 된 애자일 실천을 방해하는 경우가 비일비재하다. 애자일의 진정한 가치를 이해하기 위해 가장 흔히 받는 오해들을 살펴보자.

빠른 개발

애자일은 종종 '빠른 개발'로 오해받는다. 이 오해는 '애자일(agile)'이라는 용어 자체가 '민첩함'을 의미하고, 실무에서 '빠른 실행'이라는 키워드가 자주 사용되기 때문으로 보인다.

그러나 애자일의 진정한 목표는 단순히 프로젝트를 빨리 완수하는 것이 아니라 데이터를 기반으로 계획을 관리하고 요구사항 변경에 유연하게 대응하는 것이다. 애자일에서 말하는 '빠름'은 속도가 아닌 '변화에 대한 빠른 대응'을 의미한다.

예를 들어, 커피 주문 API를 구현하면서 스프린트마다 완료된 작업량(유스케이스 구현, 테스트 작성 등)을 측정해 다음 스프린트의 범위를 조정하는 것은 단위 시간당 더 많은 일을 처리하려는 것이 아니다. 오히려 현실적인 범위와 품질을 데이터로 관리함으로써 지속 가능한 개발 속도를 유지하는 과정이다.

작은 워터폴의 반복

또 다른 흔한 오해는 애자일이 '작은 워터폴의 반복'이라는 것이다. 이러한 해석은 애자일 스프린트를 단순히 워터폴 단계를 짧은 주기로 여러 번 반복하는 것으로 보는 관점에서 나온다.

워터폴에서는 요구사항 분석 → 설계 → 구현 → 테스트 → 배포가 순차적으로 진행되며, 각 단계가 완전히 완료돼야 다음 단계로 넘어간다. 반면, 애자일은 스프린트 내에서 이 모든 활동이 상호작용하며 동시다발적으로 이뤄진다.

예를 들어, 커피 주문 API 개발에서 유스케이스 설계(`CreateOrderUseCase`)와 테스트 작성이 동시에 진행되고, 요구사항 변경(재고 검증 로직 추가 등)이 스프린트 중간에도 반영될 수 있다. 이는 워터폴의 경직된 순서를 따르지 않고, 각 활동 간의 유연한 상호작용을 통해 점진적으로 개선되는 애자일의 본질을 보여준다.

결국 애자일과 워터폴의 근본적 차이는 개발 과정의 철학에 있다. 워터폴은 '계획대로 실행'을 중시하는 반면, 애자일은 '학습과 적응'을 통한 지속적 개선을 추구한다. 이러한 차이점을 이해해야 애자일의 진정한 가치를 실현할 수 있다.

애자일 실천 방법

애자일 실천 방법은 소프트웨어 개발의 효율성과 품질을 극대화한다. 다음은 코드 설계와 개발에 초점을 맞춘 주요 실천 방법을 정리한 것이다.

계획 세우기

애자일은 스프린트를 통해 계획, 실행, 리뷰를 반복하며, 각 스프린트에서 완료된 작업량을 데이터로 수집해 다음 계획을 조정한다. 이는 워터폴 방법론의 장기 계획이 요구사항 변경과 불확실성으로 인해 실패하는 문제를 해결한다. 계획의 핵심 단위는 **사용자 스토리**, **스토리 포인트**(작업량 점수), **스파이크**, **테크니컬 스토리**로, 이것들은 프로젝트의 범위와 우선순위를 명확히 한다.

사용자 스토리

사용자 스토리는 고객 관점에서 기능을 정의하는 단위다. 간단히 말하면, 사용자가 시스템을 통해 달성하고자 하는 목표를 기술한 것이다. 스토리는 '누가, 무엇을, 왜' 형식으로 작성되며, 다음과 같은 문장을 완성한다.

"XXX로서, 나는 XXX을 할 수 있어야 한다. 그래서 XXX을 할 수 있다."

예를 들어, 커피 주문 API에서 사용자 스토리는 다음과 같다.

"고객으로서, 커피를 주문할 수 있어야 한다. 그래서 원하는 음료를 구매할 수 있다."

스토리를 작성할 때는 다음과 같은 **INVEST 원칙**을 따라야 한다.

- **독립적(Independent)**: 다른 스토리에 의존하지 않고 독립적으로 구현 가능해야 한다.
- **협상 가능(Negotiable)**: 고객과 협의해 세부사항을 조정할 수 있어야 한다.

- **가치 있음(Valuable)**: 고객에게 직접 가치를 제공해야 한다. 예를 들어, 커피 주문 API에서 '주문 생성'은 고객이 커피를 구매할 수 있게 해준다.
- **측정 가능(Estimable)**: 구현 노력을 추정할 수 있어야 한다. 이는 스토리 포인트로 측정된다.
- **작음(Small)**: 한 스프린트(2주) 내에서 완료 가능해야 한다.
- **테스트 가능(Testable)**: 명확한 인수 기준으로 테스트할 수 있어야 한다. 예를 들어, API를 개발했다면 명확한 인수 테스트(예: API 테스트)를 통해 이를 검증해야 한다.

이러한 기준으로 작성된 사용자 스토리는 스프린트 계획의 기본 단위로 사용된다.

스토리 포인트

스토리 포인트는 각 스토리의 구현에 필요한 노력과 복잡성을 상대적으로 측정하는 지표다. 팀은 스프린트마다 완료된 점수를 측정해 평균 작업량(속도)을 계산하고, 이를 기반으로 다음 스프린트의 범위를 계획한다.

점수 부여 방식

점수 부여는 상대적 비교를 통해 이뤄진다. 온라인 쇼핑몰 예시를 들면 '장바구니에 담기' 스토리를 중간 난이도의 기준으로 삼아 5점을 부여한다. 그 후 다른 스토리들을 이 기준과 비교해 '물품 리스트 보기'(3점), '결제하기'(7점)로 상대적 노력을 추정한다. 7장의 커피 주문 API에서도 동일한 접근법을 적용할 수 있다. '주문 생성' 스토리를 기준으로 5점을 설정하고, '메뉴 조회'(3점), '주문 결제'(7점)으로 점수를 매길 수 있다. 이때 포인트는 팀의 평균 역량과 기술적 복잡성을 고려해 평가한다.

속도 측정과 시각화

실제 스프린트가 수행될 때 각 스토리의 완료 여부를 통해 팀의 속도를 측정할 수 있다. 이 데이터는 속도 그래프와 번다운 차트로 시각화되며, 다음과 같이 표현할 수 있다.

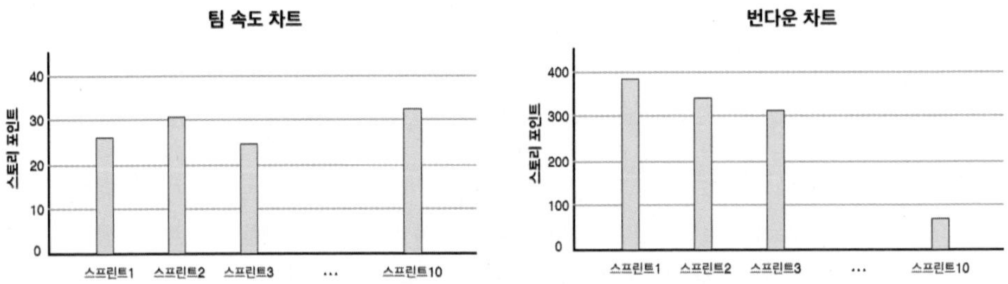

그림 8.3 팀 속도 차트와 번다운 차트: 스프린트별 완료 점수와 남은 작업량 추적

속도 그래프는 각 스프린트에서 완료된 점수를 보여주고, **번다운 차트**는 남은 작업량을 추적한다. 이러한 시각화 도구들은 팀이 프로젝트 마감일에 맞춰 구현 범위를 조정하는 데 필수적인 역할을 한다. 이를 통해 팀은 현실적인 계획을 세우고, 데이터 기반의 의사결정을 내릴 수 있게 된다.

스파이크

스파이크는 기술적 불확실성을 줄이기 위한 짧고 집중적인 탐구 작업이다. 시간 제한이 있는 간단한 실험으로, 결과는 완성된 코드가 아니라 문서나 프로토타입 형태의 지식이다. 예를 들어, 커피 주문 API에서 DynamoDB와 MySQL 간 성능 비교를 위해 스파이크를 수행했다고 가정할 수 있다.

- 스파이크: 'DynamoDB vs. MySQL 성능 비교(1주).'

스파이크는 스토리 점수를 추정할 때 불확실성이 높을 경우에도 사용된다. 만약 '주문 생성' 스토리의 재고 검증 로직이 복잡해 점수 추정이 어려웠다면 스파이크를 통해 재고 관리 방식(예: 트랜잭션 vs. 비동기 처리)을 조사해 점수를 명확히 할 필요가 있다.

테크니컬 스토리

테크니컬 스토리는 시스템의 안정성, 성능, 유지보수성을 위한 기술적 작업을 정의한다. 사용자에게 직접 가치를 제공하지 않더라도 프로젝트의 기반을 구축해 간접적으로 기여한다. 예를 들어, 다음과 같은 테크니컬 스토리를 고려할 수 있다.

- "개발자로서, JWT 기반 인증 서버를 설정하고 싶다. 그래서 안전한 로그인을 지원할 수 있다."

7장의 서버리스 프레임워크 설정과 패키지 구조 설계도 테크니컬 스토리의 좋은 예다. 이러한 작업들은 클린 아키텍처의 초기 틀을 구축해 후속 개발의 토대를 마련했다.

지금까지 살펴본 사용자 스토리, 스토리 포인트, 스파이크, 테크니컬 스토리는 애자일 계획의 핵심 구성 요소다. 이것들은 서로 보완하며 프로젝트의 전체적인 방향성과 세부 실행 계획을 제공한다.

계획 세우기는 애자일의 데이터 기반 접근을 가능하게 하며, 작업 범위를 명확히 하고, 변경에 유연하게 대응할 수 있도록 도와준다. 8.4절 '온라인 커피 주문 API로 본 애자일 적용 사례'에서는 이러한 계획 요소들이 실제 프로젝트에서 어떻게 적용되는지 구체적으로 살펴본다.

작은 릴리스

작은 릴리스는 짧은 주기로 작동하는 소프트웨어를 제공해 빠른 피드백을 얻는 실천 방법이다. 예를 들어, 7장에서 깃허브 액션과 서버리스 프레임워크를 통해 자동화된 배포 파이프라인을 구축해 빈번한 릴리스를 지원했다.

사용자 스토리는 한 스프린트 내에서 구현 가능하도록 작게 분할된다. '주문 생성' 스토리는 '고객 ID 검증', '재고 확인', '주문 저장'으로 세분화되어 각 기능을 독립적으로 개발하고 테스트할 수 있다. 이는 빠른 피드백, 오류 최소화, 기술적 부채 감소를 가능하게 한다.

테스트 주도 개발과 인수 테스트

테스트 주도 개발(Test-Driven Development, TDD)은 테스트를 먼저 작성하고, 이를 통과하는 최소한의 코드를 작성한 후 리팩터링하는 방식이다. 7장의 커피 주문 API에서는 TDD를 통해 유스케이스(`CreateOrderUseCase`) 등의 비즈니스 로직을 검증했다. 이는 애자일의 빠른 피드백 루프를 지원하며, 클린 아키텍처의 테스트 용이성을 실현한다.

TDD로 개발된 견고한 단위 테스트는 인수 테스트의 기반이 된다. 각 컴포넌트가 개별적으로 검증돼 있기 때문에 전체 시스템을 통합한 인수 테스트를 더 안정적이고 예측 가능하게 작성할 수 있다.

인수 테스트는 사용자 스토리의 인수 기준을 기반으로 작성된다. 사용자 스토리가 고객의 관점에서 기능을 정의하듯이, 인수 테스트도 고객이 확인할 수 있는 결과를 검증 기준으로 삼는다. 7장의 '주문 생성' 스토리는 다음과 같은 인수 기준을 가질 수 있다.

- 고객 ID가 유효해야 한다.
- 커피 재고가 충분해야 한다.
- 주문 저장 후 주문 ID와 총액이 반환된다.

예를 들어, `CreateOrderUseCase`가 TDD로 철저히 테스트됐다면 인수 테스트에서 '주문 생성 API 호출 → 주문 ID 반환'이라는 전체 흐름을 검증할 때 문제가 발생해도 원인을 빠르게 파악할 수 있다. 인수 테스트가 실패하면 개발자는 이미 검증된 단위 테스트들을 통해 문제가 비즈니스 로직이 아닌 통합 부분(API 라우팅, 데이터베이스 연결 등)에 있음을 즉시 알 수 있기 때문이다.

이처럼 TDD와 인수 테스트는 단위 테스트 레벨에서 사용자 경험 레벨까지의 품질을 단계적으로 확보하며, 문제가 발생했을 때 효율적인 디버깅을 가능하게 하는 상호 보완적 관계를 형성한다.

공동 소유

공동 소유는 팀 전체가 코드와 아키텍처를 공유함으로써 협업과 유지보수성을 높이는 실천 방법이다. 커피 주문 API의 패키지 구조는 클린 아키텍처의 계층을 명확히 분리해 팀원들이 코드의 역할을 쉽게 파악할 수 있도록 했다.

또한 깃허브 액션과 pre-commit 훅은 코드 변경을 자동으로 테스트해 팀의 신뢰를 높였다. 클린 아키텍처의 설계 규칙은 코드 리뷰와 페어 프로그래밍을 통해 팀원 간 지식 공유를 촉진하며, 이를 통해 공동 소유를 더욱 강화할 수 있다.

이처럼 애자일 실천 방법은 소프트웨어 개발의 유연성과 품질을 향상시킨다. 다음 절에서는 클린 아키텍처가 애자일 프로세스에 어떻게 기여하며, 7장의 커피 주문 API를 스프린트 단위로 어떻게 구현했는지 구체적으로 살펴본다.

왜 애자일에서는 사용자 스토리를 중심으로 계획을 작성하길 권장할까?

애자일에서 사용자 스토리와 고객 관점을 강조하는 이유는 고객 가치를 최우선으로 삼아 개발 프로세스를 단순화하고, 빠른 피드백, 명확한 우선순위, 낭비 최소화를 달성하기 위해서다. 고객 관점이 없으면 개발 팀이 기술적 세부사항에 매몰되거나 고객의 실제 필요와 동떨어진 작업에 집중할 위험이 있다. 또한 고객 관점의 사용자 스토리는 명확한 우선순위를 설정하는 데 도움을 준다. 즉, 시스템 개발 순서를 임의로 정하는 대신, 고객이 가장 필요로 하는 기능을 먼저 구현하도록 유도한다.

8.3 클린 아키텍처와 애자일 방법론

클린 아키텍처는 비즈니스 로직을 중심으로 시스템을 계층화해서 유지보수성과 테스트 용이성을 높이는 설계 철학이다. 그리고 애자일 방법론은 변화하는 요구사항에 유연하게 대응하고 지속적으로 가치를 전달하는 프로세스를 강조한다. 이 두 접근은 변화에 대한 유연성과 고품질 소프트웨어 제공이라는 공통 목표를 공유하며, 클린 아키텍처는 애자일의 실천 방법을 기술적으로 뒷받침한다. 5장에서 소개한 클린 아키텍처의 원칙(독립성, 계층 구조, 의존성 규칙, 유연성)은 애자일의 빠른 피드백 루프와 반복적 개발을 지원한다. 이번 절에서는 클린 아키텍처가 애자일 프로세스를 어떻게 강화하는지 구체적으로 확인해보자.

클린 아키텍처와의 연관성

클린 아키텍처의 핵심 원칙들은 애자일의 핵심 가치와 직접적으로 연결된다.

- **독립성**: 비즈니스 로직이 프레임워크, UI, 데이터베이스 등 외부 시스템에 의존하지 않도록 설계한다.
- **계층 구조**: 엔티티, 유스케이스, 인터페이스 어댑터, 프레임워크 및 드라이버로 시스템을 나눈다.
- **의존성 규칙**: 외부 계층이 내부 계층에 의존하며, 내부 계층은 외부의 세부사항을 알지 못한다.
- **유연성**: 코드베이스를 변경하기 쉽게 유지함으로써 요구사항 변화에 빠르게 대응한다.

이 원칙들은 애자일의 핵심 가치인 '작동하는 소프트웨어'와 '변화에 대한 대응'을 기술적으로 가능하게 한다. 애자일은 고객 협업과 작은 릴리스를 통해 요구사항 변경을 환영하며, 클린 아키텍처는 계층 분리와 의존성 역전으로 이를 뒷받침한다.

사용자 스토리와 유스케이스의 유사성

애자일의 사용자 스토리와 클린 아키텍처의 유스케이스는 공통된 철학을 가진다. 사용자 스토리는 고객 관점에서 기능을 정의하며 세부 구현을 최대한 미룬다. 마찬가지로 유스케이스는 비즈니스 시나리오를 정의하고 외부 시스템의 세부사항을 추상화한다.

그림 8.4는 이러한 매핑 관계를 보여준다. 각 API(커피 주문 API, 메뉴 조회 API 등)가 개별 사용자 스토리가 되고, 각 사용자 스토리는 클린 아키텍처 구조에 따라 계층을 나누어 개발된다. 예를 들어, 커피 주문 API의 '주문 생성' 스토리는 '고객으로서, 커피를 주문할 수 있어야 한다'로 정의됐고, 이는 유스케이스(`CreateOrderUseCase`)로 구현됐다. 이 유스케이스는 `CoffeeRepository`와 `OrderRepository` 같은 인터페이스에 의존하며, 데이터베이스의 세부사항(DynamoDB의 JSON 구조)을 감춘다. 이는 애자일의 스토리가 세부사항을 미루는 철학과 유사하며, 클린 아키텍처의 계층 구조가 이를 기술적으로 뒷받침한다.

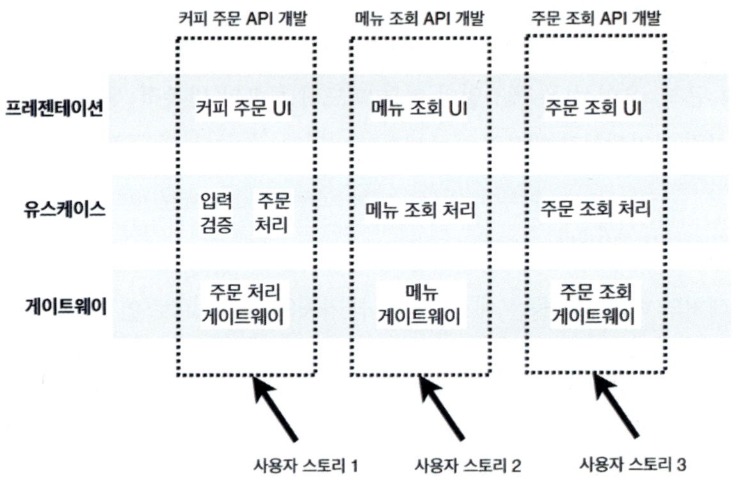

그림 8.4 클린 아키텍처의 구조와 애자일 사용자 스토리의 매핑

클린 아키텍처가 애자일에 기여하는 방식

클린 아키텍처는 애자일의 핵심 실천 방법들(계획 세우기, 작은 릴리스, TDD, 공동 소유)을 강화하며, 변화에 대한 유연성, 테스트 용이성, 빠른 배포, 지속 가능한 코드 품질, 팀 협업에서 시너지를 창출한다.

변경과 확장에 대한 유연성

애자일은 요구사항 변경을 환영하며, 이를 빠르게 반영하는 것을 목표로 한다. 클린 아키텍처는 이러한 애자일의 철학을 뒷받침하는 구조적 특성을 제공한다.

독립적인 컴포넌트 구조

클린 아키텍처는 시스템을 독립적인 컴포넌트, 특히 유스케이스 단위로 구조화한다. 각 유스케이스는 단일 비즈니스 시나리오를 처리하며, 애자일의 사용자 스토리와 1:1로 매핑될 수 있다.

유스케이스는 인터페이스(예: `OrderRepository`)에만 의존하므로 다른 계층(데이터베이스, UI)의 변경이 비즈니스 로직에 영향을 주지 않는다. 또한 서로 다른 유스케이스 간의 의존성이 없기 때문에 하나의 유스케이스를 변경해도 다른 유스케이스에서 사이드 이펙트가 발생할 걱정이 거의 없다.

확장에 열린 구조

개방-폐쇄 원칙(OCP)에 따라 클린 아키텍처는 기능 변화에는 닫히고 확장에는 열려 있도록 설계된다. 새로운 유스케이스 추가 시 기존 코드를 최소한으로 수정하면서 요구사항에 대응할 수 있다.

예를 들어, 커피 주문 API에서 '주문 상태 확인' 기능이 추가 요구사항으로 발생했을 때 새로운 유스케이스(`GetOrderStatusUseCase`)를 추가하고 기존 코드를 최소한으로 수정하면 된다. 계층 분리로 인해 다른 계층의 코드는 재활용하고, 유스케이스 코드만 새로 추가해서 요구사항에 대응할 수 있다. 또 다른 예로 '주문 취소' 기능을 추가하는 스프린트를 가정해 보자. 클린 아키텍처에서는 주문 취소 유스케이스(`CancelOrderUseCase`)를 정의하고, 기존 `OrderRepository` 인터페이스에 새로운 메서드(`save_cancelled_order`)를 추가하는 것만으로 충분하다.

이러한 특성 덕분에 각 유스케이스는 독립적으로 개발, 테스트, 배포될 수 있으며, 애자일의 작은 릴리스 원칙과 부합해서 각 스프린트에서 안전하게 기능을 제공할 수 있다.

테스트 용이성

애자일은 테스트 주도 개발(TDD)을 통해 빠른 피드백 루프를 강조한다. 클린 아키텍처는 테스트 용이성을 높이는 방향으로 설계된다. 테스트가 어려운 코드는 종종 높은 결합도 때문에 발생한다. 클린 아키텍처에서는 계층 간의 결합도와 각 계층 내에서의 컴포넌트 간의 결합도도 낮게 유지하는 특성이 있기 때문에 애자일의 TDD 실천을 지원하며, 코드 변경 시 기존 기능의 안정성을 보장한다. 결과적으로 클린 아키텍처의 테스트 용이성은 코드 변경에 대한 두려움을 줄이고, 애자일의 빠른 피드백과 반복적 개발을 가능하게 한다.

빠른 배포와 작은 릴리스

애자일은 작은 릴리스로 자주 배포해 고객 피드백을 빠르게 받는다. 클린 아키텍처는 앞에서 확인한 '변경과 확장에 대한 유연성' 특성에 따라 배포 단위를 작게 유지할 수 있다. 예를 들어, 새로운 유스케이스를 추가할 때 컨트롤러와 프레젠터만 수정하고 다른 유스케이스는 그대로 유지된다. 이는 애자일의 작은 릴리스 원칙과 부합하며, 고객 피드백을 빠르게 반영한다. 또한 이런 과정에 막힘이 없고 신속할 수 있는 근거는 '테스트 용이성'에서 확인한 것처럼 테스트로 인해 코드 변경에 안정성이 있기 때문이다. 이러한 테스트 용이성은 인수 테스트로 이어질 수 있기 때문에 릴리스를 더 쉽게 만들어준다.

지속 가능한 코드 품질

애자일은 지속적인 리팩터링으로 코드 품질을 유지한다. 코드를 구조에 맞게 높은 품질로 유지되게끔 리팩터링하려면 테스트 용이성이 굉장히 중요하다. 개발자가 수정하려는 코드에 사이드 이펙트 발생 여부가 코드 수정을 수행할지 말지를 결정할 수 있기 때문이다. 즉, 특정 부분을 수정했는데 다른 부분에서 에러가 날 수도 있다고 생각한다면 두려워서 코드를 수정할 수 없게 된다.

이처럼 클린 아키텍처의 테스트 용이성은 개발자가 리팩터링를 수행하는 데 있어 자신감을 불어넣어주고, 지속적으로 코드 품질을 향상시키고 유지할 수 있게 해준다.

팀 협업 강화

애자일은 공동 소유와 페어 프로그래밍으로 팀 협업을 강조한다. 클린 아키텍처의 네이밍 규칙과 패키지 구조는 코드의 의도를 명확히 전달한다.

7장에서 살펴본 온라인 커피 주문 API의 패키지 구조는 `domain`, `application`, `infrastructure` 등으로 나뉘어 팀원들이 코드의 역할을 쉽게 파악했다. 또한, `CreateOrderUseCase`와 `Order` 엔티티는 직관적인 이름으로 팀원 간 이해를 돕고, 코드 리뷰와 페어 프로그래밍을 효율적으로 만든다.

이는 새로운 팀원의 온보딩 시간을 단축하며, 공동 소유를 강화한다. 설계는 특정 전문가의 영역으로 고정되지 않고, 모든 팀원이 전반적인 구조를 이해할 수 있어야 조직의 안정성이 높아진다. 클린 아키텍처는 이러한 심플하고 의도 전달이 명확한 구조를 제공한다.

그뿐만 아니라 클린 아키텍처의 명확한 계층 구조와 인터페이스는 팀원들이 독립적으로 작업하며 서로 방해하지 않도록 한다. 그림 8.5와 같이 계층이 분리돼 있으며, 특히 인터페이스를 중심으로 서로 다른 계층이 결합도가 낮은 부분이 많기 때문에 특정 팀원(혹은 팀)이 어느 영역을 수정하는 작업을 하고 있어도 다른 계층이나 컴포넌트를 작업하는 다른 팀원(혹은 팀)에게는 영향을 주지 않는다.

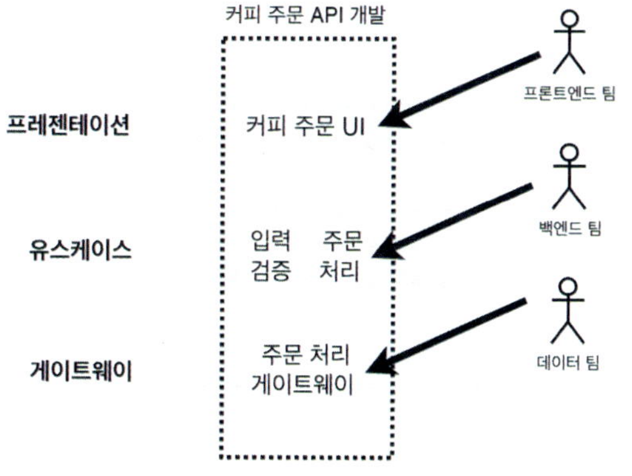

그림 8.5 클린 아키텍처의 계층 구조와 팀 협업

클린 아키텍처를 애자일 환경에 적용할 때의 주의 사항

클린 아키텍처와 애자일은 변화에 유연하게 대응하고 고품질 소프트웨어를 제공한다는 공통 목표를 공유한다. 클린 아키텍처의 계층 분리, 의존성 역전, 테스트 용이성은 애자일의 사용자 스토리, TDD, 작은 릴리스, 공동 소유를 기술적으로 뒷받침한다. 하지만 클린 아키텍처를 애자일 환경에 적용할 때는 다음과 같은 트레이드오프와 주의점을 고려해야 한다.

과도한 설계의 위험

클린 아키텍처의 계층 분리는 초기 설계 비용을 증가시킬 수 있다. 테스트하기 쉬운 구조가 없으면 TDD와 빠른 배포가 어렵고 코드 품질이 저하되지만, 반대로 과도한 복잡성은 애자일의 단순함 원칙을 해칠 수 있다.

애자일의 '필요한 만큼만' 원칙에 따라 점진적으로 설계를 개선해야 한다. 처음부터 모든 계층을 완벽하게 구성하려 하지 말고, 요구사항이 명확해지면서 단계적으로 아키텍처를 발전시켜 나가는 것이 바람직하다.

팀 역량과 학습 곡선

클린 아키텍처에는 학습 곡선이 따른다. 팀원들이 계층 구조와 의존성 역전 개념을 이해하지 못하면 오히려 개발 생산성이 떨어질 수 있다.

7장의 프로젝트처럼 명확한 패키지 구조와 문서화를 통해 온보딩을 용이하게 하고, 초기 교육에 충분한 시간을 투자해야 한다. 모든 팀원이 아키텍처를 이해할 때까지는 단순한 구조로 시작하는 것도 고려할 만하다.

고객 중심과 기술적 완성도의 균형

클린 아키텍처의 기술적 이점에 집중하다 보면 고객 협업이 소홀해질 위험이 있다. 아키텍처 설계에 매몰되어 정작 고객의 피드백을 놓치거나 기술적 완성도만을 추구하며 실제 비즈니스 가치 전달을 늦출 수 있다.

클린 아키텍처는 기술적 기반을 제공하는 수단일 뿐이다. 애자일의 고객 중심 원칙을 항상 우선시하고, 고객 피드백을 최우선으로 반영해야 애자일의 본질을 실현할 수 있다.

핵심 원칙

결국 클린 아키텍처는 애자일의 가치를 실현하기 위한 도구여야 한다. 7장의 커피 주문 API가 보여준 것처럼 유스케이스와 저장소 인터페이스로 요구사항에 따른 코드 변경을 최소화하고, 테스트와 배포 자동화로 빠른 피드백을 가능하게 하는 것이 목표다. 기술적 완성도보다는 고객 가치 전달과 팀의 지속 가능한 개발을 우선해야 한다.

8.4 온라인 커피 주문 API로 본 애자일 적용 사례

7장의 온라인 커피 주문 API 프로젝트를 2주 스프린트로 가정하고, 총 4개의 스프린트를 계획해보자. 각 스프린트는 사용자 가치(예: 각 API 기능)와 기술적 기반(예: 인프라, CI/CD)을 균형 있게 포함하며, 클린 아키텍처를 점진적으로 구축한다. 스프린트는 초기 설정, 핵심 기능 구현, 추가 기능 및 최적화로 나뉘며, 각 스프린트에서 선정한 사용자 스토리와 스토리 개발 순서는 비즈니스의 우선순위에 따라 결정됐다고 가정한다. 이 과정을 통해 어떻게 애자일을 이용해 클린 아키텍처를 기반으로 한 코드를 각 스프린트에서 계층을 단계적으로 확장하는지 보여준다.

다음은 프로젝트의 전체 계획을 구조화된 형태로 정리한 것이다. 실무에서는 백로그 관리 도구(예: Jira, Trello)에서 유사하게 사용할 수 있다.

프로젝트 개요

- **목표**: 온라인 커피 주문 API 구축
- **기간**: 8주(스프린트 0 + 3개 스프린트)
- **팀 규모**: 개발자 3~5명 가정
- **기술 스택**: FastAPI, AWS 람다, DynamoDB, 클린 아키텍처

스프린트 0: 초기 설정 및 기술적 기반 구축

스프린트 0은 프로젝트의 기술적 토대를 마련하는 단계로, 클린 아키텍처 구조와 CI/CD 파이프라인을 설정하고, AWS 배포의 불확실성을 줄인다. 이 스프린트는 애자일의 초기 계획 세우기를 반영하며, 클린 아키텍처의 계층 독립성을 활용해 후속 스프린트에서 유연한 개발을 가능하게 한다.

(1) **스프린트 목표**: 프로젝트 킥오프 및 개발 환경 준비

(2) **주요 활동**

1. 팀 셋업
   - 역할 정의 및 Working Agreement
   - 개발 도구 표준화 (IDE, Linter, Git)
   - AWS 계정 및 권한 설정
2. 초기 백로그 작성
   - 비즈니스 요구사항 수집
   - 우선순위 설정

(3) 스파이크: AWS Lambda + FastAPI 검증

- 스토리 포인트: 2(타임박스: 2일)
- 설명: 개발팀으로서 AWS 람다에서 FastAPI의 실행 가능성을 검증해 프로젝트의 기술적 위험을 조기에 식별하고자 한다.
- 조사 목표: 람다에서 FastAPI 실행 가능성 확인
- 성공 지표: 간단한 'Hello World' API 배포 성공
- 산출물: 기술 결정 문서
- 검증
  - 팀 리뷰 및 배포 로그 확인
  - 프로토타입 실행 테스트 통과

(4) 스프린트 백로그

1. [Activity] 팀 셋업 – 0 points (초기 활동)
2. [Activity] 초기 백로그 작성 – 0 points (초기 활동)
3. [Spike] AWS 람다 + FastAPI 검증 – 2 points

(5) 총 계획: 2 points

(6) 스프린트 산출물

- 기술 결정 문서
- 초기 백로그 목록

스프린트 1: 기반 구축 및 메뉴 조회

이 스프린트는 클린 아키텍처의 기본 구조를 세우고 첫 번째 사용자 가치를 제공하는 단계로, 도메인 계층부터 시작해 인프라 계층까지 점진적으로 확장한다. 애자일의 반복적 접근을 통해 초기 피드백을 수집하며, 클린 아키텍처의 의존성 규칙을 준수해 코드의 독립성을 유지한다.

(1) 스프린트 목표: 클린 아키텍처 기반을 구축하고 메뉴 조회 기능을 제공

(2) 사용자 스토리: 메뉴 리스트 보기

- 스토리 포인트: 5
- 설명
  - 사용자로서 커피 메뉴 목록을 보고 싶다. 그래서 주문할 커피를 선택할 수 있다.

- 수용 기준
  - GET /menu 호출 시 메뉴 리스트 반환
  - 빈 메뉴일 경우 빈 배열 반환
  - 데이터베이스 오류 시 에러 메시지 반환
- 인수 테스트
  - curl로 GET /menu 호출 → 200 OK 확인
  - 응답 JSON 구조 검증
- 검증
  - 엔드투엔드 테스트 통과
  - 사용자 시나리오 시뮬레이션

(3) **테크니컬 스토리**: 클린 아키텍처 초기 구조 설정

- 스토리 포인트: 3
- 설명: 개발팀으로서 클린 아키텍처 구조를 설정하여 향후 개발의 기반을 마련하고자 한다.
- 완료 조건
  - 4개 계층 디렉터리 구조
  - Coffee, Order 엔티티 구현
  - Repository 인터페이스 정의
  - 기본 단위 테스트 작성
- 검증
  - 팀 리뷰 및 합의
  - 샘플 테스트 통과

(4) **테크니컬 스토리**: CI/CD 파이프라인 초기 설정

- 스토리 포인트: 5
- 설명: 개발팀으로서 CI/CD 파이프라인을 구축해 자동화된 테스트와 배포를 구현하고자 한다.
- 완료 조건
  - 깃허브 액션 워크플로 설정
  - 자동 테스트 실행
  - 개발 환경 자동 배포

- 검증
  - 파이프라인 실행 로그 확인
  - 자동 배포 테스트 통과

(5) **테크니컬 스토리**: DynamoDB `Coffee` 테이블 설정

- 스토리 포인트: 2
- 설명: 개발팀으로서 메뉴 데이터 저장을 위한 DynamoDB 테이블을 생성해 데이터 인프라를 준비하고자 한다.
- 완료 조건
  - `Coffee` 테이블 생성
  - 서버리스 프레임워크 설정
  - 샘플 데이터 삽입
- 검증
  - 테이블 쿼리 테스트
  - 데이터 삽입 확인

(6) **스프린트 백로그**

1. [User Story] 메뉴 리스트 보기 – 5 points
2. [Tech Story] 클린 아키텍처 초기 구조 설정 – 3 points
3. [Tech Story] CI/CD 파이프라인 초기 설정 – 5 points
4. [Tech Story] DynamoDB Coffee 테이블 설정 – 2 points

(7) **총 계획**: 15 points

(8) **스프린트 산출물**

- 작동하는 `GET /menu` API
- 클린 아키텍처 프로젝트 구조
- CI/CD 파이프라인
- DynamoDB `Coffee` 테이블

스프린트 2: 주문 기능 구현

이 스프린트는 핵심 비즈니스 기능을 구현하며, 클린 아키텍처의 애플리케이션 계층을 강화한다. 애자일 스토리를 통해 사용자 피드백을 반영하고, 이전 스프린트의 기반을 활용해 빠른 가치를 창출한다.

(1) **스프린트 목표**: 사용자가 커피를 주문할 수 있는 핵심 기능을 구현한다.

(2) **사용자 스토리**: 커피 주문

- 스토리 포인트: 8
- 설명: 사용자로서 커피를 주문할 수 있어야 한다. 그래서 원하는 커피를 구매할 수 있다.
- 수용 기준
  - `POST /order` 호출 시 주문 생성
  - 유효하지 않은 메뉴 ID일 경우 에러 반환
  - 주문 ID와 성공 메시지 반환
- 인수 테스트
  - `POST /order` 호출 → `200 OK` 확인
  - DynamoDB에 주문 데이터 저장 확인
- 검증
  - 엔드투엔드 테스트 통과
  - 오류 시나리오 검증

(3) **사용자 스토리**: 주문 상태 확인

- 스토리 포인트: 3
- 설명: 사용자로서 주문 상태를 확인할 수 있어야 한다. 그래서 주문 진행 상황을 알 수 있다.
- 수용 기준:
  - `GET /order/{id}` 호출 시 주문 상태 반환
  - 존재하지 않는 주문 ID일 경우 404 반환
- 인수 테스트
  - 주문 ID로 조회 → 상태 정보 확인
- 검증
  - 쿼리 테스트 통과
  - 에지 케이스 확인

(4) 테크니컬 스토리: DynamoDB `Order` 테이블 설정

- 스토리 포인트: 2
- 설명: 개발팀으로서 주문 데이터 저장을 위한 Order 테이블을 생성하여 데이터 인프라를 확장하고자 한다.
- 완료 조건:
  - Order 테이블 생성
  - customer_id 인덱스 설정
  - Serverless Framework 업데이트
- 검증:
  - 테이블 쿼리 테스트
  - 인덱스 기능 확인

(5) 스프린트 백로그

1. [User Story] 커피 주문 – 8 points
2. [User Story] 주문 상태 확인 – 3 points
3. [Tech Story] DynamoDB Order 테이블 설정 – 2 points

(6) 총 계획: 13 points

(7) 스프린트 산출물

- 작동하는 `POST /order API`
- 작동하는 `GET /order/{id} API`
- DynamoDB `Order` 테이블

스프린트 3: 최적화 및 안정화

이 스프린트는 시스템의 안정성을 높이고 프로덕션 배포를 준비하며, 클린 아키텍처의 전체 계층을 검증한다. 애자일의 검토와 개선 과정을 통해 지속적인 품질 향상을 달성한다.

(1) 스프린트 목표: 시스템 안정성을 높이고 프로덕션 준비를 완료한다.

(2) 사용자 스토리: 주문 취소

- 스토리 포인트: 5
- 설명: 사용자로서 주문을 취소할 수 있어야 한다. 그래서 실수한 주문을 정정할 수 있다.

- 수용 기준
  - DELETE /order/{id} 호출 시 주문 취소
  - 이미 처리된 주문은 취소 불가
  - 취소 성공/실패 메시지 반환
- 인수 테스트
  - 주문 취소 → 상태 변경 확인
- 검증
  - 상태 전이 테스트 통과
  - 제한 조건 검증

(3) **테크니컬 스토리**: CI/CD 파이프라인 최적화

- 스토리 포인트: 3
- 설명: 개발팀으로서 CI/CD 파이프라인 성능을 개선하고, 안정성을 높이고자 한다.
- 완료 조건
  - 실행 시간 50% 단축
  - 캐싱 구현
  - 롤백 메커니즘 추가
- 검증
  - 파이프라인 벤치마크
  - 롤백 시뮬레이션

(4) **테크니컬 스토리**: 모니터링 및 로깅

- 스토리 포인트: 3
- 설명: 개발팀으로서 프로덕션 운영을 위한 모니터링과 로깅을 구축해 시스템 가시성을 확보하고자 한다.
- 완료 조건
  - CloudWatch 대시보드 설정
  - 에러 알람 구성
  - 구조화된 로깅 구현

- 검증
  - 로그 쿼리 테스트
  - 알람 트리거 확인

(5) 스프린트 백로그:

1. [User Story] 주문 취소 – 5 points
2. [Tech Story] CI/CD 파이프라인 최적화 – 3 points
3. [Tech Story] 모니터링 및 로깅 – 3 points

(6) 총 계획: 11 points

(7) 스프린트 산출물:

- 작동하는 `DELETE /order/{id}` API
- 최적화된 CI/CD 파이프라인
- 모니터링 대시보드

이 계획은 애자일의 유연성을 강조하며, 각 스프린트에서 클린 아키텍처의 원칙을 적용한다. 예를 들어, 사용자 스토리는 비즈니스 요구를 중심으로 하며, 수용 기준은 클린 아키텍처의 계층 간 상호작용을 명확히 정의한다. 인수 테스트는 자동화되어 CI/CD와 연계되며, 이는 실무에서 코드 품질을 유지하는 데 필수적이다. 팀은 스프린트 리뷰를 통해 성과를 평가하고, 리스크를 식별해 다음 반복에 반영함으로써 프로젝트의 성공률을 높일 수 있다. 이 접근법은 클린 아키텍처가 추상적인 이론이 아닌, 애자일 프로세스 내에서 실현되는 실무 도구임을 증명한다.

8.5 정리

이번 장에서는 워터폴 방법론의 순차적 구조와 한계(변경 비용 증가, 예측 어려움)를 살펴보고, 애자일 방법론의 반복적 접근(짧은 스프린트, 데이터 기반 계획, 사용자 스토리 중심 실천)을 소개했다. 애자일은 오해(단순히 빠른 개발이나 작은 워터폴 반복)에서 벗어나 변화 대응과 지속적 개선을 강조하며, TDD, 작은 릴리스, 공동 소유 같은 실천 방법으로 이를 실현한다.

클린 아키텍처는 이러한 애자일 프로세스를 기술적으로 뒷받침한다. 계층 분리와 의존성 역전으로 테스트 용이성과 변경 유연성을 제공해 반복적 개발을 용이하게 하며, 유스케이스 중심 구조가 사용자 스토리와 매핑되어 빠른 피드백 루프를 지원한다.

7장의 온라인 커피 주문 API 사례를 스프린트 단위로 분석한 결과, 클린 아키텍처가 애자일 환경에서 효과적인 도구임을 확인했다. 스프린트 0에서 초기 구조와 CI/CD 설정으로 기반을 마련하고, 스프린트 1~3에서 메뉴 조회, 주문 생성, 상태 확인 기능을 점진적으로 구현하며 요구사항 변경에 대응했다. 이 과정에서 클린 아키텍처의 독립적 컴포넌트(유스케이스, 저장소 인터페이스)는 팀 협업과 유지보수성을 높였으며, 트레이드오프(초기 설계 비용)를 극복해 장기적 생산성을 확보했다.

결국 클린 아키텍처와 애자일은 상호 보완적이다. 클린 아키텍처의 구조적 안정성이 애자일의 민첩성을 강화하며, 변화하는 실무 환경에서 고품질 소프트웨어를 지속적으로 전달하는 데 기여한다. 이를 통해 개발 팀은 기한 내에 고객 가치를 창출하며, 장기적으로 시스템을 안정적으로 운영할 수 있다.

09

아키텍처 확장하기

지금까지 클린 아키텍처의 이론과 실무적 접근을 다루고, 클린 아키텍처가 애자일 방법론과 조화롭게 작동하는 방식을 탐구하며, 사용자 스토리 중심의 계획 세우기와 반복적 개발이 프로젝트 성공에 기여하는 메커니즘을 분석했다. 이를 토대로 이번 장에서는 클린 아키텍처를 더 넓은 아키텍처 패턴으로 확장하는 데 초점을 맞춘다.

현대 소프트웨어 개발은 단순한 기능 구현을 넘어, 복잡한 도메인 로직을 효과적으로 관리하고 분산 시스템으로의 진화를 요구한다. 여기서 도메인 주도 설계(DDD)는 클린 아키텍처의 도메인 중심 철학과 자연스럽게 결합되어 비즈니스 복잡성을 체계적으로 다루는 도구를 제공한다. 또한 마이크로서비스 아키텍처(Microservice Architecture, MSA)로의 전환은 클린 아키텍처의 모듈화된 구조를 활용해 시스템을 확장 가능하게 만든다.

이번 장에서는 DDD의 본질과 클린 아키텍처와의 시너지를 탐구한 후, MSA로의 진화를 실무적 관점에서 분석한다. 이를 통해 클린 아키텍처가 단순한 설계 원칙이 아닌, 지속 가능한 소프트웨어 아키텍처를 기반으로 작동하는 방식을 확인할 것이다. 파이썬 코드 예시와 7장의 온라인 커피 주문 API 사례를 바탕으로, 실무에 이를 적용할 수 있는 통찰을 제공한다.

9.1 현대 소프트웨어 아키텍처의 도메인 중심 전환

현대 소프트웨어 개발에서 가장 주목할 만한 변화 중 하나는 기술 중심에서 도메인 중심으로의 패러다임 전환이다. 이러한 변화의 배경과 필요성을 이해하는 것은 클린 아키텍처가 지향하는 방향과 확장 가능성을 파악하는 데 핵심적이다.

기술 중심에서 도메인 중심으로의 패러다임 변화

소프트웨어 개발의 역사를 돌아보면, 초기에는 기술 중심적 사고가 지배적이었다. 데이터베이스 테이블을 먼저 설계하고, 그 위에 비즈니스 로직을 얹는 방식이 일반적이었으며, 이는 5장에서 논의한 계층형 아키텍처의 한계, 즉 비즈니스 로직이 기술 세부사항에 종속되는 문제와 직결된다.

현대 아키텍처의 도메인 중심 전환은 소프트웨어의 진정한 가치가 비즈니스 문제를 해결하는 데 있음을 방증한다. 즉, 기술은 도구일 뿐, 핵심은 비즈니스 도메인을 정확히 이해하고 이를 코드로 표현하는 것이다.

도메인 중심 접근이 필요한 현실적 이유

앞에서 살펴본 패러다임 변화는 단순한 트렌드가 아니라 현실적 필요에 의한 필연적 결과다. 도메인 중심 접근을 요구하는 구체적인 이유로 다음과 같은 것이 있다.

비즈니스 복잡성의 기하급수적 증가

과거의 소프트웨어는 주로 단순한 데이터 처리나 자동화에 집중했다. 1990년대의 급여 관리 시스템은 기본적인 CRUD 작업과 간단한 계산 로직만 필요했다. 하지만 현재의 소프트웨어는 복잡한 비즈니스 생태계의 중심에 위치한다.

현대의 전자상거래 플랫폼을 예로 들면, 단순히 상품을 등록하고 주문을 받는 것이 아니라 개인화된 추천 알고리즘, 실시간 재고 관리, 다양한 결제 수단, 글로벌 배송, 반품 및 환불 정책, 로열티 프로그램, 마케팅 자동화 등 수십 가지의 복잡한 비즈니스 규칙이 서로 얽혀 있다.

이러한 복잡성은 전통적인 기술 중심 접근법으로는 관리하기 어렵다. 데이터베이스 테이블 구조나 프레임워크 아키텍처에서 출발하면 비즈니스 로직이 기술적 제약에 종속되고, 실제 비즈니스 요구사항과 구현 사이에 간극이 발생한다.

디지털 전환 시대의 비즈니스 모델 진화

디지털 전환은 단순히 아날로그를 디지털로 바꾸는 것이 아니다. 전체 비즈니스 모델과 가치 창출 방식이 근본적으로 변화하는 과정이다. 이 과정에서 소프트웨어는 단순한 도구가 아니라 비즈니스 자체가 된다.

전통적인 택시 회사가 우버나 리프트 같은 플랫폼 기업으로 변화하는 과정을 생각해보면, 이는 단순히 호출 앱을 만드는 것이 아니라 수요와 공급을 실시간으로 매칭하고, 동적 가격 책정을 수행하며, 운전자와 승객의 경험을 최적화하는 완전히 새로운 비즈니스 모델을 창조하는 것이다.

비즈니스와 기술 언어의 단절 해결

개발자는 'USER_TB를 조인해서 CUST_ORDER를 조회'한다고 말하지만 비즈니스 전문가는 '고객의 주문 내역 확인'을 원한다. 이러한 언어의 불일치는 단순한 커뮤니케이션 문제를 넘어 심각한 비즈니스 리스크를 초래한다.

실제 사례를 들어보자. 한 금융 회사에서 'VIP 고객에게는 수수료 면제'라는 간단한 비즈니스 규칙이 있었다. 그런데 개발팀은 이를 "CUST_GRADE가 'V'이고 TRANS_AMT가 1000000 이상이면 FEE_AMT를 0으로 설정"이라고 해석했다. 나중에 비즈니스팀이 VIP 등급 기준을 변경하려 했을 때 이 로직이 여러 시스템에 하드코딩돼 있어 수정하는 데 수개월이 걸렸다.

기술 부채와 변화 적응력의 딜레마

1장에서 좋은 소프트웨어 아키텍처에 대한 고찰을 하며 확인했듯이, 많은 기업들이 기술 부채 문제로 고민하고 있다. 기술 부채는 단순히 나쁜 코드의 문제가 아니라 비즈니스 로직과 기술적 관심사가 뒤섞이면서 발생하는 구조적 문제다.

계층형 아키텍처의 문제점에서도 살펴봤듯이, 전통적인 3계층 구조에서는 비즈니스 로직이 여러 계층에 흩어지기 쉽다. COVID-19 팬데믹은 이러한 문제를 극명하게 보여줬다. 기술 부채가 적고 유연한 아키텍처를 가진 기업들은 빠르게 적응했지만 비즈니스 로직이 기술 구조에 얽혀 있던 기업들은 간단한 변경에도 몇 달이 걸리는 상황에 직면했다.

도메인 중심 접근법은 이 딜레마를 근본적으로 해결한다. 비즈니스 로직을 한 곳에 집중시키고 기술적 관심사로부터 격리함으로써 기술 부채의 누적을 방지하고 동시에 변화에 대한 적응력을 높인다.

9.2 도메인 주도 설계의 본질

도메인 중심 접근의 필요성을 확인했다면 이제 이를 실제로 구현하는 대표적인 방법론인 도메인 주도 설계(DDD)를 살펴보자. DDD는 비즈니스 도메인을 클린 아키텍처의 도메인 영역으로 구체화하는 체계적인 방법을 제공한다.

복잡성을 정복하는 설계 철학

도메인 주도 설계(Domain-Driven Design, DDD)는 에릭 에반스(Eric Evans)가 2003년 그의 저서 《Domain-Driven Design: Tackling Complexity in the Heart of Software》[1]에서 소개한 설계 방법론으로, 복잡한 비즈니스 도메인을 체계적으로 다루는 데 초점을 맞춘다.

에반스는 복잡한 소프트웨어 프로젝트에서 수년간 겪은 경험을 바탕으로, 기술적 복잡성보다는 도메인(비즈니스 영역)의 복잡성이 소프트웨어 실패의 주요 원인임을 깨달았다. 데이터베이스 성능 최적화나 프레임워크 선택보다도 비즈니스 요구사항을 정확히 이해하고 이를 코드에 반영하는 것이 프로젝트 성공의 핵심이었던 것이다.

DDD의 핵심 철학은 '소프트웨어의 복잡성을 정복하는 가장 좋은 방법은 도메인 전문가와 개발자가 협력해 도메인을 깊이 이해하고, 이를 코드에 직접 반영하는 것'이다. 이는 기존

1 한국어판: 《도메인 주도 설계》(위키북스, 2011)

의 기술 중심 접근법과는 근본적으로 다른 관점이다. 기술 중심 접근에서는 데이터베이스 스키마나 API 설계가 우선이었다면 DDD에서는 비즈니스 개념과 규칙이 설계의 중심이 된다.

클린 아키텍처와 DDD의 시너지

DDD의 기본 철학을 이해했다면 이제 이것이 클린 아키텍처와 어떻게 결합되어 시너지를 창출하는지 살펴보자.

클린 아키텍처가 비즈니스 규칙의 중요성을 강조한다면, DDD는 한 걸음 더 나아가 도메인 전문가와의 대화에서부터 코드 설계까지 이르는 전체 과정을 다룬다. 특히 클린 아키텍처의 핵심인 엔티티와 유스케이스 영역을 어떻게 도출하고 설계할 것인가에 대한 구체적인 방법론을 제시한다.

이 두 방법론은 상호 보완적 관계로, DDD의 전략적 설계는 시스템의 큰 구조를 정의하고, 전술적 설계는 클린 아키텍처의 핵심 계층을 구현하는 구체적인 패턴을 제공한다.

전략적 설계와 전술적 설계

DDD의 핵심은 두 가지 레벨의 설계 접근법을 체계적으로 구분하는 것이다. 이는 복잡한 도메인을 효과적으로 다루기 위한 DDD만의 독특한 접근 방식이다.

DDD는 복잡한 도메인을 효과적으로 다루기 위해 전략적 설계(Strategic Design)와 전술적 설계(Tactical Design)라는 두 가지 레벨의 설계를 제공한다. 마치 건축에서 도시 계획과 건물 설계를 구분하는 것처럼, 큰 그림과 세부 구현을 체계적으로 나누어 접근한다.

전략적 설계는 도메인의 큰 그림을 그리며 시스템의 구조를 정의한다. 비즈니스 맥락을 이해하고, 도메인을 논리적 경계로 나누며, 각 영역 간의 관계를 정의하는 과정이다. 도시 계획자가 전체 도시의 구역을 나누고 도로를 설계하는 것에 비유할 수 있다. 전략적 설계에서는 기술적 세부사항보다 비즈니스 맥락에 초점을 맞추며, 도메인 전문가와의 협업이 핵심이다.

전술적 설계는 도메인 모델을 코드로 구현하는 구체적인 패턴과 기법을 제공한다. 각 구역 안의 건물을 실제로 짓는 작업에 해당한다. 엔티티, 값 객체, 애그리게이트 등의 구체적인 구현 패턴을 통해 도메인 로직을 표현한다.

이 두 축은 조화를 이루며, 전략적 설계가 전체 시스템의 큰 틀을 잡는다면 전술적 설계는 그 안에서 세부 로직을 코드로 번역한다. 이러한 DDD의 체계적 접근은 클린 아키텍처가 지향하는 도메인 중심 설계를 더욱 구체화하고, 현대 소프트웨어 개발의 복잡성을 효과적으로 관리할 수 있는 기반을 제공한다.

9.3 전략적 설계: 비즈니스의 큰 그림 그리기

전략적 설계는 비즈니스 도메인을 큰 그림에서 이해하고 구조화하는 것에 중점을 둔다. 전략적 설계에서는 다음과 같은 활동이 이뤄진다.

도메인 탐구: 비즈니스의 본질 이해하기

첫 번째 단계는 도메인을 깊이 이해하는 것이다. 이는 단순히 요구사항을 수집하는 것이 아니라, 비즈니스의 본질을 파악하는 과정이다. 온라인 커피 주문 서비스를 예로 들어 도메인 탐구 과정을 상세히 살펴보자.

고객 인터뷰를 통한 인사이트 발굴

고객과의 인터뷰에서는 단순히 기능 요구사항이 아닌, 고객의 진짜 니즈(needs)와 페인 포인트(pain point)를 파악한다.

```
- "커피를 주문할 때 가장 중요하게 생각하는 것은 무엇인가?" → 속도, 정확성, 맞춤화
- "주문 과정에서 어떤 어려움을 겪었는가?" → 복잡한 옵션, 대기 시간 불확실성
- "기다리는 시간에 대해 어떻게 생각하는가?" → 예측 가능성이 중요
```

바리스타와의 인터뷰를 통한 운영 프로세스 이해

실제 운영자의 관점에서 시스템이 어떻게 작동해야 하는지 파악한다.

```
- "주문을 받고 커피를 만드는 과정은 어떻게 되는가?" → 주문 확인, 재료 준비, 제조, 완성
- "바쁜 시간대에는 어떻게 주문을 관리하는가?" → 우선순위 결정, 병목 관리
- "특별한 요구사항이 있는 주문은 어떻게 처리하는가?" → 예외 처리 프로세스
```

매장 관리자 인터뷰를 통한 비즈니스 목표 파악

비즈니스 성과와 연결되는 핵심 지표와 제약사항을 이해한다.

```
- "일일 운영에서 가장 중요한 지표는 무엇인가?" → 회전율, 대기 시간, 폐기율
- "재고는 어떻게 관리하는가?" → 실시간 추적, 자동 발주, 유통기한 관리
- "고객 불만은 주로 어떤 것들인가?" → 긴 대기 시간, 잘못된 주문, 품절
```

이러한 인터뷰를 통해 다음과 같은 핵심 비즈니스 개념들을 발견할 수 있다.

핵심 비즈니스 프로세스

이 비즈니스에 참여하는 참여자들이 겪는 핵심 비즈니스 프로세스를 각 참여자 관점에서 정리해보면 다음과 같다.

```
- 고객 여정: 메뉴 탐색 → 상품 선택 → 옵션 설정 → 주문 확정 → 결제 → 대기 → 픽업
- 바리스타 여정: 주문 접수 → 제조 우선순위 결정 → 재료 준비 → 제조 → 완성품 준비
- 재고 관리 사이클: 재고 확인 → 소진 예측 → 자동 발주 → 입고 → 품질 관리
```

비즈니스 목표와 제약사항

기능적 요소들뿐만 아니라 비즈니스를 잘 수행하기 위한 목표와 제약사항들도 정리한다.

```
- 고객 만족도 향상: 5분 이내 서비스, 정확한 주문 처리
- 운영 효율성: 피크 타임 처리량 증대, 재고 최적화
- 수익성 개선: 폐기 최소화, 고객 단가 상승
```

이러한 탐구 과정은 도메인 영역 설계에 직접적으로 기여하며, 비즈니스 규칙(재고 확인, 가격 계산)을 코드로 구체화하는 기반이 된다.

유비쿼터스 언어: 모두가 이해하는 공통 언어 만들기

유비쿼터스 언어(Ubiquitous Language)는 DDD의 가장 중요한 실천법 중 하나다. 이는 도메인 전문가와 개발자가 동일한 용어를 사용해 비즈니스 개념을 명확히 정의하는 공유 언어다. 단순한 용어집이 아니라, 팀 전체가 도메인을 이해하고 표현하는 공통의 사고 체계를 만드는 것이다.

유비쿼터스 언어 구축 과정

유비쿼터스 언어를 구축하는 구체적인 과정은 다음과 같다.

1. **도메인 전문가와의 지속적인 대화**

   카페 운영자와의 인터뷰를 통해 비즈니스 프로세스를 이해한다. 운영자가 '주문'이라고 할 때 정확히 무엇을 의미하는지 파악한다. 단순히 고객의 요청인지, 결제가 완료된 상태인지, 아니면 제조가 시작된 시점인지 명확히 한다.

2. **모호함 제거와 구체화**

   표 9.1과 같이 모호한 표현은 구체적인 비즈니스 행위로 대체한다. 그리고 표 9.1와 같은 기술적 용어는 비즈니스 용어로 대체한다.

   표 9.1 모호한 표현과 구체적인 표현

모호한 표현	구체적 표현
"주문을 처리한다"	"주문을 생성한다(CreateOrder)"
"주문 목록에 커피를 추가한다(Add Coffee)"	"주문총액을 계산한다(Calculate Total)"

   표 9.2 기술적 표현과 비즈니스 표현

기술적 표현	비즈니스 표현
"트랜잭션을 완료한다"	"주문 상태를 변경한다(Change Status)"

3. **코드에 반영**

   유비쿼터스 언어는 코드의 모든 요소에 반영돼야 한다. 클래스명, 메서드명, 변수명에 비즈니스 용어를 직접 사용한다. 앞에서 살펴본 구체적 표현과 비즈니스 표현이 예제 9.1에서 클래스명과 메서드명, 변수명에 적용된다는 것을 확인할 수 있다.

예제 9.1 코드에 반영된 유비쿼터스 언어

```
# application/usecases/create_order_usecase.py
class CreateOrderUseCase(CreateOrderInputBoundary):
  ... 생략 ...

# domain/entities/order.py
class Order(AggregateRoot):
    ... 생략 ...

  def add_coffee(self, coffee: Coffee, quantity: int) -> None:
  """고객이 특정 커피를 원하는 수량만큼 주문 목록에 추가한다"""
  ... 생략 ...

  def calculate_total(self) -> Money:
  """주문에 담긴 모든 항목의 금액을 합산하여 총액을 계산한다"""
  ... 생략 ...

  def change_status(self, new_status: OrderStatus) -> None:
  """주문 처리 단계가 진행되면서 상태를 변경한다(결제 승인 → 준비 중 → 완료 등)"""
  ... 생략 ...
```

4. 문서화와 지속적인 관리

도메인 모델 다이어그램과 유비쿼터스 언어 사전을 작성하고 지속적으로 업데이트한다. 온라인 커피 주문 API 서비스에 대해 앞의 유비쿼터스 언어 구축 과정을 수행했을 때 정리할 수 있는 예시는 다음과 같다.

표 9.3 유비쿼터스 언어 사전

용어	정의	비즈니스 규칙
Order(주문)	고객이 요청한 커피와 수량을 포함하는 구매 요청 단위	▪ 최소 1개 이상의 OrderItem 필요 ▪ 상태 변경은 순차적(PENDING → PREPARING → COMPLETED/CANCELLED) ▪ 완료/취소된 주문은 상태 변경 불가 ▪ PENDING 상태에서만 취소 가능 ▪ 주문 총액은 포함된 모든 항목의 소계 합산
OrderItem (주문 항목)	주문에 포함된 개별 커피 상품과 수량, 단가 정보	▪ 하나의 주문에 속함(order_id로 연결) ▪ 수량은 1 이상 100 이하 ▪ 소계는 '단가 × 수량'으로 계산

용어	정의	비즈니스 규칙
Coffee(커피)	주문 가능한 커피 상품(메뉴 항목)	▪ 재고 수량이 0보다 커야 주문 가능 ▪ 재고 예약 시 요청 수량만큼 차감 ▪ 재고 부족 시 주문 불가
Money(금액)	통화와 금액을 포함하는 불변 화폐 단위	▪ 금액은 0 이상 ▪ 지원 통화: KRW, USD ▪ 동일 통화끼리만 연산 가능 ▪ 수량 곱셈 시 음수 불가
CreateOrder (주문 접수)	고객이 메뉴를 선택해 주문을 생성하는 행위	▪ 재고 확인 필수, 결제 정보 검증

그리고 이렇게 언어 사전이 만들어졌어도 프로젝트가 진행되면서 새로운 개념이 발견되거나 기존 개념이 명확해지면 언어를 업데이트한다. 예를 들어, '커피 옵션'이라는 것이 추가된다면 'Size(크기)', 'Temperature(온도)', 'Syrup(시럽)' 등으로 구체화될 수 있다. 이러한 유비쿼터스 언어는 클린 아키텍처의 엔티티와 유스케이스의 클래스명이나 메서드명으로 직접 반영되어 팀 간 소통을 용이하게 할 수 있다.

바운디드 컨텍스트: 복잡성을 관리하는 경계

바운디드 컨텍스트(Bounded Context)는 DDD의 가장 중요한 전략적 설계 요소이면서 동시에 가장 이해하기 어려운 개념이다. 이는 특정 도메인 모델이 일관성 있게 적용되는 명확한 경계를 의미한다.

왜 바운디드 컨텍스트가 필요한가?

대규모 시스템에서는 하나의 통합된 모델로 전체 도메인을 표현하는 것이 불가능하다. '고객'이라는 개념 하나만 봐도 시스템의 각 부분에서 완전히 다른 의미와 속성을 가진다.

- **주문 컨텍스트에서의 고객**: 주문을 생성하고 결제하는 주체. 고객ID, 이름, 연락처, 배송 주소가 중요하다.
- **마케팅 컨텍스트에서의 고객**: 프로모션 대상이 되는 세그먼트. 구매 이력, 선호 카테고리, 이메일 오픈율, 쿠폰 사용률이 중요하다.
- **고객 서비스 컨텍스트에서의 고객**: 문의와 불만을 제기하는 주체. 문의 이력, 만족도 점수, 서비스 등급, 이슈 해결 상태가 중요하다.
- **회계 컨텍스트에서의 고객**: 매출과 수익을 발생시키는 주체. 신용도, 결제 이력, 연체 여부, 거래 한도가 중요하다.

이러한 관점을 하나의 `Customer` 클래스에 담으려 하면 거대하고 복잡한 괴물이 만들어진다. 각 팀은 자신들이 필요하지 않은 속성과 메서드에 의존하게 되고, 한 팀의 변경이 다른 모든 팀에 영향을 미친다.

바운디드 컨텍스트는 이러한 복잡성을 해결한다. 각 컨텍스트는 자신만의 고객 모델을 가지고, 각 모델은 해당 컨텍스트의 요구사항에 최적화되어 있으며, 다른 컨텍스트의 변경으로부터 격리된다.

바운디드 컨텍스트를 발견하는 방법

바운디드 컨텍스트는 인위적으로 만드는 것이 아니라 도메인 안에서 자연스럽게 발견하는 것이다. 다음과 같은 신호들이 컨텍스트의 경계를 알려준다.

- **언어의 변화 지점**: 같은 용어가 다른 의미로 사용되는 지점을 찾는다. '제품'이라는 용어가 재고 관리에서는 '물리적 상품'을, 주문에서는 '판매 가능한 항목'을, 마케팅에서는 '프로모션 가능한 대상'을 의미한다면 이는 서로 다른 컨텍스트를 나타내는 신호다.
- **조직 구조와 팀 경계**: 콘웨이의 법칙(Conway's Law)에 따르면 시스템 구조는 조직 구조를 반영한다. 주문 처리 팀, 재고 관리 팀, 마케팅 팀이 독립적으로 운영된다면 이는 자연스러운 컨텍스트 경계가 된다.
- **데이터 수명주기와 트랜잭션 경계**: 함께 생성되고 변경되고 삭제되는 데이터의 그룹을 살펴본다. 주문과 주문 항목은 함께 생성되고 관리되지만, 고객 프로필은 독립적인 수명주기를 가진다.
- **비즈니스 프로세스와 워크플로**: 독립적으로 수행되는 비즈니스 활동을 식별한다. 주문 처리, 재고 관리, 고객 서비스는 각각 독립적인 프로세스와 규칙을 가진다.
- **변경의 빈도와 이유**: 서로 다른 이유로 다른 시점에 변경되는 부분들은 별도의 컨텍스트로 분리돼야 한다.

온라인 커피 주문 서비스의 바운디드 컨텍스트

앞의 기준에 따라 온라인 커피 주문 서비스의 바운디드 컨텍스트를 식별해서 나눠보면 다음과 같다.

- **주문 컨텍스트**(Order Context): 주문 작성, 항목 추가, 상태 전이(대기 → 준비 중 → 완료/취소)라는 '하나의 일관성 규칙 묶음'을 중심으로 모델이 형성된다. 총액, 상태 전이, 항목 추가/삭제 같은 불변식을 한 곳에서 지키는 것이 핵심이다.

- **메뉴 컨텍스트**(Menu Context): 커피의 가격/설명/재고는 주문의 속성이 아니라 '카탈로그/재고'라는 독립된 정책과 수명주기를 가진다. 재고 정책은 프로모션, 입고, 백오피스 흐름과 맞물리므로 주문과 분리하는 것이 자연스럽다.
- **결제 컨텍스트**(Payment Context): 결제 승인/실패/환불, 외부 PG 연동, 정산 등은 강한 외부 의존성과 별도의 일관성 요구사항(승인–정산의 흐름)을 가지므로 주문과 분리해야 한다.

이렇게 나누면 각 컨텍스트의 모델이 '본연의 규칙'에 집중할 수 있고, 변경 이유가 다를 때 서로 영향을 최소화할 수 있다. 결과적으로 각 컨텍스트가 독립적인 엔티티와 유스케이스를 가지며, 7장의 커피 주문 API에서 '주문 생성'은 주문 컨텍스트에 해당하며, 이를 바탕으로 시스템을 확장할 수 있게 되는 것이다.

컨텍스트 맵: 경계 간의 관계 정의

컨텍스트 맵(Context Map)은 식별된 바운디드 컨텍스트들 간의 관계를 시각화하고 관리하는 전략적 설계 도구다. 이는 단순한 다이어그램이 아니라 팀 간의 관계, 통합 방식, 번역 규칙을 포함하는 포괄적인 관계 지도다.

왜 컨텍스트 맵이 중요한가?

현실적으로 각 바운디드 컨텍스트는 완전히 고립돼 있을 수 없다. 주문을 처리하려면 고객 정보를 확인해야 하고, 재고를 확인해야 하며, 결제를 처리해야 한다. 컨텍스트 맵은 이러한 협력이 어떻게 이뤄지는지, 각 팀이 어떤 관계를 맺고 있는지를 명확히 한다. 컨텍스트 맵이 없으면 통합 지점이 명확하지 않아 중복 구현이 발생하거나 데이터 불일치와 동기화 문제가 생길 수 있으며, 팀 간 책임 소재가 불명확해질 위험이 있다.

주요 컨텍스트 맵 패턴

DDD는 바운디드 컨텍스트 간의 관계를 표현하는 여러 패턴을 제공한다. 각 패턴은 팀 간의 협력 방식과 기술적 통합 방법을 모두 포함한다. 여기서는 실무에서 자주 사용되는 주요 패턴을 간략히 소개한다.

- **발행–구독**(Event–Driven): 컨텍스트 간 공통 데이터 형식(예: JSON)을 정의해 이벤트나 메시지 형태로 정보를 공유한다. 느슨한 결합을 유지하며, 비동기 통신에 적합하다. 주로 특정 도메인 이벤트를 통해 여러 컨텍스트가 상호 작용할 때 사용된다.

- **고객-공급자(Customer-Supplier)**: 한 컨텍스트(공급자)가 다른 컨텍스트(고객)에 서비스를 제공하는 관계다. 공급자는 고객의 요구를 수용하며, API를 통해 안정적인 인터페이스를 제공한다.
- **공유 커널(Shared Kernel)**: 두 개 이상의 컨텍스트가 도메인 모델의 일부를 공유하는 패턴이다. 이는 매우 신중하게 사용해야 하는 패턴으로, 공유되는 부분을 변경할 경우 모든 관련 팀의 합의가 필요하다.

기타 패턴(부패 방지 계층, 순응자, 공개 호스트 서비스 등)은 상황에 따라 적용되며, 컨텍스트 맵은 정기적으로 업데이트해서 현실을 반영해야 한다.

온라인 커피 주문 API 서비스의 컨텍스트 맵 적용 사례

온라인 커피 주문 API 서비스에서 바운디드 컨텍스트 간의 관계는 어떻게 만들어지는지 살펴보자. 크게 다음의 세 가지 관계로 나눠 볼 수 있다.

- **주문 컨텍스트 ↔ 메뉴 컨텍스트(고객-공급자 패턴)**

  주문은 메뉴의 '정의된 계약(가격, 재고 정책)'을 소비한다. 즉, 메뉴가 공급자(supplier), 주문이 고객(customer)이다. 메뉴의 모델이 진실의 원천이며, 주문은 메뉴의 인터페이스 안정성에 기대어 동작한다. 이러한 구조의 장점은 메뉴 정책의 주도권을 인정하고, 주문이 메뉴 변화를 추적하기 쉽다는 것이다. 예를 들어, 특정 메뉴의 가격이 변했을 때 주문 쪽에서는 특별한 변경 없이 변경된 가격이 반영되게 할 수 있다. 예제 9.2는 메뉴의 인터페이스(`Coffee` 객체)를 통해 동작하기 때문에 가격(`coffee.price`)의 값이 변해도 `Order` 객체의 코드는 변경할 필요가 없음을 보여준다.

  예제 9.2 고객-공급자 패턴

  ```
  # 주문 컨텍스트는 변경 없이 그대로 동작
  class Order:
    def add_coffee(self, coffee: Coffee, quantity: int):
      # coffee.price를 호출하면 자동으로 새로운 가격 정책을 적용
      order_item = OrderItem(..., unit_price=coffee.price)
  ```

  또한 이러한 구조로 인해 상호 간 약속된 호출 방식이 변경되지만 않는다면 메뉴 컨텍스트가 변경됐다고 해서 주문 컨텍스트의 변경이 발생할 필요가 없기 때문에 메뉴의 배포 주기/정책 통제가 유지될 수 있다.

- **주문 컨텍스트 ↔ 결제 컨텍스트(발행/구독 패턴)**

  결제는 외부 의존과 실패 가능성이 높아 '최종 일관성' 모델이 적합하다. 이 패턴에서는 주문이 이벤트를 발행하면 결제가 구독해 진행한다. 이 같은 방식으로 결과적으로 동기 결합을 줄이고 회복탄력성을 높일 수 있다.

만약 주문과 결제 간의 관계가 동기 방식으로 구현돼 있다면 예제 9.3과 같이 작성할 수 있을 것이다. 이 경우 결제 승인까지 5~10초가 걸리면 긴 응답 시간을 남은 프로세스가 모두 같이 기다려야 하고, PG에 장애가 발생했을 때 마찬가지로 남은 프로세스가 모두 실패로 끝나는 등 결제로 인해 주문 프로세스나 서버 전체에 영향을 끼치게 된다.

예제 9.3 동기 방식으로 구현된 주문 결제

```
# 안티패턴: 동기 결합
class CreateOrderUseCase:
  def execute(self, input_dto):
    order = Order(...)
    order.add_coffee(coffee, quantity)
    self.order_repo.save(order)

    # 문제: 결제 실패 시 전체 주문 프로세스가 실패
    payment_result = self.payment_gateway.approve(...)
    if not payment_result:
      raise PaymentFailedException("결제 실패")

    order.change_status(OrderStatus.PREPARING)
    # 사용자는 여기까지 5~10초 대기해야 함
```

그런데 이를 발행/구독 패턴으로 구현한다면 주문 프로세스(`CreateOrderUseCase`)와 결제 처리(`ProcessPaymentUseCase`)를 각각 예제 9.4와 같이 작성할 수 있을 것이다. 결제 처리 부분은 이벤트를 발행하는 방식으로 변경하고, 결제 자체는 그 이벤트를 받은 프로세스에서 따로 비동기로 수행하면 앞에서 이야기한 문제점을 해소할 수 있다.

예제 9.4 발행/구독 패턴으로 작성된 주문 결제

```
# 1단계: 주문 접수(즉시 완료)
class CreateOrderUseCase:
  def execute(self, input_dto):
    order = Order(...)  # 상태: PENDING
    order.add_coffee(coffee, quantity)
    self.order_repo.save(order)

    # 이벤트 발행(비동기)
    self.event_publisher.publish_all(order.pull_domain_events())
```

```
    # 사용자에게 즉시 응답: "주문 접수 완료, 결제 진행 중"
    return "주문이 접수되었습니다. 결제 처리 중입니다."

# 2단계: 결제 처리(백그라운드)
class ProcessPaymentUseCase:
  def execute(self, order_id):
    # 비동기로 실행됨
    result = self.payment_gateway.approve(...)

    order = self.order_repo.find_by_id(order_id)
    if result:
      order.change_status(OrderStatus.PREPARING)
      # 푸시 알림: "결제가 완료되었습니다"
    else:
      order.change_status(OrderStatus.CANCELLED)
      # 푸시 알림: "결제가 실패했습니다"
```

- **주문/메뉴 컨텍스트 ↔ Money 모델(공유 커널)**

  메뉴에서 커피의 가격과 주문 금액은 본질적으로 같은 '돈'이라는 개념을 공유한다. 따라서 가격과 주문 흐름에서 특별한 변환 없이 자연스럽게 전달되어 상호 작용할 수 있기 때문에 공유 커널 패턴을 적용하는 것이 적합할 것이다.

  예제 9.5에서 주문 컨텍스트의 주문(`Order`) 내용을 보면 각 커피(`Coffee`)의 가격을 가져와 합산하는 부분에서 유기적으로 결합되어 사용되는 것을 확인할 수 있다.

예제 9.5 공유 중인 Money 모델을 주문 컨텍스트(Order)에서 사용하는 코드

```
class Order(AggregateRoot):
    ... 생략 ...

  def calculate_total(self) -> Money:
    """주문에 담긴 모든 항목의 금액을 합산하여 총액을 계산한다"""
    total = Money(amount=0)
    for item in self.items:
      total = total + item.calculate_subtotal()
    self.total_amount = total
    return self.total_amount
```

이렇게 정리된 컨텍스트 맵을 그림으로 나타내면 다음과 같이 표현할 수 있다.

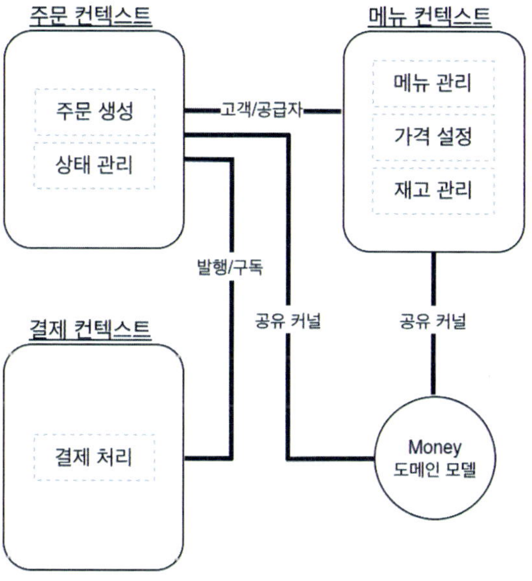

그림 9.1 온라인 커피 주문 시스템의 바운디드 컨텍스트 예시. 각 컨텍스트는 독립적인 도메인 모델을 가지며, 상호 관계를 선으로 연결해서 표시한다.

9.4 전술적 설계: 도메인 모델의 구현

전술적 설계는 비즈니스 도메인을 코드로 구현하는 구체적인 방법을 다룬다. 바운디드 컨텍스트 안에서 도메인 모델을 명확하고 체계적으로 표현하며, 복잡성을 관리하고 유지보수성을 높이는 데 초점을 맞춘다. 전술적 설계의 핵심 요소는 엔티티, 값 객체, 애그리게이트, 도메인 이벤트, 리포지터리 등이다. 이 요소들이 도메인 로직을 코드로 자연스럽게 녹여내고, 비즈니스와 기술 간의 간극을 좁히는 역할을 한다.

여기서는 온라인 커피 주문 서비스에서 각 요소들이 실제 코드로 어떻게 구현되는지 보여준다.

엔티티(Entity): 고유한 정체성을 가진 객체

엔티티는 고유한 식별자를 가지며, 시간이 지나도 추적 가능한 도메인 객체다. 클린 아키텍처에서 말하는 엔티티의 개념과 동일하다고 생각하면 된다. 예를 들어, 주문한 '커피'는 ID로 식별되며, 가격이나 재고 같은 상태가 변할 수 있다. 엔티티를 설계할 때는 식별자의 선택이 중요하다. 비즈니스적으로 의미 있는 식별자(예: 주문 번호)와 기술적 식별자(예: UUID) 중 적절한 것을 선택해야 한다. 식별자는 절대 변경되지 않아야 하며, 이를 기준으로 엔티티의 동등성을 판단한다. 또한 엔티티는 생성, 활성화, 비활성화, 삭제 같은 생명주기를 관리하며, 도메인에서 객체의 연속성을 보장한다.

아래 예제 9.6은 메뉴 컨텍스트에 있는 커피(`Coffee`)라는 엔티티의 코드 예시를 보여준다. 커피 메뉴의 이름, 가격, 설명, 재고 현황 등을 관리하며, 식별자(`id`)를 가지고 있는 것을 확인할 수 있다.

예제 9.6 `Coffee` 엔티티

```
# domain/entities/coffee.py
class Coffee:
  def __init__(self, id: str, name: str, price: Money, description: Optional[str] =
None, stock: int = 0):
    self.id = id
    self.name = name
    self.price = price
    self.description = description
    self.stock = stock

  def is_available(self) -> bool:
    return self.stock > 0

  def reserve_stock(self, quantity: int) -> None:
    if quantity <= 0:
      raise ValueError("수량은 1 이상이어야 합니다")
    if quantity > self.stock:
      raise ValueError(f"재고 부족: {self.name} (남은 수량: {self.stock})")
    self.stock -= quantity
```

또한 이 엔티티는 클린 아키텍처의 엔티티 계층에 위치하며, 비즈니스 규칙(재고 확인 및 예약)을 캡슐화한다. 식별자(id)를 통해 커피 메뉴의 생명주기를 관리하며, 이는 도메인에서 객체의 연속성을 보장한다.

값 객체(Value Object): 불변의 개념적 완전성

값 객체는 식별자가 없고 불변인 객체로, 속성의 집합으로 정의된다. 측정, 수량, 설명 같은 개념을 표현할 때 유용하다. 값 객체의 불변성은 생성 시점에 유효성을 검증하고, 사이드 이펙트 없는 연산을 보장한다. 이는 코드의 표현력을 높이고, 중복 로직을 줄이며, 테스트를 간단하게 만든다. 값 객체는 여러 속성이 함께 의미를 가질 때, 또는 교체 가능한 개념을 표현할 때 특히 유용하다.

예제 9.7은 돈(Money)을 값 객체로 구현한 것이다. 객체를 생성하는 부분(init 메서드)에서 유효성을 검증하고, 속성에 값을 할당하는 것을 확인할 수 있다. 그리고 비즈니스 로직이 아닌, 값 객체를 효과적으로 사용할 수 있는 연산 기능을 함께 제공한다.

예제 9.7 Money 값 객체

```
# domain/value_objects/money.py
class Money:
  def __init__(self, amount: int, currency: str = "KRW"):
    if amount < 0:
      raise ValueError("금액은 0 이상이어야 합니다")
    if currency not in ["USD", "KRW"]:
      raise ValueError("지원되지 않는 통화입니다")
    self.amount = amount
    self.currency = currency

  def __add__(self, other: "Money") -> "Money":
    if self.currency != other.currency:
      raise ValueError("통화가 일치하지 않습니다")
    return Money(amount=self.amount + other.amount, currency=self.currency)

  def __mul__(self, quantity: int) -> "Money":
    if quantity < 0:
```

```
        raise ValueError("수량은 0 이상이어야 합니다")
    return Money(amount=self.amount * quantity, currency=self.currency)

def __eq__(self, other: object) -> bool:
    if not isinstance(other, Money):
        return False
    return self.amount == other.amount and self.currency == other.currency
```

이 값 객체는 불변으로 정의되어 생성 후 변경이 불가능하다. 이는 클린 아키텍처의 엔티티 계층에서 도메인 규칙의 안정성을 높이는 역할을 한다.

애그리게이트(Aggregate): 일관성의 경계와 트랜잭션 단위

애그리게이트는 관련된 엔티티와 값 객체의 집합으로, 데이터 일관성을 보장하는 단위다. 이 책의 예제에서 '주문' 애그리게이트는 주문 항목들과 주문 상태를 포함하며, `Order` 엔티티가 애그리게이트 루트 역할을 한다. 애그리게이트는 트랜잭션의 경계를 정의하며, 하나의 트랜잭션은 하나의 애그리게이트만 수정해야 한다.

애그리게이트와의 상호 작용은 애그리게이트 루트을 통해서만 수행되게 한다. 그림 9.2에서처럼 `Order` 애그리게이트 외부 요소(`CreateOrderUseCase`)가 `Order` 애그리게이트를 호출할 때도, `Order` 애그리게이트에서 다른 엔티티를 호출할 때도 애그리게이트 루트인 `Order` 엔티티를 통해 수행한다.

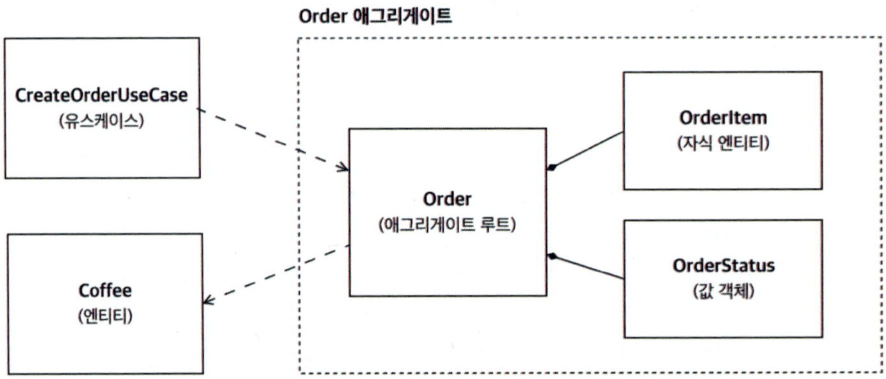

그림 9.2 `Order` 애그리게이트의 내부 구성, 그리고 외부(`Coffee` 엔티티)와의 관계

위 관계가 표현된 코드 예시(Order 엔티티 중 일부)는 다음 예제 9.8과 같다.

예제 9.8 애그리게이트가 반영된 Order 엔티티

```
# domain/entities/order.py
class Order(AggregateRoot):
  def __init__(self, id: str, customer_id: str):
    self.items: List[OrderItem] = []
    self.status = OrderStatus.PENDING
    ... 생략 ...

  def add_coffee(self, coffee: Coffee, quantity: int) -> None:
    """고객이 특정 커피를 원하는 수량만큼 주문 목록에 추가한다"""
    # 불변식 검증: 수량 범위 확인
    if quantity <= 0 or quantity > 100:
      raise ValueError("수량은 1~100 사이여야 합니다")

    # 외부 엔티티(Coffee)와 상호작용
    coffee.reserve_stock(quantity)

    # 내부 일관성 유지: OrderItem 생성 및 총액 재계산
    order_item = OrderItem(...)
    self.items.append(order_item)
    self.calculate_total()  # 총액 일관성 보장

    # 도메인 이벤트 기록
    self._record_event(OrderItemAdded(...))

  def change_status(self, new_status: OrderStatus) -> None:
    """주문 처리 단계가 진행되면서 상태를 변경한다 (결제승인→준비중→완료 등)"""
    if self.status in [OrderStatus.COMPLETED, OrderStatus.CANCELLED]:
      raise ValueError("완료/취소된 주문은 상태 변경 불가")
    if new_status == OrderStatus.PENDING:
      raise ValueError("PENDING으로 되돌릴 수 없습니다")
    previous = self.status
    self.status = new_status

    ... 생략 ...
```

설계 시 애그리게이트는 작게 유지해야 하며, 진정으로 함께 변경해야 하는 요소만 포함한다. 우리 Order 애그리게이트는 예제 9.9에 표현돼 있는 것처럼 주문의 핵심 불변식(총액 일관성, 상태 전이 규칙)을 지키는 최소한의 요소들만 포함한다. 다른 애그리게이트나 단순 엔티티는 ID를 이용해 서로 참조한다.

예제 9.9 주문의 핵심 불변식을 지키도록 작성된 Order 애그리게이트

```
# domain/entities/order.py
class Order(AggregateRoot):
  ... 생략 ...

  def change_status(self, new_status: OrderStatus) -> None:
    """주문 처리 단계가 진행되면서 상태를 변경한다"""
    # 불변식: 완료/취소된 주문은 상태 변경 불가
    if self.status in [OrderStatus.COMPLETED, OrderStatus.CANCELLED]:
      raise ValueError("완료/취소된 주문은 상태 변경 불가")

    # 상태 전이 규칙 적용
    previous = self.status
    self.status = new_status
    self._record_event(OrderStatusChanged(...))
```

주문-결제 간의 동기화는 최종 일관성을 수용해 처리하며, 위 코드의 상태 전이 규칙 적용 부분과 같이 이벤트 기반으로 느슨하게 결합되어 확장성을 높인다.

도메인 이벤트(Domain Event): 중요한 비즈니스 사건의 기록

도메인 이벤트는 도메인에서 발생하는 중요한 사건을 기록한다. 예를 들어, '주문 생성' 이벤트는 새로운 주문이 생성됐음을 나타내며, 결제나 재고 관리 같은 다른 컨텍스트로 전달될 수 있다. 도메인 이벤트는 시스템의 상태 변화를 명확히 표현하고, 컨텍스트 간 느슨한 결합을 가능하게 한다. 이벤트를 통해 비즈니스 프로세스를 추적하고, 시스템 간 통신을 단순화할 수 있다. 이는 특히 분산 시스템에서 중요한 역할을 한다.

온라인 커피 주문 서비스에서는 주문(Order) 애그리게이트의 중요한 비즈니스 사건들이 도메인 이벤트로 기록된다. 각 도메인 이벤트는 예제 9.10과 같이 작성할 수 있다.

예제 9.10 온라인 커피 주문 서비스에서 발생할 수 있는 도메인 이벤트

```
# domain/shared/aggregate_root.py
class DomainEvent:
  """DDD 도메인 이벤트의 기본 타입.
  의도적으로 단순하게 유지: 이벤트 이름, 발생 시각(UTC), 임의의 페이로드.
  """
  def __init__(self, name: str, payload: Any):
    self.name = name
    self.payload = payload
    self.occurred_on = datetime.now(UTC)

# domain/events/order_events.py
class OrderCreated(DomainEvent):
  """고객이 새로운 주문을 생성했음을 알리는 이벤트"""
  def __init__(self, order_id: str, customer_id: str):
    super().__init__(name="OrderCreated", payload={"order_id": order_id, "customer_
id": customer_id})
    self.order_id = order_id
    self.customer_id = customer_id

class OrderItemAdded(DomainEvent):
  """주문에 커피 항목이 추가되었음을 알리는 이벤트"""
  def __init__(self, order_id: str, item_id: str, coffee_id: str, quantity: int):
    super().__init__(
      name="OrderItemAdded",
      payload={"order_id": order_id, "item_id": item_id, "coffee_id": coffee_id, "quan
tity": quantity},
    )
    self.order_id = order_id
    self.item_id = item_id
    self.coffee_id = coffee_id
    self.quantity = quantity

class OrderStatusChanged(DomainEvent):
  """주문 상태가 변경되었음을 알리는 이벤트"""
  def __init__(self, order_id: str, previous_status: str, new_status: str):
    super().__init__(
```

```
        name="OrderStatusChanged",
        payload={"order_id": order_id, "previous_status": previous_status, "new_stat
us": new_status},
    )
    self.order_id = order_id
    self.previous_status = previous_status
    self.new_status = new_status
```

이벤트는 예제 9.11에 작성된 것처럼 클린 아키텍처의 애플리케이션 계층(유스케이스)에서 발행되며, 도메인과 인프라스트럭처 사이의 경계를 유지한다.

예제 9.11 유스케이스에서 도메인 이벤트를 발행

```
# application/usecases/create_order_usecase.py
class CreateOrderUseCase(CreateOrderInputBoundary):
  def __init__(self, event_publisher: DomainEventPublisher | None = None):
    ... 생략 ...

    self.event_publisher = event_publisher

  def execute(self, input_dto: CreateOrderInputDto) -> None:
    ... 생략 ...

    # 도메인 이벤트 발행(컨텍스트 간 통신)
    if self.event_publisher is not None:
      self.event_publisher.publish_all(order.pull_domain_events())
```

리포지터리(Repository): 도메인 객체의 영속성 관리

리포지터리는 애그리게이트의 저장과 조회를 담당하는 추상화다. 애플리케이션 계층에서는 예제 9.12와 같이 리포지터리를 인터페이스로 정의하고, 실제 구현은 인프라 계층에서 처리한다. 리포지터리는 애그리게이트 루트에 대해서만 제공되며, 도메인 중심의 메서드를 정의한다. 이를 통해 데이터베이스 같은 기술적 세부사항을 도메인 로직에서 분리하고, 도메인 모델의 순수성을 유지할 수 있다. 클린 아키텍처에서 인터페이스 어댑터 부분과 동일하다고 볼 수 있으며, 의존성 역전을 통해 도메인 로직을 보호한다.

예제 9.12 애플리케이션 계층에 인터페이스로 정의된 리포지터리

```
# application/ports/repository/__init__.py
class OrderRepository(ABC):
  @abstractmethod
  def find_by_id(self, order_id: str) -> Optional[Order]:
    """주문 ID로 조회 - 애그리게이트 루트 반환"""
    pass

  @abstractmethod
  def save(self, order: Order) -> None:
    """애그리게이트 저장 - 트랜잭션 단위로 처리"""
    pass
```

9.5 DDD와 클린 아키텍처의 대응 관계

지금까지 살펴본 바와 같이 DDD와 클린 아키텍처는 서로 다른 관점에서 출발했지만 놀라울 정도로 잘 맞아떨어진다. DDD는 비즈니스를 코드 설계까지 이어지도록 하며 도메인 중심으로 한다는 개념이라면, 클린 아키텍처는 마찬가지로 도메인이 중심이 되긴 하지만 비즈니스를 옮긴다는 관점보다는 외부 종속성, 세부사항 등을 분리하고 테스트 용이성을 높이고, 외부 변경 용이성을 향상시킬 수 있는 설계 방식에 초점이 맞춰져 있다는 점에서 차이가 있다. 그럼에도 두 개념이 잘 맞아떨어지는 이유는 두 접근법 모두 도메인 로직의 순수성을 강조하기 때문이다.

6장이나 7장에서 클린 아키텍처의 전체 구조에 비해 엔티티 영역의 자세한 설명을 상대적으로 생략했던 이유도 여기에 있다. 클린 아키텍처 관점에서는 이 부분이 핵심 개념은 아니라고 넘어갔지만, 실제로는 9.2절에서 확인한 것처럼 DDD를 통해 이 영역을 좀 더 구체화하고 다듬을 수 있다.

표 9.4는 DDD와 클린 아키텍처의 개념이 어떻게 매핑되는지 보여준다. 각 개념이 어떻게 대응되는지 이해하는 것은 중요하다. 왜냐하면 이 대응 관계를 명확히 하면 DDD로 설계한 도메인 모델을 클린 아키텍처로 구현하는 것이 더욱 자연스러워지기 때문이다.

표 9.4 DDD와 클린 아키텍처의 개념적 매핑

DDD 개념	클린 아키텍처 계층
도메인 모델(엔티티, 값 객체)	엔티티 계층
애플리케이션 서비스	유스케이스 계층
리포지터리 인터페이스	유스케이스 계층(인터페이스)
리포지터리 구현	어댑터 계층(게이트웨이)
도메인 이벤트	엔티티/유스케이스 계층

위 매핑은 DDD 설계가 클린 아키텍처의 어디서 어떻게 구체화될 수 있는지 보여준다. 예를 들어, DDD의 애그리게이트 및 각종 엔티티는 클린 아키텍처의 엔티티 영역에서 구현되며, 바운디드 컨텍스트는 유스케이스 계층의 로직 분할을 통해 실현될 수 있다. 9.2절에서 살펴본 것처럼 온라인 커피 주문 API에서 `Order` 엔티티는 DDD의 애그리게이트 루트로 구현할 수 있고, `CreateOrderUseCase`는 애플리케이션 서비스로서 도메인 로직을 조율한다. 이러한 대응은 클린 아키텍처의 계층 구조가 DDD의 도메인 모델을 보호하고, 외부 변경(예: 데이터베이스 교체 등)에 강건하게 만드는 시너지를 발휘한다.

9.6 클린 아키텍처에서의 MVC 패턴 적용

MVC 패턴과 클린 아키텍처는 소프트웨어 설계에서 서로 다른 수준의 관심사를 다루는 설계 원칙이지만 상호 보완적으로 사용될 수 있다. MVC는 주로 애플리케이션의 구조를 사용자 인터페이스와 비즈니스 로직을 분리하는 데 초점을 맞춘 설계 패턴이고, 클린 아키텍처는 시스템 전체의 계층적 구조와 의존성 규칙을 정의해 유지보수성과 테스트 가능성을 높이는 아키텍처 원칙이다. 클린 아키텍처는 MVC를 포함하거나 대체할 수 있는 더 포괄적인 설계 철학으로 볼 수 있지만 둘은 동일하지 않다. 이어지는 절에서 각 구성요소를 통해 관계를 구체적으로 설명하겠지만 앞에서 살펴본 절에서는 주로 클린 아키텍처를 좀 더 확장하고 엔티티 부분을 더 구체화하는 데 집중했다면, 이 부분은 반대로 MVC에서 클린 아키텍처로 확장하는 것에 대해 이야기한다. MVC가 너무 심플한 버전이라 클린 아키텍처로 확장하는 식으로 접근하면 웹 개발 실무에서 MVC의 한계를 극복하고 클린 아키텍처의 장점을 도입하는 실질적인 가치를 얻을 수 있다.

MVC 패턴의 구성요소

MVC(Model–View–Controller)는 애플리케이션의 관심사를 세 가지로 나눈다.

- **모델(Model)**: 데이터와 비즈니스 로직을 관리한다. 데이터의 상태를 저장하고, 데이터를 처리하거나 업데이트하는 로직을 포함한다. (예: 데이터베이스와의 상호작용, 계산 로직 등)
- **뷰(View)**: 사용자 인터페이스를 담당한다. 모델의 데이터를 시각적으로 표현하며, 사용자가 데이터를 볼 수 있게 한다. (예: HTML/CSS, UI 컴포넌트)
- **컨트롤러(Controller)**: 사용자 입력을 처리하고 모델과 뷰 간의 상호작용을 조정한다. 사용자의 요청(예: 버튼 클릭)을 받아 모델을 업데이트하거나 뷰를 갱신하도록 지시한다.

MVC 동작 흐름

앞에서 확인한 각 요소의 역할이 사용자 요청에 따라 처리되는 흐름을 따라가며 살펴보면 다음과 같다.

1. 사용자가 뷰를 통해 입력(예: 버튼 클릭)을 제공한다.
2. 컨트롤러가 입력을 받아 모델을 업데이트하거나 데이터를 요청한다.
3. 모델이 변경되면 뷰에 반영되어 사용자에게 보인다.

MVC에서 클린 아키텍처로 변환하려는 니즈

MVC로 작성된 애플리케이션을 클린 아키텍처로 변환하거나 처음부터 클린 아키텍처 구조로 코드를 작성하려는 니즈는 실제로 여러 상황에서 발생하며, 이는 소프트웨어 개발에서 유지보수성, 테스트 가능성, 확장성, 기술 독립성을 높이려는 요구에서 비롯된다. (아래에서 이러한 니즈가 발생하는 이유와 구체적인 사례를 정리해 설명한다.)

MVC는 간단하고 직관적인 패턴이지만 규모가 커지거나 복잡한 프로젝트에서는 몇 가지 한계가 드러난다. 클린 아키텍처는 이러한 한계를 해결하기 위해 설계된 아키텍처로, 다음과 같은 이유로 MVC를 클린 아키텍처로 변환하려는 니즈가 생긴다.

MVC를 클린 아키텍처로 변환하거나 처음부터 클린 아키텍처로 작성하려는 니즈는 다음과 같은 경우에 강하게 나타난다.

- 기술 스택 변경, 마이크로서비스 전환, 멀티플랫폼 지원 등 확장성과 유연성이 필요한 경우
- 단위 테스트와 CI/CD 파이프라인 강화를 통해 테스트 가능성을 높이고자 할 때
- 복잡한 비즈니스 로직과 장기적인 유지보수가 필요한 대규모 프로젝트
- 유지보수성과 팀 협업을 극대화하려는 경우

그러나 소규모 프로젝트나 빠른 프로토타이핑에서는 MVC의 단순함이 더 적합할 수 있다. 따라서 프로젝트의 규모, 복잡도, 장기적인 목표를 고려해 적절한 아키텍처를 선택해야 한다. 실무에서 MVC를 클린 아키텍처로 전환할 때는 점진적 리팩터링을 추천한다. 예를 들어, 기존 MVC의 모델을 클린 아키텍처의 엔티티와 유스케이스로 분리한 후 컨트롤러를 어댑터로 재구성하는 단계적 접근이 효과적이다.

클린 아키텍처에서의 MVC 매핑

전환을 위해 두 개념 간의 매핑 관계를 이해하고 있다면 도움이 될 것이다. 클린 아키텍처에서는 MVC의 구성요소를 다음 표 9.5와 같이 매핑한다.

표 9.5 MVC와 클린 아키텍처 개념의 매핑

MVC	클린 아키텍처	설명
컨트롤러	**컨트롤러**	사용자 입력을 처리하는 MVC 컨트롤러는 클린 아키텍처의 인터페이스 어댑터 계층에서 컨트롤러로 매핑된다. 이는 입력을 유스케이스로 전달하며, 7장의 FastAPI 컨트롤러처럼 HTTP 요청을 유스케이스의 입력 값으로 변환한다.
뷰	**프레젠터**	MVC 뷰의 데이터 표현은 클린 아키텍처의 프레젠터로 매핑되며, 유스케이스 출력을 사용자에게 적합한 형식(JSON 등)으로 변환한다. 7장의 `CreateOrderPresenter`처럼 출력 DTO를 API 응답으로 포매팅한다.
모델	**엔티티/유스케이스**	MVC 모델의 비즈니스 로직은 클린 아키텍처의 엔티티와 유스케이스 계층으로 분산된다. 엔티티는 도메인 규칙을 캡슐화하고, 유스케이스는 이를 조율한다. 7장의 `Order` 엔티티처럼 재고 확인 로직을 엔티티에 두어 모델의 역할을 확장할 수 있다.

FastAPI로 작성한 온라인 커피 주문 API 서비스를 MVC 관점으로 분석하면 클린 아키텍처와의 통합이 좀 더 명확해진다. 예제 9.13은 이해를 돕기 위해 7장에서 확인했던 코드를 간소화해서 표현한 것이다.

예제 9.13 클린 아키텍처 코드를 MVC 관점으로 표현

```
@app.post("/order")
def create_order(user_input: CreateOrderInput):
  usecase = get_create_order_use_case()  # 의존성 주입
  result = usecase.execute(user_input)   # 유스케이스 호출(모델 역할 매핑)
  return presenter.get_response(result)  # 프레젠터 호출(뷰 역할 매핑)
```

- **MVC 컨트롤러(클린 아키텍처 컨트롤러)**: FastAPI의 `@app.post("/order")` 함수에서는 사용자 입력을 받아 유스케이스로 전달한다. 이는 MVC 컨트롤러의 입력 처리와 동일하며, 클린 아키텍처의 컨트롤러에서와 마찬가지로 사용자 입력을 검증하는 역할을 수행할 수도 있다.
- **MVC 모델(엔티티/유스케이스)**: 주문 생성 유스케이스(`CreateOrderUseCase`)와 주문(`Order`) 엔티티가 모델의 로직을 담당한다. 유스케이스는 트랜잭션을 조율하고, 엔티티는 도메인 규칙을 처리한다.
- **MVC 뷰(프레젠터)**: 클린 아키텍처에서 주문 생성 프레젠터(`CreateOrderPresenter`)가 출력을 JSON으로 변환하는데, 이는 MVC 뷰의 렌더링과 유사하다.

9.7 클린 아키텍처와 헥사고날 아키텍처의 관계

클린 아키텍처와 함께 자주 이야기되는 것이 헥사고날 아키텍처다. 헥사고날 아키텍처(Hexagonal Architecture)는 2005년 알리스테어 콕번(Alistair Cockburn)이 제안한 아키텍처 패턴으로, '포트와 어댑터(Ports and Adapters)' 패턴이라고도 불리며, 클린 아키텍처와 마찬가지로 시스템의 비즈니스 로직을 외부 시스템(데이터베이스, UI, 외부 API 등)과 분리해서 유연성과 테스트 가능성을 높이는 것을 목표로 한다.

로버트 C. 마틴은 자신의 블로그 포스트에서 클린 아키텍처를 소개하며, 헥사고날 아키텍처를 포함한 여러 아키텍처 패턴(예: 어니언 아키텍처, DCI 등)이 클린 아키텍처의 원칙을 구현한 예시라고 언급했다. 즉, 클린 아키텍처와 헥사고날 아키텍처는 다른 종류의 방법론이 아니고 표현만 조금씩 다를 뿐 사실 같은 목표를 지향하는 같은 종류의 방법론이다.

헥사고날 아키텍처의 주요 구성요소

헥사고날 아키텍처는 그림 9.3과 같이 네 가지 핵심 구성요소로 이뤄진다. 이들은 서로 유기적으로 연결되어 비즈니스 로직을 외부 기술로부터 보호하면서도 유연한 시스템을 구축할 수 있게 한다.

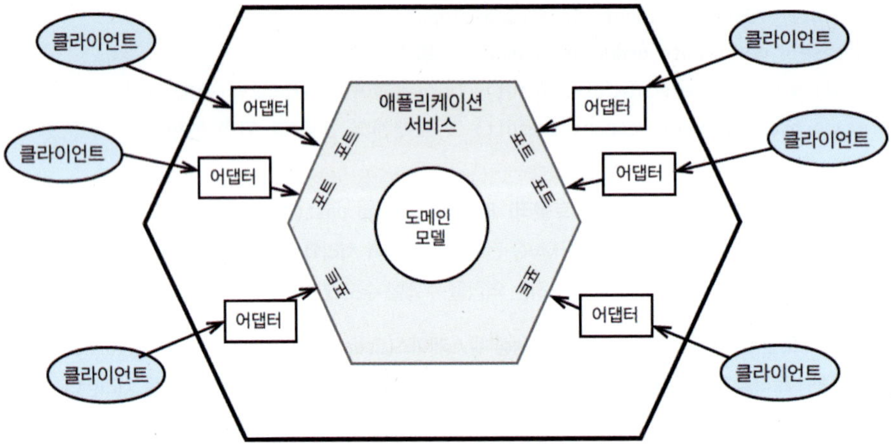

그림 9.3 헥사고날 아키텍처 구조

애플리케이션 서비스(Application Services)

애플리케이션 서비스는 포트를 통해 외부로부터 들어오는 요청을 처리하는 진입점 역할을 한다. 이 영역은 헥사고날 아키텍처의 중심부로서, 외부 세계와 내부 비즈니스 로직 사이의 조율자 역할을 수행한다. 애플리케이션 서비스는 들어오는 요청을 해석하고, 필요한 비즈니스 로직을 호출하며, 결과를 적절한 형태로 반환하는 책임을 진다. 이 영역에서는 트랜잭션 관리, 보안 검증, 데이터 검증 등 애플리케이션 차원의 관심사를 처리한다.

도메인 모델(Domain Model)

도메인 모델은 애플리케이션 서비스 영역 내부에 위치하며, 실제 비즈니스 규칙과 핵심 로직이 구현되는 영역이다. 이곳에는 비즈니스 엔티티, 값 객체, 도메인 서비스 등이 포함돼 있으며, 외부 기술이나 프레임워크에 대한 의존성이 전혀 없는 순수한 비즈니스 로직만이 존재한다. 도메인 모델은 실제 비즈니스 문제를 해결하기 위한 핵심 규칙들을 담고 있으며,

이들은 비즈니스 도메인의 전문 지식을 코드로 표현한 것이다. 도메인 모델이 외부 기술로부터 완전히 독립돼 있기 때문에 데이터베이스나 웹 프레임워크가 변경되더라도 비즈니스 로직은 영향을 받지 않는다.

포트(Ports)

포트는 애플리케이션과 외부 세계 사이의 추상적인 인터페이스 역할을 한다. 이들은 기술 중립적이며 비즈니스 용어로 정의되어 구체적인 기술 구현에 의존하지 않는다. 포트는 크게 두 가지 유형으로 나뉜다. 주도하는 포트는 애플리케이션으로의 입력을 처리하는 인터페이스로, 사용자 인터페이스나 API 요청 등을 통해 애플리케이션이 수행해야 할 작업을 정의한다. 반면 주도되는 포트는 애플리케이션의 출력을 처리하는 인터페이스로, 데이터 저장이나 외부 서비스 호출 등 애플리케이션이 필요로 하는 외부 기능을 추상화한다.

어댑터(Adapters)

어댑터는 특정 기술을 사용해 포트를 구현하는 구체적인 구현체다. 이들은 외부 세계와 애플리케이션 사이의 데이터 변환을 담당하며, 포트가 정의한 추상적인 인터페이스를 실제 기술로 구현한다. 주도하는 어댑터는 REST API 컨트롤러, CLI, GUI 등을 포함하며, 외부에서 들어오는 요청을 애플리케이션 서비스가 이해할 수 있는 형태로 변환한다. 주도되는 어댑터는 데이터베이스 구현체나 외부 API 클라이언트 등을 포함하며, 애플리케이션의 요청을 외부 시스템이 처리할 수 있는 형태로 변환한다. 이러한 구조를 통해 기술 변경 시에도 어댑터만 교체하면 되므로 시스템의 유연성이 크게 향상된다.

클린 아키텍처와 헥사고날 아키텍처의 구성요소 대응 관계

앞서 헥사고날 아키텍처 각 요소의 역할에 대해 살펴보면서 이미 클린 아키텍처의 어떤 요소들과 대응되는지 쉽게 파악할 수 있었을 것이다. 이처럼 두 아키텍처는 본질적으로 동일한 목표를 추구하지만 앞에서 언급한 바와 같이 표현 방식과 세부 구조에서 차이가 있다. 표 9.6을 통해 두 아키텍처가 표현하는 각 구성요소가 어떻게 대응되는지 살펴보자.

표 9.6 헥사고날 아키텍처와 클린 아키텍처의 개념 매핑

헥사고날 아키텍처	클린 아키텍처	설명
도메인 모델	엔티티	비즈니스 핵심 규칙과 순수한 도메인 로직을 담고 있는 영역으로, 외부 기술에 전혀 의존하지 않는 부분
애플리케이션 서비스	유스케이스	애플리케이션 특화 비즈니스 규칙을 처리하며, 외부 요청을 받아 도메인 로직을 조율하는 역할
포트	인터페이스	애플리케이션과 외부 세계 사이의 추상적 계약을 정의하는 인터페이스
드라이빙 어댑터	컨트롤러	외부로부터 들어오는 요청을 애플리케이션이 이해할 수 있는 형태로 변환
드리븐 어댑터	게이트웨이, 프레임워크와 드라이버	애플리케이션의 출력을 위부 시스템에 전달하는 구현체와 프레임워크

클린 아키텍처는 헥사고날 아키텍처의 개념을 더 구체화하고 세분화한 것으로 볼 수 있다. 헥사고날 아키텍처가 포트와 어댑터라는 핵심 개념에 집중한다면, 클린 아키텍처는 내부 구조를 더 세밀하게 나누어 엔티티, 유스케이스, 인터페이스 어댑터, 프레임워크와 드라이버라는 계층으로 구성한다. 두 아키텍처 모두 비즈니스 로직의 보호와 유연한 시스템 설계를 목표로 하므로 프로젝트의 특성과 팀의 이해도에 따라 적절히 용어를 선택하거나 조합해서 사용할 수 있다. 중요한 것은 아키텍처 패턴 자체가 아니라 그 뒤에 있는 원칙들을 이해하고 프로젝트에 맞게 적용하는 것이다.

9.8 마이크로서비스 아키텍처로의 진화

앞서 도메인 주도 설계(DDD)의 본질을 탐구하고 DDD와 클린 아키텍처의 시너지를 논의한 바와 같이 클린 아키텍처는 도메인 중심의 설계를 강조하며 시스템의 복잡성을 관리한다. 이러한 원칙은 시스템 규모가 확대될 때 자연스럽게 마이크로서비스 아키텍처로 진화하는 기반을 제공한다. MSA는 단순한 기술 트렌드가 아니라 비즈니스 요구사항의 증가와 조직의 확장을 반영한 아키텍처 스타일이다. 이번 절에서는 MSA의 기본 개념을 시작으로 DDD를 활용한 확장 전략과 온라인 커피 주문 API 서비스를 MSA로 확장하는 시나리오와 간단한 코드 예시를 살펴본다. 마지막으로 MSA 도입 시 도전 과제와 해결책을 논의하며 실무적 관점을 제공한다.

MSA의 기본 개념과 장점

MSA는 애플리케이션을 작고 독립적인 서비스들의 집합으로 구성하는 접근법이다. 각 서비스는 특정 비즈니스 기능을 담당하며, 독립적으로 개발 · 배포 · 확장된다. 주요 기술 요소로는 API 게이트웨이(서비스 간 통신 중계), 서비스 디스커버리(동적 서비스 탐색), 컨테이너화(도커 등)가 포함되지만 본질은 기술이 아닌 비즈니스 중심의 분산 설계에 있다.

MSA의 핵심 특징은 다음과 같다.

- **독립성**: 각 서비스는 자체 프로세스에서 실행되며, 데이터 저장소를 공유하지 않는다. 이를 통해 서비스 간 결합도를 최소화한다.
- **느슨한 결합**: 앞에서 언급한 서비스 간 결합도를 낮추기 위해 서비스 간 통신은 HTTP/REST나 gRPC 같은 경량 프로토콜로 이뤄지며, 이벤트 기반 아키텍처(예: 카프카)를 통해 비동기 통신을 지원한다.
- **기술 다양성**: 각 서비스가 최적의 기술 스택을 선택할 수 있다. 예를 들어, 주문 서비스는 파이썬/FastAPI를, 결제 서비스는 자바/스프링을 사용할 수 있다.

MSA를 채택하는 이유는 다음과 같다.

- **민첩성 향상**: 작은 서비스 단위로 빠른 배포가 가능해 시장 변화에 신속히 대응한다. 이는 8장에서 살펴본 애자일 스프린트와도 잘 맞는다.
- **확장성**: 트래픽이 많은 서비스(예: 주문 처리)만 선택적으로 스케일링할 수 있어 비용 효율적이다.
- **장애 격리**: 한 서비스의 실패가 전체 시스템에 영향을 미치지 않으며, 서킷 브레이커 패턴으로 복원력을 높인다.
- **팀 자율성**: 각 팀이 서비스를 소유하며 독립적으로 작업할 수 있어 대규모 조직에서 생산성을 높인다.

그러나 MSA는 모놀리스 아키텍처의 단순함을 포기하는 대가로 네트워크 지연, 분산 트랜잭션 복잡성 등의 도전 과제가 따른다. 이를 극복하기 위해 DDD와 클린 아키텍처가 핵심적인 역할을 한다고 볼 수 있다.

DDD와 클린 아키텍처의 시너지: MSA로의 자연스러운 확장

단순히 모놀리스 서비스를 MSA로 전환한다고 생각하면 다소 막막하게 느껴질 것이다. 그러나 DDD의 바운디드 컨텍스트를 기준으로 MSA의 서비스 경계를 정의한다고 하면 좀 더 명확한 그림과 계획이 그려질 수 있다. 각 컨텍스트는 독립적인 도메인 모델을 가지며, 클린 아키텍처의 구조를 적용해 서비스 내부를 체계화하고 서비스 간 결합도를 관리할 수 있다.

그림 9.4는 온라인 커피 주문 API 서비스의 패키지 구조를 간략하게 표현한 것이다. 각 패키지는 계층의 역할을 하고 있음을 눈치챌 수 있다. 컨트롤러 패키지의 경우 세 가지 컨트롤러(`MenuController`, `OrderController`, `PaymentController`)가 하나의 박스 안에 있는데, 이것은 7장에서 작성한 코드에서 컨트롤러별로 파일을 구분하지 않았기 때문이다. 그러나 하나의 파일 안에서 요청 경로와 메서드에 따라 컨트롤러가 의미적으로 분리될 수 있다.

그리고 애플리케이션 패키지의 각 유스케이스는 명확하게 다른 파일로 분리돼 있으며, 유스케이스 간에는 직접적인 결합이 없고, 이벤트 기반으로 협력되게 함으로써 느슨한 결합을 보장한다.

이는 클린 아키텍처의 특성이 잘 반영된 부분이다. 마지막으로 어댑터 부분은 서로 다른 유스케이스에서 같이 사용하는 것도 있고, 특정 유스케이스에서만 사용하는 것도 있다. 그러나 7장의 코드에서 확인한 바와 같이 어떤 유스케이스에서 어떤 어댑터를 사용하는지는 명확하게 구분될 수 있다. 어떤 어댑터를 의존성 주입하는지 코드를 통해 명확히 나타내기 때문이다.

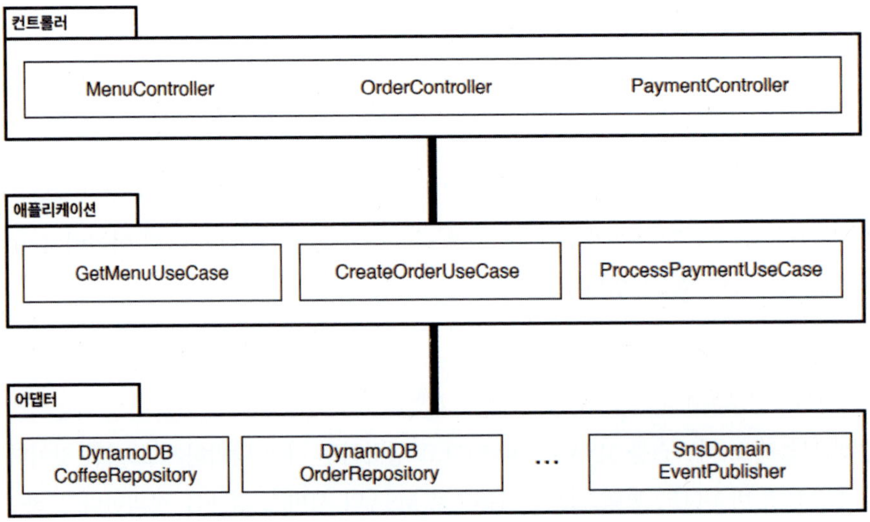

그림 9.4 모놀리스로 만들어진 온라인 커피 주문 서비스의 패키지 구조를 나타낸 그림

그리고 이미 이전 절에서 확인했던 바와 같이 온라인 커피 주문 API 서비스를 DDD 관점에서 분석하면 바운디드 컨텍스트가 명확하게 나눠진다(메뉴/주문/결제 컨텍스트). 그림 9.5의 패키지 구조는 그것이 반영되어 있다는 것을 드러낸다. 그뿐만 아니라 그림에 엔티티 영역은 표현하지 않았지만 각 바운디드 컨텍스트에 사용되는 엔티티는 구분된다는 사실을 앞서 확인했다.

이러한 사실과 구조를 바탕으로 모놀리스 구조의 코드를 그림 9.5와 같이 종단으로 간편하게 분리할 수 있고, 그렇게 분리된 패키지는 각각의 마이크로서비스가 될 수 있다.

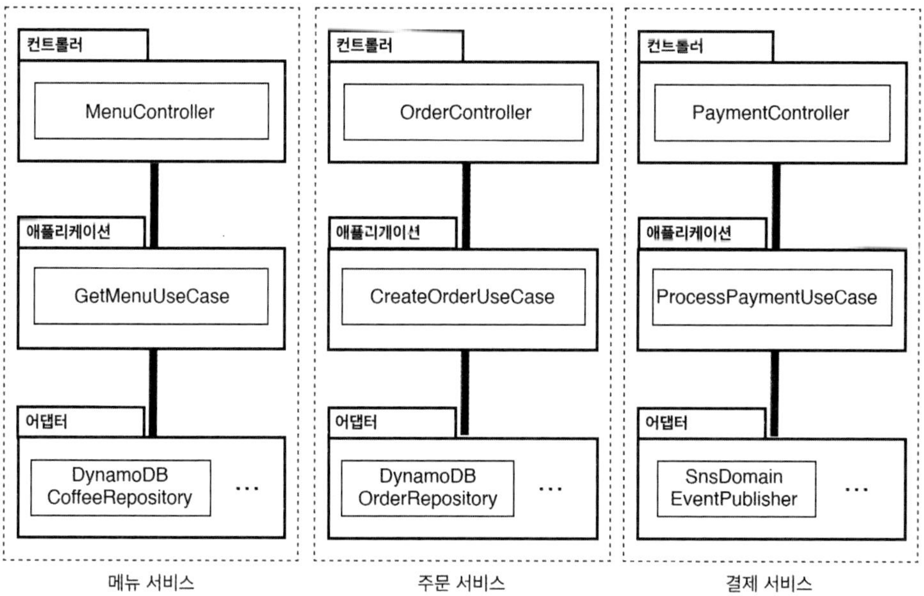

그림 9.5 마이크로서비스로 나눠진 구조를 나타낸 그림

이처럼 클린 아키텍처와 DDD를 활용한 설계는 MSA로의 진화를 용이하게 한다. 단, 기존 코드의 패키지를 나누기만 한다고 마이크로서비스가 되는 것은 아니고, 코드의 일부를 변경해야 할 수 있다.

예를 들면, 다음과 같이 주문 생성 유스케이스에서 커피 객체를 생성하기 위해 어댑터를 통해 정보를 얻어왔던 부분을

예제 9.14 커피 주문 유스케이스에서 데이터베이스로부터 커피 정보를 불러오는 코드

```
# application/usecases/create_order_usecase.py
class CreateOrderUseCase(CreateOrderInputBoundary):
  ... 생략 ...

  def execute(self, input_dto: CreateOrderInputDto) -> None:
    coffee = self.coffee_repo.find_by_id(input_dto.coffee_id)

    ... 생략 ...
```

다음과 같이 메뉴 마이크로서비스를 통해 처리해야 한다.

예제 9.15 커피 주문 유스케이스에서 다른 마이크로서비스로부터 커피 정보를 불러오는 코드

```
# application/usecases/create_order_usecase.py
class CreateOrderUseCase(CreateOrderInputBoundary):
  ... 생략 ...

  def execute(self, input_dto: CreateOrderInputDto) -> None:
    coffee = self.menu_service_client.get_coffee(input_dto.coffee_id)

    ... 생략 ...
```

그러나 이 부분마저도 코드 구조화가 잘 돼 있다면 비교적 적은 변경으로 마이크로서비스로의 전환이 가능하다는 것을 알 수 있다.

MSA 도입의 도전 과제와 해결책

MSA는 강력한 유연성과 확장성을 제공하지만 구현 과정에서는 다양한 도전 과제가 존재한다. 다음은 주요 이슈와 이를 해결하기 위한 전략들이다.

서비스 발견(Service Discovery)

서비스 인스턴스의 위치가 동적으로 변하기 때문에 이를 탐색하는 것이 핵심 이슈다. 이를 위해 Consul이나 Kubernetes Service 같은 도구를 활용하면 서비스 발견을 위한 탐색 및 라우팅이 가능하다.

- Consul[2]: 서비스 발견, 서비스 메시, 트래픽 관리, 보안 서비스 간 통신을 통합적으로 제공하는 서비스 네트워킹 솔루션
- Kubernetes Service: 클러스터 내부에서 파드(Pod)의 IP 변경과 무관하게 고정된 ClusterIP(Virtual IP)를 제공함으로써 DNS 기반의 자동 서비스 발견과 로드 밸런싱을 지원

성능 지연 문제

MSA 환경에서는 네트워크 호출이 많아져 응답 지연이 발생할 수 있다. gRPC를 통해 효율적인 서비스 간 통신을 구축하고, Redis 같은 인메모리 캐시를 도입해 조회 성능을 최적화할 수 있다.

- gRPC[3]: 고성능 오픈소스 RPC 프레임워크. 다양한 환경에서 낮은 지연을 제공
- Redis[4]: 인메모리 키-값 데이터베이스로 캐시 및 빠른 조회를 위한 이상적인 선택

모니터링 및 로그 관리

분산 환경에서는 로그 중앙화 및 실시간 모니터링이 중요하다. ELK 스택을 통해 로그 수집 · 가공 · 시각화를 통합 관리하거나 AWS CloudWatch로 로그와 메트릭, 트레이스를 한 플랫폼에서 모니터링할 수 있다.

- ELK 스택[5]: 엘라스틱서치(Elasticsearch), 로그스태시(Logstash), 키바나(Kibana)를 조합한 통합 로그 분석 플랫폼
- AWS CloudWatch[6]: 로그, 메트릭, 트레이스를 통합 수집 · 분석하고 대시보드로 시각화하는 AWS 관리형 서비스

2 https://developer.hashicorp.com/consul
3 https://grpc.io/docs/
4 https://redis.io/
5 https://aws.amazon.com/what-is/elk-stack/
6 https://aws.amazon.com/ko/documentation-overview/cloudwatch/

데이터 일관성 문제

MSA 환경에서는 서비스 간 데이터가 분산돼 있어 이벤트 전달 시차로 인한 결과적 일관성(eventual consistency) 문제가 발생할 수 있다. 즉, 데이터 변경이 모든 서비스에 즉각적으로 반영되지 않고 찰나의 불일치 구간이 생기는 것이다. 이를 효율적으로 관리하기 위해 CQRS(Command–Query Responsibility Segregation) 패턴을 활용한다.

- CQRS[7]: 상태를 변경하는 '쓰기(Command)'와 정보를 제공하는 '조회(Query)' 모델을 분리하는 패턴이다. 이를 통해 일관성 유지를 위한 복잡한 비즈니스 로직과 빠른 응답이 필요한 조회 기능을 독립적으로 최적화해서 시스템의 확장성과 성능 문제를 동시에 해결할 수 있다.

분산 트랜잭션

CQRS를 통해 모델을 분리하는 것만으로는 여러 서비스에 걸친 데이터 정합성을 보장하기 어렵다. 예를 들어, 주문 생성 시 재고 업데이트가 실패하면 데이터 일관성이 깨질 수 있다. 이를 해결하기 위해 사가 패턴(Saga Pattern)을 도입한다.

- 사가 패턴[8]: 분산 트랜잭션을 여러 개의 로컬 트랜잭션 시퀀스로 나누어 처리하는 방식이다. 만약 특정 단계에서 작업이 실패하면 이미 완료된 이전 단계들을 취소하는 보상 트랜잭션(compensating transaction)을 순차적으로 실행해 최종적인 일관성을 유지한다.

결론적으로, 클린 아키텍처와 DDD는 MSA로의 진화를 위한 강력한 기반을 제공한다. 이는 기술적 유연성을 넘어 비즈니스 민첩성을 강화하며, 대규모 시스템에서 장기적인 유지보수성을 보장한다. 그러나 MSA 도입은 조직 규모와 요구사항을 고려한 점진적 접근이 필수적이다.

9.9 정리

이번 장에서는 클린 아키텍처의 기본 원칙을 바탕으로 이를 현대 소프트웨어 개발 패러다임으로 확장하는 방안을 탐구했다. 클린 아키텍처는 비즈니스 로직을 핵심으로 삼아 외부

7 https://microservices.io/patterns/microservices.html

8 https://microservices.io/patterns/data/saga.html

요소로부터 격리하는 구조를 제공하나, 대규모 시스템이나 복잡한 도메인에서 이를 효과적으로 적용하기 위해서는 도메인 주도 설계(DDD), 마이크로서비스 아키텍처(MSA)와의 통합이 필수적이다.

먼저, DDD와 클린 아키텍처의 조화는 도메인 중심 접근을 강화한다. DDD의 유비쿼터스 언어와 바운디드 컨텍스트는 클린 아키텍처의 엔티티 및 유스케이스 계층을 세밀하게 구조화하며, 애그리게이트와 도메인 이벤트는 비즈니스 규칙의 일관성을 보장한다. 예를 들어, 7장의 온라인 커피 주문 시스템을 DDD 관점에서 재해석하면 주문 엔티티가 애그리게이트 루트로 확장되어 트랜잭션 경계를 명확히 하고, 도메인 이벤트가 서비스 간 연동을 촉진한다. 이는 비즈니스 복잡성을 관리하며, 기술 변화에도 유연한 시스템을 구축하는 데 기여한다.

그리고 MSA로의 확장은 클린 아키텍처의 자연스러운 진화 형태다. DDD의 바운디드 컨텍스트가 서비스 경계를 정의하고, 클린 아키텍처의 의존성 역전 원칙이 각 서비스의 독립성을 유지한다. 온라인 커피 주문 API를 MSA로 분할한 예시에서 보듯, 주문과 메뉴 서비스의 분리는 스케일링과 유지보수를 용이하게 하며, 도메인 이벤트와 API 게이트웨이를 통해 분산 시스템의 복잡성을 완화한다. 분산 트랜잭션과 네트워크 지연 등의 도전 과제는 사가 패턴이나 모니터링 도구를 통해 해결할 수 있다.

결론적으로, 클린 아키텍처는 단독으로도 강력하나 DDD, 헥사고날 아키텍처, MSA와 결합될 때 현대 소프트웨어의 복잡성과 변화에 대응하는 견고한 기반을 제공한다. 이는 개발자들이 비즈니스 가치를 최우선으로 하며 지속 가능한 아키텍처를 설계할 수 있도록 안내하는 핵심 원칙으로 작용할 것이다.

10

생성형 AI를 이용한 클린 아키텍처 구현

소프트웨어 개발의 패러다임은 생성형 인공지능(AI)의 등장으로 급격히 변화하고 있다. 코드 작성, 테스트, 디버깅, 심지어 설계 과정까지 AI가 보조하거나 대체할 수 있는 영역이 빠르게 확장되면서 개발자의 역할과 소프트웨어 아키텍처의 중요성에 대한 논의가 새롭게 대두되고 있다. 앞서 클린 아키텍처의 이론적 기반을 다졌고, 온라인 커피 주문 API를 통해 요구사항 분석부터 테스트 자동화까지 실무적 적용 방법을 확인했다. 10장에서는 이러한 클린 아키텍처의 원칙을 생성형 AI와 결합해 실무에서 소프트웨어를 설계하고 구현하는 과정을 가속화하는 방법을 다룬다.

이번 장에서는 생성형 AI가 소프트웨어 개발에 미치는 영향을 분석하고, AI 시대에도 클린 아키텍처가 여전히 필수적인 이유를 탐구한다. 특히, AI를 활용해 코드를 생성할 때 구조화된 코드(클린 아키텍처를 통해 계층 분리와 의존성 역전이 적용된 형태)가 추가/수정 작업에 얼마나 용이한지 강조하며, 코드 품질을 유지하기 위한 가드레일(예: 린터(linter), 테스트 프레임워크, CI/CD)의 필요성과 설계 단계에서 맥락을 이해하는 것이 효과적인 개발을 어떻게 가능하게 하는지 이야기한다.

또한 AI를 활용해 소프트웨어 설계를 보조하고, 7장의 온라인 커피 주문 API를 AI 기반으로 재구성하는 구체적인 사례를 제시한다. 이를 통해 제로샷(zero-shot), 원샷(one-shot), 퓨샷(few-shot) 프롬프트 작성 기법, 생각의 사슬(chain-of-thought) 접근법, 그리고 품질 가드레일을 적용한 자동화 방법을 확인하고, AI가 생성한 코드와 클린 아키텍처의 원칙을 조화시키는 방법을 배운다.

이번 장의 예제 코드는 아래 깃허브 저장소에서 확인할 수 있다.

- https://github.com/wikibook/clean-architecture-guide/tree/main/ch10

10.1 AI 시대에 아키텍처 공부가 여전히 필요한 이유

깃허브 코파일럿(GitHub Copilot) 같은 AI 모델을 활용하면 비전문가도 자연어로 요구사항을 설명하는 것만으로 일정 수준의 코드를 생성할 수 있다. 이처럼 AI가 코딩을 보조하는 시대에는 전문 개발자나 아키텍처에 대한 깊은 이해가 더 이상 필요 없을 것처럼 보인다. 그러나 결론부터 말하자면, 적어도 당분간 개발자와 아키텍트의 역할은 완전히 대체되기 어려울 것이다. AI가 코드 생성을 가속화하더라도 시스템의 장기적 안정성과 유지보수성을 보장하는 아키텍처 설계는 여전히 인간의 전략적 판단을 요구한다. 특히, 구조화된 코드가 추가/수정 작업에 용이하다는 점, 코드 품질 유지를 위한 가드레일이 필수적이라는 점, 그리고 설계 단계부터의 맥락 이해가 AI의 효과성을 높인다는 점을 고려하면 아키텍처 학습의 필요성은 오히려 더 커진다. 아래의 세 가지 논거를 통해 좀 더 자세히 살펴보자.

개발자는 단순히 '개발'만 하지 않는다

개발자라고 해서 하루 종일 코드만 작성하는 것은 아니다. 실제 현업에서 개발자는 기획자, 디자이너, 다른 이해관계자와 소통하며 요구사항과 품질 속성을 정의하고, 제약사항을 파악하며, 적절한 기술 스택을 선정한다. 또한 운영 중인 애플리케이션을 모니터링하고 장애에 대응하는 등 다양한 역할을 수행한다. 이러한 활동은 단순한 코드 생성으로 대체하기 어렵다. AI가 코드를 자동화하더라도 이해관계자와의 협업, 요구사항 분석, 성능 및 보안 요구 충족, 인프라와 외부 시스템 검토 같은 업무는 여전히 사람이 주도해야 한다. 즉, '개발' 업무의 일부가 대체될 수는 있어도, '개발자의 역할'이 완전히 사라지긴 어렵다.

더구나 AI 시대에는 개발자의 역할이 단순 코딩에서 아키텍처 설계와 비즈니스 가치 창출로 이동한다. 예를 들어, AI는 반복적인 코딩을 효율화하지만, 시스템 아키텍처의 큰 그림(예: 클린 아키텍처의 계층 분리나 의존성 역전 원칙 적용)은 인간의 경험과 통찰이 필수적이다. AI가 생성한 코드가 비즈니스 로직의 맥락을 제대로 반영하지 못할 때 개발자는 이를 검증하고 조정하는 역할을 맡아야 한다. 이는 AI가 보조 도구로 작용할 때 개발자의 생산성을 높이지만 아키텍처 지식 없이는 오히려 코드 품질 저하를 초래할 수 있음을 의미한다.

약은 약사에게, 진료는 의사에게

비전공자임에도 생성형 AI를 활용하면 전문가 수준의 결과물을 만들 수 있는 분야 중 하나가 이미지 생성이다. 그러나 실제로 디자인 비전공자와 전공자에게 동일한 주제를 제시하고 AI를 이용해 이미지를 생성하도록 요청하면 차이가 드러난다. 비전공자는 '가을 분위기가 나는 배경의 아름다운 두 여성을 그려줘'처럼 일반적인 지시를 내리지만 전공자는 명암, 색감, 구성 요소의 세부 표현을 구체적으로 지정한다. 결과적으로 전공자의 출력물이 그림 10.1과 같이 더 높은 퀄리티를 보인다. 이는 디테일의 차이에서 비롯되며, 전문 지식이 AI에게 더 정확한 방향성을 제공하기 때문이다.

그림 10.1 전공자가 AI를 이용해 만든 이미지(왼쪽), 비전공자가 AI를 이용해 만든 이미지(오른쪽)

이 원리는 코드 작성에도 그대로 적용된다. 코드 구조를 어떻게 만들지 구상하는 아키텍처 설계는 사람이 맡고, 실제 구현은 AI가 대신 수행하도록 할 수 있다. 이때 중요한 것은 사람이 '코드를 어떻게 구조화할지'에 대한 이론적 토대와 경험을 갖추고 있어야 한다는 점이다. 아키텍처 역량이 뛰어난 개발자는 AI 시대에 더욱 가치 있는 인재로 자리매김할 수 있다. 예상하건대, 앞으로 5년 동안은 '사람이 구상하고, AI가 실행하는' 형태의 AI 활용 방식이 주를 이룰 것이다. 단순히 코드를 작성하는 사람으로 자신을 한정한다면 시간이 흐를수록 설 자리가 좁아질 가능성이 높다.

경험이 풍부한 개발자는 AI 도구를 가장 효과적으로 활용할 수 있는 위치에 있지만 이는 단순히 경력의 기간에 의존하는 것이 아니다. 핵심은 프로그래밍 지식과 프로젝트 운영 노하우야말로 AI 도구를 최적화된 형태로 활용할 수 있는 기반이라는 점이다. LLM 기반의 프로그래밍 에이전트를 비유하자면, 프로그래밍 지식은 매우 풍부하지만 현재 문맥에서는 설계 이해가 부족한 상태에 가깝다. 그래서 이들에게 실질적인 업무를 맡기려면 전략적인 준비와 안내가 필수적이며, 이 역할을 수행할 수 있는 최적의 인물이 아키텍처 지식과 경험을 쌓은 개발자다. 결론적으로, 최첨단 기술인 AI 도구조차 전통적인 개발 관행과 경험을 기반으로 할 때 가장 효과적으로 활용 가능하다. AI는 개발자의 생산성을 높이지만 아키텍처 지식 없이는 오히려 코드 품질 저하나 장기적 유지보수 비용 증가로 이어질 수 있다. 따라서 주니어 개발자라면 이러한 지식을 쌓기 위해 노력해야 한다. AI를 활용한 프로젝트 참여, 코드 리뷰, 아키텍처 관련 서적 공부 등을 통해 경험을 축적하면 AI 시대에도 경쟁력 있는 개발자로 성장할 수 있다.

책임과 아키텍처 설계의 인간적 역할

개발 과정과 운영 환경에서 발생하는 문제, 예기치 못한 변경, 장애 대응에 대한 최종 책임은 결국 사람이 진다. 완전히 AI에게 모든 코드를 맡기고 자연어로만 시스템을 관리하며 문제가 생기면 다시 AI에게만 의존하는 형태가 가능할까? 현실적으로 어렵다. 변경된 요구사항을 반영하기 위해서는 기존 아키텍처와 코드를 파악하고 수정 방향을 결정한 뒤, AI에게 적절히 재지시해야 한다. 테스트, 모니터링, 장애 대응 역시 단순히 '코드를 생성'하는 것과는 차원이 다른 작업이다. 결국 아키텍처와 코드 구조를 이해하고 유지보수할 줄 아는 사람이 필요하며, 이는 개발자와 아키텍트의 역할이 계속해서 요구될 것임을 의미한다.

아키텍처 설계는 단순히 '기능 A를 만들어줘'라는 한두 마디로 해결되지 않는다. 다양한 이해관계자의 요구사항, 비즈니스 로직, 성능 및 보안 요구, 운영 환경의 제약, 확장성과 유지보수성을 모두 종합해야 한다. 이처럼 섬세하고 복합적인 구조적 결정을 AI에게 자연어로 일괄적으로 전달하는 것은 아직 쉽지 않다. AI가 생성한 아키텍처가 클린 아키텍처의 계층 분리나 의존성 역전 원칙을 제대로 반영하지 못할 경우 시스템의 장기적 안정성이 위협받는다.

아키텍처는 한 번 세운 뒤 끝나는 것이 아니라 제품의 성장과 요구사항 변경에 따라 지속적으로 개선되고 진화해야 한다. 여기서 문제는 변경된 요구사항을 반영하기 위해 기존 구조와 책임 관계를 다시 AI에게 설명하고, 수정 코드를 재생성한 뒤 이것이 기존 코드와 충돌하지 않도록 관리하는 과정이다. 이 흐름에서 사람이 아키텍처와 코드 기반을 이해하지 못한다면 결과물의 품질과 안정성은 크게 떨어질 수밖에 없다. AI는 프로토타입 생성에는 강력하지만 장기 유지보수나 복잡한 변경 관리를 위한 시스템 구조를 설계하는 데는 인간의 경험적 통찰이 필수적이다. 예를 들어, AI가 생성한 코드가 로깅 설정, 커스텀 설정 파싱, 레이스 컨디션 등의 품질 문제를 무시할 수 있으므로 이를 검증하고 수정하는 과정에서 아키텍처 지식이 핵심 역할을 한다.

완전 자동화된 AI 기반 설계를 상상해보자. 우리는 단지 자연어로 '이런 시스템을 만들어달라'고 명령하고, 이후 발생하는 문제나 개선 사항 역시 AI에게 모든 책임을 떠맡긴다. 그러나 현재 AI는 기존 코드 기반과 시스템 구조를 '맥락'으로 인식하고 시스템을 해석하는 데 한계가 있다. 결국 사람은 아키텍처와 코드의 의도를 숙지하고, 문제가 발생했을 때 어떤 부분을 어떻게 개선해야 하는지 방향을 제시할 능력이 필요하다. 이러한 인적 역량 없이 AI에게 모든 것을 일임하는 것은 전략 없이 '좋은 팀원이니까 알아서 잘하겠지'라고 믿는 것과 다르지 않다.

AI 시대에 클린 아키텍처 같은 체계적 설계 지식이 필요한 이유가 바로 여기에 있다. AI가 코드를 생성하더라도 시스템의 구조적 무결성을 유지하고 비즈니스 가치를 최적화하는 것은 인간의 몫이다. AI는 개발자의 생산성을 높이지만 아키텍처 지식 없이는 오히려 코드 품질 저하나 장기적 유지보수 비용 증가로 이어질 수 있다.

10.2 소프트웨어를 설계하고 구현할 때 생성형 AI를 활용하는 방법

챗GPT(ChatGPT)나 클로드(Claude) 같은 생성형 AI가 소프트웨어 개발에 미치는 영향은 크지만, 많은 경우 AI를 활용할 때 발생하는 문제는 그 사용 방식에서 비롯된다. 예를 들어, 깃허브 코파일럿처럼 AI를 이용해 코드 생성에만 집중한다면 AI는 '프로그래밍 지식은 풍부하지만 설계에 관한 이해가 부족한 주니어'처럼 작동한다. 이는 AI에게 기능 위주의 프롬프트를 주고 구현으로 직행하기 때문이다. 요구사항을 자연어로 설명하고 바로 코드를 생성하도록 지시하면 AI는 그 순간 가능한 방법을 선택하지만 전체 시스템의 일관성이나 장기적 품질을 고려하지 못한다.

소프트웨어 개발 생애주기를 생각해보자. 일반적으로 요구사항 분석, 설계, 구현, 테스트, 배포, 유지보수 단계로 구성된다. 그러나 AI를 활용할 때 요구사항 분석 후 바로 구현으로 넘어가는 경우가 많다. 이는 다양한 구현 방법이 존재하는 상황에서 AI가 일관된 구조를 유지하지 못하게 만든다. 결과적으로 코드가 산발적으로 쌓여 변경 용이성이나 유지보수성과 같은 품질 속성이 저하된다.

이 문제를 해결하기 위해서는 **잘 설계된 코드 위에서 AI가 코드 작업을 할 수 있게 하고, 가드레일을 통해 코드 품질이 저하되는지 여부를 잘 체크해야 한다. 이것만으로도 품질 유지가 잘 될 가능성이 높아지겠지만 AI의 효율을 좀 더 높이기 위해서는 설계 단계부터 AI를 활용할 수도 있다.**

AI에게 시스템의 컨텍스트(비즈니스 로직, 품질 속성, 제약사항)를 미리 제공하고, 설계를 함께 만들어 나가면 AI의 출력이 더 구조화되고 일관성을 띠게 된다. 이는 AI를 단순 코드 생성 도구가 아닌 설계 파트너로 활용하는 방식으로, 클린 아키텍처의 원칙을 자연스럽게 반영할 수 있게 한다.

이제 소프트웨어 개발 생애주기의 단계별로 생성형 AI를 활용하는 구체적 방법을 살펴보자. 이는 뒤에서 다룰 사례 연구(온라인 커피 주문 API 재구성)에서 더 자세히 실습할 내용이지만 여기서는 개요를 중심으로 소개한다.

요구사항 분석 단계: 컨텍스트 구축과 유스케이스 식별

요구사항 분석은 AI의 맥락 이해 부족을 보완하는 출발점이다. AI에게 비즈니스 요구사항을 자연어로 설명하고, 이를 유스케이스로 분해하도록 지시하면 된다. 예를 들어, "온라인 커피 주문 시스템의 요구사항: 메뉴 조회, 주문 생성, 상태 확인. 품질 속성: 확장성, 테스트 용이성. 제약사항: DynamoDB 사용"이라는 프롬프트를 주고, 유스케이스 다이어그램이나 목록을 생성하도록 요청한다. 혹은 "이 요구사항을 기반으로 클린 아키텍처의 유스케이스 계층으로 분해해. 각 유스케이스의 입력/출력 DTO와 비즈니스 규칙을 정의해."라고 요청한다.

이 방법을 통해 AI가 요구사항을 구조화하면 개발자는 이를 검토하고 수정하며 컨텍스트를 공유한다. 최근 AI들은 이전 대화 히스토리를 유지해 후속 단계에서도 재활용이 가능하다.

이 단계에서 AI를 활용하면 개발자는 요구사항을 명확히 하고, AI에게 시스템의 전체 맥락을 '교육'하는 효과를 얻는다.

설계 단계: 아키텍처 원칙 적용과 계층별 구성

설계 단계에서 AI의 약점을 극복하려면 클린 아키텍처의 원칙을 프롬프트에 명시적으로 포함한다. AI에게 엔티티, 유스케이스, 저장소 등의 계층을 설계하도록 지시하면 기능 위주의 구현이 아닌 구조화된 설계가 가능하다.

예를 들어, 요구사항 분석 결과를 기반으로 "클린 아키텍처를 준수해 엔티티(`Order`, `Coffee`)와 유스케이스(`CreateOrderUseCase`)를 설계해. 의존성 역전 원칙을 적용하고, 계층 분리를 유지해" 또는 "`CoffeeRepository` 인터페이스를 정의하고, DynamoDB 구현체를 구현해. 클린 아키텍처의 인프라 계층으로 배치해"라는 프롬프트를 사용하면 AI가 다이어그램이나 코드를 스케치할 것이다. 그럼 그 내용을 검토한 후 수정 프롬프트를 통해 세밀하게 조정할 수 있다.

이때 AI가 스타일이나 내부적으로 약속한 코드 법칙(예: SOLID)을 무시할 수도 있으므로 린터를 이용해 일관된 코드 스타일을 준수하도록 하고, 프롬프트에 내용을 추가해서 미리 약속된 코드 법칙과 구조를 자동 검증하도록 한다. 즉, SOLID 원칙 위반을 지적하면 이를 프롬프트에 피드백으로 반영할 수 있다(예: "이 코드를 SOLID 원칙에 맞게 수정해").

이 접근은 AI가 설계 컨텍스트를 이해하도록 돕고, 클린 아키텍처의 계층별 구성 요소를 생성하는 작업 흐름을 형성한다.

구현과 테스트 단계: 코드 생성과 품질 보장

구현 단계에서 AI는 코드 생성의 강점을 발휘하지만 테스트와 통합해 품질을 유지해야 한다. AI에게 유스케이스 코드를 생성하도록 요청한 후 단위 테스트로 검증한다.

예를 들어, “CreateOrderUseCase를 파이썬으로 구현해. 입력 DTO: customer_id, coffee_id, quantity. 출력 DTO: order_id, total_amount. CoffeeRepository로 재고를 확인해”라는 프롬프트로 코드를 생성하게 하고, 이것과 함께 AI에게 “이 코드에 대한 unittest 테스트 케이스를 작성해. 성공/실패 시나리오 포함”이라고 요청하면 자동으로 테스트 코드를 생성한다.

만약 AI가 생성한 코드에 오류가 있으면 “이 코드에서 ZeroDivisionError가 발생해. 수정해”처럼 구체적 피드백을 주며 디버깅한다. 이때 AI가 새로 생성한 테스트 코드가 잘 작성됐는지, 그리고 테스트가 성공/실패했는지 검증하는 것도 중요하지만 그 전에 기존에 작성된 테스트 코드들이 문제없이 수행됐는지 검증하는 것이 무엇보다 중요하다.

배포와 유지보수 단계: 지속적 개선

배포 후 AI를 유지보수에 활용하면 변경 관리를 효율화할 수 있다. 예를 들어 “이 코드에 주문 취소 기능을 추가해. 기존 클린 아키텍처 유지”라는 프롬프트로 코드를 수정할 수 있다. 혹은 배포 후 로그를 분석해 “이 에러를 클린 아키텍처 관점에서 수정해”라고 AI에 요청해 문제 해결을 할 수도 있을 것이다.

결론적으로, 생성형 AI를 소프트웨어 개발 생애 주기 전반에 활용하려면 설계 단계부터 컨텍스트를 제공하고 클린 아키텍처 원칙을 프롬프트에 명시해야 한다. 이는 AI의 출력 품질을 높이고 시스템의 일관성을 유지한다. 뒤의 사례 연구에서 이러한 방법을 7장의 온라인 커피 주문 API에 적용하며 각 단계에 대해 더욱 자세히 살펴본다.

10.3 사례 연구: AI로 구현한 온라인 커피 주문 API

여기서는 7장에서 다룬 온라인 커피 주문 API를 AI를 이용해 다시 구현해보려고 한다. 이때 앞에서 설명한 바와 같이 AI를 설계 단계부터 적용하고 그 설계 단계에 클린 아키텍처를 반영함으로써 유지보수성이 향상된 형태의(즉 좋은 품질의) 코드가 생성되도록 하려면 어떻게 해야 하는지 확인해보자. 이번 절에서 활용하는 생성형 AI는 커서(Cursor, claude-3.5-sonnet)다(2025년 8월 기준).

프롬프트 엔지니어링

챗GPT나 커서 같은 AI를 이용해 코드를 만들어내려면 프롬프트 엔지니어링에 대한 기초적인 이해가 필요하다. 프롬프트 엔지니어링이란 AI로부터 정확하고 유용한 결과를 얻기 위해 질문을 구조화하고 최적화하는 기술을 의미한다. 예를 들어, "파이썬으로 1부터 100까지 합을 구하는 코드 작성"이라는 모호한 요청 대신 "파이썬으로, 함수 형태로, 주석 포함"처럼 구체적이고 명확한 지시를 주면 AI가 더 실용적인 코드를 생성할 가능성이 높아진다. 이는 AI와 인간 간의 소통을 효율적으로 만들어, 단순히 명령을 내리는 것을 넘어 의도한 결과를 정확히 끌어내는 데 핵심적인 역할을 한다. 즉, AI에게 더 정확한 답변을 받기 위해 잘 질문하는 방법에 대한 것이다.

지금도 더 정확하고 정교한 답변을 받기 위한 프롬프트 엔지니어링 기법이 계속 연구되고 있고, 실제로 개발자들이 활용하는 기법도 굉장히 다양하다. 그중 우리가 소프트웨어 아키텍처를 구조화하고 코드로 만들기 위해 알아두면 좋을 기법인 제로샷, 퓨샷, 생각의 사슬(CoT)에 대해 알아보고, 각 기법별 응답 결과를 비교해보려고 한다. 그리고 지금까지 살펴본 내용을 토대로, 실제로 AI를 활용해 애플리케이션을 구현하는 과정을 살펴보겠다.

제로샷 프롬프팅

제로샷 프롬프팅은 기계 학습 모델, 특히 언어 모델이 사전 학습된 지식을 바탕으로 추가적인 훈련이나 예제 없이 작업을 수행하도록 하는 방법이다. 이는 모델이 명시적으로 학습하지 않은 태스크에 대해 일반화 능력을 발휘할 때 유용하다. 이러한 접근법은 모델의 유연성과 적응성을 극대화하며, 데이터가 부족하거나 새로운 상황에 빠르게 대응해야 할 때 효과적이다. 간단히 말해, 모델에게 지시만 주면 알아서 결과를 내놓는다.

```
Q: 1 더하기 1은 얼마야?
A: 2 입니다.
```

제로샷 프롬프팅의 강점은 사용자가 작업별로 세부적인 예제를 준비할 필요가 없다는 점이다. 그러나 모델의 성능은 프롬프트의 명확성과 모델 자체의 사전 지식에 크게 의존한다는 한계도 있다. 쉽게 말해, 사용자가 뭘 하라고 하는지만 분명히 말하면 모델이 그걸 해내는 방식이다. 다만, 지시가 모호하면 결과도 부정확할 수 있다.

요구사항만을 전달한 프롬프팅

이번 절의 프롬프트는 아래 깃허브 저장소에서 확인할 수 있다.

- https://github.com/wikibook/clean-architecture-guide/tree/main/ch10/simple-prompt

이제 제로샷 프롬프팅 기법을 이용해 설계와 코드 구현을 해보자. 예제 10.1에 작성된 프롬프트를 보자. 특정 기능을 만들어달라거나 클린 아키텍처를 적용해달라는 등 요청 사항만 있을 뿐, 구체적으로 어떻게 해달라는 내용은 없다.

예제 10.1 제로샷을 이용한 클린 아키텍처 구현 요청 프롬프트

```
당신은 클린 아키텍처 전문가입니다.
아래 기술 스택, 기능 목록, 제약조건에 따라 온라인 커피 주문 API의 전체 코드를
작성하세요.
코드의 디렉터리 구조를 명확히 표시하고, 각 파일의 내용을 완전하게 작성하세요.
클린 아키텍처의 계층을 반영하여 코드를 구조화하세요.

기술 스택:
- 언어: Python (type hint 사용, dataclas 활용)
- 프레임워크: FastAPI (Mangum을 통해 AWS Lambda와 호환)
- 데이터베이스: DynamoDB (pynamodb 사용)
- 배포 환경: AWS Lambda, Serverless Framework
- 테스트: unittest (단위 테스트 및 통합 테스트), Mock 객체 사용

기능 목록:
- 메뉴 목록 조회 (GET /menus):
  - 현재 제공되는 커피 메뉴 목록을 조회.
  - 출력: 메뉴 ID, 이름, 가격, 카테고리.
  - DynamoDB에서 데이터 조회, 데이터베이스 오류 시 에러 반환.
- 커피 주문 생성 (POST /order):
  - 고객이 커피를 주문.
  - 입력: 고객 ID, 커피 ID, 수량.
  - 출력: 주문 ID, 상태.
  - 특징: 재고가 충분해야 주문 성공, 잘못된 메뉴 ID는 에러 반환.
- 주문 상태 확인 (GET /order/{orderId}):
  - 특정 주문의 진행 상태(예: 준비 중, 완료) 확인.
  - 입력: 주문 ID (문자열, 필수).
```

```
- 출력: 주문 ID, 상태, 생성 시간.
- 특징: 존재하지 않는 주문 ID는 에러 반환.
```

다음은 위 프롬프팅의 결과다. 가장 먼저 나온 것은 디렉터리 내용이다. 크게 도메인 계층, 애플리케이션 계층, 인프라 계층으로 나눈 것을 확인할 수 있고, 그 밖에도 요구사항에 포함돼 있는 단위 테스트와 API테스트가 있는 것을 확인할 수 있다.

```
/
├─ src/
│  ├─ domain/            # 엔티티, 값 객체, 리포지터리 인터페이스
│  ├─ application/       # 유스케이스, 서비스
│  ├─ infrastructure/    # 리포지터리 구현, 외부 서비스 어댑터
│  └─ interfaces/        # API 엔드포인트, 컨트롤러
├─ tests/
│  ├─ unit/              # 단위 테스트
│  └─ integration/       # 통합 테스트
├─ requirements.txt      # 의존성 정의
├─ serverless.yml        # 서버리스 프레임워크 설정
└─ README.md             # 프로젝트 문서
```

다음은 디렉터리 내용에 이어 생성된 코드다. 이 코드가 클린 아키텍처의 핵심 개념을 적절히 반영하고 있는지, 주요 구성 요소들이 어떻게 구현돼 있는지 살펴보자.

리포지터리 인터페이스

예제 10.2의 `OrderRepository`에는 도메인 영역에서 데이터베이스 구현체로 호출을 위한 인터페이스가 작성돼 있다. 그리고 주문 내용을 `Order`라는 엔티티 객체를 이용해 저장한다는 것을 확인할 수 있다.

예제 10.2 생성된 리포지터리 인터페이스

```
# src/domain/repositories.py
class OrderRepository(ABC):
  @abstractmethod
  def create(self, order: Order) -> Order:
    pass
    ... 생략 ...
```

유스케이스

예제 10.3의 주문 유스케이스(OrderService)에서는 데이터베이스에 접근하기 위한 인터페이스인 OrderRepository, MenuRepository의 구현체를 의존성 주입을 위해 생성자에 정의했고, 커피 주문의 경우 create_order 메서드를 통해 수행한다. 해당 유스케이스가 실행될 때 고객 ID(customer_id), 메뉴 ID(menu_id), 수량(quantity)을 변수로 받아 주문 결과를 응답한다.

예제 10.3 생성된 유스케이스 코드

```
# src/application/usecases.py
class OrderService:
  def __init__(self, order_repository: OrderRepository, menu_repository: MenuReposit
ory):
    self.order_repository = order_repository
    self.menu_repository = menu_repository

  async def create_order(self, customer_id: str, menu_id: str, quantity: int) -> Opti
onal[Order]:
    menu = await self.menu_repository.get_by_id(menu_id)
    if not menu:
      return None

    if not await self.menu_repository.update_stock(menu_id, quantity):
      return None

    order = Order(
      id=str(uuid.uuid4()),
      customer_id=customer_id,
      menu_id=menu_id,
      quantity=quantity,
      status=OrderStatus.PENDING,
      created_at=datetime.utcnow()
    )

    return await self.order_repository.create(order)
```

컨트롤러

예제 10.4는 FastAPI의 라우터 기능을 활용해 컨트롤러 개념을 구현한 것으로 보인다. 그래서 요청받은 내용을 유스케이스(`OrderService`의 `create_order` 메서드)로 전달하는 것을 알 수 있다.

그리고 해당 코드가 작성된 위치가 이 애플리케이션의 시작점이라고 볼 수 있기 때문에 이곳에서 FastAPI 앱을 생성하고(`app = FastAPI()`), 데이터베이스에 접근하기 위한 구현체를 생성해 그 구현체를 의존성 주입하는 것을 확인할 수 있다.

예제 10.4 생성된 FastAPI 코드

```
# src/interface/api.py
... 생략 ...

app = FastAPI(title="Coffee Order API")

menu_repository = DynamoDBMenuRepository()
order_repository = DynamoDBOrderRepository()
order_service = OrderService(order_repository, menu_repository)

... 생략 ...

@app.post("/order", response_model=OrderResponse)
async def create_order(request: CreateOrderRequest):
  order = await order_service.create_order(
    customer_id=request.customer_id,
    menu_id=request.menu_id,
    quantity=request.quantity
  )

  if not order:
    raise HTTPException(
      status_code=400,
      detail="주문 생성에 실패했습니다. 메뉴가 존재하지 않거나 재고가 부족합니다."
    )
```

```
    return OrderResponse(
        id=order.id,
        status=order.status.value,
        created_at=order.created_at,
        updated_at=order.updated_at
    )
```

코드를 살펴보니 어떤 느낌이 드는가? 예상했던 구조와 유사할 수도 있고, 다소 차이가 날 수도 있다. 7장에서 작성한 방식과는 여러 부분에서 차이점을 확인할 수 있다. 주요 차이점으로는 Input Boundary와 Output Boundary의 미적용, 그리고 유스케이스로 전달되는 요청 값의 DTO 구현 누락 등이 있다.

그리고 아마 책에 있는 것과 똑같이 프롬프트를 입력했더라도 조금씩 혹은 꽤 많이 다른 결과가 나왔을 것이다. 왜냐하면 구체적인 예시나 구현 방법의 제약이 없었기 때문이다. 물론 뒤에 소개할 다른 프롬프팅 기법을 적용해도 결과물이 항상 똑같을 수는 없지만, 그중에서도 제로샷 기법이 특히 시도할 때마다 변동성이 클 수 있다는 사실을 염두해두기 바란다.

반면, 제로샷 프롬프팅 기법답게 프롬프트를 간단하게 입력하는 것만으로도 클린 아키텍처의 핵심 철학인 의존성 역전을 적용하고, 그것을 이용한 의존성 주입과 계층 구분 등은 잘 반영됐다는 점은 장점이라고 볼 수 있다.

원샷 프롬프팅 혹은 퓨샷 프롬프팅

원샷 프롬프팅은 단 하나의 예제를 제공해 모델이 작업 방식을 파악하게 하는 방식이다. 다음 예제를 보면 프롬프트를 통해 AI에게 기대하는 요구사항을 말한 후 구체적인 예제와 함께 제공했다. 그랬더니 의도한 바를 정확하게 이해한 응답이 나온 것을 알 수 있다.

```
Q: 문장을 긍정적으로 바꿔줘. 예제: '비가 온다' → '햇빛이 난다'. 이제 '음식이 맛없다'를 바꿔줘.
A: '음식이 맛있다'
```

퓨샷 프롬프팅은 여러 예제를 통해 작업을 더 명확히 이해시키는 접근법이다. 다음 예제를 보면 하나의 예제만으로는 문맥이 모호해서 의도한 것과 다른 응답이 올 수 있는 상황에서 구체적인 예시를 추가로 더함으로써 의도한 것에 맞게 답변이 만들어지는 것을 확인할 수 있다. 즉, 예제가 늘어날수록 AI는 작업의 맥락을 더 잘 파악한다.

```
Q: 문장을 요약해줘. 예제: '아침에 커피를 마셨다' → '아침 커피', '점심에 밥을 먹었다' →
'점심 식사'. 이제 '저녁에 영화를 봤다'를 요약해줘.
A: '저녁 영화'
```

사람도 구체적인 예시를 통해 더 정확히 이해하고 그에 맞는 답을 내놓듯이 AI 역시 마찬가지다. 구체적인 예시는 명확하고 구체적인 지시를 가능하게 하며, 이는 우리가 기대하는 응답에 더 부합하는 결과를 가져온다. 제로샷은 예제 없이 빠르게 작동하지만 원샷과 퓨샷은 예제를 통해 모델의 적응력과 정교함을 높인다. 원샷은 최소한의 가이드로 효율적이고, 퓨샷은 풍부한 맥락으로 더 나은 품질을 제공한다.

구체적인 응답 예시를 함께 전달한 프롬프팅

이번 절의 프롬프트는 아래 깃허브 저장소에서 확인할 수 있다.

- https://github.com/wikibook/clean-architecture-guide/tree/main/ch10/few-shot-prompt

앞서 제로샷 프롬프팅을 기반으로 한 클린 아키텍처 설계와 구현 사례에서 개발자가 원하는 바에 좀 더 정확하게 맞거나 일관성 있게 응답을 받고 싶다면 원하는 아키텍처 원칙과 규칙을 AI에게 더 명확히 전달해야 한다는 점을 알 수 있었다. 즉, 일관된 형태의 응답 포맷으로 받고 싶다면 "클린 아키텍처로 만들어달라"는 명령만으로 부족하며, 우리가 의도하는 구조와 규칙을 구체적이고 명확하게 예시와 함께 제시해야 한다.

다음과 같은 프롬프트를 작성하고 실행해보자.

예제 10.5 퓨샷을 이용한 클린 아키텍처 구현 요청 프롬프트

```
... 앞서 작성한 프롬프트와 동일한 부분 생략 ...

예시 1: 메뉴 목록 조회 (GET /menus)
정상 처리 상황:
- 입력: 없음.
- 출력: {"status": "success", "data": [{"menu_id": "menu-1", "name": "Americano",
```

```
"price": 3000, "category": "coffee"}, {"menu_id": "menu-2", "name": "Latte", "price":
4000, "category": "coffee"}], "message": "Menus retrieved successfully"} HTTP 상태
코드: 200 OK
에러 상황 (데이터베이스 오류):
- 입력: 없음.
- 출력: {"status": "error", "data": null, "message": "Database error occurred"} HTTP
상태 코드: 500 Internal Server Error

예시 2: 커피 주문 생성 (POST /orders)
정상 처리 상황:
- 입력: {"customer_id": "cust-1", "coffee_id": "coffee-1", "quantity": 2, "options":
{"size": "medium", "temperature": "hot"}}
- 출력: {"status": "success", "data": {"order_id": "order-123", "status": "created"},
"message": "Order created successfully"} HTTP 상태 코드: 201 Created

에러 상황 (재고 부족):
- 입력: {"customer_id": "cust-1", "coffee_id": "coffee-1", "quantity": 100, "options":
{"size": "medium", "temperature": "hot"}}
- 출력: {"status": "error", "data": null, "message": "Insufficient stock"} HTTP 상태
코드: 400 Bad Request

에러 상황 (잘못된 메뉴 ID):
- 입력: {"customer_id": "cust-1", "coffee_id": "invalid-id", "quantity": 2, "options":
{"size": "medium", "temperature": "hot"}}
- 출력: {"status": "error", "data": null, "message": "Invalid menu ID"} HTTP 상태
코드: 404 Not Found

예시 3: 주문 상태 확인 (GET /orders/{orderId})
정상 처리 상황: 입력: orderId = "order-123" 출력: {"status": "success",
"data": {"order_id": "order-123", "status": "preparing", "created_at":
"2025-07-22T12:00:00Z"}, "message": "Order status retrieved successfully"} HTTP 상태
코드: 200 OK
에러 상황 (존재하지 않는 주문 ID): 입력: orderId = "invalid-order" 출력: {"status":
"error", "data": null, "message": "Order not found"} HTTP 상태 코드: 404 Not Found
```

응답 예시를 전달하고 난 후 가장 눈에 띄게 달라진 부분은 역시 클라이언트로부터 요청을 받고 응답을 내보내는 역할을 하는 컨트롤러 부분이다. 그중 예제 10.6의 응답 내용

(APIResponse)을 보면 프롬프트에 예시로 입력한 내용에 따라 작성된 것을 확인할 수 있다.

예제 10.6 수정된 응답 코드

```
# src/interfaces/api.py
@app.post("/order", response_model=APIResponse, status_code=201)
async def create_order(request: CreateOrderRequest):
  try:
    ... 생략 ...

    return APIResponse(
      status="success",
      data=OrderResponse(
        order_id=order.order_id,
        status=order.status.value,
        created_at=order.created_at,
      ).__dict__,
      message="Order created successfully",
    )
  except MenuNotFoundError:
    ... 생략 ...
```

만약 처음 작성한 프롬프트의 결과에 두 번째로 작성한 프롬프트를 이어서 작성했더라면 아마도 처음 응답으로 나왔던 코드를 기준으로 위 코드의 응답 부분만 수정되어 나왔을 가능성이 크다. 그러나 새로운 대화를 열어서 두 번째 프롬프트를 새로 입력한 상황이라면 코드가 이곳저곳 다르게 나왔을 것이다. 확률에 기반해서 응답 값을 만드는 AI의 특성상 당연히 새로 입력할 때마다 조금씩(때로는 꽤 많이) 다른 결과가 나온다.

그러나 클린 아키텍처의 구조를 제대로 이해하고 있다면 조금씩 다르게 출력되는 코드 값은 크게 문제가 안 될 것이다. 코드 작성자의 의도에 따라 프롬프트의 응답으로 나온 값을 보고 코드 중 일부만을 떼어내서 반영해도 되고, 전체 코드를 다시 작성할 수도 있을 것이다.

클린 아키텍처 원칙을 더 명확히 규정

해당 프롬프트는 아래 깃허브 저장소에서 확인할 수 있다.

- https://github.com/wikibook/clean-architecture-guide/tree/main/ch10/few-shot-prompt-with-constraints

6장에서 설명한 것처럼 똑같은 클린 아키텍처를 이용해서 작성한 코드라고 하더라도 아키텍처의 세부 규칙을 명확히 규정하지 않으면 다양한 형태의 코드가 생성될 수 있다. 따라서 예제 10.7과 같이 프롬프트에 클린 아키텍처의 핵심 원칙뿐 아니라 개발자 본인이 원하는 디렉터리 구조, 각 계층별 책임 구분, 의존성 관리 방식 등을 구체적으로 명시하는 것이 좋다. 이는 AI가 생성하는 코드가 개발자의 의도와 더 가까워지게 하며, 시스템의 일관성을 유지하는 데 도움이 된다.

예제 10.7 제약조건을 추가한 프롬프트

```
... 앞서 작성한 프롬프트와 동일한 부분 생략 ...

제약조건:
- 소프트웨어 설계 원칙
  - 클린 아키텍처 설계 원칙을 따른다.
  - Usecase, Entity와 같이 비즈니스 규칙이 있는 곳에는 데이터베이스, 프레임워크와 같은
외부 요소 코드나 이름을 포함하지 않는다.
  - 비즈니스 로직과 구현 세부 사항(프레임워크, 데이터베이스)을 분리한다.
  - 데이터베이스 같은 외부 요소를 접근하기 위해서는 Usecase 쪽에 있는 추상 클래스를
구현한 구현체를 통해야 한다.
  - 비즈니스 규칙 코드(Usecase)로 진입하기 위한 인터페이스(Input boundary 추상
클래스)와 DTO를 생성한다. 그리고 비즈니스 규칙의 응답을 하기 위한 인터페이스(Output
boundary 추상 클래스)와 DTO를 생성한다.
  - Output boundary를 상속해 구현한 Presenter를 통해 사용자 요청 처리 결과가 정해진
포맷으로 응답 되도록 한다.
  - 의존성 주입은 config/dependencies.py에서 외부 라이브러리 도움 없이 수행된다.
```

위 프롬프트에 추가된 제약조건을 반영한 결과로 생성된 코드는 예제 10.8과 같다. 이전 예시와 비교하면 유스케이스(`CreateOrderUsecase`)가 Input Boundary(`CreateOrderInputBoundary`)를 상속해서 구현됐다. 그리고 유스케이스의 입력은 `CreateOrderInputDTO`

로 들어오고, 응답은 OrderOutputDTO를 통해 나간다는 것을 확인할 수 있다. 또, 컨트롤러(OrderController)에서 presenter를 통해 출력 결과를 처리하도록 바뀌었다.

예제 10.8 제약조건이 반영된 유스케이스와 컨트롤러

```
# src/domain/usecases/order_usecases.py
class CreateOrderUseCase(CreateOrderInputBoundary):
  def __init__(self, order_repository: OrderRepository, menu_repository: MenuReposi
tory):
    self._order_repository = order_repository
    self._menu_repository = menu_repository

  def execute(self, input_dto: CreateOrderInputDTO) -> OrderOutputDTO:

    ... 생략 ...

    return OrderOutputDTO(
      order_id=order.order_id,
      status=order.status,
      created_at=order.created_at
    )

# src/application/controllers/order_controller.py
class OrderController:
  ... 생략 ...

  async def create_order(self, customer_id: str, menu_id: str, quantity: int, optio
ns: dict):
    try:
      ... 생략 ...

      order = self._create_order_usecase.execute(input_dto)
      return self._presenter.present_success(
        data=order,
        message="Order created successfully"
      )
    except Exception as e:
      return self._presenter.present_error(
```

```
      message="An error occurred while creating the order"
    )
```

예제 10.9와 같이 프레젠터는 Outputboundary를 상속해 구현한 JSONPresenter를 통해 사용자 요청 처리 결과가 정해진 포맷으로 응답되도록 하라는 요청을 반영했다.

예제 10.9 제약조건이 반영된 프레젠터

```python
# src/infrastructure/presenters/json_presenter.py
class JSONPresenter(OutputBoundary):
  def present_success(self, data: Any, message: str) -> ResponseDTO:
    return ResponseDTO(
      status="success",
      data=data,
      message=message
    )

  def present_error(self, message: str) -> ResponseDTO:
    return ResponseDTO(
      status="error",
      data=None,
      message=message
    )
```

앞에서 언급했던 유스케이스로 들어가고 나가는 데이터에 대한 DTO를 생성해달라는 요청을 반영해서 위 코드에도 사용됐던 DTO 객체가 예제 10.10과 같이 정의됐다.

예제 10.10 제약조건이 반영된 DTO

```python
# src/domain/interfaces/boundaries.py
@dataclass
class CreateOrderInputDTO:
  customer_id: str
  menu_id: str
  quantity: int
  options: Dict[str, str]
```

```
@dataclass
class OrderOutputDTO:
  order_id: str
  status: str
  created_at: datetime
```

의존성 주입을 외부 라이브러리 도움 없이 수행될 수 있게 해달라는 요청에 따라 예제 10.11과 같이 DynamoDBMenuRepository와 DynamoDBOrderRepository가 추상 인터페이스(OrderRepository, MenuRepository)를 통해 주입되어 처리될 수 있게 된 점을 확인할 수 있다. 그리고 이 의존성 주입 코드가 앱 시작점(main.py)에서 호출되어 사용된다.

예제 10.11 제약조건이 반영된 의존성 주입 코드

```
# src/config/dependencies.py
def create_order_controller() -> OrderController:
  menu_repository = DynamoDBMenuRepository()
  order_repository = DynamoDBOrderRepository()
  presenter = JSONPresenter()

  create_order_usecase = CreateOrderUseCase(
    order_repository=order_repository,
    menu_repository=menu_repository
  )

    ... 생략 ...

# src/main.py
app = FastAPI()

order_controller = create_order_controller()

@app.post("/orders")
async def create_order(request: Request):
  body = await request.json()
  response = await order_controller.create_order(
    customer_id=body["customer_id"],
    menu_id=body["menu_id"],
```

```
    quantity=body["quantity"],
    options=body.get("options", {})
  )

  ... 생략 ...
```

이렇게 제약사항을 상세하게 기술하는 만큼, 의도한 아키텍처 구조를 거의 그대로 반영한 코드가 생성될 가능성이 커진다. 그럼 클린 아키텍처의 핵심 규칙뿐 아니라 디렉터리 구조, 각 계층별 책임 구분, 의존성 관리 방식 등이 정확히 반영되어 개발자가 원하는 결과물에 매우 가깝게 접근할 수 있다.

생각의 사슬 프롬프팅

지금까지 살펴본 것처럼 AI와 협업해서 소프트웨어를 개발할 때는 명확하고 체계적인 프롬프트가 성공적인 결과물을 만들어 내기 위한 핵심이라는 것을 알 수 있다. 특히 복잡한 소프트웨어 설계, 예를 들어 클린 아키텍처를 기반으로 한 온라인 커피 주문 API를 개발할 때는 단순히 "코드를 작성해줘"라고 요청하는 것만으로는 충분하지 않다. 이번 절에서는 생각의 사슬(Chain-of-Thought, CoT) 프롬프팅의 개념과 계층적으로 구조화된 요구사항 작성의 중요성을 설명하고, 이를 온라인 커피 주문 API 개발에 적용한 프롬프트 예시를 통해 구체적으로 살펴본다.

생각의 사슬 프롬프팅이란?

생각의 사슬 프롬프팅은 AI가 복잡한 문제를 해결할 때 단계별로 사고하도록 유도하는 기법이다. 단순히 최종 결과를 요구하는 대신 중간 추론 과정을 명시적으로 거치게 함으로써 더 정확하고 논리적인 답변을 얻을 수 있다. 이는 특히 수학 문제, 논리 퍼즐, 소프트웨어 설계와 같이 단계적 사고가 필요한 작업에 유용하다.

CoT의 핵심 특징

1. **단계적 추론**: 문제를 작은 단계로 나눠 순차적으로 해결하도록 안내한다.
2. **명시적 사고 과정**: "단계별로 생각해보자", "왜 이 단계가 필요한가?"와 같은 지시를 통해 AI가 사고 과정을 드러내도록 한다.
3. **복잡한 문제 해결**: 다단계 접근이 필요한 복잡한 작업에서 정확성을 높인다.

CoT 예시: 수학 문제

다음은 CoT를 적용한 간단한 수학 문제의 프롬프트다.

```
145 ÷ 5 + 32 × 4의 결과값을 구해봅시다. 단계별로 계산해보겠습니다:
1. 먼저 나눗셈과 곱셈을 계산합니다.
2. 그 다음 덧셈을 수행합니다.
3. 최종 결과를 구합니다.
```

AI는 이를 다음과 같이 처리할 수 있다.

```
1. 145 ÷ 5 = 29
2. 32 × 4 = 128
3. 29 + 128 = 157
따라서 결과는 157입니다.
```

이처럼 CoT는 AI가 중간 단계를 명확히 거치도록 해서 오류를 줄이고 논리적 결과를 도출한다.

앞에서 살펴본 퓨샷 프롬프팅은 간단한 작업에 효과적이지만 복잡한 문제에서 AI가 논리적 오류를 범하거나 맥락을 제대로 파악하지 못할 수 있다. 반면 CoT는 AI가 문제 해결 과정을 단계별로 명시적으로 사고하도록 유도함으로써 중간 추론의 투명성을 높이고 정확성을 크게 개선한다. 예를 들어, 소프트웨어 설계처럼 다중 계층과 의존성을 다루는 작업에서 CoT는 AI가 "왜 이 설계가 필요한가?"를 고려하게 해서 퓨샷의 예시 학습만으로는 부족한, 깊이 있는 이해를 제공한다. 이는 결과의 일관성과 신뢰성을 높이는 요인이 된다.

다음은 온라인 커피 주문 API를 개발하기 위해 작성된 프롬프트 예다. 이 프롬프트는 CoT를 극대화해서 AI가 단계별로 사고하도록 유도해 요구사항을 체계적으로 전달한다.

CoT를 적용한 프롬프트

이번 절의 프롬프트는 아래 깃허브 저장소에서 확인할 수 있다.

- https://github.com/wikibook/clean-architecture-guide/tree/main/ch10/chain-of-thought-prompt

예제 10.12 CoT를 적용한 프롬프트

```
당신은 클린 아키텍처 전문가입니다.
... 앞서 작성한 프롬프트와 동일한 부분 생략 ...

## 기술 스택
... 앞서 작성한 프롬프트와 동일한 부분 생략 ...

## 기능 목록
... 앞서 작성한 프롬프트와 동일한 부분 생략 ...

## 제약조건
... 앞서 작성한 프롬프트와 동일한 부분 생략 ...

## 예시 (JSON 출력 형식 준수)
... 앞서 작성한 프롬프트와 동일한 부분 생략 ...

## 설계 및 구현 단계
위 내용을 바탕으로 코드를 작성하세요. 클린 아키텍처의 핵심 원칙(도메인 독립성, 의존성
방향, 계층 분리)을 생각하며 단계별로 사고하세요:

### 1. 도메인 계층 설계
도메인 계층(엔티티, 값 객체)을 설계하고, 왜 이 구성 요소가 필요한지 고려하세요.

### 2. 애플리케이션 계층 설계
애플리케이션 계층(유스케이스, 리포지터리 인터페이스)을 설계하며, 입력/출력 경계와 DTO를
정의하세요.

### 3. 인프라스트럭처 및 프레젠테이션 계층 설계
인프라스트럭처 계층(데이터베이스 구현체)을 설계하며, 외부 시스템과의 통합을
추상화하세요.
프레젠테이션 및 컨트롤러 계층(프레젠터, API 엔드포인트)을 설계하며, 결과를 적합한
형식으로 변환하세요.

### 4. 의존성 주입 및 디렉터리 구조
디렉터리 구조를 명확히 표시하고, 각 파일의 내용을 완전하게 작성하세요.
각 파일 작성 시 "이 파일은 어떤 역할을 하며, 어떤 속성과 메서드가 필요한가?"를 먼저
생각한 후 코드를 작성하세요.
```

```
### 5. 테스트 구현
테스트 코드는 unittest를 사용하며, Mock 객체로 외부 의존성을 대체하세요.

이제 전체 코드를 작성하세요. 각 단계 사고 과정을 명시하고, 예시 형식 준수하세요.
```

위 프롬프트를 구성하는 요소들 중 CoT와 관련된 각 섹션의 역할과 CoT 적용 방식을 확인해보자.

방향 유도

```
## 설계 및 구현 단계
위 내용을 바탕으로 코드를 작성하세요. 클린 아키텍처의 핵심 원칙(도메인 독립성,
의존성 방향, 계층 분리)을 생각하며 단계별로 사고하세요:
```

이 부분은 AI가 전체 과정을 단순히 실행하는 대신, 클린 아키텍처 원칙(도메인 독립성, 의존성 방향, 계층 분리)을 기반으로 논리적으로 접근하도록 유도한다. 이는 CoT의 핵심 의미인 '자율적 중간 추론'을 자극해서 AI가 설계와 구현의 각 단계를 연결 지어 생각하게 한다. 결과적으로, AI의 응답은 코드뿐만 아니라 '왜 이 단계가 필요한지'나 '어떤 기준으로 설계하는지'와 같은 설명을 포함하게 되어 사용자가 원하는 '논리적이고 투명한' 응답을 유도한다.

단계별 추론 구체화

```
### 1. 도메인 계층 설계
도메인 계층(엔티티, 값 객체)을 설계하고, 왜 이 구성 요소가 필요한지 고려하세요.
```

'도메인 계층 설계'부터 시작하는 각 단계의 세부 내용은 AI가 이전 단계의 결과를 바탕으로 논리를 이어가도록 설계되어 전체 응답의 논리적 흐름을 강화한다. 예를 들어, 첫 번째 단계인 도메인 계층 설계에서는 AI가 도메인 계층(엔티티, 값 객체)을 설계하도록 지시하며, "왜 이 구성 요소가 필요한지 고려하세요"를 통해 CoT를 유도한다.

그리고 '도메인 계층 설계'에서 '테스트 코드 구현'의 순서로 사고 과정을 구조화하도록 요구한다. 이는 CoT의 핵심 요소인 단계적 추론과 명시적 사고 과정을 유도하는 전형적인 방식이다.

사람도 단계적으로 사고하거나 설명하면 더 잘 이해할 수 있다. 이것은 AI도 마찬가지다. AI에게 단계적으로 사고하고 수행할 수 있도록 유도하면 우리가 원하는 결과에 좀 더 가까이 갈 수 있을 것이다. CoT 방식으로 작성된 결과를 분석해 어떤 부분이 구체화됐는지, 의

도한 구조와 얼마나 일치하는지 검토해보는 것은 코드 설계와 구현을 위한 효과적인 프롬프트 작성 능력을 기르는 데 큰 도움이 된다.

프롬프트 복잡성과 실용성의 균형

프롬프트가 지나치게 길고 복잡하면 코드 작성만큼 시간이 걸릴 수 있다는 우려가 생길 수 있다. 그러나 프롬프트의 상세함과 간결함은 개발자의 목표와 상황에 따라 조절할 수 있는 설계 요소다. 체계적으로 작성된 프롬프트는 코드 생성을 단순화할 뿐 아니라 프로젝트 문서화의 역할을 수행한다. 특히 클린 아키텍처와 같은 복잡한 설계에서는 아키텍처 의사결정 기록(Architectural Decision Records, ADR)처럼 활용되어 아키텍처 결정의 근거를 기록하고 팀 내 지식 공유를 지원한다.

프롬프트의 상세함 수준은 개발자의 목적에 따라 달라진다. 상세함은 프롬프트가 제공하는 지시의 구체성, 예시의 포함 여부, AI의 자율성 허용 정도를 기준으로 구분할 수 있다. 이를 세 가지 레벨로 나눠 설명해볼 수 있다.

- **레벨 1(최소 상세함)**: 간결한 지시로 빠른 기능 구현에 초점을 맞춘다. 예를 들어, "FastAPI로 메뉴 조회 API를 작성해"와 같이 최소한의 요구사항만 제시하며, AI가 자유롭게 구현하도록 허용한다. 이는 빠른 프로토타이핑에 적합하지만 세부 구조가 모호할 수 있다.
- **레벨 2(중간 상세함)**: 핵심 아키텍처 원칙과 주요 요구사항을 정의하되, 세부 구현은 AI의 판단에 맡긴다. 예를 들어, 클린 아키텍처의 계층 분리 원칙을 지시하며 유스케이스와 인터페이스를 명시한다. 이는 구조적 일관성과 유연성을 균형 있게 제공한다.
- **레벨 3(최대 상세함)**: 아키텍처 구조, 세부 컴포넌트, 출력 형식을 구체적으로 명시한다. 이는 복잡한 시스템에서 명확한 결과물을 원할 때 사용되며, AI의 자율성을 제한함으로써 원하는 설계를 정확히 구현한다.

프롬프트 작성은 코드 작성과 유사한 기술이다. 너무 간결하면 AI의 출력이 부정확할 수 있고, 지나치게 상세하면 작성 부담이 커진다. 따라서 개발자는 프로젝트의 복잡도, AI의 이해 수준, 그리고 원하는 결과의 구체성에 따라 적절한 상세함 수준을 선택해야 한다. 이는 프롬프트가 단순한 도구를 넘어, 설계 의도를 명확히 전달하고 프로젝트의 품질을 높이는 핵심 요소임을 보여준다.

AI 생성 코드의 품질 관리를 위한 가드레일 도구와 적용

앞에서 살펴본 프롬프팅 기법들을 통해 AI에게 좋은 품질의 코드를 요청할 수 있다. 그러나 요즘 유행하는 '바이브 코딩'처럼 가드레일 없이 AI가 자유롭게 코드를 작성하게 되면 일관성 없는 스타일이나 예상치 못한 로직으로 인해 개발자가 나중에 유지보수하기 더 어려워질 수 있다. AI가 생성한 코드가 항상 완벽할 수는 없으며, 특히 프로젝트의 요구사항과 코딩 표준을 완전히 충족하는지 확인하려면 추가적인 검증 단계가 필요하다. 이번 절에서는 AI가 생성한 코드의 품질을 보장하기 위한 도구 기반의 품질 가드레일을 설정하고 활용하는 방법을 알아본다.

품질 가드레일의 필요성

AI가 생성한 코드는 다양한 측면에서 검증이 필요하다. 코드 스타일과 포매팅이 일관성을 띠는지, 타입 힌트가 올바르게 적용됐는지, 보안 취약점은 없는지, 그리고 기능이 정확히 동작하는지 등을 확인해야 한다. 이러한 검증 과정을 수동으로 진행하는 것은 시간이 많이 소요되며 인적 오류의 가능성도 있다.

AI로 코드를 생성할 때는 이러한 품질 관리가 특히 더 중요하다. AI는 문맥을 완벽히 이해하지 못하거나 프로젝트의 암묵적인 규칙을 놓칠 수 있으며, 때로는 논리적으로 맞지만 프로젝트 스타일과 맞지 않는 코드를 생성할 수 있기 때문이다. 또한 AI 생성 코드는 인간의 직관적 검토만으로는 놓치기 쉬운 미묘한 문제를 포함할 수 있다.

도구 기반의 품질 가드레일은 이러한 검증 과정을 자동화함으로써 다음과 같은 이점을 제공한다.

- **일관된 코드 품질 유지**: 모든 코드가 동일한 기준으로 검증된다.
- **즉각적인 피드백**: 문제점을 빠르게 발견하고 수정할 수 있다.
- **AI 학습 효과**: 도구가 감지한 문제를 AI에게 알려주면 AI는 이를 학습해 더 나은 코드를 생성할 수 있다.
- **개발 효율성 향상**: 개발자는 코드 품질 검사보다 비즈니스 로직과 창의적인 작업에 집중할 수 있다.

파이썬 프로젝트를 위한 주요 품질 관리 도구

이번 절에서는 파이썬 프로젝트에서 코드 품질을 관리하기 위해 널리 사용되는 도구들을 소개한다. 각 도구는 서로 다른 목적을 가지며, 함께 사용할 때 더욱 효과적이다. 이러한 도구들은 일반적인 개발에서도 중요하지만, AI 생성 코드에서는 AI가 스스로 찾아내기 어려운 미묘한 문제나 프로젝트 특화된 규칙 위반을 감지하는 데 결정적인 역할을 한다.

코드 포매팅 도구

- black[1]

  black은 파이썬 코드 포매터로, 일관된 코드 스타일을 강제한다. 들여쓰기, 줄 바꿈, 공백 등에 관한 결정을 자동화해 개발자가 스타일에 신경 쓰지 않고 로직에 집중할 수 있게 한다.

- isort[2]

  isort는 파이썬 임포트 문을 자동으로 정렬하는 도구다. 표준 라이브러리, 서드파티 패키지, 로컬 모듈 등을 그룹화하고 알파벳 순으로 정렬해 가독성을 높인다.

코드 린터

- ruff[3]

  ruff는 파이썬 코드의 린팅 및 포매팅을 매우 빠르게 수행하는 도구다. Flake8, Pylint, isort 등 여러 도구의 기능을 통합해서 제공하며, 성능이 뛰어나다.

타입 검사 도구

- mypy[4]

  mypy는 파이썬의 정적 타입 검사기로, 타입 힌트를 기반으로 타입 관련 오류를 실행 전 정적 분석 단계에 감지한다. 이는 런타임 오류를 미리 방지하고 코드의 안정성을 높이는 데 도움이 된다.

보안 검사 도구

- bandit[5]

  bandit는 파이썬 코드에서 일반적인 보안 이슈를 찾아내는 도구다. SQL 인젝션, 불안전한 암호화, 하드코딩된 비밀번호 등의 취약점을 검사한다.

1 https://black.readthedocs.io/en/stable/
2 https://pycqa.github.io/isort/
3 https://docs.astral.sh/ruff/
4 https://www.mypy-lang.org/
5 https://bandit.readthedocs.io/en/latest/

테스트 프레임워크

- pytest[6]

  파이썬에서는 내장 라이브러리인 unittest를 이용해 테스트 자동화를 구현할 수도 있지만 pytest라는 외부 테스트 프레임워크도 널리 사용된다. pytest는 더 간편한 테스트 코드 작성, 풍부한 플러그인 생태계, 명확하고 가독성 높은 테스트 결과 출력을 제공함으로써 많은 파이썬 개발자들이 선호하는 도구다.

품질 가드레일 자동화 설정

각 품질 관리 도구를 개별적으로 실행하는 것은 번거롭고 시간이 많이 소요된다. 이러한 과정을 자동화하면 개발 효율성을 높이고 일관된 코드 품질을 유지할 수 있다. 여기서는 품질 검사 프로세스를 자동화하는 방법을 소개한다.

셸 스크립트 활용 자동화

각 도구는 직접 커맨드라인에서 실행하는 것도 가능한 방법이겠지만 도구가 많으면 모든 도구를 직접 실행하는 것은 번거로울 것이다. 좀 더 쉽게 도구들을 실행하기 위한 간단한 방법은 다음과 같이 셸 스크립트를 작성하는 것이다. 이를 통해 개별 명령어를 매번 입력하는 대신 간단한 셸 스크립트를 작성해 모든 검사를 한 번에 실행할 수 있다.

예제 10.13 품질 관리 도구를 실행하는 셸 스크립트

```
#!/bin/bash
set -e  # 오류 발생 시 스크립트 중단

echo "🔍 Python 코드 품질 검사 시작..."

echo "\n📝 코드 포매팅 (Black)..."
black .

echo "\n📋 임포트 정렬 (isort)..."
isort .

echo "\n🔎 코드 린팅 (Ruff)..."
```

6 https://docs.pytest.org/en/stable/

```
ruff check .

echo "\n🔤 타입 체크 (mypy)..."
mypy .

echo "\n🛡️ 보안 취약점 검사 (Bandit)..."
bandit -r .

echo "\n🧪 테스트 실행 (pytest)..."
pytest

echo "\n✅ 모든 검사가 성공적으로 완료되었습니다!"
```

셸 스크립트는 작성하기가 간편하며, 특별히 다른 도구를 추가 설치할 필요가 없고, 다양한 환경에 적용하기가 쉽다는 측면에서 장점이 있다.

pre-commit을 활용한 자동화

코드 관리를 위해 Git을 사용하고 있다면 셸 스크립트를 작성하고 실행하는 번거로움마저 제거할 수 있는 방법이 있는데, 바로 pre-commit을 사용하는 것이다. 7장에서 살펴본 바와 같이 Git의 pre-commit 훅을 이용하면 코드를 커밋하기 전에 자동으로 품질 검사를 실행할 수 있다. 이는 저품질의 코드가 저장소에 들어가는 것을 방지한다. `.pre-commit-config.yaml` 파일에 사용하고자 하는 도구를 다음과 같이 훅으로 등록하면 자동화가 가능하다.

예제 10.14 품질 관리 도구를 자동으로 실행하는 pre-commit 설정

```yaml
repos:
- repo: https://github.com/psf/black
  rev: 24.8.0
  hooks:
  - id: black
- repo: https://github.com/pycqa/isort
  rev: 5.13.2
  hooks:
  - id: isort
```

```
- repo: https://github.com/astral-sh/ruff-pre-commit
  rev: v0.6.9
  hooks:
  - id: ruff
- repo: https://github.com/pre-commit/mirrors-mypy
  rev: v1.11.2
  hooks:
  - id: mypy
- repo: https://github.com/PyCQA/bandit
  rev: 1.7.9
  hooks:
  - id: bandit
```

어떤 자동화 방법을 선택하느냐는 팀의 워크플로와 환경에 따라 달라질 수 있다. 중요한 것은 일관된 방식으로 코드 품질 검사를 자동화해서 AI 생성 코드의 품질을 지속적으로 관리하는 것이다.

AI와 품질 가드레일을 활용한 협업 워크플로

지금까지 살펴본 프롬프트 작성을 통한 코드 생성과 품질 가드레일을 적용해 코드를 작성하고 코드 품질을 일정하게 유지하거나 향상시키는 워크플로를 한번 살펴보자.

> 이번 절의 프롬프트는 아래 깃허브 저장소에서 확인할 수 있다.
>
> - https://github.com/wikibook/clean-architecture-guide/tree/main/ch10/chain-of-thought-prompt-with-guardrail

프로젝트 구조 및 요구사항 작성

AI가 프로젝트의 맥락을 이해하도록 프로젝트 구조와 코드 내용, 요구사항, 그리고 품질 기준을 명확히 전달한다. 이때 특히 프로젝트 구조에 대한 정보를 정확히 전달해야 최초에 설계한 의도를 해치지 않으면서, 특히 기존에 작성해 놓은 테스트 코드에 영향을 미치지 않는 코드가 생성될 가능성이 높아진다.

다음은 기존에 작성돼 있는 코드에 대한 컨텍스트(프로젝트 구조, 코드 내용)를 주고, 요구사항과 품질 가드레일에 대한 가이드를 줘서 우리가 원하는 내용과 품질의 코드가 만들어질 수 있도록 프롬프트를 작성한 예다.

예제 10.15 품질 제약조건을 추가한 프롬프트

```
요구사항:
 - 고객 조회 기능을 추가하고 싶습니다. 이 기능은 고객 ID(customer id)를 입력으로
받아서, 저장되어 있는 고객 정보를 응답합니다.

제약조건:
 - black, isort 포매팅 규칙 준수
 - mypy 타입 검사 통과 (모든 함수에 타입 힌트 필요)
 - ruff 린팅 통과
 - 추가된 기능에 대한 test 코드 작성. 단, 기존에 작성된 테스트 코드는 삭제하거나
수정해서는 안 됨
```

보다시피 요구사항과 제약조건에 필요한 내용을 추가하면 된다. 한 가지 유의해야 할 점은 **기존 테스트 코드를 변경해서는 안 된다**는 것이다. 왜냐하면 기존 테스트 코드는 새로 수정되거나 추가된 코드에 대한 사이드 이펙트가 있는지 여부를 테스트해야 하기 때문이다. 기존의 테스트 코드를 변경하는 일은 비즈니스 규칙 자체가 바뀌어서 테스트 내용도 바뀌어야 하는 상황을 제외하곤 없어야 한다. 새로 생성된 테스트 코드는 기존 테스트 코드를 그대로 유지한 상태에서 테스트가 추가되는 형태여야 한다.

AI가 생성한 코드 검증

위 프롬프트를 통해 코드가 만들어졌다면 AI가 생성한 코드를 저장하고 품질 가드레일 도구로 검증한다. 여기서는 앞서 pre-commit 기능을 통해 품질 가드레일 도구들을 설정해놨다고 가정한다. 따라서 black, isort 같은 포매팅 규칙 검사, mypy 타입 검사, ruff 린팅 검사뿐만 아니라 pytest 코드도 코드를 커밋하는 순간 실행된다.

코드 커밋을 통한 검증 실행

```
git commit -m "주어진 ID에 해당 하는 사용자 정보 반환 기능 추가"
```

pre-commit 설정이 잘 적용됐다면 다음과 같은 메시지가 출력되면서 생성된 코드의 품질을 검사하게 될 것이다. 아래의 출력 예시는 커밋 이후 각 가드레일 도구가 실행되고 모두 통과가 완료되어 커밋이 정상적으로 수행된 것을 보여준다.

검증 성공 예시

```
black...............................................................Passed
isort...............................................................Passed
ruff................................................................Passed
mypy................................................................Passed
bandit..............................................................Passed
Run unit tests......................................................Passed
[chain-of-thought-prompt-with-guardrail d730c8b] initial
 38 files changed, 1585 insertions(+), 1 deletion(-)
```

검증 결과 피드백

위 성공 예시와 다르게 검증 과정에서 문제가 발견되어 커밋에 실패하는 경우도 있다. 다음은 pytest에서 작성된 테스트 코드에서 실패한 테스트 케이스가 있음을 보여준다.

문제 발견 예시

```
tests/integration/test_api.py::test_create_order FAILED

==================================== FAILURES ==================================
====
____________________________ test_create_order ______________________________

mock_menu_repository = <MagicMock name='DynamoDBMenuRepository' id='4350097264'>
mock_order_repository = <MagicMock name='DynamoDBOrderRepository' id='4350097936'>

    def test_create_order(mock_menu_repository, mock_order_repository):
        # Arrange
        menu = Menu(
            menu_id="menu-1",
            name="Americano",
            price=3000,
```

```
        category="coffee",
        stock=100,
        created_at=datetime.utcnow()
    )
    mock_menu_repository.return_value.get_by_id.return_value = menu

    # Act
    response = client.post(
        "/order",
        json={
            "customer_id": "cust-1",
            "menu_id": "menu-1",
            "quantity": 2,
            "options": {"size": "medium", "temperature": "hot"}
        }
    )

    # Assert
>       assert response.status_code == 200
E       assert 400 == 200
E        +  where 400 = <Response [400 Bad Request]>.status_code

tests/integration/test_api.py:76: AssertionError
```

검증 과정에서 문제가 발견되면 해당 내용을 AI에게 전달하여 수정을 요청한다. 위 출력 내용에서도 볼 수 있듯이 검증 결과 내용에 실패 원인과 위치에 대한 정보가 비교적 상세하게 나와 있기 때문에 많은 경우 올바른 수정이 이뤄질 수 있다.

피드백 예시

```
코드를 검증한 결과 다음과 같은 문제가 발견되었어. 이 문제들을 해결한 코드를 다시
작성해줘.

pytest 실패:
==================================== FAILURES ==================================
====
____________________________ test_create_order ____________________________
```

```
mock_menu_repository = <MagicMock name='DynamoDBMenuRepository' id='4350097264'>
mock_order_repository = <MagicMock name='DynamoDBOrderRepository' id='4350097936'>

... 생략 ...
```

AI가 수정한 코드를 다시 저장하고 pre-commit을 통해 검증을 한다. 한 번에 모든 문제가 다 해결되지 않으면 모든 검사를 통과할 때까지 이 과정을 반복한다. 결과적으로 우리는 AI와 품질 가드레일 도구를 통해 AI와의 코드 협업 상황에서도 우리가 원하는 수준의 코드 품질을 보장할 수 있게 된다.

이 접근법은 AI의 창의성과 생산성을 활용하면서도 엄격한 품질 기준을 유지할 수 있게 해준다. 앞에서 확인한 바와 같이 프로젝트에 black, isort, ruff, mypy, pytest 같은 도구를 설정하고, pre-commit 같은 자동화 메커니즘을 통합하면 AI와의 협업 효율성을 크게 높일 수 있다. 특히 테스트 주도 개발 접근법을 AI 코드 생성과 결합하면 명확한 기능 검증 기준을 가진 고품질 코드를 얻을 수 있다. AI에게 테스트 코드를 먼저 작성하게 하고, 그 테스트를 통과하는 구현을 요청하는 방식은 기능적 요구사항이 명확하게 충족되도록 보장한다.

결론적으로, AI와 품질 가드레일을 결합한 워크플로는 코드 품질을 타협하지 않으면서도 개발 속도를 높이는 균형 잡힌 접근법을 제공한다. 이러한 접근법은 AI를 개발 프로세스에 통합하고자 하는 팀에게 특히 유용하며, 장기적으로 더 견고하고 유지보수하기 쉬운 소프트웨어를 만드는 데 기여할 것이다.

10.4 AI 기반 아키텍처 확장: 기능 추가와 수정

지금까지 AI와 프롬프트 엔지니어링을 활용해 클린 아키텍처 기반의 코드 작성법과 품질 가드레일을 통해 코드 품질을 유지하는 방법을 살펴봤다. 이제 이러한 견고한 도구와 코드 구조를 바탕으로 기능을 추가하거나 수정하는 과정을 탐구한다. 클린 아키텍처 원칙에 따라 체계적으로 구성된 코드는 AI가 구조를 쉽게 이해할 수 있도록 하며, 이를 통해 개발자가 의도한 대로 기능 확장이나 수정이 좀 더 효율적으로 이뤄질 수 있다. 이는 코드의 가독성과 유지보수성을 높이는 동시에, 시스템의 유연성과 확장성을 보장한다.

DynamoDB에서 RDS(MySQL)로의 전환

이번 절의 소스코드는 아래 깃허브 저장소에서 확인할 수 있다.

- https://github.com/wikibook/clean-architecture-guide/tree/main/ch10/chain-of-thought-prompt-with-guardrail

DynamoDB 관련 코드를 RDS(MySQL)로 전환하는 과정을 살펴보자. 이는 클린 아키텍처의 핵심 원칙을 실증하는 대표적인 시나리오다. 클린 아키텍처는 도메인 로직과 인프라스트럭처 계층을 철저히 분리함으로써 외부 시스템 변경이 비즈니스 로직에 영향을 주지 않도록 설계된다. 이 원칙 덕분에 DynamoDB에서 RDS로의 전환은 도메인 코드를 수정하지 않고도 인프라스트럭처 계층에서 새로운 구현체만 추가하고 의존성 주입을 통해 요구사항을 충족할 수 있다. 이러한 구조는 시스템의 유연성을 크게 향상시키며, 유지보수 비용을 줄이고 새로운 요구사항에 신속히 대응할 수 있게 한다. AI에게 다음과 같은 프롬프트를 제공함으로써 의도한 대로 코드 수정이 이뤄지는지 확인할 수 있다.

예제 10.16 데이터베이스 변경 요구사항을 전달하는 프롬프트

```
프로젝트 구조:
... 생략 ...

코드 내용:
... 생략 ...

요구사항:
- 기능 변경
 - 데이터베이스 시스템을 DynamoDB에서 RDS(MySQL)로 전환해야 한다.
 - 데이터베이스 변경에 따라 기존 코드베이스에서 필요한 부분을 식별하고 적절히 수정해야
한다.

제약조건:
... 생략 ...
```

변경된 디렉터리 구조

아래는 변경된 디렉터리 구조의 일부를 보여준다. 이 구조는 DynamoDB에서 RDS로 전환하면서 수정된 파일을 강조하며, 전체 프로젝트 구조 중 변경된 부분에 초점을 맞춘다. 예를 들어, `requirements.txt`는 MySQL 관련 라이브러리 설치로 수정됐으며, MySQL 관련 코드 파일('`mysql_`'로 시작하는 파일들)이 생성된 것을 확인할 수 있다.

```
... 생략 ...

├─ infrastructure/   # 인프라스트럭처 계층 (주요 변경)
│  ├─ __init__.py
│  ├─ database/  # 새로 추가: 데이터베이스 설정
│  │  ├─ __init__.py
│  │  ├─ connection.py
│  │  └─ models/  # SQLAlchemy 모델
│  │     ├─ __init__.py
│  │     ├─ customer.py
│  │     ├─ menu.py
│  │     └─ order.py
│  └─ repositories/ # 구현체 변경
│     ├─ __init__.py
│     ├─ mysql_customer_repository.py  # DynamoDB → MySQL
│     ├─ mysql_menu_repository.py      # DynamoDB → MySQL
│     └─ mysql_order_repository.py     # DynamoDB → MySQL

... 생략 ...

└─ config/      # 설정 계층
   ├─ __init__.py
   ├─ database.py # 새로 추가: 데이터베이스 설정
   └─ dependencies.py
└─ requirements.txt # MySQL 추가
```

코드 변경 내용

코드의 양이 방대하므로 핵심적인 변경 사항만 간략히 살펴보자. 코드 10.11은 OrderRepository 인터페이스를 상속해 MySQL용으로 새롭게 구현한 MySQLOrderRepository 클래스다. 이 클래스는 MySQL 데이터베이스와의 상호작용을 처리하는 인터페이스 어댑터 영역의 코드이며, 여기에서는 인프라스트럭처(infrastructure) 패키지에 구현돼 있다.

예제 10.17 데이터베이스 변경 요구사항에 따라 추가된 게이트웨이 코드

```
# src/infrastructure/repositories/mysql_order_repository.py
class MySQLOrderRepository(OrderRepository):
  def __init__(self, db: Session) -> None:
    self.db = db

  def save(self, order: Order) -> None:
    order_model = OrderModel(
      order_id=order.order_id,
      customer_id=order.customer_id,
      menu_id=order.menu_id,
      quantity=order.quantity,
      status=order.status,
      options=order.options,
    )
    self.db.add(order_model)
    self.db.commit()
```

또한 의존성 주입 부분에서 변경이 이뤄졌다. 코드 10.12와 같이 새로운 MySQLMenuRepository, MySQLOrderRepository, MySQLCustomerRepository 객체를 의존성 주입해서 사용하도록 수정됐으며, 클린 아키텍처의 의존성 역전 원칙을 준수한다.

예제 10.18 추가된 게이트웨이 코드를 의존성 주입하는 코드

```
# src/config/dependencies.py
class Dependencies:
  @staticmethod
  def configure(db: Session) -> Tuple[MenuController, OrderController, CustomerCont
roller]:
```

```
# Repositories
menu_repository: MenuRepository = MySQLMenuRepository(db)
order_repository: OrderRepository = MySQLOrderRepository(db)
customer_repository: CustomerRepository = MySQLCustomerRepository(db)
```

DynamoDB에서 RDS로의 전환 사례는 AI와 프롬프트 엔지니어링을 활용해 기능을 추가하거나 수정할 때도 도메인 로직을 건드리지 않고 인프라스트럭처 계층만 변경함으로써 시스템의 안정성과 유지보수성을 보장할 수 있음을 보여준다.

API 및 유스케이스 추가하기

> 이번 절의 소스코드는 아래 깃허브 저장소에서 확인할 수 있다.
>
> - https://github.com/wikibook/clean-architecture-guide/tree/main/ch10/chain-of-thought-prompt-with-guardrail

이번에는 다음과 같이 '주문 취소 API 구현' 기능 추가를 위한 프롬프트를 작성하고 결과를 살펴보자. 생성된 코드가 기존에 구축한 구조와 가드레일을 준수하는지, 어떤 부분이 어떻게 변경됐는지 확인해보자.

예제 10.19 새로운 기능(API)을 추가하는 프롬프트

```
프로젝트 구조:
... 생략 ...

코드 내용:
... 생략 ...

요구사항:
- 기능 추가
 - 주문 취소 API를 추가 개발한다.
 - 주문 ID가 담긴 요청을 받으면 데이터베이스에서 해당 주문 내용을 찾아 삭제한 후,
결과를 응답한다.
 - 헤딩 API의 Method와 Path는 DELETE /order로 한다.
```

```
제약조건:
... 생략 ...
```

변경된 디렉터리 구조

다음은 주문 취소 API가 추가되고 나서 디렉터리 구조 중 변경된 부분만 나타낸 것이다. 전체적인 계층이나 구조가 지켜진 상태에서 기존의 코드를 수정하지 않고, 확장성 있게 코드를 추가하는 형태로 기능이 더해졌다는 사실을 파일 및 특정 코드가 추가됐다는 사실로 어느 정도 파악할 수 있다.

```
src/
├─ domain/
    ... 생략 ...
│   ├─ repositories/
        ... 생략 ...
│   │   └─ order_repository.py    # delete 메서드 추가
│   ├─ usecases/
        ... 생략 ...
│   │   └─ order_usecases.py  # DeleteOrderUseCase 추가
│   └─ dtos/
        ... 생략 ...
│       └─ order_dtos.py      # DeleteOrderResponseDTO 추가
├─ infrastructure/
        ... 생략 ...
│   └─ repositories/
        ... 생략 ...
│       └─ mysql_order_repository.py  # delete 메서드 구현
├─ presentation/
│   ├─ controllers/
        ... 생략 ...
│   │   └─ order_controller.py     # delete 엔드포인트 추가
│   └─ schemas/
        ... 생략 ...
│       └─ api_response.py        # DeleteOrderResponse 추가
        ... 생략 ...
```

```
tests/
├─ integration/
      ... 생략 ...
│  └─ test_order_api.py       # 주문 삭제 테스트 추가
└─ unit/
      ... 생략 ...
   └─ test_order_usecase.py    # 주문 삭제 테스트 추가
```

코드 변경 내용

이제 추가된 내용이 무엇이고, 어떤 식으로 추가됐는지 주요 부분 위주로 살펴보자. 가장 먼저 예제 10.20에서 볼 수 있는 것처럼 유스케이스가 구현돼 있는 곳에 DeleteOrderUseCaseImpl이라는 클래스가 추가된 것을 확인할 수 있다. 클래스를 구성하는 메서드의 종류나 이름, 파라미터를 받는 내용과 방식이 기존에 작성된 다른 유스케이스와 동일한 구조다. 단지 새로운 기능이 추가된 것이기 때문에 같은 형식으로 이름이 다른 기능이 추가된 것을 확인할 수 있는 부분이다. 해당 유스케이스 안에서는 주문 데이터베이스(order_repository)로부터 주문 정보를 읽어와 주문 내용의 존재 여부를 확인한 후 삭제하는 것이 반영돼 있다. 그리고 유스케이스 결괏값을 내보내기 위해 Output DTO인 DeleteOrderResponseDTO가 새로 정의되어 반영된 것도 확인할 수 있다.

예제 10.20 추가된 기능이 반영된 주문 삭제 유스케이스

```python
# src/domain/dtos/order_dtos.py
@dataclass
class DeleteOrderResponseDTO:
  order_id: str
  success: bool
  message: str

# src/domain/usecases/order_usecases.py
class DeleteOrderUseCaseImpl(DeleteOrderUseCase):
  def __init__(self, order_repository: OrderRepository) -> None:
    self.order_repository = order_repository

  def execute(self, order_id: str) -> DeleteOrderResponseDTO:
```

```
    order = self.order_repository.get_by_id(order_id)
    if not order:
      return DeleteOrderResponseDTO(
        order_id=order_id,
        success=False,
        message="Order not found",
      )

    success = self.order_repository.delete(order_id)
    return DeleteOrderResponseDTO(
      order_id=order_id,
      success=success,
      message=(
        "Order deleted successfully" if success else "Failed to delete order"
      ),
    )
```

그리고 다음과 같이 데이터베이스 관련 작업이 작성돼 있는 MySQLOrderRepository에는 유스케이스에서 호출하는 기능인 주문 정보(order_id)를 받아서 데이터베이스에서 삭제하는 기능이 추가된 것을 알 수 있다.

예제 10.21 주문 삭제 기능이 추가된 게이트웨이

```
# src/infrastructure/repositories/mysql_order_repository.py
class MySQLOrderRepository(OrderRepository):

    ... 생략 ...

  def delete(self, order_id: str) -> bool:
    try:
      result: int = (
        self.db.query(OrderModel)
        .filter(OrderModel.order_id == order_id)
        .delete()
      )
      self.db.commit()
      return result > 0
```

```
    except Exception:
      self.db.rollback()
      return False
```

새로운 API가 추가된 것이기 때문에 예제 10.22와 같이 컨트롤러에도 내용이 추가된다. 주문과 관련된 처리를 담당하는 기존 코드의 `OrderController`에 주문 삭제를 위한 메서드(`_handle_delete_order`)가 추가되어 사용자 요청을 받고 유스케이스를 통해 처리한 후, 주문 삭제 API의 응답 포맷을 위한 `DeleteOrderResponse` 객체를 통해 응답을 내보내는 것을 확인할 수 있다.

예제 10.22 주문 삭제 기능이 추가된 컨트롤러

```
# src/presentation/controllers/order_controller.py
class OrderController:
  def __init__(
      ... 생략 ...
    delete_order_usecase: DeleteOrderUseCase,
  ) -> None:
      ... 생략 ...
    self.delete_order_usecase = delete_order_usecase
    self.router = APIRouter(tags=["order"])

    ... 생략 ...

  def _handle_delete_order(self, order_id: str) -> APIResponse[DeleteOrderResponse]:
    try:
      # 먼저 주문이 존재하는지 확인
      order = self.get_order_status_usecase.execute(order_id)
      if order is None:
        raise HTTPException(status_code=404, detail="Order not found")

      result = self.delete_order_usecase.execute(order_id)
      if result is None:
        raise HTTPException(status_code=500, detail="Failed to delete order")

      return APIResponse[DeleteOrderResponse](
```

```
        status="success",
        data=DeleteOrderResponse(
          order_id=result.order_id,
          success=result.success,
          message=result.message,
        ),
        message="Order deleted successfully",
      )
    except HTTPException as e:
      raise e
    except Exception as e:
      raise HTTPException(status_code=500, detail=str(e)) from e
```

중요한 것은 기존 코드를 수정하지 않고, 새로운 기능이 추가됨에 따라 각 영역에 필요한 코드를 '추가'하는 방식으로 확장됐다는 사실이다. 이는 클린 아키텍처를 구성하는 중요한 개념 중 하나인 '변화에는 닫혀 있고, 확장에는 열려 있다'에 정확히 부합한다. 또 이것이 가능했던 것은 기존의 코드가 클린 아키텍처로 작성돼 있고, AI도 그러한 클린 아키텍처 개념에 맞게 컨텍스트를 이해한 상태에서 코드 수정이 이뤄졌기 때문이다.

정리해보면 다음과 같다. 어쩌면 실제 프롬프팅 결과는 의도와 다소 다른 형태로 나올 수 있다. '마음속에서 그린 완벽한 코드'가 단 한 번의 요청으로 탄생하기는 어렵다. 따라서 AI를 페어 프로그래밍 파트너로 여기면서 유용한 결과물은 수용하고 의도와 다른 결과물은 재요청하거나 수정하는 협업 방식이 현실적이다.

앞의 실습을 통해 확인했듯이 AI가 원하는 방향으로 코드를 작성하도록 유도하는 방법은 크게 두 가지다.

- 첫째, 품질 가드레일을 통해 코드의 기본 품질을 확보한다.
- 둘째, 클린 아키텍처와 같은 체계적인 구조에 대한 이해를 바탕으로 코드 구현을 요청한다. AI가 각 계층과 컴포넌트의 역할, 그리고 컴포넌트 간 규칙을 명확히 이해할 수 있는 구조를 제공해야 한다. 클린 아키텍처의 철학에 따라 생성된 코드는 계층화돼 있고, 각 API와 유스케이스가 분리돼 있어 코드 확장 시 수정 대상이 명확하다. 이는 직접 수정이나 추가 프롬프팅을 통한 개선을 용이하게 만든다.

결국 AI 활용의 궁극적 목표는 생산성 향상이다. 코드를 무조건 생성하기만 한다고 생산성이 향상되는 것은 아니다. 체계적인 기본 틀을 제공하고, 그 안에서 AI의 코드 생성 능력을 활용할 때 진정한 생산성 향상이 가능하다.

10.5 정리

이번 장에서는 생성형 AI를 활용해 클린 아키텍처를 구현하고 유지보수하는 방법을 체계적으로 탐구했다. AI가 코드 생성을 효율화할 수 있음에도 그에 대한 완전한 의존을 피하고 인간의 전략적 판단을 유지하는 것이 핵심임을 강조했다. 제로샷, 원샷, 퓨샷, 생각의 사슬과 같은 프롬프팅 기법을 통해 AI에게 구체적인 지침을 제공함으로써 구조화된 결과를 도출할 수 있었다. 특히 생각의 사슬 기법은 단계적 추론을 유도함으로써 복잡한 설계 과정을 정교하게 지원한다.

이번 장에서 배운 주요 인사이트는 다음과 같다.

1. AI에게 단순히 '무엇을' 구현할지 요청하는 대신, '어떻게' 구현할지에 대한 명확한 가이드라인을 제시하는 것이 필수적이다.
2. 클린 아키텍처의 계층 분리와 의존성 역전 원칙은 AI가 요구사항을 일관되게 반영할 수 있는 기반을 마련한다.
3. 품질 가드레일(예: 린터, 테스트 프레임워크, CI/CD)을 적용해 코드 품질을 지속적으로 유지보수한다.
4. 개발 프로세스는 요구사항 분석과 설계 단계부터 AI를 통합함으로써 효과를 극대화할 수 있다.

소프트웨어 개발의 근본 원칙인 '화이트보드에서 시작하라'는 AI 시대에도 여전히 유효하다. 체계적인 아키텍처와 정교한 프롬프트가 결합될 때 AI는 단순한 도구를 넘어 신뢰할 수 있는 협업 파트너가 된다. 이를 통해 장기적인 시스템 안정성과 생산성을 동시에 달성할 수 있을 것이다.

기호

A – E

F – O

P – Z

ㄱ – ㄹ

ㅁ – ㅅ

ㅇ – ㅊ